地域発見と地理認識

観光旅行とポタリングの楽しみ方

と

西脇保幸

春風社

自然美を堪能する

1 侵食で奇岩が立ち並ぶカッパドキアの谷（トルコ）【⇒ 1-36】| 2 東
黒海山脈の山中にあるウズン湖（トルコ）【⇒ 1-52】 | 3 ワン湖に浮
かぶアクダマル島のアルメニア教会（トルコ）【⇒ 1-67】

1
2	3
4	5

1 敦煌の観光名所となっている鳴沙山（中国）【⇒ 2-16】｜ 2 野生チューリップの群落（カザフスタン）【⇒ 2-31】｜ 3 トルコ国境近くで見かけた放牧地（イラン）【⇒ 2-116】｜ 4 グリンデルヴァルトのホテルから見たアイガー（スイス）【⇒ 3-99】｜ 5 カナディアンロッキーのペイトー湖（カナダ）【⇒ 3-102】

1
2	3

1 雲海に浮かぶ備中松山城（岡山）【⇒ 4-8】｜ 2 白神山地にある十二湖の青池（青森）【⇒ 4-42】｜ 3 大沼湖畔から眺めた駒ヶ岳（北海道）【⇒ 4-114】

1:50 000

0   500m   1km   5km

500m:1cm   2cm：1km   Äquidistanz der Höhenkurven: 25m

1 朝日が差し込む乳頭温泉郷付近のブナ林（秋田）【⇒ 4-123】 | **2** 亀老山展望公園から望む来島海峡（愛媛）【⇒ 5-214】 | **3** わに塚付近で桜の咲いた里山（山梨）【⇒ 5-187】 | **4** グアム・タモン湾に広がるリーフ（アメリカ）【⇒ 6-3】

歴史的建造物を旅する

1 イスタンブル旧市街のスュレイマニエ・ジャーミイ（トルコ）【⇒ 1-11】| 2 スィワスにある修理中のギョク・メドレセ（トルコ）【⇒ 1-31】| 3 カッパドキアの岩窟教会内部に描かれているフレスコ画（トルコ）【⇒ 1-39】

1	2
3	

1 慶州郊外の良洞マウル（村）にある伝統的な家屋（韓国）【⇒ 1-108】 | 2 大邱郊外にある名刹の海印寺（韓国）【⇒ 1-114】 | 3 敦煌にある莫高窟（中国）【⇒ 2-14】

1	2	
3		6
4		
5		

1 アルマトイにあるロシア正教会ゼンコフ聖堂（カザフスタン）【⇒ 2-27】 | 2 「青の都」サマルカンドのレギスタン広場【⇒ 2-53】 | 3 サマルカンドのビビハニム・モスク（ウズベキスタン）【⇒ 2-55】 | 4 サマルカンドのシャーヒ・ズィンダ廟群（ウズベキスタン）【⇒ 2-56】 | 5 サマルカンドのグリ・アミール廟（ウズベキスタン）【⇒ 2-57】 | 6 ブハラにあるナティール・ディヴァンベギ・メドレセ（ウズベキスタン）【⇒ 2-65】

2015/4/24 8:08

2015/4/24 9:42

2015/4/24 11:06

2015/4/24 8:59

1 シーラーズにあるナスィーロル・モルク・モスクのステンドグラス（イラン）【⇒ 2-85】|**2** ナティール・ディヴァンベギ・メドレセでのウズベク民族舞踊鑑賞会（ウズベキスタン）【⇒ 2-67】|**3** ペルセポリス全景（イラン）【⇒ 2-88】

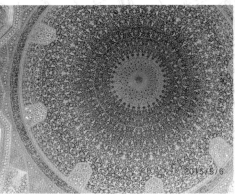

1 **2**
3 **4**

1 イスファハーンのイマーム広場（手前）とイマーム・モスク（奥）（イラン）【⇒ 2-107】| 2 イマーム・モスクのドーム天井に見るタイル装飾（イラン）【⇒ 2-108】| 3 ソルターニーエのオルジェイトゥ廟（イラン）【⇒ 2-113】| 4 ウィーンのシェーンブルン宮殿（裏側）（オーストリア）【⇒ 3-31】

	1	
2		4
3		

1 マチュピチュ全景（ペルー）【⇒ 3-86】| 2 杉並木の傍にたたずむ羽黒山五重塔（山形）【⇒ 4-32】| 3 花霞の彦根城遠望（滋賀）【⇒ 4-134】| 4 彫刻の見事な妻沼聖天山本殿の奥殿（埼玉）【⇒ 5-160】

庭園・花や紅葉を愛でる

2015/5/7　15:01

1 周囲が砂漠地域のカーシャーンにあるフィン庭園（イラン）【⇒ 2-109】| **2** ブリュッセル郊外にあるグロート・ベイハールデン城のチューリップ（ベルギー）【⇒ 3-23】| **3** 津軽富士見湖にある鶴の舞橋と岩木山（青森）【⇒ 4-43】

2017/6/29　13:13

1	2
3	
4	

1 桜の名所で知られる北上展勝地（岩手）【⇒ 4-127】|
2 ぎふワールド・ローズガーデン（岐阜）【⇒ 4-130】| 3 長
浜城と満開の桜（滋賀）【⇒ 4-131】| 4 夕日に映える紅
葉と彦根城天守（滋賀）【⇒ 4-135】

1 郡山城跡の脇にある枝垂れ桜（奈良）
【⇒ 4-148】| 2 本郷の又兵衛桜（奈良）
【⇒ 4-149】| 3 桜井にある紅葉の名所談山
神社（奈良）【⇒ 4-150】

	1	
2		4
3		5

1 ツツジで有名な青梅の塩船観音（東京）【⇒ 5-53】| 2 神宮外苑のイチョウ並木（東京）【⇒ 5-33】| 3 甲斐駒ヶ岳を背景に春爛漫の実相寺境内（山梨）【⇒ 5-186】| 4 水郷の風情も味わえる水郷佐原あやめパーク（千葉）【⇒ 5-143】| 5 八ヶ岳を背景にしたわに塚の桜（山梨）【⇒ 5-188】

夕景・夜景シーンを歩く

1 ボスポラス海峡ヨーロッパ側旧市街の夕景（トルコ）【⇒ 1-23】| **2** 朝焼けネム
ルト山の陵墓（トルコ）【⇒ 1-71】| **3** アマスィヤ市街の夜景（トルコ）【⇒ 2-125】

1 ブダペスト・ベスト地区の夜景（ハンガリー）【⇒ 3-39】 | **2** ピラミッドのライトアップショー（エジプト）【⇒ 3-94】 | **3** 朝焼けのウルル（オーストラリア）【⇒ 3-120】 | **4** イルミネーションで満載のハウステンボス（長崎）【⇒ 4-66】

地域発見と地理認識

—— 観光旅行とポタリングの楽しみ方 ——

目 次

はじめに

　著者は地理教育や地誌学を専門に大学で教鞭をとってきたので、調査旅行や学会出張ではかなり出かけたものの、観光旅行では家族旅行で出かける程度であった。しかし、55歳の時に胃の切除手術をして以来、元気なうちに行きたい所に行こうということで、妻とも観光旅行によく出かけるようになったし、自転車による散歩を意味するポタリングを頻繁に楽しむようになった。観光旅行に地理学・地理教育の研究者が出かけた場合は、専門のキャリアを生かして旅行を楽しんでいるはずだが、そうした経験を公開した著作はあまりないようだ。だが、タモリ氏の訪れる地域が地理学、地質学、歴史学の成果から解説されるテレビ番組「ブラタモリ」（NHK・総合）が人気を博しているように、観光旅行やポタリングでの行き先に関する地域性が理解できると、それらが楽しく深みのあるものになることは確かであろう。そこで、そのような学術的な視点を生かして観光旅行やポタリングを楽しめるものと判断し、著者の経験を読者の皆さんに役立ててもらえることを願って、本書の刊行に踏み切った。

　序章は著者の自己紹介を兼ねて、地理的な見方・考え方を確認し、地理の面白さに気付いてもらうことが主眼となっている。生まれも育ちも浦安で、現在まで暮らしている著者は、浦安の変貌をつぶさに見てきた。そうした地域の変化や浦安の位置の特性から地域の特色を捉えることは地理的な見方・考え方の重要な側面であり、浦安を事例に読者の皆さんにもそれを共有していただきたいと思っている。また、著者がどのようにして地理への興味・関心を持ち、地理教育に携わってきたかを紹介する中で、地理学の古典・名著や地理教育の重要な文献などについても随時言及しているので、地理のテーマや題材を確認することもできる。さらに、ホームステイによるアメリカでの学校視察訪問やトルコ人との交流なども紹介してあるので、国際理解も視野に入れた地理の面白さや魅力を改めて発見してもらえると考えている。その意味で序章は、本書の基盤をなしていると言えよう。

　本書の主体となる第1章から第5章までは、著者の修得した地理的な見方・考え方や地理教育での実践を実際に自分で体験した趣味の楽しみ方にどのように活用してきたのかを、国内外の観光旅行やポタリングを例に具体的に紹介してみた。第1章では、海外旅行全般に役立つ術を記した後に、著者が最も訪問した回数の多いトルコと韓国について、個人旅行でも楽しめるように訪問地域の特色を踏まえて、見所のポイントを解説している。第2章のシルクロードのバス旅は一般的な旅行ではないので、

"自慢話の報告書"になってしまうが、読者の皆さんにもバス旅の楽しさを共有してもらえたり、皆さんが国際的な視野で地域の比較や共通性を探ってもらえたりしたら、との思いから記してみた。第3章では著者が参加した海外ツアー旅行のうち地理的な視点から見て興味深かったものや、海外旅行でのエピソードを紹介したので、皆さんがツアー旅行を計画される時の参考になるものと信じている。第4章では国内の訪問地域の特色を簡潔にまとめたつもりなので、鉄道による国内の個人旅行を企画される際には、見所の解説が十分役立つはずだと考えている。第5章のポタリングのコース例は関東地方中心になってしまうが、立ち寄り先の地域に関する魅力が満載なので、自信を持って"お勧め"できるコースを紹介してある。お手軽なポタリングをぜひ、追体験していただきたい。

　ここで紹介する旅行やポタリングは、著者が経験してきた一事例に過ぎないことや、著者流の地理の面白さや楽しみ方であることは言うまでもない。それだけに本書は、現地踏査による著者なりの地理観を拠り所とした外国地誌や日本地誌とも見なせるし、同様にポタリングの紹介コースは狭い地域に関する地誌とでも言えよう。したがって、本書の内容を"西脇地誌全集"と判断し、単なる地誌書と見なして通読していただく場合もあるかもしれない。それでも、国内旅行やポタリングの移動の手順などを提示して、追体験できるように配慮したはずなので、読者自身が生涯学習の一つとして地理の面白さ・楽しさを取り入れられる際の参考になることを期待している。

　第6章は、本書の書名には記されていないウインドサーフィンを通じた地理の学びについて言及したので、付録的な位置づけになるかもしれない。それでも、アウトドアスポーツと地理との関係性について認識を深める機会になるものと考えている。もっとも実際にチャレンジしてもらえると、納得していただきやすいだろうが。

　蛇足になるが、残念ながらコロナ禍で観光業が大打撃を受けて以降、路線・宿泊情報に大きな変化が予想されることもあり、文中の観光施設・交通手段などは著者が実際に利用した時期と現在とでは、廃止・運休を含めて大きく異なる場合があるので、ホームページなどで確認されてから出かけてほしい。最後に、本書が皆さんの人生に少しでも彩を添えることができれば、著者としてこの上ない幸せであることを申し上げたい。なお、本書で掲載されている写真は、特別に記載のない限りすべて著者が撮影したものであることを、明記しておきたい。

序 章

地理に魅せられて

―― ふるさと浦安の変貌と国際理解 ――

1 "陸の孤島" と呼ばれた浦安

　著者は 1949（昭和 24）年 5 月、千葉県東葛飾郡浦安町欠真間で誕生した。当時の浦安は 1945 年の**地図 1**（本書巻末付録参照、以下同）から分かるように、東京ディズニーリゾートのある埋立地も見られない。浦安の主な集落が、堀江地区と猫実地区の境となる境川を挟んで塊村状をなしているとおりで、主として魚介類の採取と海苔の養殖が生業の中心であり、海面の埋立てが始まるまでは主産業は漁業であった。集落の外側には水田が広がっており、稲作や蓮根栽培がなされていた。実際、専業漁家だけでなく、著者の家のように半農半漁を営む家も多かった。半農半漁の実態としては、夏期の自給的な稲作や商品作物の蓮根の生産と冬期の海苔生産が主な形態であった。詳細については、拙論（1991b）で言及しているし、その頃の生活の様子については、母の著書『浦安のかあちゃん農業』でも詳述されている。

写真序 -1　半農半漁で生計を立てていた頃の著者の家　蓮根掘りの作業をする父と母。遠方に都営バスの操車場が見える。（1965 年）

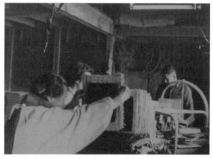

写真序 -2　納屋で乾海苔の生産に従事する父・母・祖母　この年で生産を終える。（1971 年）

　著者が生まれて 3 か月ほどした時にキティー台風が襲来し、江戸川デルタの末端面に位置する浦安も高潮で、『浦安町誌　下』（p. 328）によると床上浸水家屋 2419 戸、床下浸水家屋 501 戸に及ぶ大きな被害に見舞われた。それでも、境川沿いにあった母の実家付近は若干地盤が高く、著者の家に比べると水害が少なかったそうだ。実際に、古くからの集落がある境川沿いには微高地が形成されており、現在もその姿を垣間見ることができる。市が発行するハザードマップでも、境川沿いは埋立て以前からの浦安（現在では元町と呼んでいる地区）の中では、水害の被害が相対的に小さい地域となっている。この台風による被害を機に堤防の整備がなされ、幸いなことに以降特

に大きな水害には見舞われていない。

　地図1では、著者の生まれた住所である欠真間が浦安町の中には記されていないが、市川市に合併される前の南行徳村にはあり、欠真間という地名は現在も市川市南部の行徳地区で見られる。浦安にも、その飛び地として江戸川沿い一帯にあった。しかし、江戸川と境川に面する猫実の西部地区は猫実、当代島、欠真間が入り乱れていたため、1981年に住居表示を現在の形に整備した際、欠真間はなくなってしまった（住居表示前の1976年の地図2には記入あり）。また、同年の市制施行に伴い浦安市となり、東葛飾郡より離脱した。東葛飾郡は千葉県西部に広がっていた郡名で、成立した当初は現在の埼玉県や茨城県に隣接する一部も含んでいた。現在では千葉県の教育を含む行政において、旧東葛飾郡内の北部は東葛飾事務所、南部は葛南事務所の管轄下にそれぞれ置かれている。県内西部地域の人口増加に伴って分割されたからである。著者が町立浦安小学校で学んでいた時は、郡内の小学校間でスポーツなどの競技が行われており、運動会に当時の流山町や鎌ケ谷町などから対抗試合で選手が招待されていたことを記憶している。もちろん、浦安小学校からも他校に呼ばれていたのであろうが、徒競走で選手になったことのない著者には分からない。営団地下鉄（現東京メトロ）東西線の開通していない時代の話だから、他校に行くのには大変だったに違いないことだけは確かである。

　浦安が東葛飾郡内にあったことは、市制施行後も意外な形で尾を引いたようだ。衆議院の選挙区が小選挙区に変更された時に、区割り案として出された答申では、浦安市が距離的にもかなり離れた野田市・流山市などと、飛び地的に選挙区を形成するものであったからだ。こうした発想は、千葉県の行政が旧東葛飾郡内を統合して施策した名残だと思われる。言うまでもなく、現在では浦安は東西線・京葉線や湾岸道路の流れの中で、野田・流山の場合は常磐線や水戸街道などの流れの中で交通問題を考えなければならないように、浦安と両市とは地域の質が異なるわけで、そうした異質な地域を一選挙区として選出された議員が地域の代表者になるはずがない。地理教育に携わる著者には納得がいかず、早速この答申案に反対する旨を新聞に投書したら、幸いにも採用された（朝日新聞「声」欄・1991年6月29日付）。その甲斐があってかどうかわからないが、結果的にこの飛び地案は解消された。

　1969年の東西線開通は、浦安を大きく変貌させる契機となったわけだが、それは開通以前がいかに不便な場所であったのかを物語っているとも言える。浦安はまさに"陸の孤島"のような存在だった。実際に著者が子どもの頃は、都心方面へ行く場合は、浦安まで通じていた都営バス（写真序-1）で、まず総武線の新小岩駅あるいは錦糸町駅まで出なければならず、それぞれの駅まで行くのに、道路が混雑していなくとも

30分ないし40分を要したから、都心までは1時間以上かかった。そのほか、江戸川区今井まで行き、そこから亀戸・押上・浅草を経由して上野公園まで通じていたトロリーバスを利用することもあった。特に、浅草の遊園地「花やしき」や上野動物園といった行楽地に連れて行ってもらう時は、トロリーバスに乗るのが楽しみであったことをよく覚えている。船橋・千葉方面に行く場合も、京成バスで総武線の本八幡駅まで出なければならないので、やはり1時間以上を要した。普段はまさに半農半漁の暮らしの中で、子どもは農業用水路や川で釣りをしたり、海岸で潮干狩りをしたりして自然の中で遊んだ。その一方で、浅草や上野のほかに、錦糸町駅前の江東楽天地の映画館や神田須田町にあった交通博物館（2006年に閉館し、さいたま市にある鉄道博物館が後継施設となる）など、日帰りで出かけられる場所にアクセスし、大都会の生活の一端を楽しんだのである。それだけに、子ども心には、他地域に対する関心が徐々に芽生えたように思われる。

　そうした関心はまた、父の行商とも関連しているのかもしれない。父は著者が中学生の頃まで、夏場だけアサリやシジミを自転車に積み、都内北部の王子・赤羽方面、さらには埼玉県の川口辺りまで朝早くから売りに出かけていた。当時の浦安では、浦安で水揚げされた水産物を都内方面へ行商をする人が多く、著者の家のように半農半漁の家でも、農作業が一段落する夏期には現金収入を得る手段として一般的に営まれていた。中には、新宿から先の都内西部方面にまで自転車で行商に出かけた人もいたようである。早くから行商を始めた人は比較的近い場所で商売ができたが、後発組の人は父のように、より遠い場所まで行かなければならなかった。30〜40kgもあるような重い荷物を荷台に積んで、20km以上を自転車で走るのだから、2時間はかかっ

写真序-3　旧浦安橋のたもとで親戚と談笑する行商の父　（親戚の提供／1955年頃）

写真序-4　行商に出かけた父が使用した東京都区分地図　表紙などが一部破損してしまっていて出版年が不明であるが、記載内容や著者の落書きなどから1950年代末頃だと思われる。

ことであろう。家族を支えるために早朝から頑張った父に、あらためて頭が下がる思いである。父の行商の話を母から聞かされたり、父が行商で使用した東京都区分地図に子どもながらに見入ったりして、著者の他地域への関心がしみついていったように思える。

　以前、亡父の竹馬の友で同一方面へ行商に行った方に、赤羽への行商ルートについて尋ねたことがある。その方によると、まず江戸川区の今井からトロリーバス通りを走り、荒川の小松川橋を渡ってから北上して総武線平井駅に出たそうだ。その後、墨田区に入ると明治通り沿いに走り、隅田川の白鬚橋を渡ればそのまま台東区の三ノ輪を通り、王子にたどり着くことができる。あとは主に赤羽の辺りまで売りながら走ったという。このルートは、浦安から赤羽方面に向かう場合の最短コースとなり、それを父は区分地図から読み取ったのであろう。また、売れ行きの悪い場合には周辺を回遊しなければならないので、その際にも活用したことであろう。その区分地図は父の遺品であるので大切に保管してきた。日常生活における地図の利用を今に伝える、著者の宝物ともなっている。

　浦安の位置的な特性や漁村的地域性は、一方で教育にも影響を及ぼしたと著者は考えている。魚介類の水揚げや海苔の養殖を伝統的な生業の中心としてきた家が多いだけに、義務教育を修了すると漁師になる子どもも多かった。実際に著者も家業の手伝いをよくさせられ、農作業の手伝いはもとより、「べか舟」と呼ばれる小型の漁船に乗せられて、海苔の養殖場に連れ出された。現在の東京ディズニーリゾートの辺りもその一画をなし、たまたまその付近で父と作業をしていた時に突風が吹きだし、あわや沖に流されそうになったことは、忘れられない怖い思い出である。そのように、子どもが労働力としてみなされるとともに、漁業に慣れ親しんでいったので、高校への子どもの進学を考えない家庭もよくあり、浦安は学校教育に対する熱意が高いとは言えない土地柄であった。だが1958年に、江戸川区にあった本州製紙（現王子製紙）江戸川工場から悪水が放流され、それを阻止するために工場へ漁民が乱入する事件が発生した。この本州製紙事件を契機に、浦安では漁業権が放棄されることになったのである（1962年に一部放棄、71年に全面放棄）。その後、旧水質二法と呼ばれる「公共用水域の水質の保全に関する法律」と「工場排水等の規制に関する法律」が制定されたがこれらの法律は規制が不十分だったので、1970年には水質汚濁防止法が代わりに制定され、公害防止対策のさきがけの一つとなった。しかし、その頃は高度経済成長期にあり、工場の排水や生活汚水で東京湾一帯の汚染も進み、漁業環境の悪化に歯止めはかからなかった。

写真序 -5　漁業権全面放棄前の境川西部　べか舟
と呼ばれる小型の漁船が多数係留されているが、我が
家のべか舟は左側手前にあったので写ってはいない。
（1969 年）

写真序 -6　写真序 -5 と同じ場所から撮影した最
近の景観　写真序 -7 で我が家のべか舟の後方にある
和風の家屋が左手前に一部見える。（2020 年）

上／写真序 -7　漁業権放棄直後の我が家のべか舟
（写真中央の小船）（1970 年代前半）
右／写真序 -8　全面放棄直後の漁業協同組合事務
所　（1972 年）

2　都県境の重みと「東京」の範囲

　こうしたことから漁業の先行きが見えてきた浦安でも、高度経済成長期の進学率上
昇に合わせて、高校に進学する子どもが多くなった。半農半漁で生活していた著者の
家でも、高校に行かせてもらうのが暗黙の了解のようになっていたようだ。しかし、
県立の全日制高校に通学するには、普通課程の船橋高校や国府台高校、工業課程の市
川工業高校まで通わなければならず、浦安からは 1 時間以上かかった。ところが江戸
川を渡れば、全日制の都立高校は普通課程を中心に、1 時間以内で通学できる学校が

いくつもあったのである。浦安から一番近い普通課程の高校が新小岩駅の南方にある江戸川高校で、自転車でも 30 分程度で通えた。著者の通った両国高校も錦糸町駅近くの江東橋にあり、浦安からバスで 1 時間もかからなかった。こうしたことから、住所だけを都内に移して、都立高校に通学する越境入学者が多く出始めた。

　ところが、そこで問題が発生したのである。都立高校に千葉県内から多くの生徒が入学したため、東京都教育委員会が問題視し始めたのである。実際に都立両国高校の『七十年史』(pp. 158-159) によると、1962 年の通学区域の統計では生徒総数 1251 人のうち、その 14.3％にあたる 190 人が千葉県から通っている。もちろん、在学中に転居した生徒もいるだろうが、数は知れたものであるから、1 割以上の生徒が千葉県民であるといっても過言ではないだろう。それだけ多く県民の生徒を抱えていたので、両国高校は "県立両国高校" と揶揄されたほどで、著者の同級生でも市川市からはもとより、船橋市などからも通学している人がいた。その状況を受けて、都教委が都内の中学生でないと入学試験を受験させないという措置を取ると、転校して江戸川区立の中学校へバス通学する子どもが多く現われた。さらに、小学校から在籍していないと駄目だといった噂が流れ始めると、それを信じた著者の家では著者が五年生の時に、六年生を江戸川区の小学校で学べるように、知人を介して母と著者の住民票を江戸川区一之江に移し、一学期に区立一之江小学校へ転校したのである。同様に江戸川区内の小中学校に転校する児童は後を絶たず、私立中学校への進学を含めると、著者のクラスでも 3 割程度の人が町立浦安中学校には進学しなかったようである。

　著者が通った中学校の学区域にはまだ田畑がかなり残っており、農家の子弟もいたが、浦安に比べると会社員や工員といったサラリーマンの子弟が多かった。江戸川を一本越えるだけでこれほど地域性が異なるものかと、子どもの遊びや言葉の違いに驚いたことも思い出される。特に言葉は、浦安が漁師町であるところから "浦安弁" の表現や音声がきつく、聞き慣れない人には通常の会話がまるで喧嘩をしているようにも聞こえるほどである。そのため、著者は自分では標準語を話すように心掛けたつもりだが、多くの浦安出身者と同様に、ヒをシと発音する癖はなかなか治らず、友人からもからかわれたりした。ちなみにこの課題は、著者の英語学習にも大きな影響を与えたことは言うまでもない。後年アメリカにホームステイした際、ホストから he と she との取り違えを何度も指摘された。

　さらに著者は、友人宅を訪問して流行の自家用車を見つけては感心し、着ている洋服などのセンスの良さをうらやましくも思った。都心や繁華街にある映画館や遊園地などに連れて行ってもらっているので、「東京」の持つ都会らしさを点的・非日常的には認知していたが、その都会らしさの一端を面的・日常的に認識するようになった

と言ってもよいのかもしれない。江戸川区民から"おしかり"を受けることを覚悟で表現するなら、当時は都内でも"場末"に過ぎなかった江戸川区でも、都内は「東京」なのだと意識するようになったのである。

　著者のように越境して江戸川区の中学校に通学する生徒は、「東京」の学校に通っていると近所の方からよく言われた。それも著者の意識と同様に、江戸川を挟んで浦安の対岸は都内の範囲である、といった空間認知と通底するものがあるようだ。しかし、著者の母方の祖母の実家はまさに対岸の江戸川区葛西地区にあり、その実家の親戚は、都心方面へ行くことを「東京」へ行くとよく言っていた。都内に住んでいても、どうやら「東京」の範囲は別のようである。妻の実家が東京都府中市にあるのだが、同じように義父なども都心に行くことをやはり「東京」へ行くと言っていた。義父などのように戦前の東京を知っている人には、現在の都心を中心として構成されていた旧東京市の範囲が「東京」であり、それをずっと引きずってきたものと推察できる。

　現在よりもかなり狭い範囲が「東京」だった空間認知がある一方で、近年ではその「東京」が広域化している面も見られる。千葉県内の事例だけでも、袖ヶ浦市にある「東京ドイツ村」やかつて「新東京国際空港」と称した成田国際空港があるが、その最たるものは「東京ディズニーリゾート」であろう。千葉県にあるのになぜ「東京」なのだといぶかる人もいるが、国内各地はもとより海外からの顧客を想定すれば、都県境を超えて「東京」にする方が場所の位置が分かりやすいし、認知しやすいことは言うまでもない。もっとも、そうしたことを可能にしたのも、中心地としての「東京」の都市圏、通勤圏、商圏が広がったためで、違和感がなくなったことが背景にあるのであろう。地理学的な表現をすれば、東京との結節地域（機能地域）が拡大したことの証左とでも言えようか。「東京」をどのような範囲で捉えるは、認知する人の住む場所の位置や、「東京」をどのような視点から認知するのかによって異なるのである。

　しかし、行政の区分となる都県境は、実質的な地域差を生み出すことも指摘しなければならない。そうした違いを格差として実感したのは、中学生時代に通った図書館の存在であった。当時の浦安には町役場の一室に図書室のようなものがあったが、たいした蔵書数ではなかった。しかし、立派な建物で蔵書数の多い区立図書館では知りたいことがすぐ調べられ、まるで別世界にいるようで、子ども心にも印象的な存在であった。公共図書館だけでなく学校の図書室も整備されており、浦安と江戸川区との差というよりも、千葉県と東京都との差を思い知らされたのであった。

　東西線や京葉線に乗って江戸川区から浦安市に入っても、住宅地が続くだけで何ら差異を感じないかもしれないが、そうした都県境の重みは、今もさまざまな点で露出する。確かに現在の浦安市は財政力もあり、全国的にも知られた立派な図書館など、

江戸川区に引けを取らないほど公共施設が充実しているが、県が管轄する部門では歴然とした差が見られる。その典型例が堤防の整備であろう。旧江戸川（江戸川下流部の現在の名称）の右岸にあたる東京都側では、一部を早くから親水性のスーパー堤防に切り替えたが、左岸の千葉県側では近年になってやっと整備し始めたところである。その堤防沿いのサイクリングロードにしても同様で、東京都側は葛西臨海公園から右岸沿いに、葛飾区方面に快適なサイクリングができるようになっているが、千葉県側にもそれらしきものはあるものの、残念ながら東京都側に比べると見劣りがするようだ。

　このように都県境による東京と千葉の格差を目の当たりにする上に、浦安が千葉県の最西端に位置することから生じる不利があることも、著者が県立浦安高校に勤務してから気付いた。浦安高校が学区の末端部にあるため、浦安や隣接する行徳地区以外から通学する生徒にとっては極めて遠くに位置することになるばかりか、東京方面に向かう満員電車に乗らなければならないからである。学区の視点に立てば、都県境はまさに行き止まりの壁のようなものであり、浦安は"僻地"なのである。

3　高校時代における行動範囲の拡大

　著者の高校入試では、最初から都立両国高校への志望を考えていた。同校は当時の第六学区（墨田・江東・葛飾・江戸川）の最難関校であったが、当時の入試では合同選抜制が採用されており、両国高校に不合格でも一定の点数を取れば、学区内の普通課程の高校には入学できる仕組みがあったからである。それでも絶対に合格できる自信はなかったので、合格発表に両親が来てくれたのは嬉しかった。進学校であるだけに、授業の進度はすさまじく、とりわけ英語と数学の予習に追われたことは、記憶に生々しい。そのため、"牢獄高校"といった言葉が生徒の内外からささやかれていたほどである。1年次はそうした学園生活に馴染むのに精一杯であったが、2年生になるとそれに慣れて部活動にも関心が湧き、同校では活躍の目覚ましいハンドボール部に入部した。自分でも体力増強の必要性を感じていた折、入部していた級友から誘われたのがきっかけであった。運動神経が優れていたわけでもない著者は正選手で活躍できなかったが、スポーツの楽しさや団体競技の面白さの一端を知れたことが、その後の人生を豊かにしてくれたことだけは確かである。実際に部活の仲間とは現在までも旧交を温めているし、自分の高校時代の経験を生かして、高校に勤務していた時に

はハンドボール部の顧問を引き受けることもできたのである。

　進学校である両国高校は学習指導には厳しかったが、生活指導には寛容であった、と言うよりもその必要がなかったのかもしれない。それだけに色々な所に出かけることが可能になり、自分の行動範囲が格段に広がった。両国高校前の都電停留所からでも行ける神田の書店街はもとより、級友のお宅を訪問しに墨田区の向島や葛飾区の高砂にも出かけた。さらに、部活の友人が父親の勤務の関係で世田谷区の中町に住んでいたので、そこまでも遊びに行った。友人宅への訪問ばかりか、部活動での試合や大会でも都区内のさまざまな高校に出向いた上に、合宿では茨城県玉 造 町（現行方市）へも行った。試合の内容や合宿での思い出よりも、行先のことの方が記憶に残っているのは、知らない場所への関心が中学生までの体験から構築されていたからかもしれない。特に玉造合宿では往路は常磐線経由であったが、帰路は霞ケ浦を船で渡り、佐原から成田線・総武線で戻ったので、一層思い出深いものとなった。

写真序 -9　両国高校前にあった江東橋都電停留所　後方左手に著者が通学していた頃の校舎の一部が見える。（1972 年）

　行動範囲の拡大は学校関係によるものだけではなかった。著者が中学 1 年生の時に叔父が山梨県の三ッ峠山へ連れて行ってくれたことがきっかけとなり、よくハイキングに出かけるようになった。この山は河口湖の近くにあり、富士山や河口湖を眺められることでも知られ、都内から夜行日帰りで行ける代表的なハイキングコースとして有名であった。著者が登ったときは好天に恵まれ、富士山はもとより南アルプスや八ヶ岳までも眺望できた。その上、頂上付近に咲く山草がハイキングの持つ醍醐味を増してくれた。そうした体験が著者の高校生活にも影響をもたらし、行動範囲は一挙に広がったのである。印象の良かった三ッ峠山には、高校時代に級友とも何度か行ったほどだし、さらに奥秩父の金峰山や雲取山、奥多摩の高水三山などにも、級友、叔父や

写真序 -10　著者のハイキングの原点となった
三ッ峠山　後列左から 2 人目が著者。(宇田川敬之助
氏提供／ 1962 年)

写真序 -11　八ヶ岳（赤岳）頂上の著者　後方に
は南アルプスの山々がそびえる。(1970 年)

家族とともに登った。その際には 5 万分の 1 地形図を持参し、ハイキングを通じて読図にも慣れ親しむことができた。地理を学ぶ上で不可欠な技能は、登山を楽しみながら身に着けていったのである。それとともに、中央線一帯の知識も増えて、行動範囲の拡大に伴う著者の空間認識は、都心と東京西部を中心に面的な広がりを見せた。なお、ハイキングの趣味はその後の学生時代に拡充し、南アルプスの北岳や鳳凰三山、八ヶ岳、北アルプスの白馬岳、尾瀬ヶ原、大菩薩峠などの登山にまで進展した。就職・結婚してからも、職場の仲間や家族を引き連れて継続した。

4　地下鉄東西線の開通に伴う浦安の変貌

　著者は教員を志望していた上に、実家が半農半漁を生業としており農業にも関心があったことから、教員免許の取得もできる東京教育大学農学部農村経済学科に入学した。筑波大学の前身となる東京教育大学（以下教育大と略称）は文学部、理学部、教育学部、農学部、体育学部から構成されており、農学部は東京都目黒区駒場にあった。現在の大学入試センターや都立国際高校は農学部の跡地に建設されたものであり、それらの建物の間に、駒場野公園がある。
　園内に現存する「ケルネル田圃」では、著者の学生時代にも教育大附属駒場中・高の生徒によって稲作が行われていたが、駒場が近代日本農学発祥の地であったことを今に伝えている。明治政府が日本の殖産興業の一環として、東京帝国大学農学部（当初は農科大学）の前身となる駒場農学校を 1878 年に開校した際、農芸化学の専門家

として招聘された一人がドイツ人オスカル・ケルネルであった。ケルネルは稲作の肥料についても研究し、この田圃を試験田として使用したことから、彼の名にちなんで命名されたのである。ちなみに、教育大農学部閉学記念誌である『駒場八十年の歩み』によると、東京帝大農学部には農業教員養成所が付設され、それが1937年に東京農業教育専門学校として独立した。同校は戦後に教育大農学部となり、現在の筑波大学附属駒場中・高等学校はその付属学校として設置されたのである。

上／写真序-12　駒場野公園入り口（旧東京教育大学農学部正門）　門柱は当時のままで、学部本館が写真左手木立の後方にあった。（2020年）
右／写真序-13　『駒場八十年の歩み』表紙　中央のロの字型の建物が学部本館で、写真序-12は、写真下方に見える井の頭線の踏切傍から撮影した。

　地理に関心のあった著者は、1年生の一般教育科目では当然のように「人文地理学」を履修科目の一つに選択した。担当は学芸大の山鹿誠次先生で、非常勤講師として教育大でも教鞭をとられていた。東京を事例に都市地理学を学ぶことで、著者自身が既に知っている東京を地理学的に見直すことができた上に、先生は巡検（フィールドワーク）まで実施して下さったのである。教育大の本部がある大塚キャンパスの最寄り駅茗荷谷から地下鉄丸ノ内線に乗り、途中の赤坂見附で乗り換えて地下鉄銀座線の渋谷まで行った時に、乗車区間でなされた地形観察は当時の著者にかなりの鮮烈さを与えた。初めて体験した本格的な野外観察であり、地理学の奥深さを最初に知った出来事であったと言えよう。著者は高校でも大学でも授業で巡検を実施してきたが、それは当時著者が経験した面白さを生徒・学生に伝えたかったからだ。
　自分の専攻した学科の専門教育科目の一つでも地理を学ぶ機会があった。農村経済学専攻の1年生向け科目に「産業概説及工業概論」があったが、教科書の一つとして岩波文庫のブラーシュ著『人文地理学原理』が使用されたのである。農村経済学科

で地理学の古典に向き合うことになるとは、夢にも思わなかった。ブラーシュは、訳者も「解題」で明記しているように正確にはヴィダル・ドゥ・ラ・ブラーシュ（Vidal de la Blache）が姓のフランスの地理学者で、人文地理学確立期に環境可能論あるいは単に可能論と呼ばれる考え方を示したことで知られる。可能論と対比される環境決定論では、自然が人間の肉体的・精神的・社会的状態に及ぼす影響を研究の中心としたが、可能論では人間の社会集団が自然環境に適応することで、それぞれの地域で各々の生活様式を生み出していると考えた。言い換えれば、環境は人間活動の舞台だと捉え、歴史的・社会的な要因を重視したのである。担当の先生は農業経営学がご専門で、農業という自然環境がもたらす影響の大きい産業について、環境決定論的に考えるのではなく、社会的条件やその根底にある生産関係を重視することから考えさせようとしたのではないかと思われる。

　2年生になると専攻の授業科目も増え、その中に「農業地理学」があった。この講義は、非常勤講師として駒澤大学から出講された上野福男先生の担当であった。先生は山地農業や土地利用を中心に研究されており、著者が土地利用や農業立地に関心を持つきっかけを与えて下さったように思う。先生も授業で紹介されたドイツの農業経済学者チューネン（J.H. von Thünen）は、自らの経営する農場の記録から、都市を中心にそれぞれ最高の地代を得られる6つの農業経営形態が環状に立地することを『農業と国民経済に関する孤立国』（近藤康男訳）で明らかにした。チューネンの「孤立国」で見られる農業の土地利用の模式（チューネン圏）は、著者の高校時代の地理教科書にも載せられていたほどで、「孤立国」は農業立地論の古典的名著となっている。

　著者が2年生になる頃、地下鉄東西線東陽町・西船橋間の延伸工事が終了し、1969年3月29日に開通した。かつては都心まで1時間以上かかっていたのが、わずか20分足らずで行けるようになったわけで、浦安にとっては「まさに黒船到来の現代版に値するもの」（『浦安町誌　下』p. 330）であった。著者の大学通学も開通以前は大塚キャンパスまで1時間半近く、駒場の農学部までは2時間近くを要した。そのため1時間目の授業がある時は始発のバスを使ったほどで、学友から著者が暗いうちに家を出ていると揶揄されたものである。それが開通してからは、それまでの半分程度の時間で通えるようになったのであるから、帰宅途中で神田の古書街、銀座・新宿の映画館、日本橋のデパートや丸善などへも気軽に寄れて、交通の利便性から新天地が広がった気分になれた。2年生になると自動車運転免許証の取得を目指す友人が多かったのだが、浦安が急に便利になり、著者はその必要性を感じないまま現在に至ってしまった。

　東西線の開通に先立ち、境川の北側一帯猫実・当代島地区の水田を対象に、耕地整

写真序 -14 高校教科書にも記載されていた「チューネンの孤立国の土地利用」（青野・尾留川著『高校 地理B』p. 61，二宮書店，1962 年検定済）

写真序 -15 チューネン著『農業と国民経済に関する孤立国』の原書の表紙

備と区画整理事業をあわせて実施するための計画がなされ、1964 年に「浦安北部土地改良区」が設立された。この計画では区域内には 12m ないし 9m の道路が築造され、耕地はすべて道路に沿って区画された。特に境川沿いの集落寄りには、千葉県によって幅員 26m の開発道路も建設された。この事業は 67 年に完成したが、同様の事業が境川の南側一帯堀江地区でも計画され、65 年に「浦安南部土地改良区」が設立されている。この事業でも幅員 22m の開発道路が建設されて、70 年に完成している。いずれの事業も、60 年頃から浦安の中でも始まった地盤沈下がきっかけとなった、用排水路整備を基盤とする土地改良事業であるが、東西線の開通による浦安の都市化・宅地化を見込んだものであったことは否定できない。実際に東西線の開通以降、道路の整備された両区域内で農地の転用が急速に進み、賃貸住宅の建設などの市街地化で浦安の人口増加を加速させることになったのである。

　地図 2 は東西線開通後の 1976 年の状況を示しているが、土地改良事業に伴う道路の整備が読み取れるとともに、両地区で進展している市街地化も確認できる。またこの地図からは、既に 65 年より工事が着工された第一期埋立地の造成も完成し、「鉄鋼団地」と呼ばれる都内から集団移転してきた鉄鋼の流通・加工用倉庫群の建設などで、埋立地における市街地化が始まった様子も読み取れるが、この段階では宅地化は東西線浦安駅近辺を中心に進行していると言えよう。ちなみに、第一期埋立地の南東側に広がる第二期埋立地は 72 年着工で、この段階ではまだ造成中であり、81 年に市

域に完全に組み込まれた。

　こうして東京のベッドタウンへと急速に変貌した浦安は、地理学や社会学などの格好のフィールドとなった。都市地理学を専門とされていた立正大学の服部銈二郎先生は学生指導の巡検で来られたし、福原正弘著「経済成長下の千葉県浦安町の都市化」では、時間距離の近接性のメリットがありながらも、当時の浦安の持つ社会的・自然的条件からホワイトカラー層の進出する住宅地域にはならなかった浦安の都市化の特性を論じている。これらのほかにも、地盤沈下問題や埋立て開発に関する題材なども取り上げられた。実家が半農半漁を営んでいただけに、都市化と農地の関連性について関心があった著者は、「都市化による土地利用の変化－農用地から非農用地へ－」と題する卒業論文を作成した。卒論では土地所有者である農家の経営経済的な観点に立つことにし、土地と労働力から所得最大化を目標にする土地利用のモデルをリニア・プログラミング（線形計画）という手法で設定して、土地利用の変化のメカニズムを考察した。

左／写真序 -16　東西線の全通を知らせるパンフレット「メトロニュース」の表紙
上／写真序 -17　堀江地区にあった地盤沈下測定所跡の地盤沈下　（1975 年）

　学部卒業後は、教育大の大学院理学研究科地理学専攻修士課程に入学した。地理学専攻を担当する地理学教室は自然地理学、人文地理学、地誌学・自然地理学、地誌学・人文地理学、水収支論の5講座から構成されており、著者は人文地理学講座に所属した。思い出話となるが、講座ではしばしば師弟一同での懇親会が神田のいせ源や浅草・吉原の中江などで行われた。食通にはよく知られているように、いせ源はアンコウ鍋で、中江は馬肉の桜鍋で有名な老舗である。両店とも戦災を免れた趣のある店舗

写真序 -18　東西線開通直後の浦安駅前　車が
走っている駅前から左に伸びる道路が、写真序 -19 の
駅前道路である。（1969 年）

写真序 -19　最近の浦安駅前　開通当時は広く感じ
た駅前ロータリー（正面奥）が今では狭隘なものとなっ
ている。（2020 年）

を構えており、院生の身としては高級感あふれる料亭のようなものであった。これら
のほかに、指導教官の山本正三先生には靖国神社の傍にあったインド料理店アジャン
タに連れて行っていただいたことが、脳裏に浮かぶ。現在ではインド料理店が各地に
見られるが、当時は都内においても珍しい存在であっただけに、本場の料理に触れた
感激は忘れられないものとなった。講座の先生方はきっとグルメだったに違いないと
推察するが、異文化の料理や郷土料理的なものに精通することは、地域の特性を追究
する地理学者のたしなみだったのかもしれない。いずれにしろ、地理学の研鑽を積ま
せてもらっただけでなく、人間的な幅を広げていただけたことは確かであった。

　修士論文の作成にあたっては先行研究の紹介や中間報告を講座のゼミで行い、その
時には博士課程の院生も同席したので、さまざまな示唆をいただいた。また、夏休み
中の合宿など適宜行われた外書購読の読書会でも諸先輩方からの実質的な指導を受け
ていた。その一人に、フランス留学から帰国されたばかりの大嶽幸彦氏がいた。大嶽
氏は、後に例えばヴィクトール・プレボ（V.Prévot）著『地理学は何に役立つか』を
翻訳されたように、地理思想、地誌学、地理学本質論に関する研究者として知られて
いる。著者は他分野から地理学に入門しただけに、地理学の有用性や意義については
常に意識していたので、氏の存在は大きなものがあった。

　急速に変貌する浦安には依然として深い関心があり、卒論では農家の立場からミク
ロ経済学的な手法で土地利用の変化を追ったので、修論ではマクロ経済学的な手法
で、浦安全体の土地利用の変化を追究しようと考えていた。実際に人口増加とともに
多様な都市的土地利用が出現しつつあったし、そうした土地利用の変化が浦安に顕著
に表れ、人口増加による土地利用の変化の分析ができると想定したのであった。また
一方で、著者が学生だった 1960 年代から 70 年代にかけては、定性的分析やそれに

よる地域の特異性を強調する伝統的な地理学に対して、統計学の応用などの計量的手法で一般的法則性を追究しようとする計量地理学が注目され始めた頃であった。そこで著者は、土地利用が産業構造との相互依存関係を通じて決定される側面に着目し、それを計量的に分析できる産業連関分析という手法で考察することにした。そのためには、対象地域の産業連関表と呼ばれるものが必要になるのだが、浦安町など自治体が連関表を作成しているわけではないので、1970年の国勢調査や商業統計調査などのデータを利用し、産業部門別の投入産出状況を著者自身が独自に作成しなければならなかった。完成した連関表をもとにコンピュータを利用して、人口増加による需要増からの各部門の増加産出高を算定した。さらに増加産出高から増加されるべき土地利用面積を計算し、それぞれの部門の計算値と実際の増加土地利用面積を比較するというものであった。その結果、人口増加によって部門全体として集約化する土地利用型の部門と、土地利用面積を拡大する土地利用型の部門に分けることができた。

　この結論が浦安という特定地域での2年間の変化についてのものであるという制約があることや、生産高と土地利用面積との関係を一次関数的に扱ったことなど、課題が残されたことは言うまでもない。それでも修論の提出後すぐに、恩師の勧めで修論を加筆修正して「人口増加による土地利用の変化—浦安町地域産業連関表を用いて—」のタイトルで学会誌に投稿すると、比較的短い時間で受理された。それは、拙論が当時としては地理学界では目新しい分析手法を適用したもので、多少なりとも注目されていたからかもしれないと、今では自負している。ちなみに、杉浦芳夫著『文学のなかの地理空間—東京とその近傍—』の「XⅥ「青べか」の行方　地域産業連関表とは？」（pp. 285-304）でも拙論が引用されている。

5 ソ連・ヨーロッパ地理視察旅行

　1974年4月に著者が赴任することになった千葉県立浦安高等学校は、浦安の地先に造成された埋立地の最北部に前年開校した。**地図2**に見られる⊗記号の高校がそうである。地形図から判読できるように、学校の南側周辺の海楽地区にまばらに住宅がみられる程度であり、あとは何もない状況であった。同校の校歌の一節に「建設の砂塵の中　いま生れ出でし　不死鳥の　輝くごとく　光あれ」とあるように、まさにプレハブの仮設校舎が、荒涼とした砂塵の埋立地の中に"ポツン"とあるだけだった。それでも、当時の浦安町では高校開設が待ち望まれていただけに、同校の施設整備については町からの支援もあり、町内から成績の良好な生徒が多く入学してきた。

　著者が担当した「地理B」は1970年告示の学習指導要領に基づく科目で、世界の諸地域の学習が始まる前に「地域の調査」の学習があるものの、世界をそれぞれの地

写真序-20　浦安高校の近くにある堤防跡　左側が浦安高校のある埋立地で、堤防沿いの道路は同じレベルであるが、右手一帯の元町地区へは道路を下がっていくことになる。正面奥には移転・新設された当時の浦安町庁舎が見える。(1975年)

写真序-21　浦安高校での「地域の調査」の授業実践　40人以上を著者一人で見学・観察の指導・引率をしたので、のんびり歩いてくる生徒を現在の市庁舎の近くで待っている間に撮影した。(1975年)

域的特色から学ぶ世界地誌学習が主な内容であった。それだけに「地理B」の学習指導のためには、著者自身が高校時代に学んだ系統地理の学習経験や大学での地理学の学びで容易に対応できるものではなく、教材研究に時間を費やさなければならなかった。だが、「地理B」の学習指導法については当時の高校地理教育界全体が暗中模索的な状況にあり、教材研究は大変やりがいのある仕事であったことも確かであった。

　教材研究の手探り状態でそろそろ1年間が経とうとしている頃に、帝国書院から「第10回　ソ連・ヨーロッパ地理視察旅行」の案内が届いた。それは、1975年の7月23

左／写真序 -22　出発時の記念写真で飾る『第 10
回　ソ連・ヨーロッパ地理視察記』の表紙
上／写真序 -23　視察旅行の経路図

日から 8 月 17 日までの約 4 週間、モスクワと西ヨーロッパの国々そしてトルコを巡
る旅行で、高校の地理担当者を対象にしたものであった。視察と銘打ってあるように、
地理の学習指導で役立つ教材を収集できる場所にも行けることが“売り”になったツ
アーであった。生きた教材を渇望していた著者は、躊躇することなく当時としては大
金の 60 万円ほどの参加費を工面して、参加を申し込んだのである。

　成田空港の開港以前のことであり、集合場所は昔の羽田空港であった。出発時の記
念写真に見るように、参加者 44 名のほかに団長、帝国書院の引率者そして JTB の添
乗員と、総計 47 名の大集団であった。個人で格安航空券などは手に入らず、海外へ
は団体旅行で行くのが当たり前のような時代であっただけに、今では考えらない大き
な団体となったのである。参加者の中には、今回の参加が 2 回目だという人もいた
が、多くは初めて海外旅行を経験する人たちで、著者のように初任や若手の教員が目
立った。羽田を発ったエール・フランス機はシベリア上空を横断し、モスクワに到着
した。以後のルートは視察旅行経路図（写真序 -23）のとおりであるが、ロンドンか
らパリへは鉄道ではなく、貸し切りバスに変更になった。ただし、図のように途中の
ドーヴァー海峡はフェリーを利用している。また途中ケルンからハイデルベルクまで、
著者のほか 2 人が添乗員さんに懇願し、現地理解を深めるために離脱して鉄道を利用
させてもらった。

　宿泊地では連泊が多かったが、中には 1 泊だけの都市もあった。帰途のアテネから
はカラチと北京を経由したのだが、北京の空港に到着した際、日中国交回復で田中首
相が降り立った時の光景と同じであったことに感動したことは、忘れられない思い出

写真序 -24 ノルウェーのフィヨルド （1975 年）

写真序 -25 スイスのＵ字谷 （1975 年）

写真序 -26 西ドイツとオランダとの国境検問所
（1975 年）

写真序 -27 イタリアとバチカンの国境をまたぐ
著者 （1975 年）

写真序 -28 ボスポラス海峡を航行するソ連船
（1975 年）

写真序 -29 スイス・ツェルマット駅前 （1975 年）

の一つとなっている。僅か4週間足らずで合計11か国を訪れる、まさに点と線の旅行であった。それでも、現地に行って触れる生々しい体験や行ってみないと分からないこと、実際に見てきて自信をもって生徒に説明できるようになったことなど、この視察旅行を通じて得られたものは計り知れない。特に旅行中に撮影した写真はスライド用のフイルムに現像したので、帰国後の二学期からの授業に早速活用した。以下に授業でよく使用した写真のごく一部を紹介しておきたい。

　写真序-24 はノルウェーでのフィヨルド、写真序-25 はスイスのU字谷で、両方とも氷河によって形成された地形であり、日本にはない地形を実感的に理解させる例となる。同様に日本では見られないものの例として国境がある。写真序-26 は西ドイツとオランダの国境検問所であり、このような形態が一般的であった。しかし、イタリアとバチカンとの国境は特殊な事例だが、写真序-27 のように国境を自由に行き来できるようになっており、この写真が記憶によく残っているということを、卒業生から聞いたことがある。写真序-28 はボスポラス海峡を通過するソ連船を撮影したもので、国際海峡を抱えるトルコの地政学的重要性を実感させる教材として使用した。現在の日本では既に珍しくはないものが多いが、ヨーロッパの先進性から日本も学ぶべき事例となる写真として、スイスのツェルマット駅前の景観（写真序-29）がある。マッターホルンの山麓にある国際観光地ツェルマットでは、環境保護のために市街へのガソリン自動車の乗り入れが禁止されており、市街地内の交通には電気自動車や馬車が使用されているのである。同様に先進性を示しているのが、西ドイツの喫煙者（Raucher）用車両の写真序-30 である。当時の日本では、禁煙意識が低く列車の中でも喫煙できたことはご存知のとおりだが、既に西ドイツでは喫煙車両と禁煙車両の区別がなされていたのである。また、日本では近年になってやっと自転車専用のレーンが設定されるようになったものの、自転車大国オランダでは専用レーンだけではなく専用の信号機も既にあったことから、写真序-31 は生徒に印象的に映ったようだ。同様に当時の日本人にとっては驚きとなる事例として、ミネラルウォーターが安めのワインよりも値段の高いことがある。写真序-32 で、著者が大事そうに抱え込んでいた様子から分かってもらえるかもしれない。「湯水の如く」という言い回しが日本語にはあるように、日本は水資源の豊富な国であることを認識させるのにこの写真は有効であったが、ミネラルウォーターが一般化した現在では教材にはならないであろう。写真序-33 の改札口のない駅構内の景観も、生徒によく驚かれたものである。もちろん車内で検札があり、無賃乗車をすると高額の罰金を払わなければならないことを説明したことは、言うまでもない。

左／写真序 -30　西ドイツの喫煙車両　(1975 年)
上／写真序 -31　オランダの自転車専用レーンと
信号機　(1975 年)

左／写真序 -32　パリでミネラルウォーターを大
事そうに抱える著者　(1975 年)
上／写真序 -33　西ドイツの改札口のない駅構内
(1975 年)

6　トルコ旅行と親友サブリ君の来訪

　このように、この視察旅行は著者の教材研究や授業内容の向上に極めて有意義で
あったが、それ以上にその後の著者の教育・研究活動に大きな影響を及ぼすことになっ
た。それはこの旅行でトルコを訪れたことである。参加者による寄稿集『第 10 回
ソ連・ヨーロッパ地理視察記』に、著者は「イスタンブールとブウルサを巡検して」
(pp. 80-83) と題する小論を投稿したが、その中に次のような記述がある。

「・・・トルコの印象が大きかった他の団員も大勢おられるだろうが、著者の場合は次のような印象からトルコが忘れられない。それは、走っている旧式の自動車であり、騒がしいクラクションであり、人なつこい黒い瞳で"チィン（中国）？"と尋ねてくるトルコ人であった。筆者が小学生のころ見たような車がクラクションを頻繁にならしている光景からは、いやおうなしに日本の昭和 30 年代が脳裏に浮かぶ。日本にもそのような時代があった。日本と同様、西欧を範に近代化の道を辿ってきたトルコは、今後どのような方向に進むのだろうか。そんな関心がトルコへ筆者の興味を向けた。またわれわれと同じ黒い瞳の持ち主が多いので、トルコ人もアジア人であるのだという実感がますますトルコに対する印象を深いものにしていた。・・・」（p. 80）

　この文章では、視察旅行をした国の中でトルコだけが発展途上国であったことや、アジア的な風貌のトルコ人の印象が、著者がトルコに興味を持った理由として強調されているが、そのほかに、訪問国のうちトルコ以外はキリスト教文化圏であるだけに、それまでは全く関心がなかったイスラム圏のトルコに入り、いわば別世界に対する興味がにわかに湧きあがったことも指摘しておかなければならない。そのようなトルコへの親しみや関心から、帰国するとすぐに、翌年の夏休みの時期に単独でのトルコ旅行を計画することにした。上記の小論にも記したことだが、トルコでは外国人労働者として西ドイツへ出稼ぎに行った経験を持つ人が多いことから、外国人に英語でなくドイツ語で話しかけてくる人が目立った。ドイツ語が何とかできれば言語上の問題はないことを両親に話すと、最初は単独でのトルコ行きに難色を示していた両親も了承してくれた。しかし、折角トルコに行くのならば独学でもトルコ語を学ぶべきだと判断し、当時日本語で書かれていた唯一と思われるトルコ語学習書『トルコ語　文法・会話』を早速購入した。トルコ語がアジア系の言葉であることは知識としては知っていたが、学習を進めるうちに、日本語と文法がかなり似ていることに驚き、より一層トルコへの関心が高まった。ただ独学では会話の学習ができないので、多少なりとも会話の経験をしたいと考えた著者は、トルコ大使館員から代々木上原駅の近くにあるモスク（現在は建て直され東京ジャーミーの名で知られている）に隣接する大使館文化部で会話の指導をして下さるウンガン先生がいることを聞き出した。当時の浦安高校では毎週午後半日の研修が認められていたので、トルコ行きの直前 3 か月ほど、1 週間に 1 度のペースで高校からウンガン先生のもとに通ったのである。そして 1976 年7 月 27 日から 8 月 29 日まで夏休み期間をほとんど活用して、トルコへ単独で研修旅

行に出かけた。

　このトルコ旅行で見聞した様子の詳細については、『地理月報』の拙論（1977a, 1977b）を参照していただくことにし、ここではその概要だけを紹介することにしたい。トルコへのルートは、航空券が比較的安く入手することができたモスクワ経由のアエロ・フロートを利用した。ちなみに、当時はまだ日本からイスタンブル（以下同様、トルコ語の発音に合わせて表記）行きのターキッシュエアラインズが飛んでいなかった。イスタンブルからイズミルまではバス、イズミルからエスキシェヒルまでは鉄道、その後はアンカラ、カイセリ（カッパドキアの傍の大都市）、コンヤ、アンタルヤを経て地中海沿いにアダナまでバスで、そしてアダナからイスタンブルまでは飛行機を利用した。したがって、トルコの西半分をゆっくりと巡ったことになる。小論では旅行経路に即して、トルコの親日国ぶり、乗り合いタクシーなどの交通事情、トルコ人の人種的特性と西ドイツとの繋がり、発展途上の経済状況、バザールの立地と構造、トルコ風呂の実情（当時の日本では現在のソープランドを「トルコ」と呼んでいたので、その誤りをさらすために記した）、欧亜の結節的な国際関係と生活様式について報告している。

　著者は、1978年3月に思い出多い浦安高校に別れを告げ、4月に千葉県立船橋高等学校に赴任することになった。県立船橋高校は船橋・市川などの葛南地区で最難関の県立高校として知られており、生徒指導上の問題はほとんどなく、生徒は学習においてはもちろんのこと、部活動や学校行事においても積極的で、一生懸命に取り組んでいた。そうしたやりがいのある恵まれた指導環境の学校で教鞭をとれたことが、著者自身の研鑽意欲を一層高めてくれた。

　研鑽の一つが、再度のトルコ旅行である。2年前のトルコ訪問は西半分であったので、この時は東半分を回るように企画し、1978年8月3日から27日まで夏休み中の研修として承認してもらった。既に開港していた成田空港から再びアエロ・フロートを利用し、モスクワを経てアンカラで入国した。アンカラからはサムスンとトラブゾン間の黒海沿岸を進み、そして東黒海山脈を越えてエルズルム、ワン、ディヤルバクルを経由してマラティヤまでバスの旅とした。そしてイスタンブルへは飛行機を利用し、前回の旅行と同様にモスクワ経由で帰国した。この旅行についての報告も、詳細については『地理月報』に寄稿した拙論（1980b, 1980c）を参照していただくことにし、ここではその概要のみ紹介しておきたい。

　まず、アンカラ近郊で見られた乾燥するアナトリア高原の小麦栽培と家畜飼育を組み合わせた一般的な農業の類型と、降水量の多い黒海沿岸での植生とタバコやヘーゼルナッツなどの栽培を対比した。そして、トラブゾンなどに残されたビザンツ（ビザ

ンティン）帝国の遺跡をもとに、トルコにおける観光業の重要性を確認した。クルド系住民の多いトルコ南東部の中心地、ディヤルバクルでの体験をもとにクルド問題についても言及した。さらに、この旅行が偶然ラマダン（断食月）の期間にほぼ一致したので、見聞したトルコにおけるその実態を紹介するとともに、入手できたトルコの高校用地理教科書から見た日本像、すなわち人口稠密な工業国のイメージなどについて報告した。

　船橋高校在任中にもう一つ、著者が研鑽を積んだことがある。それは、高等学校用教科書の執筆を始めたことであった。学習指導要領が改訂され、1978年に告示された地理学習では、従前の系統地理学習「地理A」と世界地誌学習「地理B」とが統合され、主に系統地理的な構造を持ちながらも、地域的手法や主題的な方法が取り入れられた「地理」が設置されることになった。告示の翌年、恩師の山本正三先生から新指導要領に対応した教科書執筆のご依頼をいただいた。著者の主な担当は「食料の生産と消費」の項目であったので、農業地理や農業経済に関する文献をあらためて収集し、それらについての最新の事情を追究し始めた。著者は最年少で経験も浅かったが、共同執筆者の先生方のご助言等で無事に検定も済み、『詳説　新地理』（二宮書店）と『高校　新地理』（二宮書店）が刊行された時の安堵感と解放感は、忘れられない思い出の一つとなった。以降教科書の執筆を通じて、その役割や地理教育の在り方などを一層意識するようになり、このことが後の著者の教育・研究の方向付けに大きく影響した。

　このように船橋高校勤務時代は地理教師としての力量を磨く重要な期間となったわけだが、著者自身の人生においても節目になった時期でもあった。1978年11月に、著者は当時付き合っていた妻の厚子と結婚する。海外への新婚旅行は現在ほど普及し

写真序 -34　結婚式の写真から作成された銅板細工　銅板細工はトルコの伝統的な工芸品で、トルコ人の友人がお祝いに特注して贈ってくれた。

ておらず、著者たちは九州北部へ行くことにした。羽田から飛行機で福岡へ向かい、筑肥線と松浦線（現・松浦鉄道線）を利用して、初日は平戸に宿泊した。平戸からはフェリーで九十九島に行き、風光明媚を楽しんだ。佐世保からは、大村線・長崎本線を利用して長崎に向かう。長崎で連泊してからバスで雲仙温泉に行き、そこで1泊した後、バスと口之津・鬼池間のフェリーを利用して熊本空港に出て、羽田に戻るというものであった。このコースは著者が中心となり企画したものであったが、往復の航空機内で新婚のカップルが目立ったのは、当時は九州や沖縄が新婚旅行の主な行き先であったからなのかもしれない。

　1981年6月に他界した父の新盆が8月にあり、親戚一同が我が家に集まっていた晩のことであった。突然、警察官がトルコ人の親友サブリ・エクチェスィズ（Sabri Ökçesiz）氏を同行してやって来たのである。サブリ君は1976年のトルコ旅行の際にコンヤで著者をバイクに乗せて史跡を案内してくれ、その後も文通が続いた仲であった。彼はコンヤのバザールにある靴店の子息で、家業に従事しており、時間の融通がきくことから日本の夏休み期間に合わせて、81年の8月に日本を訪問する旨の手紙を送ってきていた。そこで著者は、彼が利用するパキスタン航空の到着予定日時に成田空港へ出迎えに行ったのであったが、彼は出口に現われなかったので、次の便になったものと判断し、後日再度成田まで出かけた。それでも彼には会えず、著者は彼が来られなくなったものと思い、彼の兄宛に到着していない旨手紙を書いてしまった。何しろ国際電話が手軽にかけられない時代であるし、そもそもサブリ君の電話番号を著者は知らなかった。それが突然の来訪となり、親戚一同まで驚かせた次第となったのである。

　彼の話によると、利用したイスタンブル発の便が遅れたため、乗り換え地で東京行きの便に間に合わず、結局2日遅れの便で到着したとのことであった。日本語はもとより英語も全くわからない彼は、大荷物で異国の地に降り立つ破目になったわけで、彼の心細さは計り知れないものがあった。成田からどのように浦安にたどり着けたのか彼に尋ねると、著者が送った年賀状に境川を背景にした家族の写真が付いており、それを駅員に見せたら切符を買ってくれたそうである。成田空港から京成電鉄で京成上野駅に到着すると、駅員が地下鉄銀座線に案内してくれ、日本橋駅での乗り換えを指示されて、東西線に乗れたとのことである。やっとの思いで到着した浦安駅では、駅員が駅前の交番に連れて行ってくれたのであった。言葉が全く通じない国へ一人でやって来たサブリ君の勇気には敬服するばかりであり、我が家では今もって語り種になっている。著者だけが唯一の頼りであった日本への旅行だけに、到着時に出迎えができなかった不手際を何らかの形で取り戻したいと思った著者は、夏休み期間なので

左／写真序 -35　代々木上原にあった東京ジャーミーの前身のモスクとサブリ君　(1981年)
上／写真序 -36　叔父の仲介でシンデレラ城の建設現場を見学できた著者たち　(1981年)

時間も取れることから、出来る限り彼の案内に徹することにした。

　まず初日は、東京見物の定番である上野、浅草、秋葉原といった下町を案内し、2日目は、著者がトルコ語会話を学んだ代々木上原の大使館文化部とモスクに連れて行った後、東京ディズニーランドの建設現場など、叔父の同行で埋立て地区を案内した。3日目は、まず彼の持参したドイツ・マルクの両替で銀行へ行くことにした。浦安の銀行ではドイツ・マルクの両替はできなかったので、大手町の銀行に彼を連れて行ったように記憶する。彼が握りしめていた紙幣を見て、西ドイツへの出稼ぎ労働者からの送金の多さや、進みつつあるインフレへの市民の対抗措置としての外貨保持といった、当時のトルコ経済事情を垣間見た思いであった。両替を済ませてから、銀座、皇居前、議事堂と新宿高層ビル街など都心地区を案内した。そして4日目から、広島と京都方面に2泊3日の旅に連れ出したのである。

　広島行は彼の希望で決めたのであるが、新幹線で広島駅に到着する頃、彼が放射能は残存していないかとの質問をしてきたことには、意表を突かれた思いだった。それを著者は鮮明に覚えている。「ヒロシマ・ナガサキ」は著者のトルコ滞在中にもよく話題に上がり、サブリ君も最大の関心事であったようだ。アメリカと距離を置き、アメリカに批判的なトルコ人からは、何故日本は原爆を落とされていながらアメリカに復讐をしないのかといった、日本人にはまず考えられないような詰問がしばしば発せられたほどである。そこまで過激になることもないとは思うが、著者を含めて日本人自身が、もっと被爆や戦争の経験について意識すべきであることを思い起こさせられたのも、トルコ旅行やトルコ人との出会いの賜物であるように、今更ながら感じている。

広島では広島平和記念資料館や平和記念公園などの見学をしたほか、宮島へも渡った。宮島ではサプリ君が鹿に雑草を与えていたが、どの植物が鹿の餌になるのかをよく知っていたのには、さすが遊牧民族の末裔だと敬服したほどであった。ちなみに、彼の自宅には大きな裏庭があり、そこで彼は牛や羊なども趣味で飼育している。もっとも、すべての都市生活者がそうしているわけではないし、すべてのトルコ人がそうした知識を持っているとも思えない。広島で1泊した後、姫路城の見学のため途中下車してから京都に向かった。京都では代表的な寺社の参拝のほか、嵐山や嵯峨野など、修学旅行でお馴染みの観光地を案内した。急に決定した京都旅行だったが、船橋高校での修学旅行は京都・奈良であり、引率経験のある著者には京都案内はお手の物であった。修学旅行でお世話になっている旅行社にお願いし、生徒の宿泊先となっている聖護院御殿荘に泊まられたのである。前日が原爆ドーム近くの旅館で、簡易宿泊所のようなものであっただけに、落ち着いた和風の雰囲気が漂う御殿荘での宿泊に、サプリ君も満足していたことが昨日のことのように思い出される。

　東京に戻り東京駅で乾いたのどを潤すために、著者はすぐさま生ビールを美味しく飲んだが、敬虔なムスリムであるサプリ君はもちろん飲まなかった。彼は旅の疲れもあってか、著者の飲んでいる様子を冷ややかに見ている面持ちであったのが印象的であった。彼は我が家に到着した日にメッカの方角を尋ねて、以降滞在中、ムスリムの勤めとしての礼拝も可能な限り果たしていたようだ。また、彼のために羊肉をわざわざ買ってきたが、彼はそれを口にしなかった。羊肉や牛肉であっても、イスラムの教えに則って処理されたもの（ハラール）でなければならないことを知らされた。白身魚のフライは好んで食べていたが、日本の白米が一番気に入ったようで、若干の塩をふりかけて美味しそうに食べただけの時もあった。ちなみに、サプリ君の来訪以降も、我が家では日本トルコ協会や浦安市国際交流協会からの依頼で、トルコ人のホームステイを受け入れたことがあるが、その人たちは礼拝もしなかったし、何でも食べていた。もっとも、豚肉料理だけは出さなかったが。

　旅行から戻ってからの残り数日間は、帰国の準備でお土産物の電化製品などを買いに新宿や浅草に連れて行ったり、友人から頼まれたという印刷所の見学を共同印刷（株）でさせてもらったり、出校日の関係で彼を船橋高校に同行させたりした。成田空港へは義弟の運転で連れて行ったので、サプリ君は来訪時とは対照的に安堵感に満ちた顔つきをしていたが、彼を出国ゲートの入り口で見送ると、著者自身にもどっと安堵感と疲労感が湧き出してきた。こうして、我が家で初のホームステイ受け入れが終わったのであった。

7 スクール・インターンシップによる アメリカ研修旅行

　著者は 1982 年 4 月から、東京学芸大学附属高等学校に勤務することになった。学大附属高校は、東急東横線の学芸大学駅から徒歩 15 分程度の閑静な住宅街の傍にある。駅名から推測できるように、もともと同校のある場所には東京学芸大学世田谷分校があったのだが、大学が小金井に統合移転したので、1954 年に設置されていた学大附属高校がその跡を引き継いだのである。有名な進学校であるために教科指導一辺倒と思われがちだが、校外教育施設を活用するなどして、自主的で世界性豊かな人間の育成を目指す教育がなされている。ちなみに、同校の校歌の一節に「自由の天地開くるところ　学び知りゆく　世界はひろし　ひとしく　たえず　励むとき」とあるのは、まさにそうした目標を示したものであろう。

　実際に同校では、生徒が主体的に活躍できる場面が数多く設定された学校行事が盛んであった。とくに注目できるのは、教科に関する行事が学年ごとに設定されていることである。社会科では著者が赴任した 1982 年から、学習指導要領の改訂に伴い「現代社会」が 1 年生で必修科目として設置されたので、「現代社会見学」が 1 年生を対象に実施されることになった。これは、従前の 3 年生を対象にした「政経見学」を継承したもので、東京証券取引所、日本銀行、東京地方裁判所（傍聴）、参議院、朝日新聞社などの見学施設数か所を含むルートを 7 ～ 8 コース設定して、生徒にグループごとに選択させ徒歩で見学させるというものであった。地理学習については、従前は 1 年生を対象に「社会科野外実習」が実施されていた。これは、概ね外堀沿いに旧江戸城をグループごとに徒歩で一周させ、観察記録スケッチ、見取図、徒歩ルートの高低断面図を所定の野帳に記入させるというものであったようだ（『学校創立三十周年記念誌　三十年の歩み』p. 86）。しかし「現代社会見学」の実施に伴い、従前の「社会科野外実習」とは違った内容や方法で、学習指導要領の改訂に伴う新たな「地理」に対応する野外実習を構想することになった。それが新設の「地理野外実習」で、2 年生を対象に八王子市と船橋市に分かれて、4 ないし 5 人のグループで現地での聞き取り調査や見学をさせた。調査のテーマは、近郊農業、商店街、工業団地、ニュータウン、伝統産業（八王子では織物、船橋では漁業）について、それぞれの実態と課題を基本とした。この「地理野外実習」の目的、授業での位置付けや学習指導過程の詳細については、拙著『地理教育論序説―地球的市民性の育成を目指して―』（pp. 146-147）で

写真序 -37　船橋での海苔養殖場の洋上見学
(1986 年)

言及している。

　こうした教科に関する行事では、当日は社会科であれば社会科担当教官全員と当該学年の担任全員が張り付くので、指導においても目配りがきくし、確実に年間指導計画に位置付けられて実施できる。学習指導要領でも地理学習では野外調査や地域調査を実施するように求めているが、実際に指導されている例は残念ながら数少ないのが実情である。同校では、これら「地理野外実習」や「現代社会見学」の後継となる「地理実習」や「社会見学実習」が現在でも実施されている。

　著者には、同校の生徒の地理学習や外国についての関心の高さが印象に残っている。学校行事として地理の校外学習を実施するなど、地理学習への興味を持たせてきた担当教官の努力や工夫もあったと考えられるが、校歌の一節にも謳われている世界性豊かな人間の育成を目指すという、学大附属高校自体の校風も背景にあるように思えてならない。そうした校風の基盤となるものの一つと考えられるのが、1976 年から実施している帰国生の受け入れである。同校では毎年、保護者の海外勤務に伴い同行して海外の学校で学んだ生徒を別枠で受験させ、男女あわせて約 15 名を入学させている。帰国生は欧米諸国からの帰国者が多いが、アジアをはじめ世界各地の実情を子どもの目から確認でき、しばしば授業でも彼らに活躍してもらう場面を設定したことがあった。さらに、同校から海外への 1 年間以上の長期留学が認められ、毎年数人の生徒がこの制度を利用して欧米諸国に留学していた。また逆に、同校では外国からの交換留学生をほぼ隔年で受け入れていた。こうした海外との繋がりが、日常の学園生活に多少なりとも影響を及ぼしていることは間違いないであろう。

　その上、1975 年から毎年 5 名のタイ政府派遣留学生を受け入れていた。留学生は同校入学の約 1 年ないし 1 年半前に来日し、日本語学校に通学するとともに、同

写真序 -38　タイのアユタヤ遺跡　写真の留学生
は、現在政府高官などとして活躍している。（1984 年）

写真序 -39　アユタヤ日本人町の碑　当時は碑だ
けだったが、現在では記念館も建設されているようだ。
（1984 年）

校でも主要教科等について日本の中学レベルの事前指導を受けていた。入学後はほか
の生徒と全く同一の教育を受けており、著者の授業の定期試験でタイの留学生が最高
の点数を取ったこともあったほどである。同校卒業後は日本の国立大学に入学し、大
学卒業後は本国の政府関係諸機関に奉職することになっていた。こうした帰国生や留
学生の受け入れや送り出しについては、校務分掌の一つである海外留学生委員会（当
時）が担当しており、著者も数年間その委員を経験して、さまざまな知見を得ること
ができた。ちなみに 1984 年 8 月には、著者を含めて有志教官が視察団を組織し、タ
イ留学生の案内でバンコクやチェンマイなどを訪問している。

　学大附属高校のこうした海外志向の特性は、教師の研修においても当てはまった。
著者は、学校に送付されてきた民間団体インターンシップ・プログラムス（アメリカ・
カナダ各州政府教育庁東京連絡事務所）のスクール・インターンシップ（以降 SI と略称）
の募集に応募することにした。SI はアメリカやカナダなどの学校で日本事情や日本
文化を紹介することが研修内容で、滞在先はホームステイであり、渡航費と滞在先で
の食費は自己負担というものであった。著者以外に地理を担当されていた同僚の先生
方に SI 合格の話をして、学校に 3 か月間の研修を願い出た。著者の不在期間につい
ては先生方のご協力で非常勤講師の依頼もでき、著者は 1983 年 9 月 30 日から 12 月
21 日まで、アメリカのウィスコンシン州オークレア（Eau Claire）市にあるヴォーグラー・
クノップ（Ingolf Vogeler, Sharon L.Knopp）夫妻のお宅にお世話になることになった。

　オークレアは、隣州のミネアポリス・セントポールから自動車で 2 時間足らずの場
所にあり、人口は 51,509 人（1980 年）で、周辺は酪農地帯となっている。ここには
州立ウィスコンシン大学オークレア校があり、人口の 4 分の 1 を学生が占めるので、
学園都市だとでも言えよう。ホストファミリーのヴォーグラー氏も同校地理学教室に

写真序 -40　林の中にあるヴォーグラー・クノップ家　後方の平屋建ての地下に著者の間借りした部屋があり、夫人の後ろに部屋の明り取りのガラス戸が見える。（1983 年）

写真序 -41　緑に恵まれているウィスコンシン大学オークレア校　（1983 年）

准教授（当時）として勤務され、農村地理学が専門であった。著者にとって最適なお宅に滞在できたのは、著者が地理学関係者のお宅に滞在したい旨の希望を出しており、幸運にもそれがかなえられたからである。ちなみにご夫妻は前年、大学間の交流で上智大学に招かれ、1 年間ほど東京に住まれたそうで、日本の事情についても精通しており、一層親近感を持ってもらうことができた。ご夫妻には 4 歳になる一人息子がおり、我が家の娘より 1 歳上であったので、子どもの扱いについてそれほど苦労はなかった。

　SI の主目的は日本の紹介であるが、著者の場合は現職の教師であることから、アメリカの教育事情、とりわけ地理教育の現状について調査することも視野に置いており、基本的には大学へ出向き資料を収集することに時間を費やすことが多かった。拙論「第二次世界大戦以降のアメリカ合衆国における中等学校・世界地理教科書に描かれた日本」（1988）はその成果の一部であり、地誌の記載自体が歴史性をはらむとともに、記述する側と記述される側との相対的な位置付けに左右されることを示すことができた。

　そのほかに、地理学教室主催のミネアポリス・セントポールへの巡検に参加したり、各国からの留学生がそれぞれの国柄を展示やアトラクションなどで紹介するフェアーで、著者も日本のブースに参加したりしたことなどは、懐かしい思い出となっている。特に巡検で Grant Wood（1891-1942）の特別展の鑑賞があったことは、当時の著者には驚きであった。アイオワ出身の Wood は印象派などの影響を受けた画家で、地域や地域で暮らす人々を描き続け、地方主義の画風に特色があることで知られる。アメリカでは既に人間の意識や想像力を重視する人文主義地理学の大きな流れが形成され、

それを巡検の中に取り込んでいたようだ。不勉強であった著者には、当時そのことにまだ気が付かなかったのであった。

　滞在も後半に入ると小学校や中等学校などへの訪問頻度が高くなり、それぞれの学校で日本文化や日本事情の紹介をして回った。学校訪問では、できるだけ多くの授業の見学もさせてもらった。生徒に活動させる授業が多いが、我が国同様講義形式の授業で生徒が退屈そうにしていたものもあった。印象的な授業は、やはり論争問題を扱った社会科の授業であった。アメリカ史の米西戦争期を取り上げた授業では、カリブ海におけるアメリカの拡大主義を、ちょうど滞在中の 10 月下旬にアメリカ政府がグレナダに派兵をした「グレナダ侵攻」に結び付けたのである。歴史の学習を現在に繋げるとともに、派兵について賛否を生徒に議論させたことで、著者はこの授業を高く評価した。もちろん教師は議論の整理に徹していたが、日本では賛否が二分するような社会的論争を授業で議論させることに消極的であり、全く対照的である。そうした賛否が分かれる時事問題は、別の教師が担当していた政治の授業においても取り上げられていたし、生徒も討論に活発に参加していた。こうした社会的論争をきちんと学校で取り上げ、主権者となる生徒の当事者意識を育成している点に、民主主義の懐の深さを見出した気がした。

　この研修旅行期間中にはハロウィンやクリスマスの準備などが重なったので、季節を反映した年中行事を見聞できたことも幸運であった。ディズニーランドで人気イベントとなったことからか、日本でもハロウィンの仮装が若者の間で流行し、近年では社会問題化しだしたほどだが、当時は日本ではあまり知られていなかった。元来ハロ

上／写真序 –42　留学生フェアーの日本ブースで留学生と一緒に参加した著者　（1983 年）
右／写真序 –43　Grant Wood の特別展パンフレット

写真序 -44　ハロウィンで仮装してお菓子をもらっている子どもたち　(1983 年)

写真序 -45　感謝祭での食事会　右側の夫妻が著者のホームステイ先に招待された。(1983 年)

ウィンは古代ケルト人を起源とし、アメリカやイギリスなど英語圏で 10 月 31 日に行われている行事である。よく知られているように、カボチャをくり抜いた中にローソクで明かりを灯したものを玄関に置いてある家々を、子どもたちがお化けのような衣装を身に着けて訪れ、お菓子をもらうといった風習が見られた。子どもたちは訪問した時に、「trick or treat（お菓子をくれないといたずらするぞ）」と言うそうであるが、著者が子どもの頃、2 月の初午の日に子どもたちが稲荷大明神と書かれた小さなのぼりを担いで各家庭を回り、お金をもらって歩く行事があったことを思い出した。その時もお金をくれないと「けえちんぼ、けえちんぼ」とはやしたて、くれると「商売繁昌」と言って次の家に行ったからである（『浦安町誌　上』pp. 276-277）。子どもに関わる習俗には、民族の違いを超えた共通性があるのかもしれない。

　祝日となっていないハロウィンがいかにもイベント的な年中行事であるのに対して、感謝祭（Thanksgiving Day）は祝日であるのにもかかわらずイベント性がないことも興味深かった。アメリカでは 11 月の第 4 木曜日を祝日としており、当日は大学も休校であった。著者のホストファミリーでもヴォーグラー氏が七面鳥を料理し、クランベリーソース、アップルソース、ポテトペーストや野菜の煮物が付け合わせとして出された豪華なディナーであった。感謝祭は行楽のための休日ではなく、家族や親戚・友人が集う食事会のようである。ヴォーグラー・クノップ家でも親友の夫妻が招待にあずかっていた。

　感謝祭が終わるといよいよクリスマスシーズンに入るのだが、著者には一つ気掛かりなことがあった。それは、12 月 7 日に「Remember Pearl Harbor!」で何か詰問でもされるのか、と内心では気にしていたからである。しかし、それは全くの杞憂に過ぎず、誰もそれに触れることはなかった。今更「恥辱の日」に言及して日本人にあてこする

ほど、愚かな人々には出会わなかったのである。その一方で、訪問した複数の中等学校では、廊下に写真序 -46 のような降伏文書（1945 年 9 月 2 日東京湾上の戦艦ミズーリー号で調印された日本と連合国との間の停戦協定）のコピーなどが掲示されていた。アメリカ人にとっては「恥辱の日」で始まった戦争が日本を降伏させたことで終結したことの方が、アメリカ人意識を育成する上で有効なのだろう。第二次世界大戦での勝利のような歴史上の光の側面は注視させやすいが、原爆の投下の是非といった論争になりやすい影の側面についてはどうなのか、著者の英語力がもっとあれば興味深い調査ができたのかもしれない。

写真序 -46　中等学校の廊下に掲示されていた第二次世界大戦の降伏文書コピー　（1983 年）

　12 月に入るとクリスマスの飾り付けなどの準備で、あわただしさを感じるようになった。訪問した学校でも生徒によるクリスマスキャロルの合唱で、クリスマスの雰囲気が一層盛り上がっていた。ヴォーグラー・クノップ家ではクリスマスの休暇をカリフォルニアで過ごすのが恒例のようで、著者も彼らとともに 12 月 21 日にオークレアを出発し、ミネアポリスの空港で別れを告げた。著者はシアトルで 2 泊して市内見学をした後、成田に向かった。機内で滞在中に記した日記を読み返し、学校視察についてのインタビューを受けて地元局のテレビに出演したことや、寒さでヴォーグラー氏のディーゼル車が使えず、氷点下 30℃ にもなった極寒の中を徒歩で大学へ出向いたことなど、数々の体験を思い出した。

　その中の貴重な体験として特記しておきたいのが、10 月 22 日から 30 日までジャマイカで開催された全米地理教育協議会（NCGE）の大会にヴォーグラー・クノップ家族と一緒に参加したことである。アトランタ経由でジャマイカの北部にあるモンテ

ゴベイ空港に 23 日の午後に到着した。入国に際し税関で著者は持ち物についてかなり詮索され、手間取ったことは忘れられない。昨今では日本からジャマイカへ行くツアーがあるほどだが、当時は日本から来るのが珍しかったのかもしれないし、日本から来た割には身軽だったことが不審に思われたのかもしれない。そんな嫌な思いもしたが、ジャマイカは著者にとっては初めての熱帯地域であり、マングローブやサンゴ礁の彼方に広がるカリブ海、ココヤシ園やサトウキビ畑等々、見るものすべてが物珍しく、非常に感激した瞬間が多くあった。この衝撃が、後に日本の冬場に熱帯地域に旅行したいという気持ちを駆り立てることになった。

　NCGE の年次大会は、モンテゴベイからバスで 1 時間半ほどの場所にある観光保養地オーチョリオスのホテルで開催された。大会は既に始まっていたので、著者は 24 日から最終日の 28 日までの参加であったが、4 日間は毎日巡検に加わり、最終日は教科書選定推薦委員会に出席した。最初の巡検は自給的な小規模農場の見学であった。バナナ、コーヒー、ブレッドフルーツなど多様な作物が混作で栽培されていた。小農と対極をなすプランテーションの見学は別の日にしたが、1670 年に開設されたそのプランテーションは 4,800ha の敷地を持ち、全従事者が 900 人にも及ぶ大規模なものであった。その農場の主力は肉牛の飼育であり、サトウキビの生産の地位は低下していた。世界的にも生産量が多いボーキサイトの鉱山見学の巡検もあった。米系企業所有の露天掘りによる開発で、オーチョリオスからテキサス州のアルミナ工場に搬送されているという。興味深かったのは、採掘された土地が肉牛飼育の牧場として修復されていることであった。これらの巡検の詳細については、『地理月報』の拙論（1984b）に記した。最後の巡検では首都キングストンにある中等学校 2 校と西インド大学を見学した。中等学校では地理教育の一端を視察したが、ジャマイカでは地理が理科に分類されており、自然地理が重視されていたことが分かった。

　最終日の教科書選定推薦委員会に著者が参加していた時かどうかは定かでないものの、実はこの年次大会中あるいはその前後に、日本の地理教育にも影響を及ぼす重要な会議が開催されていたことに、著者は後年になって気付いた。アメリカ地理学会（AAG）と NCGE の両学会で組織された合同委員会が、地理教育の復興を目指して取りまとめた地理教育の基本指針『Guidelines for Geographic Education: Elementary and Secondary Schools（地理教育ガイドライン）』を 1984 年に刊行したのだが、それにむけた会議がオーチョリオスで開かれていたのである。このガイドラインでは地理的な見方・考え方として、位置（地表面における位置）・場所（その自然的・人文的特徴）・場所における相互関係（人間対環境の相互依存関係）・移動（地表面における人間の相互作用）・地域（地域はいかに形成され、変化するのか）といった 5 大テーマが示されて、

その後 94 年に刊行された『Geography for Life: National Geography Standards 1994（地理ナショナル・スタンダード）』にも繋がっていった。また、日本でも 5 大テーマが徐々に着目されるようになった。平成 29 年告示の中学校学習指導要領においては、社会科地理的分野の目標（2）で「地理に関わる事象の意味や意義、特色や相互の関連を、位置や分布、場所、人間と自然環境との相互依存関係、空間的相互依存作用、地域などに着目して」と明示されているし、高等学校における地理歴史科の「地理総合」や「地理探究」の目標においても同様である。

　また 12 月には、SI のコーディネーターの先生がシカゴで開催される教育学系の学会に参加されるというので同行させてもらい、飛行機で 2 泊 3 日の旅に出たことが

写真序 –47　見学したプランテーションの全景
中央奥に砂糖工場など、プランテーションの中核的な施設がある。（1983 年）

写真序 –48　オーチョリオスのボーキサイト搬出港　右手の建物で、内陸部から搬出されたボーキサイトが処理される。著者の宿泊したホテルの部屋から撮影した。（1983 年）

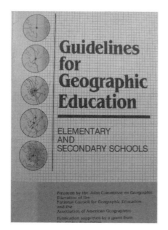

写真序 –49　日本の学習指導要領にも影響を与えた『地理教育ガイドライン』原本の表紙

写真序 -50　シカゴのギリシャ人街 （1983年）　　　写真序 -51　シカゴの中華街 （1983年）

あった。ただこの旅行では、単独で市内見学することと教材の資料収集のみを最初から考えていたので、タクシーと鉄道を存分に利用して回った。シカゴ大学周辺で見た、地区による貧富の差やエスニック別の住み分けの明瞭さには目を見張るものがあったし、商品取引所の見学までできたことは幸運であったが、あいにくの天気で、当時世界一の高さを誇ったシアーズ・タワー（現ウィリス・タワー）の展望室には行けなかったのが残念であった。シカゴの見学場所や資料の収集場所について、ヴォーグラー氏から有益な助言を得たことは言うまでもない。

　帰国後の著者は、アメリカ研修の成果を示すべく授業改善の模索を続けた。その一つとして、まず都市の学習で、アメリカの探究的な地理学習として日本でも着目された中等学校用教科書『Geography in an Urban Age（都市化時代の地理）』の「単元1　都市の地理」を用いて、都市の立地と発展の要因を考察させることから始めた（写真序 -52）。アメリカ本土の地域を想定した地図を用い、地図中のA、B、C、Dの4か所の地点から都市として最も発展する場所を探させるというものである。自然条件だけから考えさせるのではなく、1800年から1960年まで6つの年代の地図が用意され、交通の発達に応じて最適立地が時系列的に変化することも配慮してあることが分かる。次に都市の構造については、著者が滞在したオークレアを事例に考えさせた。同市の地区ごとの人口増加率、18歳以下の子どもの比率、白人の比率、家族の所得、4年制大卒者の比率、持ち家世帯数の比率、家屋の価値に関するデータから、それぞれについての階級区分図を作成させ、それをもとに同市の都市構造を考えさせるというものであった。これにより都市内部の圏構造を確認し、同心円型の内部構造を浮き彫りにさせるとともに、扇形型など他の類型にも言及した。そして、ボストン、ニューヨーク、ニューオーリンズ、ロサンゼルスといったアメリカの主要都市の特色や都市問題を、それぞれアメリカで入手した地形図で確認させたのであった。

この一連の実践では、作業を通じて都市として発達する場所を追究し、都市内部の構造を構想するなど、生徒の主体的な思考活動が土台となっている。こうした作業を通じて思考する主体的な学習を、都市地理という伝統的な系統地理の領域だけでなく、異文化理解を目指す文化や民族の領域でも実践することを思い付いた。それを公表したのが、拙論「高校地理教育における異文化理解のための作業学習―いわゆるアルタイ語の比較を通して―」（1986b）である。この実践では、言語学的に日本語に近い朝鮮語（韓国語）、モンゴル語、トルコ語を題材に、それぞれの言語で書かれた簡単な文章を生徒自身が解読することによって、民族の分類が親縁的な関係にある言語系統を基準としていることや、言語系統が同一であってもそれぞれの民族には固有の表記法や文字があり、そこに民族の独自性を求めることができることを、生徒が認識するものであった。

　活動的で主体的な地理学習の必要性は、もちろん著者だけでなく心ある研究者や実践者の間では長年叫ばれてきた。その解決策として、法則や概念などの一般化を獲得する科学的探究の過程を学習方法として強調した、探究学習が日本でも紹介されるようになった。前述の『都市化時代の地理』はまさにその嚆矢の一つであった。その「単元1　都市の地理」で取り上げられている都市の立地と発展の要因を考察させる手法は、シミュレーション教材の一例となり、そうしたシミュレーション学習についてアメリカだけではなく、イギリスなどの教材も紹介されるようになり、その後の研究や教材開発の成果は、山口・西脇・梅村編『シミュレーション教材の開発と実践―地理学習の新しい試み―』などとして公刊されるまでになった。

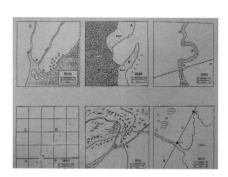

写真序 -52　『都市化時代の地理』における都市の立地と発展に関する教材

8　横浜国立大学での研究と指導

　著者は 1990 年 4 月、横浜国立大学教育学部講師に採用された。著者の所属する社会科教育教室では、社会科教育原論などを専門とされる市川博先生、社会科教育史などを専門とされる影山清四郎先生と地理教育を専門とする著者が構成員となり、教員免許に必要な教職課程科目である初等・中等の社会科系各教育法の講義、社会科教育専門の講義や演習を担当した。ところが、1990 年代半ば頃は全国的に大学教育改革の名のもとに教養部の解体が行われており、横浜国大でも一般教育・教養教育を担ってきた教育学部の教官を他学部に移籍することも視野に、学部改革の議論が進展した。結局教育学部は改組され、教育人間科学部が 97 年 10 月に発足した。新学部では教員養成系の学校教育課程と教養系の課程で学生数をほぼ二分することになった。教官組織も改編されて、著者は学校教育課程教科教育コースの社会科を担当する社会科教育講座に所属することになった。

写真序 -53　研究室からのみなとみらい地区遠望
横浜国大は市内や鎌倉に散在していたキャンパスが統合され、1970 年代半ばに程ヶ谷カントリー倶楽部というゴルフ場があった台地上の常盤台に移転した。著者の研究室はキャンパス南端にある研究棟 8 階であったので、眺望がきいた。(2013 年)

　教育人間科学部となって、著者の担当授業科目にも多少変更が生じることになり、教育学部時代には担当していなかった「初等社会科教育法」と「地誌学」を担当することになった。「地誌学」については、教職課程として認定される教科の専門科目であることから、特に中学校の学習内容を意識して日本地誌を重視するとともに、外国地誌の事例としてトルコを取り上げることにした。

ここからは、横浜国大での著者の研究と指導について振り返ってみるが、印刷物として発表したものが多いので、それらを簡略的に総括しておくことにしたい。著者は高校で主として地理学習を指導してきており、それを核に深化・拡充させたのが大学での研究と指導になるので、総括するにあたっては地理学習との関連から大別して領域ごとに振り返ることにしよう。まず、著者の大学での担当は社会科教育であるから、社会科教育との関係の中での地理学習について考察することが第一の領域となる。次に、地理学習の大きな目的にもなる地域の特色を捉える地誌学習のうち、世界地誌については国際理解と深く繋がっているので、地理学習と国際理解との関係性を追究することが課題になってくる。それが著者の第二の領域となる。そして、地理では具体的に地域を取り上げるが、著者の場合はとりわけトルコを事例に地誌学習を考察してきたので、そのトルコそのものを研究することも課題になった。それが第三の領域である。

　第一の領域である地理学習と社会科教育の関係から振り返ってみることにしよう。1989 年の学習指導要領の改訂で、従来の高等学校の社会科が地理歴史科と公民科に「再編」されたが、それまでは小学校から高校まで地理学習は社会科で行われてきた。地歴科の目標においても、国際社会に生きる平和で民主的な国家・社会の形成者として必要な資質を育成するという社会科の目標と同様の内容が謳われており、広く社会科の範疇で地理学習の意義や役割を考えることができる。社会科の目標となる国家・社会の形成者としての資質を市民的資質と表現するならば、そうした市民的資質の育成に地理学習がどのように貢献できるのかが問われることになるし、また地理学習の目標として市民的資質の育成が想定されることになろう。イギリスやドイツ、そして最近のトルコのように、地理科として地理学習を独立の教科として扱っている国々においてもそれは同様であり、著者は市民的な資質として地理的な見方・考え方とともに、社会参加・参画に不可欠な情報処理能力や情報活用能力を育成することが地理学習では大切であると強調し、そのためには問題や課題の発見と把握、情報の収集と整理、分析や解釈、発表や表現といった情報処理過程をもとにしての価値判断や意思決定といった学習過程を地理学習に組み込むことを、拙著『地理教育論序説─地球的市民性の育成を目指して─』や拙論（1998）などで提示した。従来の地理学習が知識・理解に偏りがちであったものを、広く価値判断や意思決定など態度の側面をも視野に入れて論じられるようになったのは、社会科教育を担当したことが大きかったと考えている。

　そうした教科教育的な思考は、地理的な見方・考え方や地理学習の教育的意義の発想転換に繋がった。位置や分布、場所の特徴、人間と自然環境との相互依存関係、空

間的相互依存作用、地域の成り立ちと変容といった地理的な見方・考え方は、地理学の発想をもとにしたものであり、地域の特性を明らかにする上で不可欠なものであるが、子どもの生活圏についての学習で習得した地理的な見方・考え方は、日本や国際社会の在り方を考えてみる場合にも有用であることに着目したい。例えば生活圏の人口が所属する市町村全体や都道府県全体の人口分布においてどのような特色を持っているかを考えることを通じて、日本全体の人口分布の状況や、分布の背景をなす中心と周辺といった空間的な相互関係から、人口分布のあるべき姿についても関心を持たせることも可能であろう。また、生活圏で見られる土地利用の実態から、台地上と河川沿いの低地との差を通じて人々の自然環境との関わりを考えてみることから、国土全体について自然環境との関わりや国土の保全や防災の在り方についても関心を持たせることができるであろう。つまり、生活圏という子どもにとって具体的で見えやすい空間を題材に、切実感が湧きにくく抽象的な国家・社会の課題について関心を向けさせることができるのである。地域の学習を地域理解にとどめるのではなく、地域を通じて社会を考えさせることで社会科教育における地理学習の果たすべき役割があることを、著者は論じてきた。

　こうした地理的な見方・考え方や情報処理・情報活用能力を実際に育成する上で有効なのが、従来から地理教育関係者が主張してきた地域調査や野外調査などの学習である。小学校では校外での地域見学などが実践されることが多いが、こうした野外での学習は学習指導要領でも実施することとされているものの、実際に実施されている中学校や高校はかなり少ないのが実情であることは、学会発表でもしばしば報告されているとおりである。著者が勤務した学大附属高校のような学校は、むしろ例外的な存在と言えよう。確かに中学校や高校では実施する上で時間割の縛りや生徒指導の問題を指摘できるが、地理学習を担当する教員自身がそうした野外学習の経験がないことも、大きな要因になっていると考えられる。実際に、中学校の社会科担当者で地理学を専門にした教員は少数派であるようだ。そのため、地理学習の一番の醍醐味である地域学習がおざなりにされ、地理の面白さや大切さが分からないままとなり、挙句の果ては"地理嫌い"をも生み出す状況にさえなっているのかもしれない。

　そこで著者は授業担当科目の中で、社会科や地歴科の教員免許で必修となっている科目「社会科教育法」「地理歴史科教育法」などの授業の一環として、受講生を巡検に連れて行くことにした。地理学の巡検とは多少観点が異なり、子どもを野外で指導する場合の視点や、地理的な見方・考え方を導き出せるような事象を確認させたり、教室内でも活用できる地域素材を発見させたりすることを狙いとして実施してきた。著者は東大や立教大でも非常勤講師として前述のような教科教育法を担当したことが

あり、本務の横浜国大の学生だけでなく、それら他大学の受講生とも地理学習指導のための巡検を行った。拙論（1997a, 1997b）はそれぞれ、横浜市中心部や東京の麻布・六本木・青山で指導した時の実践報告である。

　こうした社会科教育を見据えた地理学習指導のための巡検は、教育委員会や各種教育団体でもその必要性を感じていたようで、著者はそうした機関・団体からも講師を依頼された。また、横浜国大在任最後の2014年に同大学で開催された日本地理教育学会研究大会で市中心部を対象に実施した巡検でも、地理教育的な視点から案内した。

　次に、第二の領域である世界地誌学習と国際理解教育との関係について総括しておこう。世界地誌の学習の在り方については、地域的な特色の理解だけではなく、生活様式など暮らしぶりや多様な価値観を通じて、子どもの世界観や視野を広げるようにすべきであり、そのためには共感的な理解を視点とした学習が必要であることを拙論（1991a）などで紹介した。こうした立場は、知識・理解を主眼とした地理学習から態度化をも重視する地理学習への転換を主張した論調と通じ、著者は世界地誌学習の教育的意義や、広義の国際理解教育の手段としての世界地誌学習の在り方を考察するようになった。広義の国際理解教育では、地球環境の在り方を考えさせる環境教育や公正で持続可能な地球の開発を考えさせる開発教育が含まれ、社会参加・参画といった態度の側面も視野に入れており、世界地誌学習でも世界全体を網羅的に扱うのではなく、子どもの世界観や視野を拡大するのに有用な事例として、外国や地域を取り上げることになろう。言い換えれば、グローバルな市民性を育成するための世界地誌学習としたいということであり、それは拙著『地理教育論序説―地球的市民性の育成を目指して―』や拙論（2006b）で指摘するような地球市民的資質を育成する社会科教育にも繋がるのである。

　地域的特色を取り上げる伝統的な世界地誌学習において、注意を要することは、アメリカの世界地理教科書で描かれた日本の姿の変遷を論考した拙論（1988）で明らかにしたように、地誌の記載自体が歴史性をはらむとともに、記述する側とされる側との関係性に左右される点である。同様のことは、トルコの教科書に描かれた日本について考察した拙論（2011a, 2012b）や、トルコの教科書に見られるトルコ系諸国や地域に関する地誌の変遷を分析した拙論（2007a）でも指摘できた。地域性や地域的特色を客観的存在として取り上げることは難しいだけに、前述のように国際理解教育のためのテーマや目標を見出せる外国の事例を取り上げる学習が望まれることになろう。

　国際理解教育を取り上げるのであるならば、教師自身が国際理解のセンスを持ち合わせるべきだという思いから、著者はしばしば海外視察旅行で学生を主に韓国のほか、中国、トルコなどへ引率した。それらのツアーでは、博物館の見学や観光地への行楽

のほかに現地の学校視察なども行程に組み込んだので、学校教育の実情を垣間見ることや、現地の一般的な食堂や家庭への訪問で暮らしぶりの一端を知ることができたものと信じている。

　日本人の外国理解だけでなく、外国人に日本理解をしてもらうべく、我が家でもホームステイを受け入れるようになった。その第一号は 1981 年のサブリ君であったが、著者がアメリカ学校視察でお世話になったインターンシップ・プログラムスや、87 年に設立された浦安市国際交流協会、日本トルコ協会などからの依頼で、87 年以降頻繁にホームステイのホストを引き受けるようになった。トルコをはじめ世界各地からの来訪者を受け入れた。特に 89 年に JICA による研修で来日したトルコ人ソルマズさんはアンカラ在住の国家公務員であり、その後著者がトルコを訪問した時に何度かお宅にホームステイさせていただいた。アンカラにある国立図書館などの公共施設の利用の仕方や歴史や地理の専門書を扱う書店を教えてもらい、著者のトルコ研究でもお世話になった。

写真序 -54　浦安市の広報誌に掲載されたホームステイの写真　（1987 年）

写真序 -55　サブリ君も一緒の日本橋（後方）付近でのクルーズ　（2005 年）

　ホームステイが終了する度に我が家で共有した感想は、人間はみな同じだということであった。殊に著者の母は大正末期の生まれであり、外国人は別の人間だという観念が組み込まれていたから、なおさら人間としての共通性に気付かされたのかもしれない。卑近な例であるが、前日の夕食の残りを翌日の朝食に用いるのは人間の生きる知恵であり、民族によって異なることはないはずだ。実際に我が家でも滞在者への食事の提供でそうしたし、かつて著者がホームステイでお世話になったお宅においても同様であった。著者はこうした人間としての共通性や共感的理解を国際理解教育において強調してきたが、それはホームステイでのホスト経験からの学びによるところが

大きかったと言えよう。

　21世紀に入って長女や長男が成人すると、我が家ではホームステイの引き受けはしなくなったが、2000年にヴォーグラー・クノップ夫妻が日本旅行に来られた際、著者自身がアメリカでお世話になったお礼に、我が家にも1週間ほど滞在してもらった。江の島・鎌倉や銚子・佐原にそれぞれ日帰りで案内し、良い思い出ができた。また、2005年にはサブリ君が再来日し、我が家にも10日間ほど滞在した。初来日から20年以上が過ぎており、変貌の著しい横浜やお台場と葛西臨海水族園、ディズニーランドへも案内するとともに、桜の満開の時季であったこともあり、千鳥ヶ淵や日本橋川・神田川・隅田川リバークルーズへ連れて行った。さらに、サブリ君の希望で千葉県の市原乳牛研究所とマザー牧場へも訪問し、家畜の好きな彼も大満足だったことが印象に残っている。

　第三の領域となるトルコ研究については、大学での担当が社会科教育・地理教育であったので、まずは日本の地理学習の在り方を追究する手立てとして比較教育学的な視点から本格的に研究を進めるべく、教科書をもとにトルコの社会科や地理の教育動向を分析することにした（1996a，1997c，2006c，2009b，2011b，2012aなど）。8年制の初等教育学校の教科「社会科」における地理学習は、4年生から7年生まで順に、県や地方の地誌学習、自然環境と産業からの国土認識、隣国や中央アジアのトルコ（テュルク）系諸国の地誌学習というように、空間的に子どもを中心とした同心円拡大方式で展開され、そうした学習で得られた知識・理解から民族や国民としての意識を育成することに主眼が置かれていた。また高校の必修教科「地理」では自然地理学習と、国内7地方ごとの経済や観光上の特色を学ぶもので、自然環境の理解と国土認識の徹底が求められていた。言わばアイデンティティの育成が地理学習の目標とされていたのであった。

　ところが2005年に教育課程が改訂され、初等教育学校での「社会科」における地理学習は、4年生から7年生まで順に、地図と国土の自然環境、異文化理解、国土と地方の認識、経済的結び付きからの国際理解、世界の産業経済やトルコと世界の結び付きといった内容になっており、従前の「社会科」における地理学習、さらには歴史学習と比較しても、圧縮された内容となっている。新たな課程では学習内容全体がグローバルな視野を持ったトルコの公民・市民を育成する点が重視されて、一層社会科的になったのである。そうした学習内容の変革は、実は後述のようにEU加盟交渉を契機に、教育観の基本的構想が子どもの主体的な活動を学習の中心とするものに転換したことが背景にあり、知識・理解だけでなく情報収集能力、分析・考察力、意思決定力、コミュニケーション能力といった学力のさまざまな側面を育成するようになっ

写真序 -56　新課程対応の授業見学で訪問したト
ルコ・コンヤの私立高校　サプリ君（左端）が仲介
の労を取ってくれた。この時は著者の次男も同行した。
（2009年）

た。高校での必修の「地理」は、「自然のシステム」「人文のシステム」「場所に見る
自然と人文の統合：トルコ」「地球環境：諸地域と諸国」「環境と社会」といった5つ
の学習領域から構成されており、自然環境と国土の認識、人口問題などの現代世界の
課題が中心的な内容に改編され、学習方法についても転換が図られた。「社会科」同様、
子どもの主体的な学習が重視され、データの利用・活用と分析や科学的な追究過程な
どを通じて知識を自ら獲得し、それを活用できる能力の育成が学習の目標とされるよ
うになったのである。
　このように、トルコの地理教育においても社会の変革や新たな社会の創造を担える
公民・市民を育成することに力点が置かれるようになった。こうした教育の刷新を目
指した背景には、トルコのEU加盟交渉があったことが考えられる。教育刷新が、加
盟交渉でトルコが突き付けられた民主化や人権改革の課題を解決する一手段となりう
るからだと考えられる。そこで目指す学力はまさにPISA型学力であり、主体的に社
会参加する公民の出現がトルコの民主主義を支えることになるのだろう。
　こうした地理教育の比較研究の対象としてトルコを取り上げることもしたが、外国
地誌学習のあり方を具体的に考察するためには、事例の対象とする国の地誌学や地域
研究の視点からの知見が必要になってくる。しかし、地理学関係者でトルコ地誌や
ルコの地域研究を前面に取り上げた研究者はほとんどいなかったし、ましてや地誌を
教育的視点から記述する著作もなかった。そこで著者は、それまでの拙論やトルコへ
の旅行経験をもとに国際理解教育的視点から、『トルコの見方―国際理解としての地
誌―』を上梓した。それを「地誌学」の授業に教科書として利用したが、トルコの特
に経済発展が目覚ましく、追加的な資料を年々増やす必要が出てきた。出版後に得ら

れたデータをもとに、観光地化と地域の変貌やトルコ国内の地域差について報告した
拙論（2002e, 2003d）を日本トルコ協会発行の『アナトリアニュース』に寄稿し、そ
れも活用した。また、EU への加盟問題からトルコ自体の地域性を考察して小論にま
とめ（2012c）、『トルコの見方』の補説的な役割を果たさせた。その後は、トルコ版
新幹線網や高速道路網の整備に象徴されるトルコ経済の変容を基盤にした地誌や地域
研究を追究できないまま、現在に至る。

　最近イスタンブルにある世界遺産のアヤソフィア（写真 1-9）がモスクに戻された
ことを日本でもメディアが伝えた（2020 年 7 月 12 日付朝日新聞）。アヤソフィアはキ
リスト教のビザンツ帝国時代に教会として建設されたものであったが、イスラム教の
オスマン帝国に支配が代わると、モスクに改修された。ところが、第一次世界大戦で
敗北したオスマン帝国に代わり現在の共和国が成立すると、政治と宗教を分ける世俗
主義を導入した「建国の父」アタテュルクは、アヤソフィアを無宗教の博物館として
使用させた。トルコの世俗主義の象徴とも言えるアヤソフィアをモスクに戻した現エ
ルドアン政権は、もともと親イスラム的な政権で知られているが、トルコのイスラム
色が強まったことを示している。02 年に発足したエルドアン政権は経済成長を背景
に支持基盤を強化して、EU 加盟にも意欲を示し教育刷新をも遂げてきた。しかし加
盟の進捗は見えず、イスラム的な価値よりもキリスト教に基づく西欧的な価値を尊重
してまでも EU に加盟したい、とする意識がトルコ人から消えつつあることも、そう
した現政権を支えているのかもしれない。

　こうしたトルコの文化葛藤は、トルコがヨーロッパなのかアジアなのかといった地
域区分を考える上でも手がかりになるが、実際にトルコは地理的にヨーロッパとアジ
アの架け橋的な位置にある。その境界とされるボスポラス海峡とダーダネルス海峡は、
黒海と地中海を結びつける結節的な役割を担っており、1936 年に署名された「海峡
制度に関する条約」（モントルー条約）で両海峡を領土内に有するトルコには、強い権
限が与えられている。そうしたトルコの地政学的な重要性が、両海峡での船舶の航行
に関連して、ロシアのウクライナ侵攻におけるトルコの仲介役的役割を可能にさせた。

　文化葛藤的視点からも、旧来から着目されてきた地政学的視点からも、トルコは地
域研究において興味深い対象であり続けるに違いない。

第1章

個人旅行でも訪れたい
トルコと韓国

1　海外旅行を楽しむために

　海外旅行が思い出多く楽しく過ごせて、さらに旅行を通じた新たな学びを得られれ
ば、そんな素晴らしいことはない。個人旅行ができればその可能性は一層高まるが、
危険にさらされやすいことや言語上の意思疎通の難しさを考えてしまうと、現実的に
はパッケージツアーに参加して出かけることになろう。それでも最近ではツアー中に
自由時間がかなり組み込まれていたり、フライトとホテルが設定されているだけで、
ホテル滞在中は自由行動となっていたりする形式も多い。そんな状況を考慮すると、
ツアーに参加しての海外旅行であってもお仕着せでない旅にすることはできる。本節
では、まず海外旅行を楽しむための著者なりの術を記してみたい。

―その1　言語や文字―

　その要点の一つが、意思疎通の手段となる言語であろう。旅行会話程度でも英語が
話せると多少なりとも意思疎通が図れ、それによって旅行を一段と楽しめた経験を多
くの読者が持っているものと思う。そこでここでは英語以外の言語について、異文化
理解の視点から知識を持っておくと役に立つかもしれない事柄をいくつか紹介しよう。
　拙論（1986b）で異文化理解・民族理解の学習材として朝鮮語・韓国語、モンゴル語、
トルコ語を取り上げたが、これらの言語はいわゆるアルタイ系の言語で、日本語の文
法や文構造と似ていることで知られている。とりわけ朝鮮語・韓国語は漢字文化圏の
言葉であるだけに、語彙も日本語と同じ意味で使われるものが多い。朝鮮語・韓国語
では固有のハングルが使用されているため、日本人には全く見当がつかず避けてしま
いがちだが、規則性が明確で合理的に作られているハングルを読めるようになると、
韓国旅行は楽しみが倍増することは確実である。なぜなら、ハングルで書かれてあっ
ても漢字で表記すればどんな単語になるのか、容易に推測できるからである。漢字の
ハングル読みを習得すると、朝鮮語・韓国語が上達しやすいのかもしれない。
　モンゴル語やトルコ語も日本人には学習しやすい言語であり、逆にモンゴル人やト
ルコ人も日本語の習得がしやすい。モンゴル出身の力士が相撲界で活躍しているが、
彼らは日本語を習得しやすく、それが彼らの練習や努力に貢献しているものと著者は
考えている。トルコ語は「シルクロードの言語」と喧伝されることがあるが、それは
かなり当を得たものとなっている。拙著『トルコの見方』（pp. 200-206）でも言及し
たように、シルクロード沿いに住む中国のウイグル人、中央アジアのカザフ人、ウズ
ベク人、トルクメン人の話すそれぞれの言語は、言語学上テュルク語として括られ、

トルコ語にかなり類似しているからである。数の数え方も同じである。ちなみに著者がウズベキスタンを訪れた時、拙いトルコ語で話したところ驚かれたものである。

　日本が漢字文化圏にあることから、中国・台湾は言うまでもなく、韓国、さらにはベトナムを訪れた時、漢字の知識が役立つ経験をされた読者も多いに違いない。台湾では旧字体が使用されており、若い日本人には読めない漢字が多いかもしれないが、著者の世代ではまだ旧字体が使用されていたので、懐かしさを感じるほどである。韓国については前述のように、漢字のハングル読みが分かると、一層親近感を覚えるに違いない。もっとも韓国では漢字も併用しているので、漢字の看板などもよく目にするが。

　ベトナムが漢字文化圏であることを意外に感じる読者もいるかもしれないのは、ベトナムがフランスの支配を受けるとともに、ベトナム語のラテン文字（ローマ字）表記が採用され、それが現在まで続いているからであろう。実は、それ以前に中国の直接支配を受けたベトナムでは漢字文化が移入され、漢語が使用されるようになった。そして漢字（字儒・チュニョー）とともに、漢字を複合させた固有の字（字喃・チュノム）も使われるようになったのである（藤堂、1971）。中国・朝鮮半島・ベトナム・日本で共通して用いられている漢語400あまりについて、その表記と漢字音をまとめた藤井友子著『漢字音』は、漢字文化圏を実感させてくれるであろう。例えば「使用」は中国語で「シーヨン」、ハングルで「サヨン」、ベトナム語で「スッズォン」、日本語で「ショウ」と発音することが示されているように。もちろん、注意しなければならないこともある。それは同じ漢字でも意味が異なることが多々あるからである。中国語の「汽車」は自動車のことであり、日本語の汽車は中国語の「火車」であることは、その代表例の一つであろう。

　漢字文化圏が漢語の借用を基盤としているように、ヨーロッパではラテン語の借用が広く見られる。とりわけ、スペイン語・ポルトガル語・イタリア語・フランス語といったラテン系の言語では借用というよりも共用と言った方がよいかもしれないほどである。また、同一系統の言語間には言語学上の類似性が見られるとおりで、そうした借用関係や類似性は、英語のほかドイツ語・オランダ語・スウェーデン語などのゲルマン系の言語についても当てはまる。英語が堪能であると、ヨーロッパの言語文化を理解する上でも有用であるようだ。そのようなことから、ヨーロッパの言語ではラテン文字表記がほとんどなので、まさに英語が分かれば旅行で必要な程度の標識や看板はかなり理解できる、と言っても過言ではないだろう。

　しかし、日本ではロシア文字として知られているキリル文字を使用しているロシア語など、スラブ系言語の国ではそれほど容易ではない。ただ、このキリル文字はスラ

写真1-1　トルコ語（上段）とトルクメン語（下段）で書かれたスルタン・サンジャール廟（写真2-72参照）修復支援の説明板　テュルク（チュルク）語の中でもトルクメン語はトルコ語に近く、同じような語彙を使い、文構造や文法も似ているので、類似した文章に見える。（2015年）

ブ人への正教（ギリシャ正教）の布教で宣教師が考案したものであり、ラテン文字が基盤となっている。そのためキリル文字固有の字体の発音を覚えたり、ラテン文字と同じ文字でも全く異なる発音をすることに注意したりすれば、容易に読むことができる。ちなみに、異なる発音の代表的なものとしてРやНがある。Рはラテン文字ではRに、НはNにそれぞれ相当するが、キリル文字にはラテン文字のRやNを裏返しにしたような文字、ЯやИがあり、それぞれラテン文字ではYAとIに相当する。キリル文字はロシアのほかに、かつてのソ連を構成していた国やソ連と友好関係にあったモンゴルで現在も使用されている。ただ、ウズベキスタンやトルクメニスタンのようにロシア離れをした国では、キリル文字からラテン文字に切り替えてしまった国もある（写真1-1）。

　ハングルを読めると、英語などから取り入れた外来語の韓国語、たとえば、タクシー、サウナなどは、読めるだけで意味が分かることがある。同じことで、難解と思われがちなアラビア文字も表音文字であるだけに、読めると旅行が一層楽しいものになるに違いない。アラビア文字はアラビア語を話すアラブ圏だけではなく、アラビア文字を借用しているイランのペルシャ（イラン）語やパキスタンなどのウルドゥ語、中国のウイグル語など、広くイスラム圏で見られるとおりである。アラビア文字には印刷用活字体として使われる標準的なナスヒー書体、手書きで書く時のルクア書体、芸術性が高いとされるスルス書体、幾何学的なクーフィー書体などいくつかの書体があり、書道が発達していることで知られる。漢字文化圏だけに書道が見られるわけではないのである。なお、イスラム圏では、日本語の「こんにちは」に相当する挨拶言葉として「アッサラーム・アレイクム（「あなたに平安あれ」の意味）」がよく用いられるので、

アラビア文字を使用していないトルコやインドネシアなどを含めて、イスラム圏へ旅行する際には覚えておくと役に立つかもしれない。

―その2　食事や食品―

　海外旅行の主な目的として本場の食事を味わうことを挙げる人も多いだろうし、海外旅行をテーマとしたテレビ番組では必ずと言ってよいほど、ご当地のグルメを紹介している。それほど、異文化体験となる食事は旅情を誘うのかもしれない。しかし、近年では国内であるいは身近な所で本場の味を楽しめるくらい、日本では外国のグルメが普及しており、以前ほど食事が海外旅行の誘発要因にはならないようだ。日本人の口に合うように本場の料理がリメイクされて、一層グルメファンをうならせている場合もある。イタリア人が日本のイタリア料理を賞味しに来日しているとの風説を耳にしたことがあるが、うなずけないこともない。実際にイタリアのツアーに参加した時の料理には、期待を裏切られた。もっとも旅行社が利益を上げるために、提供する料理の質を下げた可能性も考えられるが。その時の旅行では真夏だったせいもあって、ジェラートの美味しさが一番の思い出となった。

　著者はそうした経験もあってか、料理そのものを楽しむというよりも、飲食の時期や場所を重視し、食事がさらに旅情を掻き立ててくれることを願ってきたように思う。著者はアルコール飲料としてはビールを飲むことが多いが、ビールが世界的な飲料であり、まさに"とりあえずビール！"で済むからなのかもしれない。そんなビールで一番美味しく感じたのは、1994年8月に学会出張でプラハへ行った時に飲んだ生ビールであった。夏場で乾燥していたこともあってか、ホップの渋みとこくがあり、帰国後に飲んだ日本のビールが、まるで麦茶に炭酸とアルコールを加えただけの味気ないものに思えたほどだ。近年では日本でも地ビールの醸造が盛んになり、チェコのビールに負けないものがかなり出回っている。地区全体が世界遺産となっているプラハの町並みを屋外で見ながらのビールであったからこそ、なおさら美味しく感じたのに違いない。トルコ旅行で内陸部から久々に地中海沿岸に出て、リゾート都市アンタルヤの海沿いのレストランで魚介類の料理を、景色を眺めながら楽しんだことが何回かあったが、忘れられない思い出の一つとなっている。著者は魚介類が好きなので、そのように港や海を見ながら屋外でそれらに舌鼓を打つ食事は、大の"お気に入り"である。シドニーやバンクーバー等々で、枚挙にいとまがないほどである。日本でも室内から海を見ながら食事ができる場所は多いが、日本ほど雨が降らず虫や人目を気にせずに屋外で開放的に食事を楽しめるのは、やはり海外旅行の醍醐味だと言えよう。

　著者は酒類がなくともなんとかなるが、いわゆる"呑み助"は、アルコール類が疎

写真 1-2　シドニーの水産市場のフードコート
カニを食べていたら、野生のペリカンがやって来た。
（2007 年）

まれるイスラム圏は苦手かもしれない。イスラム圏では酒が販売されていないことが
多いが、入手の可能性は国によって異なるのが実情である。トルコのように政教分離
政策をとっている国では、外国人でなくともアルコール類を買えるし、レストランで
飲めることもある。一方、トルコの隣国のイランはイスラム原理主義的な政策を取っ
ているため、アルコール類は外国人といえども購入できない。そのため、イラン滞在
中はノンアルコールビールで我慢したが、それだけにトルコに入国して、ビールが飲
めるようになった時のビールの美味しさは格別であった（写真 2-122 参照）。同様に、
トルコ旅行において敬虔なムスリムである親友サブリ君のお宅に滞在させてもらって
いる間はビールが飲めなかったので、彼と別れて久しぶりにレストランで飲んだビー
ルに美味さを感じたことも少なくない。

　イスラム圏では豚が忌避されるので、豚肉を食することはないが、だからと言って
豚肉が食べたかったかと問われると、否と答えることになる。豚肉に代わりイスラム
圏では羊肉がよく食され、著者は美味しくいただいていた。ただ、1987 年 8 月にト
ルコを訪れた時、ちょうどイスラム教の犠牲祭に遭遇し、サブリ君宅では著者の来訪
を歓迎して、1 頭の羊を屠殺してくれた。1 本の小刀で手際よく解体する光景を見た
後、解体した部位の一番美味しいとされる臓物を料理して夕食に出してくれたのであ
る。確かに味は良いのだが、屠殺の場面が脳裏に浮かび、美味しくは感じられなかっ
た思い出がある。日本では生きたままではないものの、マグロ解体の実演に人気があ
りショー化しているほどであるが、家畜の屠殺の現場は見たがらない人が多いであろ
う。著者は遊牧民族系と漁労民族系の違いをまざまざと感じたが、そうした民族によ
る料理や食生活の差異を垣間見られるのも、海外旅行の面白さの一面である。

　海外旅行で現地食に飽きて和食が恋しくなった人のために、ツアーでは日本料理あ

るいはそれに近いものとして、中華料理が提供されることがある。しかし、こちらが期待したほどでないこともしばしばあった。その理由として、例えばイタリアの中華料理はイタリア人好みの中華料理になっているからというのもあるかもしれない。インド旅行で出された中華料理もその一つであった。カレーに飽きただろうからとの現地ガイドの計らいで中華料理が出されることになり期待したが、結果は中華風インド料理とでも言うべきものであった。外国の料理は取り入れた国の人々の嗜好に合わせた料理に変容している。中華料理の食材が用いられているものの、基本はインド料理なのであった。

　料理法だけでなく、例えば辛さの嗜好についても民族性が反映されるであろう。ベトナム旅行でベトナム料理に飽きたので、妻と著者はホテルの傍にあったインド料理店に何度か足を運んだことがある。辛さの程度を尋ねられたので、「mild」と言ったはずなのに、とても辛かったことが思い出の一コマとして残っている。そこで2度目の時には「very mild」と言ったが、やはり辛かった。辛さの基準が日本人とベトナム人とでかなり違うことを、まざまざと体験したのであった。そうした辛さの嗜好を反映しているのが、韓国でのインド料理店の少なさかもしれない。日本では近年インド料理店が急増したが、韓国では著者の見る限り日本ほどインド料理店を見つけられないようだ。キムチに象徴されるように、朝鮮半島では日本よりも辛い料理が多い。概して辛みの少ない料理が多い和食だからこそ、ちょっと辛めのカレーが手軽さもあって日本人には好まれたのかもしれないが、辛みに慣れた朝鮮半島の人々には受け入れられる余地がなかったように、著者には思えてならない。いずれにしろ、そうした辛さや甘さに対する感覚の違いを現地で味わえるのも海外旅行の面白さだと言えよう。ちなみにトルコ人はお茶にたくさんの砂糖を入れて飲むが、アルコール類を飲まない人が多いからなのかもしれない。

　海外旅行で楽しむ食事の極みは、いわゆる"下手物食い"であろう。海外では、日本人からすると風変わりと思われる食材がしばしば売られていたり、料理として提供されたりすることがある。東南アジアや中国の市場では、昆虫やさなぎが店頭に並んでいるのを見たことがある読者も少なくないだろうし、著者は中華料理にサソリのから揚げが出されたこともあった。現代の日本人の食生活からすると、それらが食材とされることに驚くかもしれないが、かつてはイナゴやハチの子も、日本では山間部を中心に貴重な栄養源として食されていたことが知られているし、最近では昆虫食が注目されている。ちなみに、サソリのから揚げは川エビのから揚げと似た食感であったことを覚えている。著者の体験したそのほかの"下手物食い"としては、中国で食べたカエルとブラジルで食べたワニがある。両方とも鶏肉に近い風味だったように記憶

するが、カエルは上海料理よりも四川料理で食べた時の方が美味しかったように思う。上海料理はどちらかというとさっぱりとした風味であるが、四川料理は辛みをきかせているので、淡泊な食材には合っているからかもしれない。調査旅行で訪れたブラジルのパンタナール（第3章参照）では、宿舎の近所にある沼へピラニアを釣りに行き、夕食の材料に使用したことがあった。味はタイに似ており、著者は美味しくいただいた。一見"下手物食い"と思われるものでも、実はそれぞれの土地で食べられる食材をうまく活用しているものと考えられる。

写真1-3　タイの市場で売っていた食用の昆虫（写真中央）（1984年）

　どんな食事をしようと、何を飲もうと、テイクアウトでない限りどこかの食堂やレストランに入らなければならない。個人旅行の場合は、どのようにして食事をする場所を決めるのかが、重要な課題となってくる。世界共通の一般論としては、客で混んでいる店は味に問題がないと言えよう。一度釜山でホテルへの到着が若干夜遅くなってしまったので、近くでまだ開いている食堂に入ったが、客は著者たちだけで案の定美味しくはなく、敢えて夕食をとることもなかったと後悔したことがあった。

　海外旅行に限らず現地で味わった珍しい食品をお土産に持ち帰るのは、旅行の楽しみの一つでもある。最近ではツアー旅行でも個人旅行と同じような体験ができるように、宿泊地などにあるスーパーマーケットや市場に案内してくれることが多い。著者は現地のスーパーなどでお土産に食品を探すのが趣味になっているし、場合によっては料理用具のコーナーにも立ち寄ることにしている。食品のお土産として初めての頃に着目したのはジャムなどで、まずはグアム・サイパン旅行でピーナッツバターをよく買ってきた。アメリカのピーナッツバターは日本のものと異なり、甘くないので気に入ったのである。日本では入手が難しかったバラのジャムやイチジクのジャムも、かつてはよくトルコ旅行の土産としたものだった。

しかし今では、そうした珍しかったものも国内で入手しやすくなったので、珍しいものではなく、国によって違いを味わえる食品に着目している。その代表的なものとして蜂蜜を挙げたい。言うまでもなくハチが集める植物によって風味が異なるので、それを楽しめるからである。蜂蜜の傍にはポーレン（食用の花粉）も売っていることが多いので、ついでに買うことにしている。ポーレンは健康食品として近年日本でも愛用され始めたが、著者はトルコの黒海地方にあるウズン湖（写真 1-52 参照）を訪れた時に知ってから、ヨーグルトに入れて食するようになった。蜂蜜やポーレンのほかには、調味料のジャンの類やソースの類を探すことも楽しみにしている。ちなみに、最近ではイランへ行ったときに味わったザクロのソースが鶏肉や魚の料理に合うことが分かり、新たな楽しみが増えた。

　そうしたお土産を買うにしろ、現地で食べるための果物などを調達するにしろ、市場やスーパーマーケットに立ち寄ることは多い。しかし、市場やスーパーは単にモノを買いに行くためだけではなく、その地域の生活・文化を知る場所としても有意義だ。そこで売られている野菜や果物、肉やその加工品、乳製品、穀物、魚介類などから、その土地で暮らす人々の食生活の嗜好や重要視している食品も見て取ることができよう。日本では魚介類を扱う市場や店が多いし販売される品数も多いが、欧米では肉類や乳製品を扱う市場や店舗、商品の種類が多いことは、その典型例であろう。さらに常設ではなく、テントなどを張って開かれる市場では、その場所で別の曜日や時期には鳥や花など食品以外ものが扱われることがあり、その地域で見られる生活・文化の理解を深めることができるだろう。

　市場が開かれる場所は市街の中心的な位置にある。ヨーロッパで旧市街が大切にさ

**写真 1-4 ドイツ・フライブルクで開催されていた
市場**　食料品のほか、草花や日用雑貨も売られている。
地図 3 の中央にある大聖堂広場（MünsterPlatz）で撮
影した。（2012 年）

れている歴史のある都市では、市場が開設される広場が中心部にあり、傍には市役所や大きな教会といった人々が集まる施設がある。その代表例の一つがブリュッセルで、広大な中心広場グラン・プラスは世界遺産になっているほどだ（写真 3-22 参照）。そうした市場の立地条件については、キリスト教文化圏だけではなくイスラム圏についても同様で、古くからある都市では、中心部の大きなモスクの傍に市場が見られることが多い。日本の門前町も人の集まるところに成立するという点で、同じ原理が働いている。著者はその原初的な形態を、パキスタンのカラコルム・ハイウェーを通った時に土砂崩れが発生し、途中通行止めになった際に垣間見た。下車した人たちで人だかりができ、それを目的に商売を始める人が現われたのである（写真 3-113 参照）。

―その 3　地図―

　言語による意思疎通や食事は人間が生きていく上で不可欠な行為なので、共通に関心を持つものだと思うが、そのほかの事柄については興味関心がまさに千差万別であり、楽しみ方も多岐にわたるであろう。ある人は、人間関係やコミュニケーションに関心を持ち、挨拶の仕方や親子の関係などを観察することに楽しみを見出すかもしれない。音楽や美術、スポーツなどを趣味としていれば、コンサートや美術館巡り、スポーツ観戦などを主目的にして旅行を楽しむ人も大勢いるに違いない。そうした極めて個人的な趣味については著者の力量や関心の埒外なので、おこがましくて楽しむための術など紹介できない。しかし、旅行という移動行動を考えたときに、地図の類は旅行者には必須の所持品である。そこで、海外旅行を楽しむための最後の提言として、紙媒体の地図について言及しておきたい。もっとも、地理学関係者にとっては研究手段として地図が不可欠であるが、一般の人から見れば海外旅行での地図の収集は趣味の領域と映るかもしれない。それでも実益、新たな発見などで効果を発揮することは間違いないので、以下にその例をいくつか紹介したい。

　2012 年 8 月に国際地理学連合地理教育委員会（IGU ／ CGE）の研究大会が、ドイツのフライブルクで開催された。**地図 3** はその時に購入したフライブルク市街図の一部である。滞在先のホテルが大聖堂（地図中央にある教会の記号に Münster と付記）の近くにあったので、中央駅（地図左側の鉄道路線の傍にある赤色表示の公共建造物で Hauptbahnhof と記載）から徒歩でまず大聖堂を目指し、間もなくホテルに到着した。地図のおかげで、すんなりと歩けた。地図の役割をあらためて説明するまでもないが、目的地にどのように行けるのかを示唆してくれることが必要不可欠な役割である。現代ではスマートフォンの GPS 機能が充実して、地図アプリから現在地の位置確認がすぐにできるし目的地まで容易にたどれるから、敢えてアナログ的な地図を入手する

必要性を感じないかもしれない。しかし、この地図は7500分の1の縮尺で、かつて城塞で囲まれた旧市街（Altstadt）を中心にフライブルクの地域性を一目瞭然と把握できるように表示されている。リングと呼ばれる環状道路に挟まれた500m四方ほどの旧市街の街路網はその歴史を反映して、周辺地域よりも入り組んでいる上に規則性にも欠けている。しかもその街路はほとんどが歩行者用（青紫色）に指定され、赤線で記されるトラム（路面電車）を中心とした公共交通機関が歩行以外の主な移動手段となっている。フライブルクは、「環境首都」と呼ばれることがあるように早くから環境政策に取り組んでおり、環境に配慮した都市交通対策を取っている様子を読み取れよう。その脈絡で再度地図を見ると、駐車場（Pのマーク）は旧市街の外れに設置されていることにも気付くし、実際にパークアンドライドを推進し郊外のトラム終点には駐車場が設置されている。さらに観光案内所（iのマーク）は当然のこととして、公衆トイレ、タクシー乗り場、さらには遊び場（バケツのような記号）まで記載されており、旅行者への配慮もされていることが分かる。フライブルク市の測量担当部署から発行されただけに、この地図には縮尺に見合った適切な情報が載せられているのだ。

　スマートフォンの地図アプリでは縮尺を変えることができるので、調べたい地域の範囲をさまざまな縮尺で瞬時に確認できる便利さはあるが、縮尺に見合った情報の提供という点では、経験知を踏まえて作成された地図の良さは見落とせない。**地図3**のように中小都市や大都市の一部を範囲とする場合は大縮尺の地図が必要だが、より広域な範囲や大都市を覆う地図には中縮尺や小縮尺が適用されることになる。**地図4**はユネスコ世界遺産の「Oberes Mittelrheintal（ライン渓谷中流上部）」5万分の1観光用地形図の一部であるが、ライン川沿いに楽しめるサイクリングコース（各種自転車のマーク）、休憩所（家のマーク）、展望スポット（放射状のマーク）、バーベキュー施設（炎や家に炎のマーク）、ピクニック場（「文」に似たマーク）、飲食店（ワイングラスのマーク）、各種スポーツ施設など、移動して楽しむ観光客の需要に合わせた情報が示されている。さらに、数字が示されている箇所は、昔から船乗りの難所として知られてきたローレライの岩⑩をはじめ、ライン川クルーズで楽しめる主な観光スポットであり、地図の裏面にはその写真と説明が載せられている。このように広域を行動範囲とする観光旅行の場合には、当該域とその周辺一帯をも同時に総観できる地図は、地図アプリにはない強みを発揮できるに違いない。

　一目で全体を総観し、ある程度の詳しさで地理情報を入手できる地図のそうした良さを、著者は小縮尺の地図でも見出したことがある。2019年6月に参加した「ドイツ大周遊」のツアーは、フランクフルトで入国してまずリューデスハイムに宿泊して

からライン川クルーズを楽しみ、ケルン、ハンブルク（2泊）、ベルリン（2泊）、ドレスデン（2泊）、エアフルト、バンベルク、ミュンヘン（2泊）、フライブルク、ハイデルベルクにそれぞれ宿泊して帰国するというもので、16日の旅程でノイシュバンシュタイン城の見学やローテンブルク、リューベック、ワイマールの散策などを含めて、ドイツの主な観光名所を見て回った。その時著者は入国してすぐにドイツ全域を把握できる2冊1組の50万分の1地図（「Deutschland Nord（ドイツ北部）」と「Deutschland Süd（ドイツ南部）」）を購入し、そのバスツアーで早速車窓からの見学に利用することにした。

　5日目にハンブルクを出発し、ハルツ山脈山中にある旧都ゴスラーの見学を終えて、バスは**地図5**の中ほどを東西に走る青線の2号線アウトバーン経由でベルリンに向かった。途中にニーダーザクセン州とザクセンアンハルト州の境（地図中央部をほぼ南北に走る薄紫色の線）を通過することを地図で事前に確認できたので、著者はカメラを構えてその時を待っていた。その州境はかつての東西ドイツの国境となっていたからである。その日の著者の座席は運悪く後方であったので、残念ながら写真1-5のように旧国境を示す看板の支柱だけしか写せなかった。添乗員はドイツ専門の方ではなかったので、旧国境の位置についても分かっていなかったのか、著者が近くに座っていたツアーメンバーに旧国境の説明をしたことを受けて、慌てて紹介していた。旧国境に関心のあったメンバーが多かったようで、再度のチャンスを著者に尋ねてきた人もいた。10日目のアイゼナハからバンベルクに向かう途中で、旧国境となるチューリンゲンとバイエルンの州境があるので、著者は写真撮影の可能性が残されていることを示唆した。すると旧国境の近くになったら、著者が最前列に座ってマイクでメンバーに教えてほしい旨、添乗員から依頼されたのである。地図にはアウトバーンの出

写真1-5　2号線アウトバーンにある東西ドイツの旧国境を示す看板　（2019年）

入口番号が記されているから、その位置を推測することは困難ではなかった。写真1-5のような目立つ標識ではなかったが、それを発見して教えたら、期せずして皆さんから拍手をいただいた。もっとも標識を確認することに専念していた著者自身は、写真撮影をする機会を逸してしまったが。

　地図5には左側上方に「Mittellandkanal（ミッテルラント運河）」が記されているが、これらの運河はライン川やエルベ川などと結ばれ、水運のほか農業用水や工業用水にも供されて、ドイツ経済に重要な役割を果たしたことで知られている。そうした運河の流路も地図を総観することで事前に確認ができて、車窓からの観察に一層興味を持つことができよう。国土や州の全域を記載した小縮尺の地図はガイドブックにも載らないだけに、ツアー旅行においても必ず役立つはずである。

　スマートフォンの進化・発展で紙媒体の地図の有用性が減少したように思われがちだが、必ずしもそんなことはないと著者は考えている。市街の一部を示したガイドブックの地図でも主要な観光地を巡る街歩きには役立つが、地形図やそれをベースにした都市図を用いると市街の構造や地勢・地形も把握できるので、訪問している街の特色がさらに理解されるであろう。**地図6**は、オーストリア・チロルの中心地インスブルックとその周辺を図幅とする25000分の1観光用地形図（「freytag & berndt WK333 Innsbruck und Umgebung」）の一部である。この地図を見ることで、インスブルック市街全域を写真1-6のような展望台から見た景観と同じように把握できる。ちなみに、インスブルック中央駅（地図では市街のほぼ中央部にある観光案内所のマークである大きなiのある位置）がどの辺りにあるのか、写真の中から探してみてはどうだろうか。また、写真1-7では展望台がある場所を含めたノルトケッテ連峰が後方に見えるし、右側にトラムの架線と線路も確認できるが、この写真は市街のどの辺りで撮影したのか、地図を用いて推定してみてはどうだろうか。蛇足ながら、**地図6**には上方にノルトケッテ（Nortkette）連峰名が記載されているし、写真1-6を撮影した展望台のハーフェレカールシュピッツェ（Hafelekarspitze）の名前や赤線で記されたトラムの路線も確認できる。

　紙媒体の地図は帰国後の旅行記録を整理する時にも役立つので、思い出のお土産になる。同様に、地図帳にはその国に関する自然や産業経済などの主題図も記載されているので、その国の国土理解にも繋がる。しかも地図帳での世界の諸地域の扱い方に、その国の国際関係の一端を垣間見ることができると著者は考えている。記載されている地域に視点を当てることで、それを確認しよう。日本では中学・高校の学習内容に対応する構成からか、世界の諸地域の後に日本の各地方が記載される順番となっている。それに対して外国の地図帳では反対に自国あるいは自国の各地方が先で、その後

写真1-6　ハーフェレカールシュピッツェの展望台から見たインスブルック市街　標高2269mにある展望台へはロープウェイで上れる。そこからはドイツ国境の山並みも望める。（2005年）

写真1-7　インスブルックのマリア・テレジア通りから見たノルトケッテ連峰　スペイン継承戦争で攻撃してきたバイエルン軍を追撃した記念の聖アンナ記念柱が、写真中央に見える。（2005年）

に世界の諸地域を取り上げるものが多いようだ。グローバル化が進展している現代社会の状況からすると、日本の地図帳の構成の方が"進歩的"で、同心拡大方式的な構成となっている外国の地図帳は"伝統的"と言ってよいのかもしれない。ちなみに著者の入手したトルコや韓国などの地図帳も、"伝統的"な構成を採用している。

　興味深いのは、世界の諸地域をどのような順番で取り上げているかや、取り扱っているページの多さである。日本のように外国を先に取り上げる場合でも、最初に取り上げる地域は何らかの点で重視しているはずであるが、"伝統的"な構成の場合は自国との結び付きが強いか、重視している地域・国からの順番と考えた方が自然であろう。日本で以前使用された『現代地図帳・改訂版』（1984年検定済、二宮書店）では、世界全体に関する色々な主題図などを掲げた後にヨーロッパ、ソ連から始まり、アフリカ、北アフリカと西アジア、南アジア、東アジア、北アメリカ、南アメリカ、オセアニアの順番で構成されていたが、『高等地図帳』（2002年検定済、二宮書店）では東アジア、東南アジア、南アジア、西アジア・中央アジア、アフリカ、ヨーロッパ、ユーラシア北部、北アメリカ、南アメリカ、オセアニアといった順で、日本の周辺から取り上げるようになっている。近隣諸国の理解を重視するようになったと判断できよう。近隣諸国と国境問題を抱えるにしろ、"お隣さん"はいわば永遠に"お隣さん"として付き合わなければならないので、世界の諸地域を先に取り上げる場合にも、まずは"お隣さん"理解から始めるのは当然だと考えたい。

　先に自国から取り上げる外国の地図帳の場合も、自国に続き近隣諸国の地域が取り上げられている。韓国の『高等学校　地理附図（西脇が漢字に変換）』（2001年検定済、教学社）では中国から始まり、続いて日本、東南アジアと南アジア、西アジアと北ア

フリカ、アフリカ、ヨーロッパ、ユーラシア北部、アングロアメリカ、ラテンアメリカ、オセアニアの順になっており、典型例を示している。トルコの『Modern Orta Atlas』（1986 年、Arkın Kitabevi）ではトルコを含めたヨーロッパ全域で始まり、ユーラシア全域、西アジア（「前アジア」と表記）、東アジア、アフリカ、北アメリカ、南アメリカ、オセアニアの順であるが、ヨーロッパ全域の後にバルカン半島、ドイツとその周辺諸国、フランスとベネルクス、イギリス、東ヨーロッパとロシアといった地域図をほかの諸地域並みに取り上げており、近隣諸国でもヨーロッパ方面を重視していることが分かる。ところが同じトルコの地図帳でも『Konuşan Atlas Türkiye』（2007 年、Beyaz Adam）では、タイトルにあるようにトルコ（Türkiye）が主題となっているので、前掲書とは直接的な比較は困難であるにしろ、トルコ国内各地方の後に世界全図、ヨーロッパ全図、「北キプロストルコ共和国」（トルコのみが国家として承認しているキプロス島北部のトルコ系住民の地域）としてキプロス島の地図と、ギリシャ、ブルガリア、シリア、イラン、イラク、カザフスタン、カフカス三国（アゼルバイジャン・アルメニア・ジョージア）、トルクメニスタン、ウズベキスタン、キルギス、タジキスタン各国の地図と要覧が示されている。21 世紀初頭までは EU 加盟に熱心だったトルコであるが、実現の難しさからか近年ではその熱も冷めて、中央アジアのトルコ系諸国との繋がりを重視している姿勢が読み取れるようだ。なお序章で言及したように、トルコの地理学習では以前のような世界全域を取り上げる世界地誌の学習は行われておらず、主題を設定した世界地理学習の事例国として特定の国々が取り上げられるようになったので、『Konuşan Atlas Türkiye』のような構成の地図帳も作成されるようになったと考えられる。

　イランの地図帳『Atlas-e-Jame'-e- Gitashenasi（ラテン文字表記名）』（2014 年、Gitashenasi）では、最初に世界全図、ユーラシアと西アジアの地図が示された後にイラン全土に関する各種主題図が続き、カスピ海、ペルシャ湾、隣接するアゼルバイジャン、アルメニア、トルコ、イラク、パキスタン、アフガニスタン、トルクメニスタン各国の地図が記載されている。そしてインド、ロシア、中国、カザフスタン、日本、インドネシア、ヨーロッパ、アフリカ、北アメリカ、南アメリカ、オセアニアの各地域とその主要国の地図が続くが、ヨーロッパ全域の後にはポーランドとその周辺、ウクライナとその周辺、バルカン諸国、イタリア、スカンジナビア諸国、ドイツ、フランス、イギリス・アイルランド、スペイン・ポルトガルの地図がそれぞれ記載されており、相対的にヨーロッパ諸国を重視している姿が窺われる。ちなみに同地図帳でも一目置かれている日本のページは、**地図 7** のようになっている。日本人としては韓国との国境線が気になるところであるが、竹島は「独島」として韓国の領土内に入れら

れている。また、日本海の名称も括弧に「東海」を挿入してあり、韓国側の主張が配慮されていることも読み取れる。

2 トルコへの誘い

―その1 イスタンブルとその周辺のマルマラ海地方―

　海外旅行を楽しむための下準備ができたところで、本節からは具体的な事例を紹介したいと思う。著者の海外渡航で一番多く訪れたのは、やはりトルコである。既述のように1975年の西欧周遊旅行でイスタンブルとブルサを訪問したのを皮切りに、2015年のシルクロードのバス旅でイランからイスタンブルへ東西を横断した旅行まで、合計20回の旅行を経験した。著者は世界地理学習の事例国としてトルコを追究してきただけに、そのトルコ旅行のほとんどが資料収集などの個人的な研修・研究旅行であった。親日国でバス網の発達しているトルコは、後述のように観光化を推進し、英語教育にも力を入れているので、日本人旅行者には旅行しやすい国となっている。そこで本節では、トルコへの個人旅行を想定し、体系的・全域的にトルコを取り上げてみたい。すなわち、読者の皆さんがトルコへ自由に行けるとしたら、どこを訪れ何

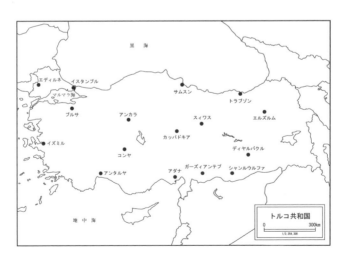

トルコの主要都市とカッパドキア地方

をどのように見たら良いのか、著者なりの"お勧め"を紹介することにしよう。もちろん、ここに書かれてあることはトルコ以外を旅行する場合でも、行き先での街歩きの参考になるはずである。したがってここでは、拙著『トルコの見方―国際理解としての地誌―』で記した概要に新たな知見やその後の旅行体験を加えて、トルコを旅行案内風にしてまとめてみることにした。

　拙著で記してあるように、トルコ国内は自然環境から7つの地方に区分されるので、ここでもそれに準じて紹介しよう。まず始めはトルコ北西部のマルマラ海地方で、イスタンブルとその周辺についてである。最近ではイスタンブルへは日本からの直行便も頻繁に就航しており、日数に限りのある人はイスタンブルに数泊するだけのツアーもあるし、1週間程度でイスタンブルとカッパドキア、あるいはさらにエフェソスなどエーゲ海沿いの観光地を加えた日程的にタイトなツアーも出ている。いずれにしろ、ビザンツ帝国（東ローマ帝国）の首都コンスタンティノープルとして、そしてそれを1453年に征服したオスマン帝国の都として長く繁栄したイスタンブルについては、見所も多いだけに若干ページを多く割くことにしたい。

　イスタンブルは大きくはボスポラス海峡を挟み、アジア側とヨーロッパ側に二分され、世界遺産となっている歴史地区はヨーロッパ側の金角湾（トルコの名称でハリチ、Haliç）の南に位置する旧市街にある（写真1-21参照）。写真1-8で見るように、最左端にオスマン帝国の宮殿であったトプカプ宮殿、その右側には、ビザンツ時代に教会として建設されたがオスマン時代にはモスクとして使用されたアヤソフィア、さらにその右側には、内部のブルーのタイルが見事であるところからブルーモスクと呼ばれるスルタン・アフメット・ジャーミイ（ジャーミイあるいはジャーミはトルコ語でモスクの意味）が集まっている。これらの傍にはグランドバザール、エジプト・バザール

写真1-8　金角湾の南側に広がる旧市街（新市街にあるガラタ塔からの撮影）　左手奥にはボスポラス海峡を挟んだアジア側が見える。（2006年）

写真1-9　巨大なドームを抱くアヤソフィア
ドームの直径は約33m、高さは約55mとされる。（2015年）

など、トルコ旅行では必見の観光名所が集中し、この界隈は観光においても旧市街の中心となっている。実際に、第2章で後述するシルクロードツアーでのイスタンブル見学も、その辺りに集中していた。この一帯にある観光名所の詳細については、第2章の187頁から190頁も参照されたい。

　旧市街にはそれらのほかに、オスマン建築の巨匠ミマール・スィナンがオスマン時代の最盛期、16世紀中葉にスュレイマン一世の命により建設したスュレイマニエ・ジャーミイなどオスマン時代の建造物が散見でき、異国情緒を十分に味わえることであろう。さらに、ビザンツ時代に建造されたテオドシウスの城壁（写真1-12）が旧市街の中心から4～5kmほど西方にある。この城壁は南のマルマラ海と北の金角湾の間約7kmを繋ぎ、西方からの侵入を防ぐもので、マルマラ海と金角湾が半島の突端

写真1-10　ドームの構成が美しいブルーモスク
ミナレットが6本もあり、その壮大さを感じさせるが、撮影時には1本（右から2本目）が修理中であった。（2015年）

写真1-11　ガラタ橋たもとのフェリー乗り場付近から見たスュレイマニエ・ジャーミイ　（2015年）
▶口絵v頁

に位置するコンスタンティノープルへの攻略を難しくした。近年修復が進んでおり、見学に値しよう。とりわけ城壁の門の一つエディルネ門の近くには、ビザンツ美術を代表するモザイク画が見事に残るコーラ修道院（カーリエ博物館）があり、城壁とともに訪れたいところだ。ちなみにコーラ修道院もアヤソフィアと同様の経緯をたどり、オスマン時代に教会内部のキリスト教画を漆喰で塗ってモスクとしたが、その壁を共和国になってからはがしたのである。旧市街にはアヤソフィアやコーラ修道院のように、もともと教会として建築された建物にミナレット（礼拝を呼びかける尖塔）が付加されてモスクとなったものが散見できる。なお、コーラ修道院から1～2km先にエユップ・スルタン・ジャーミイがあるが、このモスクには敬虔なイスラム教徒の参

拝が絶えず、観光地では目にすることがない信仰への篤い思いを感じるであろう。エユップは金角湾の奥まった位置にあり、そのモスクのすぐ近くには、フランスの作家ピエール・ロティの愛した金角湾の眺めを楽しめる場所もある。

　金角湾を挟み旧市街の北側にあるのが、新市街である。旧市街と新市街とはいくつもの橋で結ばれているのだが、最もボスポラス海峡に近い所にあるのがガラタ橋である。写真 1-14 は旧市街から見たガラタ橋と新市街で、新市街の象徴とも言えるガラタ塔が見える。路面電車も走り交通量の多いガラタ橋だが、開閉式で深夜から早朝に開くという。かつては金角湾沿岸に工場や造船所などが多かったが、その名残を今に伝えているようだ。高さ 67m のガラタ塔の起源は物見塔であるだけあって、イスタンブルの景観を俯瞰するのには最適である。ちなみに写真 1-8 や写真 1-20 も、ガラタ塔から撮影したものである。

写真 1-12　城外側から見たテオドシウスの城壁（スィリヴリ門付近）（2015 年）

写真 1-13　イスタンブル旧市街にある教会からモスクとなった建物　（2015 年）

写真 1-14　ガラタ橋と新市街のガラタ地区　新市街のランドマーク的なガラタ塔が目立つ。（2005 年）

写真 1-15　イスタンブルの"銀座通り"であるイスティクラール通り　（2015 年）

ガラタ地区はオスマン時代から非イスラム教徒や西洋人が居住し、旧市街とは元来性格が異なっていたが、そうした地域性はガラタ地区以外の新市街の発展の中にも現われたようだ。オスマン時代の末期にタンズィマート改革と呼ばれる大規模な近代化運動が進められたが、そうした社会の変革を西欧化に求めた最前線が、ガラタ地区に隣接するベヨール地区一帯であった。新市街の中心商店街となるイスティクラール通りには、写真1-15に見るようなヨーロッパを感じさせる新古典様式の中層建築が建ち並んでおり、明治維新で西欧化を具現させた東京の銀座を彷彿させる。この地域には、かつての大使館であった領事館や教会も多い反面モスクは少なく、旧市街とは対照的な姿が見られて興味深い。しかも、こうしたイスタンブルの中心地の移動と社会変革を象徴するのが、新市街のボスポラス海峡に臨む位置に建設されたドルマバフチェ宮殿であろう。バロック様式のこの宮殿はタンズィマート改革期に建設され、トプカプ宮殿に代わって機能した。

　イスティクラール通りを北に進むとタクスィム広場に出るが、そこにはトルコ革命時の国民的英雄をたたえた共和国記念碑がある（写真1-17）。近くには演劇・舞踊・音楽の公演が行われるアタテュルク文化センターや公園もあり、共和国になってから繁栄したタクスィム地区の特色を垣間見ることができる。タクスィム地区からさらに北方へも市街地が拡大し、ボスポラス海峡に架かる2つの橋の近くに位置するシシリ地区やレベント地区には金融、製造業の本部、文化・貿易センターといったオフィスビルが建ち並び、新たな中心業務地区になっている。まさに、“新”新市街といった様相を呈している。これはイスタンブル市街の東西への拡大とともに、ボスポラス海峡に架かる橋により、ヨーロッパとアジアを結ぶ道路交通が容易になったことで、

写真1-16　ボスポラス海峡に臨むドルマバフチェ宮殿（左手）と“新”新市街の高層ビル群　（2015年）

写真1-17　タクスィム広場にある共和国記念碑と国旗が掲げられているアタテュルク文化センター　中央下方部に見えるMの看板は地下鉄駅の目印である。（2006年）

写真1-18　トプカプ宮殿から見たボスポラス海峡と第一大橋　左がヨーロッパ側、右がアジア側で、中央に海底鉄道工事用の作業船も見えた。（2006年）

写真1-19　第二大橋とヨーロッパ側最左端に見えるルメリ・ヒサール要塞　左奥に第一大橋が確認できる。航行する船はドイツ船籍だ。（2005年）

写真1-20　ガラタ塔から見たボスポラス海峡と右手（アジア側）後方のチャムルジャの丘　（2006年）

写真1-21　駅に貼ってあるマルマライ線案内図　マルマライ線は左手にあるヨーロッパ側の旧市街と右手にあるアジア側をボスポラス海峡下で結んでいる。旧市街の上方（北側）に広がる入江が金角湾で、その北側がヨーロッパ側の新市街である。（2015年）

その主要街道沿いが重要になった結果と言えよう。ボスポラス海峡には1973年に第一ボスポラス大橋（7月15日殉教者橋）が、その北側には1988年に日本の協力で第二大橋（ファティフ・スルタン・メフメット橋）が架けられたが、それらだけでは十分でなくなり、さらにその北側の黒海近くに吊橋支間1408mの第三大橋（ヤウズ・スルタン・セリム橋）が2016年に開通した。イスタンブル市街の拡大は、道路だけでなく地下鉄などの鉄道網の整備をも促したし、空港の新設にも繋がった。従来イスタンブルでは中心部の南西15kmほどの所にあるアタテュルク国際空港が航空交通の中心的な役割を果たしてきたが、周辺市街地の拡大や航空需要の増大で、中心部から北西へ35kmほど離れた黒海沿岸近くにイスタンブル空港が新たに建設され、2019年に

旅客便の運航が新空港に引き継がれた。

アジア側にも観光スポットがいくつかあるが、著者の"お勧め"はチャムルジャの丘からの展望と、クズ・クレスィ（乙女の塔）の傍からの夕景である。ヨーロッパ側の旧市街からアジア側へは、以前はフェリーで30分ほどかけて渡ったが、日本の協力で完成した海底鉄道トンネルにより2013年からマルマライ線の電車で行けるようになった。オリエント急行の終着駅となったスィルケジ（Sirkeci）駅が旧市街のガラタ橋の近くにあるが、駅舎のすぐ傍にある地下のスィルケジ駅とアジア側のユスキュダル（Üsküdar）駅とを僅か4分間で結んでいる（写真1-21）。ちなみにユスキュダルは、日本では1950年代に江利チエミがヒットさせた楽曲の「ウスクダラ」であり、その曲自体がもともとトルコの民謡なのである。ユスキュダル駅からチャムルジャの丘へは遠いので、バスかタクシーで行くことになる。頂上からの景色は素晴らしく、写真

写真 1-22　チャムルジャの丘からのヨーロッパ側市街の展望　左に第一大橋、中央から右に"新"新市街が見える。（2005 年）

写真 1-23　左手に見えるクズ・クレスィの傍からのヨーロッパ側旧市街の夕景　貸しソファー屋が出現するほどの人気スポットだ。（2006 年）

▶口絵 x v 頁

1-22 のように、最狭部では 700m ほどしかないボスポラス海峡が川のように見えるし、ヨーロッパ側の市街全容が把握できる。クズ・クレスィの傍までは駅から歩いていける距離であるので、日没に合わせて訪れたい。ヨーロッパ側旧市街のモスクがシルエットで浮かぶ光景は地元でも人気があり、写真 1-23 のように"にわか桟敷"ができるほどである。

最後に、イスタンブルに滞在する間にそれぞれバスで日帰りでも行ける、ブルサとエディルネについて紹介しておこう。沿岸がトルコ最大の工業地帯を形成するマルマラ海のイズミット湾を横断できるように、オスマン帝国の開祖の名にちなむオスマン・ガーズィー橋が 2016 年に完成した（写真 2-131 参照）。そのためブルサへは所要時間

が1時間短縮されて、イスタンブルからは2時間足らずで済むようになった。ちなみに、この橋は吊橋支間が1,550mで世界の吊橋の中でも最長の部類に入り、日本の協力で竣工したものである。ブルサは海抜2,543mのウル山の北麓に位置し、緑が豊かなところから「緑のブルサ」と称されてきた。ウル山がスキー場として知られていたり、市街に古くからの温泉街があったりするものの、やはりブルサはオスマン帝国の草創期に首都が置かれたことに着目したい。開祖のオスマンやその子オルハンの廟などもある。ブルサの観光スポットの一つであるウル・ジャーミは、イスタンブルでよく見られるような大きなドームを有するオスマン様式になっていないだけに、ブルサがオスマン時代の初期に発展したことを示しているようだ（写真1-24）。

　ブルガリア国境近くになるが、イスタンブルから3時間足らずで行けるエディルネには、オスマン建築の巨匠ミマール・スィナンが16世紀後半に建造した世界遺産のセリミエ・ジャーミイがある（写真1-25）。巨大なドームに加え、空高くそびえるミナレット4本を従えて市街中央の丘に構える雄姿は、エディルネの象徴的な存在とも言える。スィナンは、ビザンツ時代に建設されたアヤソフィアをモデルにモスク建築を手掛けてきており（詳細は『普及版イスラムの建築文化』の「第5章　トルコ」「8　シナンの作品」参照）、オスマン様式のモスクは、アヤソフィアのように大きなドームを中央に抱えているのである。なお、エディルネは首都がブルサから遷都された1365年から、コンスタンティノープルが1453年にオスマン帝国に陥落されるまで、帝都となっている。

写真1-24　ウル山の北麓に広がるブルサ市街　前方の建物の裏側に2本のミナレットを持つウル・ジャーミがある。（2000年）

写真1-25　オスマン様式の代表例となるセリミエ・ジャーミイ　手前左側には建築を手掛けたミマール・スィナンの像が見える。（2000年）

―その2　アンカラのある内アナトリア地方―

　トルコ旅行のツアーでは、カッパドキア地方は必ずと言ってよいほど組み込まれている。そのカッパドキアが位置する場所は、トルコのほぼ中央部だ。首都アンカラやカッパドキア、ルーム・セルジューク朝の首都になったコンヤなどの一帯は、年間降水量が300mm以下の地域が広がり、トルコではかなり乾燥した気候の地域となっている。イスタンブルの年間降水量の半分以下しかない内アナトリア地方と呼ばれているこの地域に、トルコ革命の主導者であるケマル・パシャがイスタンブルから遷都させたのである。第一次世界大戦で敗北したオスマン帝国が結んだセーブル条約によって、トルコは解体寸前の状態に陥り、かつてトルコの一属国に過ぎなかったギリシャまでもが、トルコに攻め入ってきたのであった。こうした状況に危機意識を持った国民をまとめ上げた彼は、祖国解放戦争を展開して外国軍を追い出し、革命政権を樹立したのである。連合国側とはセーブル条約に代わるローザンヌ条約が交わされ、現在の国境がほぼ決定された。1923年に共和制を宣言し、ケマル・パシャは父なるトルコ人を意味するアタテュルクの姓が贈られて初代大統領となった。新たな国土運営からも、オスマン帝国とのしがらみを断ち切るためにも、アナトリア半島の中央部に首都を移す必要があったようだ。

　こうした経緯で一地方都市からにわかにイスタンブルに次ぐ大都市になっただけに、アンカラには外国人旅行者を惹き付けるような観光スポットは少ない。しかし新生トルコの近代化政策では、政教分離政策の世俗主義の中でイスラムの太陰暦に代わる太陽暦の採用や、アラビア文字に代えてラテン文字を採用するなど、イスラム的伝統への追従を排除するとともに、トルコ民族の意識を高揚する民族主義なども図られた。こうしたトルコ人としてのアイデンティティを歴史や伝統から育成したり、祖国解放戦争の状況を後世に伝えるべく、写真1-26のように旧跡を博物館として利用したり、新たに博物館を建設したりしたので、アンカラに遷都された時からの旧市街地ウルス地区には、博物館などの施設が多い。その代表とも言えるのが、ツアーでも時々見学箇所として組み込まれることがあるアナトリア文明博物館であろう。そこでは主に古代のアナトリアを時代別に考古学的に紹介しているが、特にヒッタイトの遺物に貴重なものが多いようだ。

　首都としての機能を持ち始めたアンカラでは、人口が急増したため都市計画の基本構想が策定され、ウルス地区の南側に官庁街と居住区が建設された。ウルス地区から南北を貫くアタテュルク大通りが建設され、これと交差する東西の幹線道路が交差する場所はクズライと呼ばれて、いわば新市街の中心となってきた。クズライ地区に買回り品や高級品を扱う商店が集中した上に、人口の増加でクズライ地区の南に隣接す

写真 1-26　祖国解放戦争博物館となっている初
代国会議事堂　（2012年）

写真 1-27　アンカラ中心部のランドマークとなる
アタテュルク廟　（2012年）

るカワクルデレ地区まで、アタテュルク大通りに沿ってブティック、オフィス、高級
ホテルが建ち並び、新市街の中心業務地区（CBD）を形成するようになった。カワク
ルデレ地区とその南のチャンカヤ地区には大使館などが多い上に、富裕層が多く居住
する地域となっているので、アンカラの CBD はますます南下している。なお、クズ
ライ地区の西側にある丘にはアタテュルク廟があり、その中に彼の柩が安置されてい
る。アタテュルク廟は古代神殿を思わせる巨大な建物なので、アンカラのランドマー
クのような存在である（写真 1-27）。

　アンカラの南約 250km にあるコンヤへは、"トルコ版新幹線" である高速鉄道の建
設で 2 時間をかけないで行けるようになり、従来のバスの乗車時間の半分程度になっ
た。ちなみにトルコでは 2009 年のアンカラとエスキシェヒル間での部分開業を皮切
りに、2011 年にアンカラとコンヤ間で、14 年にアンカラとイスタンブル間で高速鉄
道がそれぞれ開通し、アンカラから東方へはスィワスまで、同じくアンカラから西方
へはイズミルまで建設中である。コンヤはアンカラとは目と鼻の先にある位置関係で
あるが、都市の性格はきわめて対照的だ。アンカラが首都としてアタテュルクの世俗
主義を反映した都市であるのに対して、コンヤはイスラムの伝統を重視する都市とし
て知られている。現政権の前にも、イスラム主義の政党が連立ながら政権を担ったこ
とがあるが、その時の首相はコンヤが地盤であった。敬虔なイスラム教徒である親友
のサブリ君も、コンヤの人である。

　コンヤのそうした伝統重視の背景には、コンヤがルーム・セルジューク朝（セル
ジューク朝の地方政権の分裂としてアナトリア地方に誕生した王朝）の首都であったこ
とに関係しているようだ。13 世紀前半のセルジューク朝最盛期には、コンヤは中東
の重要な交易都市に成長して文化の中心となった。当時コンヤに定住したメヴラーナ・

写真 1-28　**高速鉄道の広告**　開業以来 2000 万人の旅行者が時速 250km で旅行したと記している。（2015 年）

　ジェラレッディン・ルーミが、イスラム神秘主義教団の一つであるメヴレヴィー教団を創設し、この教団を象徴する儀式として知られる旋舞が、毎年彼の命日とその前の数日間にコンヤで披露されている。教祖メヴラーナの柩が保管されている霊廟は共和国になってから博物館となったが、イスラム教徒には重要な聖地となっている。そのメヴラーナ博物館や、正門がセルジューク芸術の彫刻からなるインジェ・ミナーレリ・メドレセ（アラビア語ではマドラサ）というイスラム学院だった博物館は、コンヤを代表する観光スポットとなっている。そうしたコンヤにあるサブリ君宅には、著者の妻、息子、友人、学生、卒業生などとも、通算 12 回にわたるホームステイをさせていただいており、そのたびに奥様にはいろいろとお世話になった。おかげでトルコ人一般の日常生活を垣間見られ、サブリ君を通じて結婚披露宴への参加や学校視察もさせてもらえた。

　内アナトリア地方ではコンヤだけではなくほかの都市でも、セルジューク時代の建造物を目にすることができる。コンヤとカッパドキアの間にあるスルタン・ハヌにはセルジューク時代の代表的なキャラバンサライ（隊商宿）が残っており、盛んだった交易や堅固な壁で盗賊から隊商を守った様子が偲ばれる。首都アンカラから東方へ450km 近く離れたスィワスも、コンヤと同様にセルジューク時代に発展した所として知られており、セルジューク文化を感じさせる遺構が残っている。その代表的なものとして、セルジューク建築の傑作とされるギョク・メドレセ（学院）がある（写真 1-31）。ギョクとは青のことで、本来青色の装飾タイルが施されていたことから、その名が付けられたという。スィワスからさらに東へ 160km ほど道を進めると、山間の町ディヴリーイに至り、そこには世界遺産になっているウル・ジャーミがある。ディ

写真 1-29　2007 年発行のメヴラーナ生誕 800 年
記念切手　一番右がメヴラーナ博物館、右から 2 つ目
が旋舞を上から見た姿をあしらった図柄。

写真 1-30　コンヤのインジェ・ミナーレ博物館
(1999 年)

写真 1-31　スィワスにある修復中のギョク・メ
ドレセ　(2012 年)　　　　　　　▶口絵 v 頁

ヴリーイはルーム・セルジューク朝に直接支配されなかったが、13 世紀前半に建設
されたウル・ジャーミもセルジューク建築の多くと同時代の建築である。ウル・ジャー
ミはモスクと病院が一続きになった建物で、写真 1-32 の手前一帯がモスクで、右手
奥の入り口一帯が病院である。写真 1-33 は手前にある北側のモスク入り口を写した
もので、入り口に施された幾何学的紋様や草花的紋様、装飾的なアラビア文字が一体
となった豪華なレリーフが見事である。

　セルジューク時代の遺構ではないが、アンカラとスィワスのほぼ中間付近にヒッタ
イトの王都ハットゥシャの遺跡がある。遺跡は外周が約 6km もある壮大なもので、
その中には大神殿の跡なども基礎だけだが残っている。さらに、部分的に城壁跡やそ
の門も見られる。ヒッタイト人は早くから鉄製の武器を使用したことで知られ、紀元
前 17 世紀頃に強大な国家を建設して、最盛期にはエジプトと争うまでになった。ハッ

上／写真1-32　ディヴリーイにある世界遺産のウル・ジャーミ（2012年）
右／写真1-33　ウル・ジャーミの北入り口　天国にあるとされる生命の樹を形作り、天国の門とされる。（2012年）

写真1-34　ハットゥシャ遺跡の獅子門　手前が城塞の外側で、左のライオンは修理されたもの。（2015年）

写真1-35　ヤズルカヤ遺跡で岩に刻まれている鎌形の短剣を持った12の神（2015年）

トゥシャの傍には宗教的な儀式が行われたとされるヤズルカヤの遺跡もあり、ハットゥシャの聖域となっている。これらの遺跡も世界遺産である。

　内アナトリア地方の見所の最後になってしまったが、アンカラから南東へおよそ270kmの道のりにあるカッパドキア地方は、日本発のツアーでは必ず組み込まれている地域であり、日本でもテレビなどでしばしば紹介されている。それはカッパドキアが、世界遺産の中でも文化的価値と自然的価値の双方を有する複合遺産であり、魅力に満ちた観光地であるからだろう。写真1-36は、カッパドキア観光の中心となるギョレメの近くにある景観を写したものであり、現地で「妖精の煙突」と呼ばれるキノコのような奇岩が目を引く。カッパドキアの周辺にあるエルジイェス山（3,917m、トルコの地図帳による）やハサン山（3,268m、同様）といった火山が噴火した際、一帯

には火山灰や溶岩が堆積した。火山灰からできた凝灰岩、砂岩、石灰岩などからなる柔らかい地層は侵食が進んだが、硬い溶岩からなる部分が上に残り、奇岩が出現したと考えられている。

凝灰岩の堆積した部分は極めて柔らかく、容易に穴を掘ることができるため、ビザンツ時代にはそうして作られた穴が教会や住居などとして使われたし、現在でも住居や食料の貯蔵庫として利用されているものもある。宿泊施設の中には洞窟ルームを設けているものもあり、旅行者には人気があるようだ。キリスト教徒が残した岩窟教会の内部は、聖書に記される場面などをモチーフに描かれたフレスコ画で装飾されているが、かなり綺麗に保存されているものもある。国立公園に指定されているギョレメ地区には、11世紀から12世紀にかけて建設された岩窟教会がいくつか博物館として公開されている。カッパドキアには岩窟教会のほかにも、キリスト教徒がアラブ人からの迫害を逃れるために建設した地下都市の跡や、山間部に作られた修道院跡なども

写真1-36　カッパドキアにあるギョレメの谷　左手に観光バスが小さく見えるように、その広大さが分かる。（2012年）　　　　　　　　　　　▶口絵i頁

写真1-37　カッパドキアからのエルジイェス山遠望　中央にある奇岩の左手奥に見える。（2009年）

写真1-38　ギョレメ野外博物館内の岩窟教会の一つ　（2002年）

写真1-39　岩窟教会内部に描かれているフレスコ画　（2005年）　　　　　　　　▶口絵v頁

ある。地下都市の建設にあたって柔らかな火山灰地は掘るのに困難はなかったようで、地下水源にまで達するべくかなり深くまで掘られた。公開されている地下都市は2か所あり、そのうちの一つデリンクユ（深い井戸の意味）地下都市は、地名が示すように深さが85mに達するという。デリンクユは地下7層であるが、もう一つのカイマクル地下都市は地下8層である。すべての階が見学できるわけではないが、各層には教会、台所、居室、家畜小屋などの跡が残っており、それらがアリの巣のように繋がっている。

　カッパドキアについての大著『Kapadokya』（pp. 482-511）でRifat, S. が、ヨーロッパ人5人の旅行記に書かれている主に19世紀のカッパドキアの様子を、挿絵とともに紹介している。そうした旅行記に描かれている「奇妙で不可解な」まぼろしとまで

写真1-40　カイマクル地下都市の中の様子　中央から右に見える円盤は通路のドアとなる石である。（2009年）

写真1-41（左）／1-42（右）　観光化で変貌したギョレメの中心部　（左の1976年と右の2012年）

言えそうな景色が紹介されたことで、カッパドキアの観光開発や学術研究などへの道が開かれたとその著者は考えている。実際に1980年代からの政府の観光開発政策もあり、自然環境や史跡の観点から魅力に満ちたカッパドキアは、今やトルコを代表する観光地の一つとなった。道路やバスなどの交通手段が整備されるとともに、宿泊施設も増加して観光業がまさに主導産業となってきている。それだけに乱開発を防止する対策として、ギョレメでは「奇妙で不可解な」景観を保護するために高さ規制を図り、3階までの建築しか認めないことにしてきた。

―その3　地中海地方とエーゲ海地方―

　地中海地方で人口が最大の都市はアダナであるが、観光の中心地はアンタルヤである。アンタルヤへは内アナトリア地方の例えばコンヤから、320kmの道のりをバスで行くことを勧めたい。と言うのは、途中でトロス山系を越えて行くからである。トロス山系には3,000m級の山々も多数見られ、それによって地中海沿岸とアナトリアの内陸部とでは気候が大きく異なることを実感できるはずだ。沿岸部の気候は温暖で、冬季を中心に年間降水量は1,000mm以上に達する。年中乾燥して寒暖差の大きな内アナトリア地方でよく見かけた広大な麦畑や地力維持のための休閑地に代わり、灌漑施設や機械化の進展の中で、野菜、果物、綿花やトウモロコシなどの栽培風景が目に付くことになる。

　こうした温暖で夏の日差しがたっぷり溢れる地中海沿岸は、ヨーロッパ人観光客のバカンスに適しており、長期滞在者向けのリゾートが沿岸各地に散在する。最大の観光都市アンタルヤは、ドイツやロシアをはじめヨーロッパ各地と直行便で結ばれている。アンタルヤ周辺の各地で観光開発計画地域が設定され、ホテルなどの宿泊施設の充実が図られてきた。1980年代からの観光開発政策で、外国資本による投資を促進して観光インフラを整備するだけではなく、観光従事者の数を確保し質を高めるために教育にも力を入れてきた。外国人観光客への対応として今や英語が必須となっていることから、トルコでは日本よりも早くから小学校での英語授業が実施されたり、ホテル・観光専門の高等学校が設置されたりしたほどである。そうした観光開発の重点にもなってきたのが、地中海からエーゲ海にかけての沿岸地域である。シルクロードのツアーでイランのガイドが、トルコは観光をうまく手掛けていると言っていたが、確かに世界遺産だけでの比較では、登録数はイランの方がトルコよりも多い。しかし、イスラム原理主義的なイランよりも政教分離政策をとるトルコの方が、外国人観光客が呼びやすいことは大いに考えられる。ただ、イスラムでは女性は他人に肌を見せないようにする慣習があることから、トルコでも敬虔なイスラム教徒にとっては、夏季

に海と太陽を求めてやってきた水着姿の女性観光客が、不快な存在になりかねないといった問題も起こりうる。

　航空交通でアクセスの良いアンタルヤには市内に広大な海水浴場や風光明媚な観光港などがあり、それだけでもリゾートとしての魅力が十分にある上に、周辺には数多くの古代遺跡も散在する。アンタルヤの東方郊外ではペルゲやアスペンドスなどの遺跡で、劇場や競技場、広場や市場となったアゴラから古代人の思いに耽ることができる。西方ではアナトリア最古の民族の一つとされるリキア人の遺跡が、フェティエにかけての沿岸に多く見られる。アンタルヤの西方沿岸一帯は交通が不便であったこともあり、著者には未踏の地であるが、近年ではダラマン空港が整備されヨーロッパ各地と直行便で結ばれたり、海岸線の道路整備も進んだりしたことで、マルマリス、フェティエ、カシュなどがマリンリゾートや遺跡観光の拠点となってきているようだ。

写真1-43　アンタルヤ市内のビーチと西トロス山脈　3月の撮影なので山脈には雪が残る。(2009年)

写真1-44　アンタルヤ市街中心部にあるマリーナ (2009年)

写真1-45　ペルゲ遺跡の市門から見た列柱通り (2000年)

写真1-46　エフェスの遺跡　通りの突き当たりにあるのが図書館跡。(1995年)

エーゲ海沿岸も地中海沿岸と同様に観光開発が進み、リゾートと古代遺跡の観光で知られている。エーゲ海地方の中心都市イズミルの南およそ 90km の所にあるクシャダスは、早くからマリンリゾートとして知られている上に、エフェス（エフェソス）などローマ時代の遺跡を抱えている。エフェスはローマ帝国の主要都市となるほどに繁栄して、大劇場や図書館などの遺構が当時を偲ばせるし、公衆トイレの跡などが当時の人々の暮らしの一端を示している。エフェスからさらに南に 150km 程行くと、マルマリスと同様にギリシャから海路での入国が可能なボドルムに至るが、ここもマリーナを備えるリゾート基地として知られている。イズミルの北約 100km にあるベルガマは、沿岸にはないのでマリンリゾートではないが、そこには、古代ギリシャの文化が東方の文化の影響を受けてできたヘレニズム文化を象徴する建造物が残っており、ペルガモン王国の遺跡を見ることができる。なお、ベルガマからさらに北へ行くとダーダネルス海峡の近くにトロイの遺跡があるが、トロイの遺跡はさまざまな時代の遺構が重なり、著者には分かり難かった印象だけが残っている。

　アンカラに次いで人口の多いイズミルは、オスマン帝国時代にヨーロッパ諸国との間に通商条約が結ばれると、ヨーロッパからは工業製品が輸入され、現在もエーゲ海地方での生産が多いイチジク、オリーブ、ブドウ、綿花、タバコといった食料や工業原材料などが輸出される港湾都市として発展した。ちなみに、現在のトルコで最初に鉄道が敷設されたのはイズミルとアイドゥン間（1866 年）で、イギリスが綿花の輸送をするためであった。交易都市となったイズミルには、ヨーロッパ各地からのほか、ギリシャ人、アルメニア人、ユダヤ人の商人も多く住み、コスモポリタン的な雰囲気のある都市となった。市役所があるコナック広場とジュムフリイェット広場にかけての一帯がイズミルの中心業務地区（CBD）となっており、その間の海岸通りには領事館なども集中して、都会的で洗練された地域を醸し出している。また、イズミルでは共和国草創期の 1932 年から毎年国際見本市が開催されており、交易都市としての性格を示す一面となっている。

　エーゲ海地方の沿岸部について紹介してきたが、内陸部には日本からのツアーで寄ることが多いパムッカレがある。位置はイズミルとアンタルヤのほぼ中間で、デニズリの近くにある。世界遺産に登録されているパムッカレは、流れ落ちる石灰水の温泉が作り出した石灰棚である。まさにパムッカレの意味が「綿の城」であるように、幾重にも広がる白い棚は世界的にも知られた奇観である。写真 1-49 を撮影した当時は自由に石灰棚の自然のプールに入ったが、現在では一部を除いて、保護のために立ち入り禁止となっている。石灰棚の上方にはヒエラポリスの遺跡が広がり、アポロン神殿、野外劇場、墓地など古代都市の遺構を見ることができる。また、デニズリの郊外

写真 1-47　イズミル中心部とイズミル湾　左手の高層ビル付近一帯がイズミルの CBD となり、中央部から右手に広がるキュルチュル公園で国際見本市が開催されてきた。写真 1-48 は左手手前の海岸部で撮影した。(1999 年)

写真 1-48　イズミル中心部の海岸通り　(2000 年)

写真 1-49　かつては自由に入れたパムッカレ
(1987 年)

には「蒸気の都市」を意味するブハールケントという町があり、実際にそこでは高温の蒸気を利用した地熱発電が稼働している。

―その4　黒海地方―

　これまで記した地方は、日本発のツアーで訪れることの多い地域であるが、これから言及する地方は、既にトルコへ行ったことのある人や滞在日数に十分な時間をかけられるような人を対象にしたツアーに参加するか、個人旅行で行く対象の地域となるかもしれない。それではまず、黒海沿いの黒海地方について紹介しよう。

　著者の手元にあるトルコで出版された地域ごとのガイドブックの一つ『Köşe bucak Karadeniz（隅々までの黒海地方）』（p. 8）で、黒海地方の人間のタイプや文化が決して

単一ではなく、東部と西部、さらには河川の流域ごとに異なることが強調されているが、それはむしろそれだけ黒海地方はほかの地方との差が大きいから、敢えて言及したものと推察できる。確かに黒海地方はまず自然環境が全くほかの地方と異なることに驚く。黒海沿岸には、概して東部に行くほど高くなる北アナトリア山系が東西に連なっており、3,000m級の山々が散在する。黒海からの湿った大気が、沿岸部一帯や山間部の北斜面に大量の降水をもたらすので、この地域の植生は、全体として乾燥した地域の多いトルコとは思えないほど豊かである。特に東部の沿岸では年間降水量が2,000mm以上にも達する所があり、日本の多雨地帯にも匹敵するほどで、日本の海岸線に似た自然景観が展開している。それだけに、黒海地方には特産物が目立つが、代表的なものはリゼ周辺の東部地区で栽培される茶である。トルココーヒーが日本ではよく知られているが、それは細びきの粉を鍋で煮出す方法の呼び名であり、トルコではコーヒーを栽培していない。日常の飲み物はお茶であり、近年では緑茶に人気が出ているようだ。茶のほかに黒海沿岸で広く栽培され、黒海地方の特産物になっているのがヘーゼルナッツで、日本にも輸出されている（写真2-120参照）。また、西部の中心都市サムスンの周辺には数少ない海岸平野が広がるが、そこでは米の生産が多い。

写真1-50　黒海沿岸東部にあるリゼ市街　この辺りの年間降水量は2,300mmに達する。（1998年）

写真1-51　リゼ周辺の急斜面で栽培される茶（1998年）

　こうした自然環境は近年では観光にも生かされており、ヤイラ観光が脚光を浴びてきている。ヤイラとは夏季の放牧場として利用される高山の草原のことで、ヨーロッパでいうアルプ（アルプスの語源）ないしアルムに対応する。黒海地方は地中海・エーゲ海地方に比べると観光資源が乏しいだけに、環境や景観に配慮しつつ、宿泊施設などの観光インフラを整備することが課題となっている。写真1-52は、東部の中心都市トラブゾンから東方の山間部に90kmあまり入った所にあるウズン湖の景観である

写真1-52　東黒海山脈の山中にあるウズン湖　緑
の中の白いモスクが絶妙だ。(2010年)　▶口絵 i 頁

写真1-53　サフランボル旧市街の伝統的な家屋
(1998年)

が、人気の山岳リゾートとして知られる。

　黒海地方の豊かな森林は、居住生活にも影響をもたらしている。乾燥の厳しい内陸
部ではレンガや石材が主な建築材となるが、黒海地方では主に材木が用いられる。そ
うした木材建築の伝統が保存され、オスマン時代に建設された家屋が都市規模で残っ
ているのが、世界遺産に登録されているサフランボルである。サフランボルは海岸か
ら直線にして約60km内陸に位置し、アンカラからは220kmほどの道のりなので、
日本発のツアーでもここに寄ることがある。サフランボルは黒海の港と主要街道を結
ぶ交易路の宿場として発展し、木組みと土壁と赤瓦の大きな家屋が建てられたが、そ
の後交易路は衰退し、結果的に美しい家並みが残ることになった。サフランボルの伝
統的な家屋では概して、1階が畜舎、穀物の貯蔵庫、暖炉、2階が台所や寝室といっ
た日常生活向けの空間であり、3階には広間と部屋が設置されて、来訪者対応の空間
となっている。一般にトルコの伝統的な家屋の構造では、家族の日常生活の部分（ハ
レム）と来訪者向けの部分（セラームルック）が設定されるが、サフランボルではそ
れを階によって分けているようだ。また、3階は広間の周囲に部屋を配置していて、
広間が部屋と部屋とをつなぐ共通の広場のようになっている。部屋を個別のテントに
みたて、広間をテントとテントの間にある共通の空間と解釈すると、そうした配置は
トルコ人の遊牧民時代の名残と考えることができる。なお、一般に最上階はバルコニー
のように大きく張り出しており、開放感があるばかりか通気性も良く、夏の暑さも防
ぎやすくなっている。

　アンカラから東方へ340kmほど離れたアマスィヤも、黒海から直線で約80kmの
内陸部にある。ここでもオスマン時代の伝統的な木造の邸宅が修復・保存されている
が、ハレムとセラームルックは中庭で分けられている。アマスィヤは歴史の古い町で、

写真 1-54　アマスィヤの伝統的な家屋と岩窟王墓　家屋の上階が張り出している様子が分かる。王墓は左手家屋の上方に見える。（2015 年）

写真 1-55　トラブゾン帝国時代を代表するアヤソフィア　平面ではギリシャ風の十字架をなす構造となっている。（2008 年）

断崖には紀元前 3 世紀の頃に成立したポントス王国の岩窟王墓があるし、古代の地理学者ストラボンの誕生地としても知られる。小ぢんまりとした街にさまざまな時代の遺構が残り、興味深い。アマスィヤには、2015 年のシルクロードツアーで連泊しており、その時の様子を記した 183 頁や写真 2-124 と 125 も参照されたい。

　黒海地方がほかの地方と異なる特色を持つ、別の理由も考えられる。それは歴史的・文化的な背景によるもので、東部地区で確認できる。と言うのはトラブゾンとその周辺一帯の沿岸地域が、ビザンツ帝国の流れを汲むトラブゾン（トレビゾンド）帝国によって 13 世紀初頭から 15 世紀半ばまで支配されたからである。この地域はその後オスマン帝国に占領されたものの、ルーム・セルジューク朝には支配されなかったので、それだけにビザンツ文化が色濃く残ったようだ。トラブゾン帝国の首都であったトラブゾンには、イスタンブル旧市街と同様に、教会であった建物がモスクに改修されたものが多い。トラブゾンのアヤソフィア（写真 1-55）はその代表的な例で、13 世紀半ばに教会として建設されたが、オスマン時代になってモスクとして使用された。改修後の 1964 年からは博物館として公開され、内部の壁面に鮮やかに残されたフレスコ画が当時の面影を偲ばせる。また、トラブゾンから南方へ 50km 近く行った山中の谷底から 300m ほど上がった標高 1,300m の断崖絶壁に、スュメラ修道院（写真 1-56）の遺構がある。この修道院はトラブゾン帝国時代の 14 世紀に現在の形になり、オスマン時代にもそのまま使用が認められた。1923 年のローザンヌ講和会議の時に、トルコ領内のギリシャ人とギリシャ領内のトルコ人との住民交換がなされ、ここにいたギリシャ人もギリシャに送られたために修道院は荒廃したが、現在では修復が進み、黒海地方では数少ない観光名所の一つとなっている。

　トラブゾン帝国の経済基盤をなした東西交易はオスマン時代になっても引き継がれ

写真 1-56　絶壁に建設されたスュメラ修道院の
跡　（2008 年）

写真 1-57　修道院のフレスコ画　異教徒による損
傷が目立つ。（2015 年）

て、トラブゾンは黒海が外国貿易に開放されると、ロシアや中央アジアを結ぶ重要な
貿易港に発展したが、ソ連が成立して東方への通商がとだえると、まさに黒海の袋小
路に閉じ込められて、“暗黒期”に入った。しかし、ソ連の崩壊で、黒海を通じてヨー
ロッパ東部・中央アジア・中東を結ぶ交易の一大拠点になる可能性が出てきた。トラ
ブゾン港にも自由貿易地域が設定されており、その役割は益々大きくなっているよう
だ。

―その５　東アナトリア地方と南東アナトリア地方―

　トルコ東部にある東アナトリア地方と南東アナトリア地方は、後者では南部で平野
の広がりを見せるものの、主に高山や高原からなっている。特に前者ではほとんどが
山岳地帯となっており、トルコの最高峰であるアール山（アララト山（5,137m）、トル
コの地図帳による）をはじめ、4,000m 級の山々も散見する。両地方は、ディジレ（ティ
グリス）川やフラト（ユーフラテス）川の水源地帯にもなっている。両地方とも寒暖
の差が大きく、乾燥した大陸的な気候である。ただし、東アナトリア地方では夏でも
比較的冷涼であるが、南東アナトリア地方南部の低地は、夏の暑さが厳しいことで知
られている。こうした自然環境から両地方では、ヒツジの飼育を中心とした牧畜が広
く行われている。それとともに農業では、東アナトリア地方では小麦や大麦などの自
給的な穀物栽培が中心となっているが、後述のように近年急速に灌漑化が進んでいる
南東アナトリア地方では、綿花、野菜、ピスタチオなどの商品作物の生産が多くなっ
ている。
　地中海地方に近いガーズィアンテプは両地方で最大の都市であり、製造業も盛んで
あるが、両地方全体が基本的に農牧業を基盤としているだけに、ほかの都市は農産物

写真 1-58　成層火山のアール山　手前にイラン方面に向かう国際貨物自動車が見える。(2008 年)

写真 1-59　ワン湖北側山間部での羊の放牧 (2008 年)

の集散地や交易地としての性格が強い。アンカラから東方へ 880km ほど離れて、東部諸県の行政上の中心地とされてきたエルズルムは、軍都・学園都市としての役割をも担ってきた。著者が 1998 年に日本事情と日本の教員養成についての講演を依頼されたエルズルムのアタテュルク大学は、東部きっての総合大学である。市内にはセルジューク時代のイスラム学院チフテ・ミナーレリ・メドレセ（写真 1-60）などがあったり、スキー場開発が行われたりしているが、目玉となるような観光地を探すには周辺に目を向けなければならない。

　その一つが、エルズルムから東方へ 270km ほどのドーウバヤズットの郊外にあるイサク・パシャ宮殿（写真 1-61）である。ドーウバヤズットはイラン国境まで 40km 程度であり、まさに国境の町だ。イサク・パシャ宮殿は、17 世紀にこの地域を治めたクルドの族長が岩山の上に建設したもので、セルジューク、オスマン、イラン（ペルシャ）の建築様式が取り入れられて、100 年がかりで 1784 年に完成されたという。もう一つは、エルズルムから北東へ約 200km 離れたカルスの郊外にあるアニ遺跡（写真 1-63）である。アニは 11 世紀にビザンツ帝国に組み込まれる前の数世紀間、アルメニアのバグラト王朝が統治し、東西交易の拠点として繁栄した。しかし、モンゴル人の襲来や大地震で崩壊した。城壁に囲まれた広大な遺跡には、往時を偲ばせる数多くの教会やキャラバンサライなどの廃墟が散在する。また傍を流れて深い谷を刻む川が国境となっており、遺跡の対岸はアルメニアである。また、カルス（写真 1-64）は他の都市とは異なる風情を感じさせる。それは、カルスがオスマン時代末期から 1920 年までロシアに占領されて、ロシア風の建築が残っているからであろう。

　トルコ最大の湖であるワン湖は、琵琶湖の 6 倍近くの大きさで、湖水から流出する河川がない塩湖である。このワン湖東岸にあるのがワンで、2011 年に大地震に見舞

写真 1-60　エルズルムのチフテ・ミナーレリ・メドレセ　同じくセルジューク時代に建造されたギョク・メドレセ（写真 1-31）と様式が似ている。ミナレットは修理中である。（2015 年）

写真 1-61　岩山山頂部にあるイサク・パシャ宮殿　（2015 年）

写真 1-62　セルジューク様式で飾られたイサク・パシャ宮殿正門　ディヴリーイにあるウル・ジャーミ（写真 1-33）北入り口のデザインとの類似性が感じられる。（2015 年）

写真 1-63　城壁の門からみたアニ遺跡　中央奥に大聖堂の廃墟が見える。（2008 年）

写真 1-64　ロシア風の建物が建ち並ぶカルス市街　（2008 年）

上／写真 1-65　東西 1800m 南北 60m のワン城塞
手前に歩いている親子二人連れはシリアからの難民だ
という。(2015 年)
右／写真 1-66　ワン城塞で見られるくさび形文字
(2008 年)

写真 1-67　アクダマル島にあるアルメニア教会
(2015 年)
▶口絵ⅰ頁

写真 1-68　教会の外壁レリーフの一部　左下に
は、海に捨てられた預言者ヨナが大魚に飲まれ、陸上
に吐き出された説話が見える。(2015 年)

われた。市街地近くの湖畔にある高さ 80m の岩山にはワン城塞(写真 1-65)がそびえ、
古代ウラルトゥ王国の遺跡を見ることができる。写真 1-66 のように、岩壁には王の
偉業をたたえたくさび形文字が刻まれている。ワン湖の南岸近くにあるアクダマル
(Akdamar、最近ではアータマル Ahtamar)島も、ワン周辺の代表的な観光地となっている。
そこにあるアルメニア教会と湖や周囲の山々が絶景を生み出すとともに、教会の外壁
のレリーフが実に見事に残されているからだ(写真 1-67 と 68)。この教会は 10 世紀
前半に当時のアルメニア系王朝の支配者によって建設されたものであり、東西南北そ
れぞれの外壁レリーフには、旧約聖書に出てくる説話や、聖母マリア、諸聖人の顔、
ブドウのつるや鳥などが描かれている。また、内部ではキリスト、聖母マリア、使徒
などが描かれたフレスコ画が見られる。

ワンから西方に380km進むとディヤルバクルに到着する。ティグリス川に臨むディヤルバクルはローマ時代からの軍事拠点であり、4世紀のビザンツ時代に建設された旧市街を囲む高さ12mの堅固な城壁（写真1-69）は、周囲5.5kmにも及ぶ。著者が初めてこの都市を訪ねた1978年には城壁の多くの個所が破損していたが、2008年に再訪した時にはかなり整備された。南東アナトリア地方はクルド系住民の多い地域であるが、その中心となっているのがディヤルバクルである。著者がトルコ語を多少なりとも話せることを知ると、クルド語も知っているのかとクルド人からたびたび尋ねられたことがあるほどだ。城壁内の市街地中央部にあるウル・ジャーミ（写真1-70）が、観光の見所となるだろう。このモスクは当初教会として建設されたが、7世紀にアラブ人が支配するとモスクとして使われた。しかし12世紀初頭には地震と火災に見舞われ、セルジューク時代に改修・増築されて現在に至っている。要衝の地としてのディヤルバクルを象徴するような建物と言えよう。

写真1-69　整備されたディヤルバクルの城壁
（2008年）

写真1-70　教会だったウル・ジャーミ　（2008年）

　南東アナトリア地方で最も観光資源を抱えている都市シャンルウルファへは、ディヤルバクルから南西におよそ180km進むことになる。もしその途中を、後述のアタテュルク湖の北岸に迂回して行けば、世界遺産のネムルト山（2150m）に寄ることができる。その山は山頂が円錐形になっているが、それは直径150m高さ50mに砕石を積み上げたもので、紀元前1世紀に最盛期を迎えたコンマゲネ王国のアンティオコス一世の陵墓である。傍のテラスには巨大な神像の頭部などが地震によって地面に転げ落ち、無造作に置かれている。彼はギリシャとペルシャの血を引くとされ、神々の顔立ちや衣装はヘレニズムとペルシャの様式を備えているようだ。著者はここへは早朝ツアーで訪れ、山頂で日の出を待った。写真1-71に見るように、朝日を浴びた神

像には神秘さを感じたものである。

　単にウルファと呼ばれることが多いシャンルウルファは、盛夏には50℃にもなり、トルコで一番暑い都市である。著者がこの街に降り立った夏の午後も、外気を示す表示が38℃となっていたが、日陰に入ると、乾燥しているために数値のような暑さは感じなかったことが記憶に生々しい。そのような気候にもかかわらず大勢の観光客が集まるのは、ここが「預言者の町」であるからなのかもしれない。ウルファはアブラハムの生誕地で、ウルファ城塞の麓にある岩窟で生まれたとされ、メッカ巡礼への前に立ち寄る人などで賑わう聖地となっている。コーランには旧約聖書に載っている説話も記されており、アブラハムも崇められているからである。その傍にある「聖魚の池」は、アブラハムが火刑に処されそうになった場所で、炎が水となり、くべられた

上／写真 1-71　ネムルト山の陵墓　手前の頭部像は左からゼウス、神となったアンティオコス一世、ヘラクレス。（2008年）　　　　　　▶口絵ⅹⅴ頁
右／写真 1-72　シャンルウルファにあるアブラハムの生誕地　入り口は男女別々で、洞窟内には聖水が湧き出す。（1998年）

写真 1-73　ハランの伝統的な民家　（2008年）

写真 1-74　ハラン一帯で進んだ灌漑化　（2008年）

薪が魚になったという奇跡の伝説が残る。池の魚を釣ると目が潰れるとも信じられている。ウルファの南郊でシリア国境へは25kmほどの場所にあるハランも、見所の一つだ。ハランには世界最古とされるイスラム学院などの跡もあるが、日干しレンガで作られた高さ5mにも及ぶドーム状の屋根を持つ、独特な民家を間近に見られるのが魅力的だ（写真1-73）。夏涼しく冬暖かいこの伝統的な民家は、乾燥した気候で木材の入手が困難な地域に適した建築法だと言えよう。

　ウルファから北西に70kmほど行くと、ユーフラテス川をせき止めているアタテュルクダムにたどり着くことができる。1992年に完成したこのダムにより、巨大な貯水池アタテュルク湖の水を用いて、地下導水路などの建設によってハラン一帯をはじめとした南東アナトリア地方南部で、灌漑化が進められた。ダムに大規模な発電所が設置されて電源開発も進展し、湖では水産業も営まれるようになった。さらに、ヨットやカヌーなどのスポーツも盛んになった。実は南東アナトリア地方ではアタテュルクダムだけではなく、ユーフラテス川の別の場所やティグリス川の流域においても、ダム建設が進められてきたのである。南東アナトリア地方の水資源開発を目的に南東アナトリア計画（GAP）が1970年代に作成され、80年代に着手された。GAPでは灌漑化による農業開発や電源開発のほか、関連する工業、道路などのインフラ、教育・福祉などにも投資がなされ、農業生産を核にした地域開発が目指されたのである。その結果、農畜産物生産や雇用の増大といった経済発展だけでなく、大学・学生や病院の増加、幼児死亡率の減少、当該地域からの人口流出率の減少など、社会変革とまで言えるような状況が統計的にも見られるようになった（トルコ政府工業技術省GAP地域開発局のホームページ参照）。

　こうしたGAPの成果は、トルコ国内の経済格差を多少なりとも解消することに繋

写真1-75　ネムルト山から一部が細長く見えるアタテュルク湖　（2008年）

写真1-76　ユーフラテス川に建設されたアタテュルクダム　右手のダム後方に湖が広がっている。中央奥には発電施設が見える。（1998年）

がり、南東アナトリア地方に多く住むクルド人の不満を抑えることにもなるだろう。ただ、水源となるティグリス・ユーフラテス川は国際河川であり、隣国のシリアやイラクとの間で利害関係が生じてくるので、トルコとしてはその点も無視することは出来ない。さらに、内紛が絶えないシリアにはクルド人も多く住むだけに、シリアとの関係はトルコ国内のクルド人への対応とも関連してくる。それだけに、トルコの地域研究をしてきた著者には、クルド人の居住地域を対象にした GAP の今後の進展が気になるところである。

3　韓国自由自在

―その1　ソウルとその周辺―

　著者の海外旅行でトルコに次いで多く訪れた国は韓国で、合計 17 回に及ぶ。一番多いのはゼミなどの学生を連れて行った研修旅行で 5 回に達するが、妻との二人旅だけでも 4 回を数える。そのほか、浦安高校の卒業生とも 2 回、学会出張でも 2 回渡韓した。また、学大附属高校在勤中に韓国への社会科教官研修旅行を提案し、それが横浜国大転勤直後に実現したことも、数のうちに入っている。こうしたさまざまな形で韓国に行けたのは、一つには隣国であり、飛行時間も数時間で、交通費も安く済むことからである。学生の海外研修を初めて引率した旅行では、何人かの学生は「青春18 きっぷ」で下関まで行き、関釜フェリーを使って、釜山（プサン）から集合場所の

韓国の主要都市

ソウルまで鉄道を利用した。横浜からだと深夜 12 時過ぎの東海道線を乗り継いで行けば、1 日で下関まで行けて安くなるし、そうしたルートはソウルまでの距離や江戸時代に来日した朝鮮通信使の足取りを体感できるであろうという、著者の提言を忠実に実行に移したからでもあった。そう言い放った著者自身、実はまだそのルートで韓国に渡っていないので、多少手を抜いて新幹線で博多に出てから高速艇で釜山に向かい、KTX（韓国高速鉄道）でソウルに行ってみようかと思っているが、残念ながら未だ果たせていない。

　韓国についてはトルコの場合と異なり、地域研究として追究してきたわけではないので、著者の韓国旅行の行き先には多少偏りがある。だが、韓国もバスや鉄道の路線網が整備されていることから、ここでも個人旅行を想定して、著者が訪れた都市を中心に韓国の見所を紹介し、読者の皆さんがあらためて韓国への関心や再訪する際の視点を発見してくれることを願っている。

　まずは最大の人口を抱え、国内での人口集中が突出している首都ソウルから入国することにしよう。ソウルを知る手掛かりは、国宝になっている南大門と国の指定宝物になっている東大門であろう。この 2 つの門の傍には大きな市場があるので、日本人の旅行者にも馴染みのある名前なのだが、李氏朝鮮時代に都として整備されたソウルの街は、1901 年頃に作成された「漢城府地図」（**地図 8**）に見るように元来城壁で囲まれており、実はそれらの門がその主要な出入口となっていたのである。東西南北に四大門が置かれたものの、西大門（地図では敦義門）は現存せず、区名と地下鉄の駅名にその名残を見ることができるだけである。北大門（地図では肅靖門）は景福宮の裏手の山中に、ひっそりとたたずむ。既にトルコで紹介した、市街地が城壁で囲まれている囲郭都市（城郭都市）は、パリやモスクワ、北京なども該当し、ユーラシア大陸に広く見られる。後述のように、こうした囲郭都市は朝鮮半島でも一般的であり、豊臣秀吉との合戦に備えた小田原北条氏が小田原に築いた総構のような例外はあるものの、日本の城下町との大きな違いとなっている。

　都としてソウルが選ばれたのは、白岳山とも呼ばれる北岳山から南方に平地が開け、南に漢江の水が流れていたからという風水説に基づくものであり、そうした中国の思想が都市の造営にも採用されたようだ。「左廟右社、前朝後市」の考え方から、まず風水脈の要地に宮殿として景福宮を配置し、その左側に王や王妃を祀った廟（宗廟）、右側に国家隆盛や農業の豊穣を祈る祭壇（社稷壇）を置いた。そして宮殿の前面に官衙街が建設され、現在も官庁街の一端を担っている。街路は基本的に東西南北に敷設され、幹線道路として東大門（地図では興仁之門）と西大門を結ぶ鍾路が建設されたが、不規則な迷路状のものも多かったようだ。鍾路は商店街として発展し、現

在ではオフィスビルも建ち並ぶ繁華街となっている。鍾路の南側に並行するように清渓川(チョンゲチョン)が流れている。かつてその上を通っていた高速道路を再生事業で撤去し、清流のある風景を取り戻して新たな都市空間を築き上げたことで知られている。この川のほぼ北側に当たる、城壁に囲まれたソウル旧市街の北半分の地域には、景福宮のほか、昌徳宮(チャンドックン)や昌慶宮(チャンギョングン)、徳寿宮(トクスグン)、慶熙宮(キョンヒグン)といった五大古宮と、官吏や両班(ヤンバン)といった支配階級の住宅が並んでいた。

写真 1-77　旧市街中心部（明洞・鍾路）一帯（南山にある N ソウルタワーからの撮影）　景福宮裏手の北岳山は写真中央手前の山である。（2008 年）

写真 1-78　再開発がなされた清渓川　（2008 年）

　景福宮は 14 世紀末に創建された李朝最初の王宮であったが、秀吉の朝鮮侵略で焼失した。19 世紀半ばに再建されたものの、1910 年の日韓併合によって敷地内の建造物のほとんどが取り壊された。しかも 25 年には、主要儀式を行うための勤政殿の正面に、朝鮮総督府の庁舎が建てられたのであった。これによって宮殿は遮られ、植民地支配の中心となる総督府の偉容が官庁街から見せ付けられた（写真 1-79）。世界遺産となっている昌徳宮や昌慶宮は離宮として建てられたが、それらも秀吉の朝鮮侵略で焼失した。その後再建されて、昌徳宮では 270 年ほどの間、正宮である景福宮に代わって政務が執られた。当初慶運宮と名付けられた徳寿宮は、王家の私邸として建設されたものである。また、慶熙宮は非常時に王が移る宮殿として誇大な敷地を有したが、日本統治時代にほとんどが破壊されて更地になった。現在では慶熙宮公園として復元が進められている。

　以前の支配階級住宅地の中で景福宮と昌徳宮の間にある北村(プクチョン)と呼ばれる地区は、風水説的に最高の場所だとされ、韓国の伝統的な家屋（韓屋）が多数残っている。「北村韓屋マウル（村）」として韓屋の改修などによる保全や色々な伝統文化の継承、文化財の保護が図られており、ソウルで韓屋を見学するのには最適な区域である。北村

の南に隣接するのが仁寺洞で、仁寺洞ギル（通り）には、伝統的な家具・工芸品、陶磁器、骨とう品などを扱う店が建ち並び、観光客などで賑わいを見せている。

　城壁に囲まれた旧市街の南半分は、韓国併合後に日本人が多く居住した地域として都市化が進んだ。現在ではソウルきっての繁華街となっている明洞も、日本人の中心街となった忠武路と隣接している。忠武路入り口の傍には、かつての三越京城支店（京城はソウルの日本統治時代の名称）があり、解放後は新世界百貨店として生まれ変わった。その向かい側には日本統治時代に建てられた朝鮮銀行本店があり、解放後は韓国銀行本店として使われてきた。日本の植民地支配は現在の明洞一帯の繁栄に繋がっているが、一方で、そうした繁華街の南に隣接する南山北麓一帯は、精神や文化の点で朝鮮人の心を踏みにじった地域になっていた。南山公園の一角にある南山植物園は、朝鮮各地にあった神社の総元締めともいえる官幣大社の朝鮮神宮があった所だ。朝鮮神宮の祭神は天照大神と明治天皇だとされ、植民地支配の中心人物が神として崇めたてられることになったのである。また、南山公園の近くにあるソウル新羅ホテルは日本人もよく泊まる高級ホテルであるが、そこは春畝山博文寺の跡地である。この寺はその名から推察できるように、伊藤博文の菩提寺であり、この寺の庫裡や総門の建設にあたっては、景福宮や慶熙宮の一部を移築したことで知られている。それらのほかにこの地域には、京城神社や乃木神社などいくつもの神社が造営された。植民地時代の後半には、これらの神社への参拝が強要されたのであった。

　こうした過去の経緯から南山公園一帯には、日本に抵抗したり独立運動の先頭に立ったりした人々を顕彰すべく、いくつもの記念碑や銅像などが建てられている。その代表は何といっても安重根であろう。韓国を保護国とした日本は韓国統監府を設置し、その初代統監となった伊藤博文を、抵抗運動の指導者であった安重根が殺害したことは、日本でもよく知られているとおりである。彼の銅像の傍には安重根義士記念館がある。このほかにも、1919 年の三・一独立運動で立ち上がった 15 歳の少女柳寛順などのものがある。詳細は『旅行ガイドにないアジアを歩く　韓国』を参照していただきたい。

　こうした日本統治時代に関する記念（ハングルの漢字表記では紀念）館、施設、銅像などが、ソウルはじめ各所に散在していることは言うまでもない。日本人の旅行者からすると、過去の負の遺産を見ることはできれば避けたいと思うところだろうが、海外旅行の重要な役割となる国際理解からすると、両国間の歴史を見つめ直し、相手側の意向や思考をきちんと確認しておくことが大切だろう。後述の独立記念館の建設経緯のように、日本の出方次第でそうした負の遺産が強調されることもありうるわけで、負の遺産としての過去の事実はしっかりと押さえておきたいと、著者は考えてい

写真 1-79　植民地支配の象徴となった旧朝鮮総督府庁舎　1995 年に解体が決定され、跡地には景福宮の復元が図られた。(1990 年)

写真 1-80　北村の韓屋　(2008 年)

写真 1-81　旧三越の新世界百貨店 (左) と現在は博物館となっている韓国銀行本店 (右)　(2000 年)

写真 1-82　安重根義士記念館と安重根の像　(1990 年)

る。そのような思いから学生を引率した旅行では、前述あるいはこれから紹介する場所へ少なくとも 1 か所は連れて行った。そうした著者の思いから、以下ではソウルとその周辺における特に植民地時代の出来事と関連する場所を、いくつか紹介させていただきたい。

　三・一独立運動発祥の地となったのが、繁華街の鍾路から仁寺洞ギルに入る交差点にあるタプコル公園である。ここは寺跡にできた韓国最初の公園で、国宝の石塔があることからパゴダ公園とも呼ばれている。園内には独立運動宣言文記念碑や運動の中心となった孫 秉 熙の像とともに、10 枚のレリーフがあり、そこには朝鮮半島 9 道と済州島で果たされた典型的な闘争が描かれている。著者は 2004 年 3 月 1 日にゼミ生を引率してタプコル公園に立ち寄り、その時に写真 1-83 と 1-84 を撮影した。

　地下鉄独立門駅の傍には西大門独立公園があり、その中にある西大門刑務所歴史館

も訪れておきたい場所だ。この公園は、今はなき西大門の近くにあった独立門を移設し、西大門監獄跡を整備して 1992 年に開園されたものである。1908 年に日本によって作られた監獄（1923 年に刑務所と改称）の獄舎をそのまま使って、1998 年に西大門刑務所歴史館が開館した。展示では獄舎内の過酷な扱いや凄惨な拷問の様子が再現され、柳寛順が入れられた地下独房も復元されている。

　タプコル公園も西大門独立公園も交通至便な所にあるので、短期滞在でも訪問しやすいが、もし時間があるならば、ソウルから在来線でも 2 時間ほどで行ける天安は柳寛順のふるさとであり、そこにある独立記念館へも一度は行っておきたい。その独立記念館は、1980 年代初頭に日本の教科書検定は侵略の歴史を認めず歴史的事実を歪曲している、との批判が韓国や中国などから出たことがきっかけで、建設されることになったものである（1987 年開館）。教科書問題が外交問題にまで発展し、韓国での反日運動が高まった。反政府運動に転換することを恐れた当時の全斗煥政権が、国

写真 1-83　タプコル公園内にある三・一独立運動を描いたレリーフ　（2004 年）

写真 1-84　三・一独立運動記念集会の様子　（2004 年）

写真 1-85　西大門刑務所歴史館　左手前の建物の地下に地下独房がある。（2000 年）

写真 1-86　巨大な独立記念館　（1993 年）

民的募金活動によって独立記念館の建設に繋げたのであった。じっくり見ると1日はかかるほどの巨大な施設であり、館内は7つの展示館に分かれている。展示内容は先史時代から始まっているが、第2館から第7館までは日本の侵略・支配とそれに対する独立運動がテーマとなっており、まさに日本から受けた侵略・支配を後世に積極的に伝えようという意思が、明確に示されているようだ。なお著者は未だ見ていないが、館の付帯施設として、1995年に解体された旧朝鮮総督府の建物の石材の一部を展示した公園ができたようだ。

　日本の支配から解放されたものの、朝鮮戦争で大きな被害を受けたソウルが目覚ましく発展したのは、1960年代後半からの「漢江の奇跡」以降である。日本の植民地政策の中で、旧市街の周辺、例えば交通の要衝となった龍山地区や工業化が進んだ麻浦地区で市街地化が進んではいたものの、経済の発展とともにソウル市内の漢江以南で開発が進み、地下鉄網の充実によって居住地区として脚光を浴びるようになった。とりわけ江南区は高級住宅地として知られて「江南ブーム」となった。以前ユーチューブ経由で世界的に大ヒットした楽曲「江南スタイル」は、そうした地区に暮らす裕福な人々の生活を揶揄したものである。江南地域にはオリンピック会場も整備され、江南地域全体の中心地となっている狎鴎亭洞や駅三などは、今やそれぞれソウルの中心商店街の一つとなっている。

　江南地域とは別に若者にも人気のある新たな繁華街としては、新村や梨泰院が挙げられよう。新村地区には名門の梨花女子大や延世大があり、学生街として発展してきた。2000年のIGC（国際地理学会議）がソウルで開催された時、著者は梨花女子大の寮に宿舎があてがわれたので、新村の街には親しみがあるし、著者が初めてスターバックスコーヒーに入ったのは、何と新村店であった。梨泰院地区は大使館が多いため国際色豊かな街となっており、東京で言えば六本木といったところかもしれない。

　本項の最後に、ソウル特別市以外の周辺の見所をいくつか紹介したい。ソウルから北へ60kmほどの場所にある板門店は、朝鮮半島の南北分断の象徴的地区であり、観光地と言えないかもしれないが、ぜひ見学してみたい。著者も初めて訪韓した1985年にここを訪れたが、個人では行けないので、政府認定の旅行会社のツアーに参加することになる。板門店は南の国連軍と北朝鮮軍の共同警備区域となっており、そのほぼ中心的な位置にプレハブで造られた軍事停戦委員会本会議場があって、そこで南北間の会議が開かれる。場内のテーブルの上にあるマイクのコードが軍事分界線であることを聞かされたり、部屋の中でそれぞれの軍が領域を警備している様子を見たりすると、緊張感が否が応にも高まった記憶が、40年近くも経ってしまった今でも思い出される。しかも、訪問者（見学者）が読んで署名することが要求される「訪問者（見

写真1-87　漢江を挟んだ江南区方面の景観　Nソウルタワーから撮影した。(2004年)

写真1-88　板門店の軍事停戦委員会の建物（手前左側のプレハブ）　後方の建物は北朝鮮の板門閣で、その外観の撮影は可能だった。(1985年)

学者）宣言書（UNC RWG　551-5)」の中に記されている「事変・事件を予期することはできませんので国連軍、アメリカ合衆国及び大韓民国は訪問者の安全を保障することはできませんし、敵の行う行動に対し、責任を負うことはできません。」との文言を読めば、終わっていない戦争の厳しさを実感せざるを得ないであろう。著者が訪れた85年はソウルオリンピックの直前で、83年の北朝鮮による全斗煥大統領の暗殺を図ったミャンマーでのラングーン（現ヤンゴン）事件など、北側のオリンピック開催妨害が危惧されていた時期であっただけに、なおさら著者には南北分断の現実が身に染みた思い出がある。

　ソウルから地下鉄でも1時間ほどで行ける水原は、3泊4日以上のソウル滞在旅行ならば、ぜひ寄っておきたい都市だ。ここには京畿道の道庁所在地として李氏朝鮮時代の18世紀末に華城とよばれる城郭が建造されたが、その城壁の大部分が残され、囲郭都市の姿が確認できるからである。1997年には世界遺産にも登録されている。南北4か所に城門があり、南門となる八達門は写真1-90に見るように、石造りの門の上に木造の門楼をのせた二層楼閣となっている。ちなみに、水原は味付きカルビ発祥の地だそうで、本場のカルビを味わうだけでも楽しめるかもしれない。水原の郊外には、韓国の伝統文化や固有の生活様式を保存する目的で設置された韓国民俗村もある。各地の農家や民家、両班の屋敷などの古い建物が建ち並び、農耕生活から生まれた娯楽の「農楽」やパフォーマンスなども公演されて、李朝時代の村の雰囲気が再現されている。また、さらに足を延ばすことになるが、利川は韓国随一の陶芸の里として知られ、窯元の見学が可能であるほか、陶磁器を売る店も軒を連ねている。妻と訪れた陶芸店では、わざわざ日本から来てくれたということで、買ったもののほかに花瓶のお土産までいただき、良い記念となっている。

写真 1-89　世界遺産となっている水原の華城　城壁の右側が城内となる。(2000 年)

写真 1-90　華城の八達門　規模はソウルの南大門よりも少し大きいという。(2000 年)

写真 1-91　陶芸の里・利川　(2008 年)

写真 1-92　自由公園内にあるマッカーサーの像 (2000 年)

　ソウルのすぐ西方にある仁川へもソウルから地下鉄で 1 時間足らずで行けるので、時間が取れるようならば訪れてみたい。仁川には 19 世紀後半の開港後に外国人居住地が設定されて、チャイナタウンが形成された。著者が訪れた 2000 年にはまだ中華料理店も少なく、中華街のイメージはあまり感じられなかったが、ネット情報によるとその後復活計画が進み、現在ではそれらしくなったようだ。なお、中国人居住地と隣接した日本人居住地には日本の銀行などの建物が残り、最近ではレトロな雰囲気が演出されているようだ。朝鮮戦争では当初、韓国側は首都を釜山に移さなければならないほど南に追いやられたが、アメリカのダグラス・マッカーサーが国連軍を率いて仁川上陸作戦を遂行した結果、北朝鮮軍を敗退させて首都ソウルを奪還できた。そうした上陸作戦の歴史を物語るのが、自由公園と仁川上陸作戦記念館である。前者は韓国で最初の西洋式公園とされ、市内が見渡せる憩いの場所で、園内中央には朝鮮戦争の功労者マッカーサーの像が立っている。後者は著者は未見だが、朝鮮戦争に関する

写真、軍備品、武器などが展示されているという。

―その2　釜山と慶州―

　著者の最近の訪韓先は、慶州を含めて釜山の周辺に集中している。その理由は二つあるように思える。一つには、釜山周辺では美味しい海産物を安く食べられるからである。著者は元来肉料理よりも海鮮料理の方が好きで、韓国だからといって焼肉を食べたいとも思わないし、そうした嗜好が年齢を重ねるにつれてはっきりと現われてきたのかもしれない。後述するように釜山の中心街の近くには水産市場があり、そこでは著者の"お気に入り"の海鮮鍋をはじめ、刺身など新鮮な海産物を存分に楽しめる。中心街にも海鮮料理店がもちろん多数あるが、著者の好物であるカニについては、わざわざバスを使って郊外の機張にまで足を延ばしている。機張はカニの水揚げが多く、生きたカニを蒸して食べさせる店が並ぶ水産市場があるからだ。蒸すことでカニの旨味がそのまま凝縮されており、釜山に行ったらぜひ寄ってみることを勧めたい。2005 年に初めて訪れた時と比べると、機張のカニが日本でも知られるようになったせいか、価格が若干上がったようではあるが。なお、時間の余裕をもって機張に行けるならば、釜山の中心街から向かう途中にある龍宮寺に寄ってみるのもよいだろう。龍宮寺は韓国でも珍しく海に面したお寺であり、記念写真の撮影スポットとなるからだ。

　釜山とその周辺をよく訪れるようになったもう一つの理由は、史跡や寺・祠堂などの建造物が多く残り、見所が多数あることだ。朝鮮戦争で韓国の国土の多くが戦場と化したが、釜山の周辺は辛うじて戦火を免れ、過酷な地上戦による建造物の破壊がなかったからだと考えれられる。それだけに、秀吉による朝鮮侵略（壬辰・丁酉倭乱）の足跡も少なからず確認できよう。釜山の中心市街地にある子城台公園においても日本軍の城跡を確認できるが、蔚山の西生浦にある西生浦倭城（倭は日本の意味）は加藤清正が築いた城郭で、韓国に残る日本式城郭の中で一番よく保存されているという。釜山からバスでも行けるので、日程に余裕のある場合には訪れてみたい場所だ。また、子城台公園に隣接して朝鮮通信使歴史館がある。地下鉄の凡一駅から徒歩で行けるこの博物館は、江戸期に朝鮮から主に将軍が代わるごとに就任祝いで日本を訪問した朝鮮通信使を扱った施設であり、朝鮮侵略で断絶した朝鮮と日本との国交回復の様子を、使用された船の模型などの展示で分かりよく説明している。ちなみに、日本国内にも通信使関係の足跡、例えば通信使が宿泊した福山市鞆の浦にある対潮楼（写真 4-105 参照）、静岡市興津の清見寺（写真 5-204 参照）や近江八幡市にある朝鮮人街道（写真 4-139 参照）などが残されている。

写真 1-93　海鮮鍋　上方に見える鋏とトングは、鍋の中に入れた生ダコを切るためのもの。（2016 年）

写真 1-94　海の際にたたずむ龍宮寺　（2005 年）

写真 1-95　西生浦倭城の城郭の一部　石垣が写真中ほどの右手から左奥に続いている。（2005 年）

写真 1-96　朝鮮通信使歴史館　写真左手に入り口がある。右手の木立が子城台公園となっている。（2016 年）

　釜山というと、日本でも 1980 年代に大ヒットした楽曲「釜山港へ帰れ」に象徴されるように、まさに港町のイメージに尽きるが、実は釜山広域市の市街地としての起源は港町ではない。1872 年の釜山一帯を描いた「東莱府地図」（**地図 9**）によると、日本との交易がなされた港などが見られるものの、地図中央の東莱府（トンネブ）と呼ばれる城郭で囲まれた市街地が中心となっていたことが分かる。囲郭都市である東莱府が古くから釜山一帯を管轄しており、行政上の中心地として機能してきたのである。東莱府は現在の東莱区にあり、写真 1-97 のように城郭が修復されて残っているほか、東莱府東軒（トンファン）と呼ばれる李朝時代の官庁建築も現存する。釜山北部の中心市街地となる東莱は、地下鉄に温泉場（オンチョンジャン）駅があるように、古くからの温泉地としても知られている。温泉街の外れに、**地図 9** の左上方に描かれている金井山城（クンジョンサンソン）に向かうロープウェイの駅があり、山頂の駅から山城の南門まではちょうどよい散策路となるだろう。ちなみに、金

写真 1-97　東萊府の城郭跡　（2005 年）

写真 1-98　東萊の温泉街の一角にある足湯
（2013 年）

井山城のすぐ北側には梵魚寺があるが、この寺を見学するには地下鉄の梵魚寺駅から行くことになる。梵魚寺は韓国禅宗の総本山で、本堂が国宝に指定されている。

　釜山の港湾機能の中核をなす釜山港は、中心市街地の南部に位置する釜山駅の周辺一帯に広がる。**地図 9** の下方、大きな影島の近くに港があるが、その辺りから北方にかけての釜山湾西岸が埋立てられ、港湾として近代的な施設が整備されたことで、釜山港の発展に繋がっていった。ただし、それが日本による植民地支配の橋頭堡として開発されたことは言うまでもない。そのため日本の植民地時代には、現在の中区の大庁洞付近に日本人が多く住み、釜山の中心地となった。もともと李朝時代には現在の龍頭山公園の付近に草梁倭館が設置され、朝鮮外交を担った対馬藩の関係者が滞在していた。釜山の開港後は、その倭館跡に日本人の居留地が設置されたのであった。中区には龍頭山公園内に釜山タワーがあるばかりか、ブティックやカフェなどが建ち並ぶ繁華街を抱える南浦洞や、おしゃれな港町の雰囲気を醸し出すべく改造されたチャガルチ水産市場があり、観光客も集まる南部の中心市街地となっている。なお中区には釜山近代歴史館があり、そこでは植民地下での釜山の開発の様子が展示されている。この博物館の建物が、日本が朝鮮の経済を支配する目的で設立された国策会社東洋拓殖株式会社の釜山支店として、1929 年に建設されたものであること自体が、釜山の近代史を物語っていると言えよう。

　地図 9 では東萊府の南側の門からすぐに橋を渡って釜山湾に南下する道があり、途中の小川を越える手前に現在では西面と呼ばれる地区がある。西面は釜山市街地のほぼ中心的な位置にあり、地下鉄西面駅は南北を結ぶ 1 号線と東西を繋ぐ 2 号線の地下鉄乗換駅として、交通の要衝になっている。そのため、ロッテ百貨店釜山本店などのデパートやファッションビルなどが建ち並ぶ繁華街を抱え、地下街も発達している。

写真 1-99　梵魚寺　（2013 年）

写真 1-100　釜山タワーから見た釜山港　現在で
は港湾一帯が再開発で大きく変貌を遂げている。写真
では確認できないが、釜山駅は左手後方の辺りにある。
（2006 年）

写真 1-101　整備されたウオーターフロントと
チャガルチ水産市場　（2006 年）

写真 1-102　釜山近代歴史館（旧東洋拓殖株式会
社釜山支店）　（2005 年）

西面駅から地下鉄 2 号線で 2 つ目の東隣駅は釜山国際金融センター・釜山銀行駅で、
駅前には 63 階建の国際金融センタービルがそびえたち、釜山銀行本店もそこに入っ
ている。ちなみに、釜山銀行本店はもともと西面のすぐ南にある凡一洞にあったが、
2014 年に現在地に移転した。また、1 号線で 3 つ目の北隣駅は市庁駅で、駅前には
釜山広域市の市庁舎がある。西面とその周辺一帯は、実質的に釜山の中心業務地区的
な存在になっているようだ。

　このように歴史と絡めながら釜山の地域構造を一瞥すると、中心地は李朝時代は北
部の東莱地区、日本の植民地時代とその後しばらくは南部の釜山港周辺地区、そして
経済発展や交通網の整備に伴って現在では中央部の西面地区に変遷していったと言え
よう。さらに、西面地区と並列して副都心的な役割を担うかもしれない地区が、今世
紀に入って出現し始めた。それは**地図 9** の右下に半島状に突き出した沿岸部に位置す

る海雲台地区である。海雲台はもともと海水浴場として知られてきたが、1994年に観光特区に指定されてリゾート化が進み、オーシャンビューの高級ホテルやマンションなど、高層ビルが林立するようになった。韓国最大とされる水族館「釜山アクアリウム」やマリーンスポーツを楽しめる施設なども建設されて、観光地としての魅力度を上げている。さらに地下鉄センタムシティ駅の傍には釜山国際展示場（BEXCO）や釜山国際映画祭の主会場となる「映画の殿堂」も出現した。国際映画祭は当初南浦洞で開催されていたが、2011年には映画の殿堂が完成して海雲台地区に移った。さらに、それらのあるセンタムシティと呼ばれる地域には、高級品を扱う新世界百貨店やロッテ百貨店が進出したばかりか、市立美術館まで建設された。今や海雲台地区は、芸術や文化の発信基地にもなっている。なお、こうした新たな中心地の出現に対抗して、釜山港の周辺では、海洋公園など親水施設の建設や商業施設とオフィスビルの設立などによる再開発が進められてきた。

　釜山の主な見所を紹介してきたが、釜山観光に十分な時間が取れるようならば、UN記念公園と太宗台を訪れることも一考したい。UN記念公園は朝鮮戦争に出兵した国連軍兵士の奉仕と犠牲をたたえるために設立された公園で、園内にはイギリス、トルコ、カナダ、オーストラリア、オランダなどの戦死者約2,300名の遺骸が眠り、記念館も建てられている。一方、公園と隣接する釜山博物館では、古代から近代までの釜山地域に関する実物資料や模型などが通史的に展示されているので、あわせて見学するとよいかもしれない。地図9の下方に大きく描かれている影島の最右端の岬が太宗台だ。ここへは南浦洞からバスで、開閉式の影島大橋を渡って行ける。灯台から見る海は絶景で、著者がここを訪れたときは好天に恵まれていたので、対馬が

上／写真1-103　高層ビルが建ち並び始めた頃の
海雲台　（2005年）
右／写真1-104　UN記念公園内のトルコ人の墓域
　トルコ人戦死者はイギリス人の次に多く、462名で
ある。（1985年）

目視できた。島国の日本を外国から見るという体験は想定外だったので、印象的な思い出となっている。

　釜山の紹介は以上でとどめるが、最後にこぼれ話を一つ。それは釜山のアルファベット表記である。「釜山」の発音からして Pusan と記されてよさそうだが、釜山広域市の公式ウェブサイトでも確認できるように Busan となっている。前出の釜山国際展示場の略称 BEXCO の B も Busan の B であるし、日本で発行された韓国の旅行ガイドブックでも同様である。確かに以前は Pusan と韓国でも記したのだが、Busan に変えたのは、韓国語（朝鮮語）の発音の正確さを前面に出したからだと考えられる。実は韓国語では p 関係の子音は三つあり、一つは普通に発音する p だが語中に入ると b になる子音（平音）、もう一つは強く p を発音する子音（激音）、残りの一つは息を吸うようにして p を発音する子音（濃音）である。そのため Pusan と記すと激音になりがちなため、「プ」が語頭にある「プサン」であるが、Busan と記した方が実際に近い発音になるからであろう。同様に k や t などでも 3 種類の子音が存在する。韓国語ではこのように子音が多数あるばかりか、母音も基本的なものだけでも 10 種類に及び、子音で終わる語彙も数知れない。文法的には韓国語と日本語はかなり類似しているが、音声については韓国語の方が圧倒的に豊かと言うことができ、それだけに韓国人の方が日本人よりも外国語の習得が容易なのである。

　釜山から慶州へは KTX（韓国高速鉄道）でも行けるが、運賃も安く本数も多いバスを利用した方が合理的であろう。地下鉄 1 号線の終点・老舗駅にある総合バスターミナルから 1 時間ほどで、慶州のバスターミナルに到着する。したがって、釜山に滞在して慶州旅行を楽しむことは十分可能である。ただしキャッチフレーズの「千年古都」のとおり、古代新羅の都があった慶州は地域全体が世界遺産に登録されており、確かに見所も多いので、日帰りで見て回る場合には、タクシーを利用した方がよいかもしれない。

　バスターミナルのある慶州中心部には新羅時代の遺構・遺跡が多数ある。例えば天文観測施設と考えられている瞻星台、芬皇寺の石塔、三国統一を記念して建設された離宮の跡の一部とされる雁鴨池などがあるが、まずは国立慶州博物館と大陵苑には寄りたい。博物館では仏教関係の美術品や出土品などが多数展示されている。大陵苑には三国時代の新羅の古墳 23 墓が散在し、その一つの天馬塚が内部が公開されており、金冠などが展示されている。さらに、慶州の南東の郊外にある仏国寺は韓国最大の仏教建築で、世界遺産にも登録されているだけに、必ず訪れておきたい見学場所だ。8 世紀の新羅時代に大伽藍が完成したが、李朝時代の壬申・丁酉倭乱で建物は灰燼に帰してしまった。その後再建が繰り返され、1970 年代に現在の姿で復元されている。

それでも石造の遺構は焼失を免れており、国宝として指定されている多宝塔や釈迦塔などから、新羅時代を偲ぶことができる。ちなみに、多宝塔は 10 ウォン硬貨のデザインに用いられている。標高 745m の吐含山の山麓にある仏国寺からさらに山道を進むと山頂近くに石窟庵がある。仏国寺とともに世界遺産となっている石窟庵には、韓国仏教美術の最高傑作と言われる如来座像が安置されている。白色花崗岩で彫られた高さ 3.48m の如来坐像の周囲の壁面には、菩薩立像や羅漢立像などが彫り込まれている。ただし、人工的に換気をして保存に努めているため、ガラス越しからの拝観となっている。仏国寺とあわせて見学してみたい。

　著者は 2012 年以降、釜山に行くと必ず寄っている地区がある。良洞マウルである。かつて韓国で農村の近代化を進めた運動をセマウル運動と呼んだが、マウルとは村の意味で、セマウルは「新しい村」のことである。2010 年にこの村が安東にある河回

写真 1-105　広大な敷地に古墳が点在する大陵苑（2006 年）

写真 1-106　仏国寺の多宝塔（手前）と釈迦塔（後方）（2006 年）

写真 1-107　中央奥の建物の中にある石窟庵（2012 年）

写真 1-108　世界遺産となっている良洞マウルのたたずまい　中央の瓦屋根の家屋は両班が住んでいたもので、宝物第 412 号に指定されている。（2012 年）
▶口絵vi頁

マウルとともに、韓国の歴史的村落として世界遺産に登録され、著者もそれを知ってからこの村に魅力を感じはじめ、ゼミの学生などを連れて行くようになった。良洞は儒学者を輩出した村で、21世紀になってからも儒教文化を大切にして昔ながらの生活を営み、野外博物館のように伝統的な建物を使用しつつ保存している。まるでタイムスリップしたかのようなのどかな村内には、360軒あまりの瓦屋根の屋敷や藁ぶきの家屋が見られる。中には築500年とされる両班（高麗・李王朝時代の支配階級）の屋敷もある。

　著者が初めて訪れた時に比べると徐々に保存・保全の整備が進み、それとともに観光客も増えたようで、2016年に行った時にはインフォメーションセンターが建設され、観覧料も徴収されるようになっていた。確かに観光客が増えて観光関連業者は恩恵を受けるものの、一般の住民には迷惑なだけに過ぎないのかもしれない。伝統的な居住生活を維持してもらうための協力金の意味でも、観光客が支払うのはやむを得ないと言えそうで、日本でも今後一層進展する観光の在り方を考える上で、議論の題材となりそうだ。良洞がこうした昔ながらの生活を守ってこられたのは、都市部から離れた場所にあったからこそであり、実際に良洞は慶州中心部から20km以上離れているので、本数の少ないバスで慶州から1時間ほどかかる。早朝に釜山を出発すれば、仏国寺など慶州の主な観光地と良洞を組み合わせて日帰りで回ることが可能だが、村内に民宿もあるので、日程に余裕があれば宿泊してみても面白いだろう。

―その3　晋州、大邱、公州など―

　釜山の西方にある晋州（チンジュ）は、釜山からバスを使って2時間ほどで行けるので、日帰り旅行も可能であるが、できれば統営（トンヨン）など近隣の都市とあわせてゆっくり見たい都市である。その理由は、晋州は南江（ナムガン）のほとりにある古都で、19世紀中葉の「晋州地図」（地図10）に見るような城壁に囲まれた旧市街一帯の落ち着いた風情が、実に魅力的であるからだ。写真1-109は、地図10で川に面してめぐらされている城壁の一角にある楼閣（写真中央左手の建物）とそのすぐ傍にある城門（写真中央右手の建物）一帯を写したものであるが、昔も今も川遊びを楽しんでいる様子は変わらない。それだけ、晋州は風光明媚な場所なのであろう。写真1-110のように14世紀に土造りから石造りに修理された城壁は、北側の陸地に接する部分もそのまま残っている。約1.7kmの城郭で囲まれた城内は公園として整備され、散歩をする人などの憩いの場となっており、とりわけ楼閣からの眺めが素晴らしい。

　しかし、この晋州城は壬申・丁酉倭乱の激戦地となった歴史がある。第1次戦闘では李朝軍が勝利を収めたものの、日本軍の猛攻を受けて第2次戦闘で城は陥落し、悲

写真 1-109　南江に臨む晋州城　中央左側の楼閣の
下に義岩が見える。（2005 年）

写真 1-110　晋州城の北側の城壁　（2005 年）

劇の地となった。写真 1-109 で楼閣の下に義岩と呼ばれている大きな岩が見えるが、
ここで一人の女性が日本軍の祝宴で泥酔した武将を抱き、川に投身して殉死した。日
本軍はこの戦闘で勝利したものの、莫大な打撃を受けたので、晋州以西の全羅道方面
へ進軍ができなかったという。城内には、晋州城の戦闘の歴史的意義を残すために設
立された国立晋州博物館がある。壬申・丁酉倭乱の戦闘の経過と状況、朝鮮人民の抵抗、
日本に連れ去られた捕虜による日本への陶磁器文化などの伝播といった、秀吉の朝鮮
侵略関連の展示が中心となっていた。著者はこの博物館を見学してから、国内の朝鮮
侵略の拠点として秀吉が建設を命じた名護屋城が気になり、城址と隣り合わせにある
佐賀県立名護屋城博物館の見学をしたことがある。この博物館でも文禄・慶長の役（壬
申・丁酉倭乱）を中核的な展示テーマとしているが、日朝交流史の単なる一場面とし
て朝鮮侵略を取り上げているだけであり、侵略した側とされた側の違いが如実に現わ
れていることを、あらためて実感した。

　晋州から 50km ほど南東に進むと、半島の先端部にある統営に行ける。統営はその
位置や沖合に浮かぶ島々を要因に、温暖で風光明媚な海洋リゾートとして発展してき
た。もともと天然のカキや海苔巻き（キムパッ）の美味しい街としても知られており、
それらが著者の好物であるため、著者は統営に既に二度ほど足を運んでいる。食べ物
だけでなく、壬申・丁酉倭乱において朝鮮水軍を率い日本水軍と戦った李舜臣（忠武
公）の活躍した場所としても、統営はよく知られている。彼は統営のすぐ沖合にある
閑山島と統営との間の海域で、海上の地理にたけた戦術と新開発とされる亀甲船など
の武器で勝利をあげるなど、日本軍の戦艦を打ち破り、朝鮮軍の海上権確保に貢献し
た。そうしたことから島内には李舜臣所縁の建造物が数多く残り、統営市街にも彼の
位牌を祀った祠堂の忠烈祠がある。また、統営市内はもとより、ソウルの目抜き通

りである世宗大路や釜山の龍頭山公園などで、李舜臣の銅像を見かけるが、彼が救国の英雄とされることに多少の誇張はあるにしろ、トルコのアタテュルクと似た位置付けなのであろう。もっともアタテュルクは実際に祖国解放戦争のリーダーであるとともに、新生トルコ共和国の象徴的な存在として全国各地に銅像が置かれており、李舜臣とは同格ではないのだろうが。

写真 1-111　閑山島にある「閑山大捷」の説明板
図上方から日本軍をおびき寄せ、下方からの朝鮮軍が日本軍を撃破した様子が描かれている。(2005 年)

写真 1-112　統営にある李舜臣を祀った忠烈祠
(2005 年)

　大邱は統計的には仁川に次ぐ人口を有するので、韓国第四の大都市ということになるが、仁川がソウルに隣接し実質的にソウルの一部となっていることから、都市圏としては釜山に次ぐ第三の大都市と言えよう。大邱は韓国南東部の行政の中心、そして交通の要衝として発展してきた。そのため商業の発展が著しく規模の大きな市場を有するとともに、韓国の漢方薬剤の流通の拠点としても知られている。そうした大邱が観光でも力を入れているのが、博物館の活用である。大邱と慶尚北道地域の文化財を取り扱う国立大邱博物館をはじめ、大邱教育大学の教育博物館のような大学の付属博物館も設置されているほか、大邱銀行の金融博物館、韓国映像博物館などまである。それらの中で著者が注目したいのは大邱市民安全テーマパークである。2003 年に大邱では地下鉄放火事件が発生し、200 名近くの人が亡くなるという大惨事になった。この事件は日本の鉄道の防火管理にも影響を及ぼした。このテーマパークでは防災教育を目的として、事件の実況を体験できる地下鉄安全展示館や、各種の災害状況を体験できる生活安全展示館などがある。日本にも東京・有明の東京臨海広域防災公園内に防災体験学習施設があるが、再度大邱を訪れることがあったら、そのテーマパークにぜひ行きたいと思っている。

写真1-113　大邱近代歴史館　1931年に日本が建設した旧朝鮮殖産銀行大邱支店の建物を利用している。（2012年）

　大邱へは今までに二度ほど訪れたことがある。最初は慶州からソウルに向かう途中で立ち寄ったもので、十分な見学ができなかったが、二度目の時は海印寺を参拝するのが主目的であり、宿泊を伴い市街もそれなりに見学することができた。ちなみにその時の韓国旅行は、初日と最終日の宿泊先だけ釜山のホテルを予約しただけで、途中の宿泊先については慶州、大邱、統営それぞれすべて現地で決めたので、同行した妻は当初不安がっていたが、慣れてきたら気ままな旅を楽しんでいたようだ。その海印寺は9世紀初頭に創建された古刹であり、世界文化遺産に指定された蔵経板殿と「世界の記憶」の八萬大蔵経を有し、悟りの山という意味を持つ伽倻山の山中にある韓国仏教の象徴的な寺院である。大蔵経とは仏教の経典・論書を総集したものを指すそうで、高麗時代に刻まれた経文の板およそ8万枚が蔵経板殿に収められているという。15世紀末に完成したと伝えられる蔵経板殿は世界で最も古い大蔵経保管施設とされ、合理的・科学的な保全技術で設計された建物となっている。寺の敷地は大きな海に船が出て行く形といわれ、細長く奥行きがあるものとなっている。

　これまでソウルとその周辺や韓国南東部・中東部を紹介してきたが、最後に中西部の公州と扶余、南西部の全州について記しておきたい。それらの都市へは2000年のIGC（国際地理学会議）のソウル大会に出席した際、帰途ソウルから釜山へバスを乗り継いで向かった時に寄ったが、公州についてはさらに2013年に日本社会科教育学会（日社学）の副会長であった著者は、公州大学で開催された韓国社会科教育研究会へ日社学の代表として招待された。ソウルからバスで2時間半ほどの位置にある公州は三国時代の百済の都となった古都で、見所として百済時代の城塞跡である公山城や武寧王陵、そして武寧王陵からの出土品などが展示されている国立公州博物館がある。李朝時代になって石積みの城郭となった公山城は、武寧王陵とともに百済歴史地

区の一つとして 2015 年に世界遺産に登録されている。百済の最後の都となった扶余にも、世界遺産となった定林寺跡や山城跡の扶蘇山があるが、定林寺跡にある国宝の五層石塔が百済時代を偲ばせる程度であり、扶余は著者には印象に薄い都市であった。扶余からは全州に向かった。韓国では「食は全州にあり」と言われることがあるほど、全州がグルメの都市であることを確認したかったからである。特にピビンパッ（混ぜご飯）は全州が発祥の地とされ、石釜ピビンパッが好物の著者としては、ぜひ本場で味わってみたかった。そんな先入観があったせいか、とても美味しかったように記憶する。全州一帯の平野は米所として知られており、そもそも米自体が美味しかったのかもしれないが。

　著者の韓国の訪問先は、以上でほぼ記され尽くした。記述されていない南西部の木浦や麗水などの沿岸地域、日本の韓流ブームを巻き起こしたドラマ「冬のソナタ」の重要な舞台にもなった春川や山岳リゾートの雪嶽山がある北東部、そして済州島に

写真 1-114　海印寺の入り口となる一柱門　（2012年）
▶口絵vi頁

写真 1-115　海印寺敷地内の最も奥にある蔵経板殿の入り口　（2012年）

写真 1-116　公州にある百済時代の武寧王陵（2013年）

写真 1-117　百済時代に創建された扶余の定林寺の跡　中央に国宝の五層石塔が見える。（2000年）

は、まだ足を運んでいない。特に木浦の近くにある珍島は、砂州の出現によって海上約 2.8km を歩いて島に行ける海割れ現象で有名であり、著者もかねがね自分の目で確かめたいと思っていたが、海割れ現象を起こす干潮の時期が 4 月、5 月の頃で、大学在勤中は長めの年次休暇を取ることが難しかったこともあり、見学する機会を逸してしまった。退職後の 2015 年以降は時間が取れるようになったのだが、翌年 3 月に鹿児島県指宿にある知林ヶ島で 800m ほどの海割れ現象（写真 4-83 参照）を見ただけで満足して、珍島行きの意欲がなくなってしまったのが正直なところである。

第2章

シルクロードのバス旅日記

—— 中国・西安からトルコ・イスタンブルへ ——

1　ツアーの概要

　著者のトルコや韓国への旅行のほとんどが個人旅行であったので、読者の皆さんが個人旅行に近い形で訪れることを想定して紹介してきたが、本章と次章では、主に著者が参加した海外ツアー旅行の中から特に思い出に残っている興味深いツアーについて紹介することにしたい。最初に取り上げるのは、2015 年に参加した西安^{シーアン}からイスタンブル（第 1 章と同様に、現地の発音に合わせた表記）へのシルクロードのバス旅である。このツアーは費用も日数もかかるものなので、これに参加できたことは著者自身が幸運に恵まれたことだと思っている。ちなみに、かかった費用には著者の退職金の一部を当てており、退職後は自分の時間がほぼ自由となったので、長い日数を費やすことができた。したがって、このツアーの報告はいささか自慢話的なところがあるが、旅日記風にまとめてみたので、中高生が使っている地図帳などで地名を確認しながら読んでいただけると、シルクロードの旅気分を味わってもらえるかもしれない。

　まず、大金をはたいてまで参加した理由やツアーの概要から説明しよう。1980 年代の初めに NHK のドキュメンタリー番組「シルクロード　絲綢之路」が放送され、この番組がその後のシルクロードブームの火付け役となった。番組の音楽を担当した喜多郎のテーマ曲もヒットし、彼の魅力は外国にも及んだようで、87 年に著者がトルコへ行った時にも街中でそのテーマ曲を聞いている人がいたほどだ。著者自身も番組を見たりテーマ曲を好んで聞いたりしたが、シルクロードのバス旅参加への直接的な誘因とはならなかった。

　参加の直接的な理由としては、中央アジアで暮らすテュルク（トルコ）系民族の同一性と差異を自分の目で確認したかったことが大きい。イランに行ってみたかったこと、そして 12,000km という陸路の距離を実感したかったこともある。第 1 章でも紹介したようにトルコ語、アゼルバイジャン語、トルクメン語、ウズベク語、キルギス語、カザフ語、ウイグル語などは、言語学的にテュルク語として類型化されるが、そのテュルク語を話すテュルク系民族は、現在のモンゴルと中国の西部に位置するアルタイ山脈の辺りに起源を発し、後にそれぞれ今のトルコ、アゼルバイジャン、トルクメニスタンなどに移動し、現在の分化した言語を作り上げていったようだ。したがって、言語上の類似性はもとより、民俗的な側面などさまざまな文化的観点で共通性が見られると考えられよう。実際に、旧ソ連が崩壊し構成していた各共和国が独立して間もない 1993 年には、テュルク系民族の友好を深め発展に協力し合うテュルクソイ（TÜRKSOY、国際テュルク文化機構）が、トルコのほか合計 6 か国によって設立された。

本部のあるトルコのほか各地で音楽などの文化活動が開催されており、2018年には日本でもテュルクソイ結成25周年記念コンサートが公演されている。

　部分的にシルクロードをたどるツアーは、いくつかの旅行社で催行されてきたが、中国の西安からトルコのイスタンブルまでをバスで踏破するものは、当時は著者の参加したJTBロイヤルロード銀座主催のツアーくらいだったと思われる。このシルクロードツアーは1995年に始まり、春と秋の二回にわたる企画で実施されてきた。参加者が催行人数に達せずに実施できなかった回もあったし、期間を60日間にしてローマまでに延長した回もあったようだ。著者たちのツアーの添乗員は二村忍氏で、彼はツアーの企画者であり、催行されたこのツアーのほとんどを彼が添乗してきたという、シルクロードツアーのベテランである。ツアー参加者は10名で、辛うじて催行できた。10名のうち著者を含めた9人が65歳以上の高齢者であったが、ツアーにかかる費用と時間の余裕を考えれば当然なのかもしれない。なお、著者たちのツアー実施後に秋のバスと鉄道の旅が企画されたが、催行人数に達せず実施されなかったし、中国のウイグル問題やトルコの政情不安などが発生し、以降企画もされなかったようだ。したがって、今のところ著者たちが参加したツアーが最後のシルクロードツアーとなっている。

　春のツアーは数年前から4月1日を出発日としているとのことだった。「今日は何日目かな？」といった疑問にすぐ解答を引き出せ、良いアイデアである。しかし、そのおかげで著者は出発までの準備が慌ただしくなった。3月31日までに勤務先の研究室を明け渡さなければならないし、さまざまな事務処理など雑務もこなさなければならなかったからである。著者と同様に、退職の翌日に出発となった人がもう一人お

写真2-1　本部のあるアンカラにおけるテュルクソイのコンサート公演ポスター　（2012年）

り、それだけこのツアーには熱い思いが寄せられていたのである。

　ツアー中は、現地の状況について二村氏がロイヤルロード銀座のホームページで毎日報告してくれたので、留守宅には逐一知らせなくとも済んだ。また、日々の見学先や出来事、ガイドの説明などの詳細を記録した氏のノートのコピーが渡されたのは、著者自身の日記と合わせると、旅先の様子や気付いたことなどを後日でも容易にたどることに役立った。現地での案内については、中国では前半と後半でそれぞれ中国人が、カザフスタンとキルギスではキルギス人が、ウズベキスタン、トルクメニスタン、イラン、トルコではそれぞれの国出身のガイドが現地添乗員として担当した。特に中国人、キルギス人、イラン人、トルコ人のガイドは日本語も達者な上に、それなりの回数で二村氏とコンビを組んでいたようで、息の合った様子が垣間見られた。特に、写真撮影の場所、旅程の都合で決まっていない昼食の場所探しや、春のツアーの目玉となっている野生のチューリップなど草花の群落探しの場面で、名コンビぶりが発揮されていたように記憶する。

2　中国

―その1　西安から敦煌まで―

　2015年4月1日午後に羽田を発ち、北京経由で陝西省の省都である西安（シャンシー）に深夜到着した。西安を3日の午前に出発するまでに、秦始皇帝の兵馬俑（へいばよう）、玄奘（げんじょう）三蔵が持ち帰った経典を保存するため唐の時代に建立された大雁塔（だいがんとう）、同じく唐代に創建された西安最大のモスク（清真寺）、明の時代に建設された現在の城壁の西の城門（安定門）を見学した。ちなみに、現在の城壁は周囲約13.7kmであるが、唐代の城壁は周囲約36.8kmもあったというから、当時の都であった長安の壮大さが想像されよう。その西の城門がシルクロードの出発点になるので、著者たちもその傍で出発式を挙げ、陝西省旅游局の局長らが見送ってくれた。著者は西安に1993年と2004年にも来ているが、内陸部の開発拠点の一つとなっている西安はハイテク産業の開発に力を入れており、例えば写真2-4と2-5との比較で、その発展ぶりは道路や建物が整備されている様子からも窺える。今回は特に、大雁塔付近の観光地化の進展に驚かされた。

　西安からは咸陽、平涼を経て4日午後に甘粛省（カンスー）の蘭州（ランチョウ）へ到着した。途中、咸陽を過ぎて黄土高原に入るとヤオトンが見えてきた。ヤオトンとは、崖や地面に掘った穴を住居とするもので、黄土高原の農村でかつては広く見られた伝統的な住居の形態であ

写真 2-2　西安のモスク　門中央の額には「清真寺」と記され、中央奥の本堂に当たる建物が礼拝所となっている。（2015 年）

写真 2-3　西安の城壁　城壁は南北約 2.7km、東西約 4.2km の長さで、高さは 10 ～ 12m、幅は上部で 12 ～ 14m だという。（2015 年）

写真 2-4（左）と 2-5（右）　西安郊外の都市化と高層化　大雁塔から撮影した。（1993 年と 2015 年）

写真 2-6　右奥に見える大雁塔の周辺で進む観光地化　左側の土産物店と観光用の列車がテーマパークを彷彿させる。（2015 年）

写真 2-7　崖にいくつも確認できるヤオトン（2015 年）

る。柔らかな黄土は掘りやすく、ヤオトンの中は夏涼しくて冬は暖かい。地域の特性が示されるヤオトンは、著者が高校生の時には地理の授業で取り上げられていた。本物を見て感動した著者は、すぐに写真に収めた。それが写真 2-7 である。平涼に着く前には、唐代に造営された石窟寺院の大仏寺などを見学し、7 世紀前半に開眼された高さ 20m の大仏を拝観した。1 泊した後に平涼を出発し、チンギス・ハンの終焉の地とされる六盤山のトンネルを抜けると、間もなく蘭州である。甘粛省の省都である蘭州は、もともと石油化学などの工業都市として知られており、環境汚染の問題も抱えていた。近年の不動産ブームで高層の共同住宅が林立したが、空き部屋と思われる箇所がかなり目立った。市街中心部にある写真 2-8 の中山橋は 234m の鉄橋で、1909年にドイツの企業によって架けられた、黄河で最初の固定式の橋である。

写真 2-8　黄河第一鉄橋とも呼ばれる蘭州の中山橋　（2015 年）

写真 2-9　炳霊寺の大仏　左下に劉家峡ダムの湖が一部見える。湖は琵琶湖の 4 分の 1 にあたる大きさだ。（2015 年）

　2 泊した蘭州では中日に郊外へ出向き、黄河本流をせき止めて建設された劉家峡ダムとダム湖を見学した。それとともに、湖畔にある世界遺産の炳霊寺という石窟寺院を拝観した。この寺はシルクロード旧道沿いの黄河の渡し近くに造営されており、ダム建設に伴い下部にあった石窟はすべて埋没したという。5 世紀初頭頃から清の時代までに刻まれた仏像などが 180 余りの石窟に数多く残っているが、そのおよそ 3 分の 2 が唐代の石窟だという。仏像は時代によって造形が異なり、唐代は安定していた時代なので、一般的にふくよかな体型のものが多いそうだ。仏像も作者の生きた時代や国によって異なるのは当然だが、確かに的を射るようで興味深い。炳霊寺で最も見応えのある摩崖仏は、高さが 27m もある弥勒菩薩像で、奈良・東大寺の盧舎那仏像（15m）よりもはるかに大きく、とても圧巻だったと記憶する。
　6 日に蘭州を出発した著者たちは、一日としては最長の 570km を走行して張掖を

目指した。東京から姫路付近までに相当する距離であるが、これまでの道のりと同様に高速道路が整備されており、また車内が1人で2席以上使用できるので、とても快適だ。かつての漢と遊牧民族の匈奴との境となった烏鞘嶺をトンネルで抜けると河西回廊に入り、進行方向左手には遠方に標高4,000～5,000m級の山々が連なる祁連山脈が見え始める。武威で漢の時代の墓を見学し昼食を取って再び走り出すと、右手には明代の長城が並走するようになる。この付近の長城は、漢代に建設されたものの上に明の時代に増設したものだという。それを交差すると、もう張掖だ。中国最大の室内釈迦涅槃像を見学して、夕方張掖のホテルに到着した。

　翌日は嘉峪関に向かい、昼には到着した。まず魏・晋の時代の墳墓を見学してから、史跡の嘉峪関を見て回った。世界遺産になっている嘉峪関は明代に築かれた長城の西端の砦で、清代に修復されたという。ここは河西回廊がちょうど狭くなったところで、

写真 2-10　明代に建設された万里の長城　（2015年）

写真 2-11　嘉峪関の案内図　（2015年）

写真 2-12　嘉峪関外城の楼閣　案内図の一番上にある高さ約17mの楼閣で、「嘉峪関」の額が掲げられている。城壁自体の高さも11mほどある。（2015年）

防備上重要な箇所であり、それだけに外城と内城の二重構造で堅牢な造りになっている。嘉峪関から長城はさらに南へ延々と続いていた。祁連山脈の麓まで続いているという。翌日は瓜州の楡林窟などを見学して、瓜州に1泊した。楡林窟では、断崖に掘られた窟に唐代から清代までの仏像や仏画が収められているが、文化大革命時に破壊されたものが少なくないとの説明が印象的であった。しかし、内部での写真撮影が禁止されていたので、見学箇所としての印象は薄くなってしまった。

　翌9日に瓜州を発ち、前年完成したばかりの高速道路を利用して、この旅の"中国編"最大の見所である敦煌に向かった。写真2-13のように、高速道路はゴビタンと呼ばれる砂と小石混じりの荒れ地の中を突っ切っていて、これこそがまさに中国語でいう「沙漠」であり、武威を過ぎた辺りから見え始めていた。そうしたゴビタンの真っただ中にある敦煌は、井上靖の小説『敦煌』やそれをもとにした映画の題材になっただ

写真2-13　前年に完成した瓜州と敦煌間の高速
道路　(2015年)

写真2-14（左）と2-15（右）　鳴沙山の断崖にある莫高窟　左の莫高窟のシンボルとなる九層の楼閣は高さ43mで、右では中央の奥に写っている。(2015年)
▶口絵vi頁

けに、かねがね一度は行ってみたいと思っていた場所であった。著者にとってはまるで夢のような敦煌の第一幕として訪れたのが、莫高窟である。莫高窟は敦煌の郊外にある仏教遺跡で、鳴沙山の断崖に掘られた大小数多くの洞窟に仏像が安置されたり、壁画が描かれていたほか、経典や古文書も見つかっている。ガイドの説明によると総数735窟のうち、200窟は僧侶の住居だという。時代的には4世紀の五胡十六国時代から元代にまで及ぶから、まるで巨大な仏教美術史博物館のようなものである。そのように文化的に価値のある莫高窟だけに、早くも1980年代に世界遺産に登録されたが、当時の見学者数は現在の10分の1以下であったとガイドは語っていた。観光地化が進み、展示センターの建物で事前に莫高窟に関するビデオを観てから、実際に見学する方式が採用されるようになったとのことで、それが著者にはテーマパークを彷彿させた。なお、この日をもって現地ガイドが交代となり、歓送迎会が賑やかに行われたことも、思い出に残るものとなった。

―その2　敦煌からカザフスタン国境まで―

　敦煌の第二幕は、翌日に訪れた鳴沙山だ。鳴沙山は敦煌の南郊に東西約40km南北約20kmに広がり、主峰の標高は1,715mであるが、敦煌の標高からだと550～600mほどの高さとなる。写真2-16は鳴沙山の典型的な観光写真であり、まさに日本人が抱く砂漠の景色だ。ゴビタンではなく砂砂漠が目前に広がり、観光用に飼われているラクダが観光客を乗せている。中央奥の峰に人が登っているが、著者もそこに登り記念に写真を撮ってもらった（写真2-17）。登山用に借りた足元のカバーから、砂の細かさを推測できるかもしれない。写真中央奥に写っている建物と池は谷間にある月牙泉で、東西200m幅50mほどの大きさを持つ。泉は2000年前からあるそうだが、水量は昔の5分の1程度になってしまったとのことである。また、敦煌市街がオア

写真 2-16　鳴沙山　（2015 年）　　▶口絵 ii 頁　写真 2-17　鳴沙山登山記念　（2015 年）

シスのように遠くに見える。この日の午前中には、市街地の西方百数十 km ほどの所にある漢代の玉門関（小方盤城）遺跡や長城などを見学した。ただ、漢代には草原だった所も気候変動で乾燥化して、ゴビタンの中で遺跡の崩壊がかなり進んでおり、分かりにくくて興味が持てなかった。むしろ、それらの場所へ行く途中で見かけた太陽光発電の方が、"地理屋"の著者には関心があった。写真 2-18 は、2009 年に設置された中国最大級の太陽光発電所である。既に車窓からしばしば風力発電を見かけていたが、中国は風力発電同様に、太陽光発電にも力を入れているようだ。さらに大規模なブドウ園も広がっていて、敦煌は今や綿花とブドウの産地としても知られているそうだ。観光だけではなくエネルギー資源や農産物の開発など、内陸部で進む経済開発の典型例を見たような気がした。

写真 2-18　大規模な太陽光発電所　手前に見えるのは建設中の鉄道。(2015 年)

　敦煌で 2 泊して、4 月 11 日にはパリクン（バルコル）に向けて出発した。この日の走行距離は 530km であり、最長レベルであった。サービスエリア間の距離が長くなったせいもあって、初めて青空トイレとなった。途中の星星峡では公安の検問が入った。それまでにも平涼・蘭州間で入ったが、星星峡は甘粛省と新疆ウイグル自治区（以後、新疆と略す）との境だからである。いよいよ西域に入ったという感慨もひとしお深い。だが新疆に入ってから、さらに出国までの間に数回検問を受けることになった。新疆はウイグル族絡みの政情不安から、検問が厳しくなっているようだ。近年では 2009 年にウイグル族と漢族との激しい衝突が新疆の区都であるウルムチで発生しているが、実は著者たちのツアーが催行される前年にも、ウルムチ駅爆破事件が起こっている。そのため、従来のツアーでは敦煌からハミ（クムル）、観光地のトルファン、大都会のウルムチを通ってカザフスタンに抜けて行く天山南路のコースをたどっていたが、著者たちのツアーでは不安定な政情による危険性を避けるべく、天山北路の

コースを採用したのである。そのようなことから、著者たちはハミで天山山脈の北側に回った。峠を越えるとゴビタンの世界から草原の世界に変わり、遊牧民族で知られるカザフ族の住居が所々で見られるようになった。耕地の拡大で放牧地が減少したため、彼らの定住化が図られたからである。この日は長距離移動にもかかわらず、途中に見学箇所がなかったせいか、午後6時前にはパリクンのホテルに到着した。

　パリクンの正式な名称は、パリクン・カザフ自治県であり、圧倒的に多数派の漢族はもとよりカザフ族も多く住むが、新疆全域に多いウイグル族も生活している。両族はテュルク系民族として括られるものの、言語の違いはもとより生活様式でも違いが見られる。身近な例では主食となるナンの作り方で、ウイグルはタンドール窯を用い、カザフは鍋を使うという。こうした民族性の差異から歴史的にも民族間対立が生じたようで、現地ガイドによると、実際に民族による住み分けも見られるそうだ。また、同じカザフでも中国で暮らす人たちは漢化、隣国のカザフスタンに居住する人々はロシア化の影響で、両者の間では風俗・文化が異なり始めているとのことだ。カザフスタンに移住した中国系カザフ人の実に半数近くが中国に帰還したと、著者たちの現地ガイドは語っており、国境近くで暮らす少数民族の複雑な事情を垣間見た気がした。なおガイドは漢族であったが、漢族でも新疆出身者は全国的に差別されることが多いと、自身の胸の内を明かしたことが心に刺さった。ウルムチ駅爆破事件以降、中国当局のウイグル弾圧が国際的に問題視されており、ガイドの話を聞いた著者は、差別されている漢族とさらに彼らから虐げられているウイグル族との間の差別の構造が、ウイグルの漢化政策を促進しているように思えてならなかった。

　パリクンに1泊して、翌日はチータイに向かった。パリクンから北に進路を取ればモンゴル国境まで僅か140km程度であるが、著者たちはもちろん西方へ天山山脈に沿って進んだ。以降カザフスタンまで白い雪を抱いた山々が続くことになる。チータイへの途中では大河故城跡と北庭故城跡の見学をした。後者は後漢の時代にできた城で、唐代に北部シルクロードの軍事拠点として栄えた。前者はそうした後者への食糧供給基地となった駐屯地である。いずれも唐代の支配地域の広大さを今に伝えている遺跡だと言えよう。

　チータイでは2泊し、中日には郊外の観光で、魔鬼城や五彩城という風食による奇岩や鮮やかな色合いを示した地層の絶景を見たが、それよりも途中の昼食場所や噴霧に包まれた発電所の景観の方に著者は関心があった。昼食は、写真2-20のようなカザフ族が経営する食堂のパオ（包）で食べることになった。料理はうどんのような麺にスープと野菜炒めを添えたラグメン（ラグマン）で、中華料理でもない微妙な、まさに"シルクロードの味"とでも言えるようなものであって、とても美味しかったこ

写真 2-19　大河故城跡　遠方に天山山脈が広がる。
（2015 年）

写真 2-20　カザフ族の経営する食堂　（2015 年）

とを覚えている。写真 2-21 に見る火力発電所は、近くの露天掘りから産出された石炭を使用しており、発電所の周辺はひどい煤煙が漂っていた。こうして生産されたエネルギー源は中国の東部沿岸地域に送られており、それは電気の「西電東送」や天然ガスの「西気東輸」といった言葉で表現されるようだ。いわば"美味しいところ"を東部に持っていかれ、そのために出た廃棄物だけが残される経済構造になっていると言えるのかもしれない。新疆の独立に繋がるようなウイグル族の動きを封じ込めるための弾圧は、そんな構造を維持するのが本当の狙いであるようにも著者には思えた。

　4 月 14 日にチータイを発った著者たちは、見学箇所もなく高速を突っ走り、クイトゥンに向かった。途中でウルムチ市街を迂回して行ったが、その時はスモッグがひどく、天山山脈が見えなかった。翌日はクイトゥンから、中国国内での最終宿泊地であるホルゴス（コルガス）に向けて出発した。途中のセリム湖で写真撮影のため休憩したが、あいにくの曇天で非常に寒かったことだけを覚えている。それもそのはずで、セリム湖は天山山脈の山中にあり、標高が 2,000m 以上もある。そしてそこから、数々のトンネルや新疆一の高さを誇る果子溝大橋などを通って一気に下り、国境の街ホルゴスへ急ぐ。夕方 5 時前には到着し、ホテルに入る前に、出入国管理事務所の近くにあるホルゴス国際貿易センターで買い物を済ませた。センター内ではパキスタンなどさまざまな国からの商品が扱われていたり、カザフスタンからやってきた商人も見られたりして、国際貿易の町としての発展が期待されている様子が見て取れる。中国人も観光でこの国境に訪れることがあるという。多くの見学箇所を含めて、西安からここまで総計約 4,500km を走り、いよいよ明日は中央アジアに入るのかと思うと、この 2 週間のことが走馬灯のように思い出された。お世話になったガイドや運転手との送別会が、またもや盛り上がったことは言うまでもない。ほかのメンバーも著者と同じ気

持ちであっただろう。

　以上で"中国編"は筆をおくが、旅行中に見学したものの、紙面の関係で割愛した博物館や史跡などが多数あった。それらの中で西安から敦煌までのものに関しては、添乗員二村忍氏の著書『シルクロード・チベット・雲南　アジアの秘境　ゆったり旅行』でも紹介されているので、詳しくはそちらも参照されたい。

写真 2-21　火力発電所から送られる送電網（2015 年）

写真 2-22　ホルゴス出入国管理事務所　（2015 年）

写真 2-23　ホルゴス国際貿易センター　（2015 年）

写真 2-24　ホルゴスでの運転手との記念写真　バスは敦煌から乗車してきたもの。（2015 年）

3　カザフスタン

　4月16日、出入国管理事務所で税関の検査が始まったのは午前10時半過ぎであったが、出国検査をした後にバスで国境間を移動して、カザフスタン側に到着し入国審査が始まった時は12時半を過ぎていた。EUが成立する前のヨーロッパでの国境通過でも、せいぜい30分かかったかどうかだと記憶するが、とにかく厳重だったことは確かである。この国境は中国とかつて対立したソ連との関係から、1962～83年までの間閉鎖されていた場所であることを想起すれば、当然なのかもしれない。非常に時間のかかったカザフスタンへの入国であったが、それは同時に中国から"脱出"したことへのある種の安堵感を著者にもたらした。というのは、新疆で受けたいくつかの検問で、やはり重苦しさや息苦しさを感じていたからである。ちょうどそれは、初めての海外旅行で最初にソ連に寄ってから西ヨーロッパに入った時に抱いた感情に似たものであった。いずれにしろ中央アジアに到着し、著者のシルクロードツアー参加の主目的であるテュルク系民族の国に到着した喜びに繋がった。

　中国は広大な国土を持つにもかかわらず、中央集権の国家体制を反映して単一の標準時を採用しているので、カザフスタンとの時差は2時間である。カザフスタン時間の12時頃に昼食となったが、著者たちの体には遅い昼食であったせいか、提供されたパンとボルシチがとても美味しかった。かつてソ連を構成した15の共和国の一つであったカザフスタンでは、さまざまな点でロシア化が進んだが、食文化でもそうであったことが分かる。とりわけ言語の影響は大きくて、ソ連の解体後もロシア語は公用語であり、国語とされているカザフ語でもキリル文字（ロシア文字）が用いられている。ロシア系住民のロシアへの帰還でその人口比率は低下したが、ロシア語はカザフ人以外の少数民族の共通言語としての役割が大きいようだ。中国側と異なり、カザフスタン側は国境の傍に商業・流通施設のようなものは見当たらず、時々見かける集落を貫く一般道を通り、その日の宿泊先であるアルマトイ（アルマティ）を目指した。途中で牛馬を放牧している牧童が馬に乗っている姿を見かけて、それがいかにも遊牧民の国のイメージだったので、写真（2-26）に収めた。午後からの出発であり、350kmほども走ったので、アルマトイのホテルに到着したのは午後7時を過ぎていた。

　1997年に首都をアスタナに遷都することが決定され、アルマトイは首都ではなくなったが、今もカザフスタン最大の都市であり、経済・文化の中心的な役割は持続している。到着した翌日は市内観光で、まずホテルの近くにあるパンフィロフ公園を散策した。19世紀半ばにアルマトイの原型が形成され、その頃には既にこの公園も建

写真 2-25　カザフ語（左）とロシア語（右）で
記されている博物館の入り口　（2015 年）

写真 2-26　馬に乗った牧童　（2015 年）

設されていた。園内には著者たちも見学したゼンコフ聖堂があり、高さ 56m の世界
でも最大級の木造建築で知られている。20 世紀初頭に建設されたこのロシア正教会
はソ連時代には閉鎖されていたが、独立後の 1995 年から再び使用されるようになっ
たという。女性の礼拝者はほとんどがスカーフを被っているように、敬虔さが印象的
であった。なお、公園名はアルマトイ出身の軍人名にちなむもので、第二次世界大戦
での彼らの功績を記念して付けられた。

　この公園の近くには写真 2-28 のような真新しいモスクが散見し、独立後における
宗教の再生がはっきりと読み取れる。こうした新しいモスクは中東からの寄付などで
建設されることが多いとのことである。ただし、ソ連時代の宗教の禁止が生活にも
影響したようで、カザフ人の敬虔なイスラム教徒は少ないようにみえる。カザフスタ
ン入国後のガイドはキルギス人であったが、彼もイスラム教徒であるものの、酒は飲

写真 2-27　荘厳な風貌を持つゼンコフ聖堂
（2015 年）
▶口絵vii頁

写真 2-28　新設されたきらびやかなモスク
（2015 年）

むし、断食もしたことがないという。豚肉を食したことさえあることを、彼は明かしてくれた。もっとも、著者自身を含めて仏教徒である多くの日本人が仏教に即した生活をしているわけではないので、彼のようなイスラム教徒がいても不思議とは思わなかった。この日は午前中にさらに国立博物館を見学し、午後は近郊のスキーリゾートにも出かけた。ホテルに戻ってからの自由時間に著者は、パンフィロフ公園の傍にあるカザフ民族楽器博物館に出かけた。この博物館では、西はトルコから東はウイグル、シベリアのヤクートまで、テュルク系諸国・地域で伝統音楽の演奏に用いられているさまざまな楽器が展示されており、楽器の類似性からテュルク系民族の音楽を通しての共通性を確認することができた。

写真 2-29　テュルク系民族の共通性を確認できる
カザフ民族楽器博物館　（2015 年）

4　キルギスとカザフスタンのタラズ周辺

　アルマトイに 2 泊して、4 月 18 日にはキルギスに向けて出発した。天山山脈の北麓に沿って西進する著者たちのルートは、カザフスタンとキルギスの国境線と並走するようなもので、4 時間ほどでキルギスとの境にある出入国管理事務所に到着した（写真 2-32）。途中で写真撮影のために停車することがしばしばあったが、それは植物の撮影であることが多かった。とりわけ野生チューリップを探すことは著者たちのツアーの"売り"の一つでもあったので、愛くるしいチューリップに出会えて、枚挙にいとまがないほどの写真を撮ることができたのは幸運であった。

　国境での出入国の手続きは 10 分ほどで完了し、至って簡単だった。検査後は同じ

写真 2-30（左）と 2-31（右） チューリップ撮影
での停車とその傍で見られたチューリップの群落
（2015 年）　　　　　　　　　　　▶口絵ⅱ頁

　バスに乗り込み、現地ガイドもカザフスタンからの人がそのまま担当してくれた。キ
ルギスの物価がカザフスタンの半分程度だということもあって、越境して結婚式や
パーティーを挙行するカザフ人が多いという。それだけ両国の関係は友好的で密接な
のであろうが、その背景には民族的な近似性があるようにも考えられる。実際にガイ
ドの話によると、キルギス語とカザフ語は 9 割程度が同じだそうだ。ちなみに、キル
ギス語とウズベク語との類似性は 8 割ほどだという。両国ともイスラム教徒が多く、
キルギス人とカザフ人との文化的差異は、カザフ人に自慢する人が多い程度の差であ
ると、ガイドは話していた。なお、キルギスでも国語はキルギス語であるが、カザフ
スタンと同様にロシア語も公用語となっている。
　国境から 30 分程度走ったら、もうキルギスの首都ビシュケクに到着した。それも
そのはずで、ビシュケクは国境から 20km ほどしか離れていないのである。ソ連時代
には当地出身の赤軍司令官ミハイル・フルンゼにちなみフルンゼと呼ばれたビシュケ
クは、19 世紀中葉にロシア領に組み込まれて現在の原型が出来上がった。天山山脈
の支脈北麓の海抜高度 800m ほどの位置にあり、ソ連時代から緑の多い風光明媚な街
として知られているそうだ。そのせいもあってか、かつてはロシア系住民が多く住
んでいたようだが、独立後は徐々に減少し、トルコとの友好関係が築かれていった。
市内見学後の自由時間に散策をしていたら、写真 2-33 のキルギス・トルコ・マナス
大学を見かけた。この大学はトルコの支援でできた私立大学で、トルコ語と英語で
授業をしているとのことである。ちなみに郊外で建築中のモスクを見つけたが（写真
2-34）、オスマン様式（写真 1-11 や 1-25 など参照）を想起させることから、こちらも
トルコの支援で建設されているものと推察できる。
　この日の夜はディナーショーが催され、キルギスの民族楽器の演奏を楽しんだ。伝

写真 2-32　カザフ側から見たコルダイ国境　徒歩
で国境を通過した。(2015 年)

写真 2-33　ビシュケクにあるキルギス・トルコ・
マナス大学　(2015 年)

写真 2-34　建築中のトルコ風モスク　中央に大き
なドームを抱き、ツクシのようなミナレットを備えて
いる。(2015 年)

写真 2-35　伝統的な民族衣装での民族楽器の演
奏　(2015 年)

統音楽はソ連時代でも民族の存在を示すパフォーマンスとして尊重されていたようだ
が、近年では若者の継承者が少ないといった日本の伝統芸能と同じ悩みがあるそうだ。
ディナーショーでは、メインが提供される前に皆が満腹になってしまったほど大量の
料理が出された。ガイドの話によるとキルギス人は夕食をたくさん取ることが一般的
であるとともに、食べ切れないくらいの量の料理で客人をもてなすことが慣習だと
いう。トルコでも友人宅や地方の家庭で夕食に招待された時に同じようなことを言わ
れたことがあった。遊牧民はいつ敵に襲われても大丈夫なように夕食をたらふく取り、
来客へのもてなしを大切にする伝統があるようだ。そうした民族性が、共通してテュ
ルク系民族にあるのかもしれない。

　ビシュケクで 1 泊して翌 19 日は、国内最大の湖であるイシク湖（イシク・クル）
に向けて東方へ出発した。好天に恵まれ、進行方向の右手には 4,000m 級の山々が道

路と並行して壮麗に広がる。当然のごとく停車して写真撮影会が始まり、著者も写真2-36に収めた次第だ。何しろ最高峰が7,439mの天山山脈は、新疆の東部からウズベキスタンの東部まで延々と続くのだから、アルプス山脈の比ではない。その壮大さを写真で伝えることの難しさを、つくづくと感じてしまう。途中ではバラサグン遺跡を見学した。この遺跡は中央アジア最初のテュルク系イスラム王朝であるカラハン朝（10〜12世紀）の都の一つと推定されている。写真2-37のブラナの塔は10世紀前半に建設されたモスクのミナレットで、地震で倒壊したものが1970年代に途中まで修復された。遺跡内には、突厥の時代（6〜8世紀）に戦士の墓の上に立てられたとされる石人が、キルギス全土から集められて展示されている（写真2-38）。見学を終えて、午後3時過ぎには宿泊予定の湖畔のホテルに到着した。

　イシク湖は天山山脈とその支脈との間にある内陸湖で、琵琶湖の約9倍の大きさである。標高が1,600mほどであり、面積の大きな高山の湖としてはチチカカ湖に次いで高い所にあることになる。しかしイシク・クルの意味が熱い湖であるように、冬でも湖面は凍結しない。理由は不明だ。温泉が湖底から湧き出しているとの説もあるという。ソ連時代には立ち入り禁止の地区だったが、現在ではキルギスの重要な観光資源となっている。ちなみに、著者たちのホテルもコテージ風の瀟洒なリゾートホテルで、テニスやバスケットボールなどのスポーツを楽しめる施設が整備されていた。プライベートビーチからは湖の対岸に遠く天山山脈を望むこともできる。そのようなホテルに著者たちは2泊し、中日はホテルの近くにあるチョルポンアタの岩絵野外博物館の見学や渓谷でのバーベキューを楽しんだ。岩絵は紀元前7〜3世紀のものが多いとされ、大角を持ったヤギの絵が大半を占めていた。

写真2-36　ビシュケクの東郊から見た天山山脈の支脈　（2015年）

写真2-37　バラサグン遺跡のブラナの塔　遠方には天山山脈の支脈がそびえる。（2015年）

渓谷の傍では写真 2-41 のように、木の枝に布切れを縛り付けてある光景を見かけた。白い布は男児を、色のついた布は女児を聖なる木に授けてもらうためだ、というガイドの説明を聞いた著者には、日本でおみくじを木に括り付けて願掛けをすることが思い出された。イスラムというと原理主義的な行為に注目し、厳格さが前面に押し出されるが、土着の信仰と混交したイスラムもあることに気付かされた。日本の仏教においても、いわば土着ともいえる神道との神仏習合があるとおりだ。中央アジアのイスラム化は、教義が整った厳格なイスラムを通じてではなく、直観的で感情的なイスラム神秘主義によって改宗が進み、テュルク系民族が本来信仰していたシャーマニズムの習俗や儀礼が維持されてきたという。そのために、非イスラム的・土着的な民間信仰との習合が進んだ（『イスラム事典』p. 281）と考えられるようだ。
　4 月 21 日、イシク湖をあとにした著者たちは、往路と同じ道を西方へビシュケク

写真 2-38　突厥時代の石人　（2015 年）

写真 2-39　プライベートビーチから望む 4000 ～ 5000m 級の天山山脈　（2015 年）

写真 2-40　チョルポンアタの岩絵　（2015 年）

写真 2-41　キルギスの山中で見かけた、子どもを授けてもらう願掛け　（2015 年）

方面に戻った。ビシュケク市街を通過すると程なくカザフスタン国境となり、再びカザフスタンに入国した。国境での検査に若干時間を要したが、時差もないので隣国に出た感じがしないまま、タラズへ向けて西に走り続けた。結局この日は走行距離が560kmに及んだ。日没時にタラズのホテルに到着したので、予定していた市内見学は翌日へ回すことになった。翌朝早速眺望のきく丘に上がり、そこからは写真2-42のようにタラズ川が良く見えた。その川こそが、世界史の教科書にも載っているタラス河畔の戦いの場所だ。8世紀半ばに唐とアラブが戦い、唐が大敗してイスラムが新疆まで広がることになった。また、この戦いを機に唐の捕虜から製紙法を学んだイスラム教徒が、紙を中東、さらにはヨーロッパにも普及させた。この川での争いが世界史に大きな影響を与えたことを想起すると、一層感慨深いものがあった。

　丘での見学を済ませると、途中で野生のチューリップに目を奪われて、いつものよ

写真 2-42　唐とアラブとの古戦場となったタラス川　（2015 年）

写真 2-43　緑の農地が目立つシムケント南郊の農村　（2015 年）

写真 2-44　進むカザフスタンの高速道路建設　タラズとシムケントとの間で撮影した。（2015 年）

写真 2-45　カザフスタン側から見たウズベキスタンとの国境　（2015 年）

うに写真撮影のために停車しつつも、一路ウズベキスタン国境を目指した。車窓から
は秋まき小麦や牧草が生い茂る緑の農地が目立つ。この一帯はカザフスタンの南端に
位置し天山山脈の山麓となるので、比較的温暖な気候であるとともに、多少なりとも
水に恵まれている地域なのだろう。緑の都市の意味を持つシムケントの周辺は小麦の
産地で、シムケントのビールは有名だという。確かに昼食で飲んだ地ビールは美味し
かった。途中未完の区間もあったが、高速道路が整備され始めており、著者たちのバ
スは快走し続けた。こうした高速道路の建設にあたっては中国の支援があり、2014
年に APEC（アジア太平洋経済協力）首脳会議で中国が提唱した、中国と欧州の広域
経済圏構築を目指す「一帯一路構想」の足固めを始めていたようだ。まさに「シルク
ロード経済ベルト」の一環として、中国と欧州を結びつける輸送路としての役割をカ
ザフスタンに持たせる狙いがあったと思われる。夕方にはシルクロードを意味するジ
ベックジョルの国境にたどり着いた。1 時間ほどで出入国検査は終了し、バスもガイ
ドも交代した。カザフスタンとの時差は 1 時間である。この日の宿泊はウズベキスタ
ンの首都タシケントであるが、タシケントもまた国境から 20km ほどしか離れていな
いので、明るいうちにホテルに到着した。

5　ウズベキスタン

―その1　入国からサマルカンドまで―

　ウズベキスタンに入国してすぐ目に付いたのは、文字がラテン文字（ローマ字）だ
ということだ。ソ連からの独立後も暫くはキリル文字(ロシア文字)が使われていたが、
2002 年頃に切り替えたという。年配の人たちがキリル文字に慣れているので、完全
な切り替えではなさそうだが、学校ではラテン文字で学習しているとのことだ。ウズ
ベキスタンではカザフスタンやキルギスと異なり、公用語はウズベク語だけである。
文字や言語に象徴されるように、ウズベキスタンのロシア依存が衰微したことは確か
である。ちなみに、以前の英語学習は小学校 3 年生からであったが、その後 1 年生
からに引き下げられたという。また主要貿易相手国としてもロシアの地位は低下し、
中国が台頭してきている。

　タシケントでは翌 4 月 23 日の午前中に、ナヴォイ劇場の外観見学やヤッカサライ
の日本人墓地の参拝などをした。ナヴォイ劇場は修理中のため傍に近付けなかった
が、この劇場は、第二次世界大戦でソ連に抑留された旧日本兵数百名の捕虜による強

制労働で建設された。外壁には写真 2-47 のように、建設の経緯が日本語併記で書かれたプレートが張られている。著者は 2002 年にウズベキスタンを中心とした周遊ツアーに参加したことがあり、その時には入館して素晴らしい内装を見学できた。また、1966 年に発生したタシケント地震でもびくともしなかった、という耐震性の話を聞いて感動するとともに、抑留された人々のつらさに思いを馳せたことが思い出される。その時のツアーでは訪れなかったヤッカサライ墓地には、抑留された旧日本兵のうち無念の死を遂げた人たち 79 人が眠っている。ウズベキスタンには約 2 万人が抑留され、うち約 2,000 人が亡くなったという。

　日本人墓地はイスラム教徒の墓地に隣接しており、そこもあわせて参拝した。墓石に刻まれた碑文や遺影からは、ウズベキスタン、さらには中央アジアのイスラムの特徴を読み取ることができる。写真 2-49 の中央に碑文がアラビア文字だけで書かれた

上／写真 2-46　日本人捕虜によって建設されたナヴォイ劇場　（2015 年）
右／写真 2-47　ナヴォイ劇場の建設経緯を記したプレート　（2002 年）

写真 2-48　ヤッカサライの日本人墓地　（2015 年）　　写真 2-49　日本人墓地の隣にあるイスラム教徒の墓地　（2015 年）

墓石があるが、これはトルコで見る墓石と同じ形式であり、偶像崇拝を禁じたイスラムの教義に準じたものとなっている。しかし、その墓石は例外的で、それ以外の墓石はすべて故人の肖像画が刻まれていて、教義には即していない。カザフスタンやキルギスで見た墓地でも、すべてと言ってよいほど墓石に遺影が刻まれていた。たとえ墓石の新しい様式が関係したり、ソ連時代のロシア的風習の影響があったりしたにせよ、肖像画は厳格なイスラムではないことの証左と言えよう。前述のように、中央アジアのイスラム化は土着の民間信仰との習合という形態で浸透した経緯があるのかもしれない。また、キルギス人のガイドが一応イスラム教徒であると自認していることも、そうしたことを示唆しているようだ。

　昼食後タシケントをあとにし、バスはサマルカンドに向けて急いだ。程なく、天山山脈から流れ出る中央アジアの大河シルダリヤ川を越えた。その周辺では灌漑用水路が整備され、綿花畑や果樹園が広がっている。そうした灌漑施設はソ連時代に建設されたが、水の汲み過ぎでシルダリヤ川が流れ込んでいたアラル海が急激に縮小してしまったことは、人間と自然環境の関係を考える上での課題として世界中に知れ渡った。そして、車窓から見える村落の景観がカザフスタンやキルギスと異なることに気付いた。カザフスタンやキルギスでは、写真 2-51 のように住居を厳重な門で警護する作りにはなっておらず、それに比べると開放的な感じであった（写真 2-43 参照）。ウズベク族は元来オアシス系の農耕民族であり、敵からの防御が重視されていたため、閉鎖的な傾向が強く受け継がれたのかもしれない。それに対して遊牧系のカザフ族やキルギス族は定着するようになっても、それほど閉鎖的なわけではなさそうだ。テュルク系民族といえども、ロシアとの関係性だけではなく、そうした生活文化においてもウズベクは異なる様相を持っているようだ。

　その日の夕方にはサマルカンドに到着し、アフラシヤブの丘とサマルカンド歴史博物館、ウルグ・ベク天文台跡を見学した。アフラシヤブの丘はサマルカンドの前身となる街のあった所で、早くからオアシス都市としてイラン系のソグド人が発展させてきたものの、13 世紀前半のモンゴル来襲で破壊されてしまった。古代からの諸文化の遺構が地中で層をなした廃墟だけに、分かり難さだけが印象に残ってしまったが、天文台跡は円い天文台の基礎と六分儀の地下部分が残存しており、当時の面影を偲ぶことができる。この天文台はティムール朝のウルグ・ベクが 15 世紀前半に建設したもので、高さ 40m 長さ 63m の六分儀を高さ 30m 以上のドームが取り囲んでいたとされ、当時としては世界最高水準にあったようだ。ウルグ・ベクは天文学以外の学問にも造詣が深い君主であったことで知られており、モンゴルによる破壊からサマルカンドを甦らせたティムールが首都サマルカンドを建設したのに対して、彼の孫ウルグ・

写真 2-50　シルダリヤ川の水を用いた灌漑用水路　（2015 年）

写真 2-51　タシケント郊外の住居　（2015 年）

写真 2-52　ウルグ・ベク天文台跡の六分儀の遺構　（2015 年）

ベクはそれを文化的に充実させたことが功績と言えよう。

　そんなサマルカンドは「イスラム世界の宝石」などと呼ばれることがあるように、イスラム世界やシルクロードの中心都市として発展しただけに、見学箇所は枚挙にいとまがないほどで、著者たちのツアーでも 2 泊した。翌日の中日には、まず代表的な観光スポットであるレギスタン広場の見学から始まった。この広場は商業の中心地として、あるいは公共の広場として使われてきたが、広場の西側にウルグ・ベク・メドレセ（学院）が 15 世紀前半に建設された。その後 17 世紀前半にはその対面にシェルドル・メドレセが、そして 17 世紀中葉にはティラカリ・メドレセがそれぞれ建てられ、写真 2-53 のようなサマルカンドを象徴する景観となった。3 つのメドレセのうち注目したいのはシェルドル・メドレセで、写真 2-54 で確認できるように、正面入り口の上方に小鹿を追うライオンが、人面を帯びた日輪を背に描かれている。偶像崇拝を

禁じているイスラムの建物であるにもかかわらず、何と人や動物の姿をモチーフにしているのだ。支配者が自分の権力を誇示しようとしたとの説もあるが、タブーが破られていることは確かである。ここにも中央アジアのイスラムの特性を垣間見ることができよう。ちなみに、太陽が描かれているのはゾロアスター教（拝火教）の影響だとガイドは説明していたが、先住民族のソグド人がイラン系の民族であることを想起すると、彼らが信仰していた土着の宗教であるゾロアスター教とイスラムが習合したものとして、その説明も納得できる。

　レギスタン広場をあとした著者たちは、ビビハニム（ビービー・ハーヌム）・モスク、シャーヒ・ズィンダ廟群、グリ・アミール廟といったティムール関連の地を訪れた。ビビハニム・モスクはティムールが愛妃ビビハニムのために世界最大のモスクを建てようとしたもので、15世紀初頭に完成したが、建設を急ぎすぎたり構造が巨

写真 2-53　ウルグ・ベク（左）・ティラカリ（中央）・シェルドル（右）の各メドレセに囲まれているレギスタン広場　（2015 年）
▶口絵vii頁

写真 2-54　イスラムのタブーを破ったシェルドル・メドレセ　（2015 年）

写真 2-55　ビビハニム・モスク　（2015 年）
▶口絵vii頁

写真 2-56　シャーヒ・ズィンダ廟群　（2015 年）
▶口絵vii頁

大すぎたりしたため、落成後間もなく崩壊し始めたという曰く付きのモスクである。1970年代になってから修復が開始された。シャーヒ・ズィンダ廟群はティムール所縁の人々の霊廟が一直線に建ち並ぶ聖地で、装飾の多様さや美しさに目が奪われる。建物の大部分が14世紀から15世紀に建設されたが、預言者ムハンマドの従兄クサム・イブン・アッバース関連の廟は最も古く、11世紀に建設されたとされ、モンゴルの来襲でも破壊されずに残った。グリ・アミールとはイラン系の言語であるタジク語で支配者の墓を意味し、グリ・アミール廟にはティムールや彼の息子、孫が眠っている。口絵で見るように、これら三か所においてもレギスタン広場と同様、深い色合いの青が目立っていて、サマルカンドはまさに「青の都」なのである。

写真 2-57　グリ・アミール廟　（2015 年）
▶口絵 vii 頁

写真 2-58　観光地化の進んだサマルカンドのタシケント通り　（2015 年）

　2002年に参加した周遊ツアーでもサマルカンドを訪れ、前述の観光スポットはすべて見学したものの、当時はまだビビハニム・モスクは一部が修理中であったし、レギスタン広場からビビハニム・モスクやバザールをつなぐ観光の中心通りが未舗装のような状態だったが、15年のバス旅による再訪では、写真2-58のように、観光地として美しく整備されていることに驚いた。もっとも、そうした整備事業で旧市街の迷路のような路地がなくなってしまうのもさびしい限りだが、観光客向けのショッピング街や食堂街が伝統的な建物風に再開発されるなど、昔の面影を残す工夫が感じられた。そのように変貌を遂げる経済活動にあっても、伝統的な風習や信仰は変わらないようで、ウズベキスタンでしばしば、入り口に下げられた魔除け（写真2-59）を見かけた。特に新築の家に目立ったような気がした。日本でも節分の魔除けとして柊とイワシを戸口にさす風習があり、同じ意味合いなのだろう。そうしたイスラム化以前の土着の信仰は、ゾロアスター教の名残とされる"お祓い"にも見出せる。片手鍋に灰

写真 2-59　魔除けとして下げられていた唐辛子
（2015 年）

のようなものを入れて持ち歩いている人に、信仰心の篤い人はお金を渡していた。な
お、この日著者は体調がすぐれず、初めて夕食を抜いた。ツアー中、男性のメンバー
は皆、一度どこかで体調を崩していたが、女性は一人を除き全員至って元気であった。
女性の方が健康寿命や平均寿命が長いはずだと実感できた次第である。

——その2　ブハラからトルクメニスタン国境まで——

　サマルカンドに 2 泊して、4 月 25 日にはブハラに向けて出発した。この日の昼食
にピラフが出た。著者はトルコで何度か結婚披露宴に招待されて、食事をごちそうに
なったことがあり、そこでの主菜も同じピラフであった。結婚披露宴では羊肉とブド
ウを入れたピラフが振舞われるのが伝統だという。そのことが著者には、ウズベク族
もトルコ族もテュルク系であることを窺わせる一例であるように思えた。ちなみに、
料理の話題に関連して著者は食用油についても関心があったので、道中、市場で観察
したり料理人に確認したりしたところ、新疆、カザフスタン、キルギスでは、主に菜
種油を用いているようだ。ヒマワリ油もあるにはあるが、値段が高いので避けるそう
である。ところが、ウズベキスタンでは主にヒマワリ油や綿実油が用いられている。
ウズベキスタンは綿花栽培を中心とした農業生産の比重が高いこともあるのだろう
が、遊牧系のカザフ族、キルギス族と農耕系のウズベク族との食文化の違いに通じる
ものがありそうだ。

　ブハラへの途中の都市ナボイには、韓国との合弁で建設された新しい空港ができて
いた。ウズベキスタンは韓国との経済交流が進んでいて、韓国は主要貿易相手国の一
つとなっている。街中を歩いていて、著者たちは韓国人と間違えられることが多かっ

たのもそのせいかもしれない。夕方には砂塵の舞う中ブハラに着いた。ウズベキスタンに入国してから好天に恵まれて、連日30℃を上回る暑さとなったが、到着した翌日は砂嵐の曇天で、日中でも15℃程度までしか気温が上がらなかった。急きょ冬服を引っ張り出し、乾燥した内陸国の気候を実体験することから、ブハラの観光が始まった。ブハラもサマルカンド同様、モンゴルの来襲で一時期衰えたが、16世紀以降復活しイスラム世界の文化的中心地の一つとして、またシルクロードの交易都市の一つとして発展してきた。それだけに見所満載で、著者たちの旅でも2泊で企画されていた。

　ブハラ滞在の中日となる4月26日は、中央アジアに現存する最古のイスラム建築で知られるイスマーイール・サーマーニー廟の見学から始まった。9世紀末にブハラを占領して都としたイラン系のサーマーン朝のイスマーイール・サーマーニーが建立した霊廟である。10m四方の箱型の上に、1932年に再建された半球ドーム型の屋根が載っている（写真2-61）。モンゴル来襲時には地中に埋もれており、かつ周りが墓地であったため、モンゴルの破壊を免れたという。1920年代にソ連の考古学者が発掘した。側面にある4つのドームはゾロアスター教の神殿建築だとガイドは説明しており、装飾にイスラム化以前の特徴が見られるようだ。この廟はブハラの外れにあるが、近くの旧市街にブハラ観光の見所や宿泊ホテルもあったので、廟からは徒歩見学となった。その後は、18世紀初頭に建設されたブハラ・ハン専用の木造モスクであるバラハウズ・モスク、歴代ブハラ・ハンの居城アルク城、ブハラのシンボルとなっている高さ46mのカラーン・ミナレット（尖塔）、ソ連時代にも唯一活動していたミル・アラブ・メドレセ（学院）などを見学し、大通りの交差点を丸屋根で覆ったバザールの一角で昼食となった。16世紀に建設されたこのバザールはタキと呼ばれており、荷を積んだラクダが通れるように天井が高くなっている。現在ではタキは3か所に

写真2-60　サマルカンドの市場に並ぶ食用油　主にヒマワリ油だが、右側に一部綿実油もある。（2015年）

写真2-61　イスマーイール・サーマーニー廟（2015年）

なってしまったが、交易で繁栄したブハラの生き証人と言えよう。

　午後も散策が続いた。ゾロアスター寺院のあったとされる場所にあり、ブハラに現存する最古のマゴキ・アッタリ・モスク、17世紀前半に建造されてオアシスの池となってきたラビ・ハウズ（ハウズは池の意味）とそのすぐ傍にあるナディール・ディヴァンベギ・メドレセなどを見学した。このメドレセも17世紀前半に建設され、正面入り口のタイル絵は、2羽の鳥が白い鹿らしき動物をつかんで太陽に向かって飛んでいる姿である（写真2-65）。しかも太陽の中には顔が描かれている。偶像崇拝禁止の教義に反しているのは、サマルカンドのシェルドル・メドレセと同じである。ブハラ・ハン国の宰相（ディヴァンベギ）であったナディールが当初キャラバンサライと

写真2-62　カラーン・ミナレットと左手前のミル・アラブ・メドレセ　（2015年）

写真2-63　カラーン・ミナレットから見たブハラ旧市街　左手眼下にミル・アラブ・メドレセがある。（2002年）

上／写真2-64　タキと呼ばれる丸屋根付きバザール　左手奥にカラーン・ミナレットが見える。（2015年）
右／写真2-65　ナディール・ディヴァンベギ・メドレセの正面入り口　（2015年）　▶口絵vii頁

して建設したものを急遽メドレセとして寄進したものだそうだが、イスラム信仰への温度差が示されていることだけは確かである。また、ラビ・ハウズの近くにはナスレッディン・ホジャの銅像が置かれていた。ナスレッディン・ホジャ（ホジャは先生の意味）はトルコ民話で知られているとんち話の主人公で、日本の一休さんのような人物だ。彼はトルコやテュルク系民族地域だけではなく、かつてのオスマン帝国の支配地域でも広く知られているようだが、テュルク系民族の文化的な繋がりを示す一例になりそうである。実際に著者が銅像を見ていたら、地元の中高生らしい学生の一団がやってきて引率の先生がホジャの説明をし始めていた。また、土産物店にもホジャの可愛らしい人形が売られており、それだけ人々の間で人気があるようだ。この日の見学コースは 2002 年の周遊コースのちょうど逆回りであった。今回のブハラ観光の立ち寄り先は、定番といったところなのであろう。

　この日の夕方はナディール・ディヴァンベギ・メドレセでウズベクの民族舞踊の鑑賞会があった。キルギスでも民族音楽を鑑賞したが、演奏曲目のメロディーやリズムの違いはあるものの、両方とも使用している楽器が三味線の類の弦楽器、横笛、太鼓であったせいか、似た雰囲気の音楽に聞こえた。ウズベキスタン最後の夜であっただけに、思い出深い鑑賞会であった。この会場のように、かつての神学校がイベントの会場や土産物売り場となっている場合が多いのも、観光化進展の一面なのであろう。

左／写真 2-66　ナスレッディン・ホジャの銅像
著者は、記念に購入したホジャの絵を持っている。
（2015 年）
上／写真 2-67　ウズベクの民族舞踊　踊り子は、
伝統的なデザインをあしらったモダンな衣装をまとっ
ている。（2015 年）　　　　　　　　▶口絵ⅷ頁

6 トルクメニスタン

　翌4月27日、いよいよトルクメニスタン入りだ。2002年の中央アジア周遊ツアーではトルクメニスタンは訪れていないだけに、どのようなところなのか著者の関心は高まった。その上に、このバス旅も日数的には折り返し地点を経たところで、一日一日が加速度的に過ぎていくような気がして、ますますトルクメニスタンへ馳せる思いが募った。もっとも、ブハラからトルクメニスタンとの国境までは100km足らずの道のりで、1時間半ほどで到着したのだが。それぞれの国で出国と入国の検査を受け、その間の緩衝地帯約1,500mはミニバスで移動した。以前はスーツケースを押して歩いたというから、かなり難渋しただろう。ブハラとトルクメニスタンのテュルクメナバートとの間で相互ビザなしの往来が可能となり、出入国者が増加したことで、ミニバスが出現したのである。それでも出入国に2時間半ほどかかった。概して車両、とりわけトルコやイランのトラックの増加が目立つようになったと、添乗員の二村氏は話していた。なお、両国の間では時差はないし、トルクメニスタンでもラテン文字を採用しているので、国境を越えても大きな変化は感じなかった。敢えて指摘するならば、トルクメン語の方がウズベク語よりも著者にすぐに分かる単語が多くなったように思えた。それだけトルクメン語の方が、トルコ語に近いということだろう。

　バスや現地ガイドが代わり、国境を出発すると、すぐに大河アムダリヤ川を渡った。この川もシルダリヤ川と同様、綿花栽培のために建設されたカラクーム運河による取水で、アラル海への流入量を減少させた。農業関連産業の盛んな都市テュルクメナバートで昼食を済ませて、カラクーム砂漠を横断する道路を突っ走り、その日の宿泊

写真2-68　この付近で幅1.5kmもあるアムダリヤ川　工事中のため浮橋を渡った。遠方に見えるのは鉄道橋。（2015年）

写真2-69　カラクーム砂漠で停車中のバス　トルクメニスタンで使用したバスは中国製で、フロントに「外国人旅行者」の紙が貼ってある。（2015年）

先であるマーリを目指した。国境からおよそ 300km も走るので、当然その間でも途中で青空トイレのために停車した。マーリの郊外に近づくとカラクーム運河による灌漑設備の行き届いた農村が見えてきた。パラボラアンテナが設置され、整備された外観の農家が目立つ（写真 2-70）。ウズベキスタンの農村よりも豊かさを窺わせる。天然ガスや石油の産出で経済力のあるトルクメニスタンを、早速垣間見ることになったのである。ちなみに、トルクメニスタンでは小学校から高校までが義務教育で、大学も学費無料の国立大学がほとんどであるという。

　マーリに到着する前に、世界遺産にもなっていてトルクメニスタンの代表的な観光地であるメルヴの遺跡を見学した。かつてオアシス都市であったメルヴには、広大な敷地に紀元前6世紀から18世紀までの遺跡が散在する。その中で中心的な存在となっているのがキズ・カラ（城塞）遺跡で、ゾロアスター教、仏教、それらとキリスト教を融合したマニ教などの遺構が見られる。そのほかに、僅かに崩れた城壁だけになってしまったメルヴで最古のアケメネス朝ペルシアのエルク・カラ遺跡、セルジューク朝の首都になったスルタン・カラ遺跡とセルジューク朝最盛期の王の墓であるスルタン・サンジャール（ソルターン・サンジャル）廟などがある。中でも12世紀の半ばに建立されたスルタン・サンジャール廟は壁が厚く、モンゴル来襲や地震にも耐えた。その姿が修復されてメルヴ遺跡の中では目立つ存在となっている。このようにメルヴの遺跡は、世界の三大宗教とゾロアスター教の歴史的遺構が同時に共存するだけに、貴重なものとなっている。メルヴの見学を終えてホテルに到着したのは、午後7時半頃であった。国境越えと広大な遺跡見学で、この日は長い一日となった。

　翌日は首都のアシガバート（アシガバット）に向けて、イランとの国境線に沿うように快走した。進行左手のコペト山脈はイランであり、国境が国道のかなり近くまで

写真 2-70　マーリ東郊の農村　（2015 年）

写真 2-71　大キズ・カラ遺跡　遺跡内でラクダが放牧されていた。（2015 年）

寄ってくる箇所では数km先はもうイランだ。右手一帯には広大なカラクーム砂漠が広がる。途中、アシガバートの手前十数kmにあるアナウ遺跡に立ち寄った。この遺跡には地元の人々もよく訪れるという。アナウは古くから砦が築かれた所で、14世紀にモスクや聖者の廟が建設され、多くの参拝者を集めてきた。1948年の地震でそれらは崩壊したが、ここにお参りをすると子宝に恵まれて、子どもが健康に育つと信じられ、特に女性の参拝者が多いそうだ。確かに廃墟の一角には、赤い布のようなものが括り付けられていた。

写真 2-72　スルタン・サンジャール廟　高さは38mで、2002〜04年にトルコの支援で修復されたことが説明板に明記されていた（写真1-1参照）。（2015年）

写真 2-73　アナウ遺跡　かつてあったモスクの正面アーチにはゾロアスター教の影響を受けて龍が描かれていたという。（2015年）

　アナウ遺跡をあとにすると、間もなくアシガバート市街に入ったが、整備され清掃も行き届いた道路には驚くばかりである。その驚きがまだ序の口であったことを実感したのは、途中で寄ったショッピングモールの豪華さや、夜間の市街を飾るイルミネーションのきらびやかさなどが、いかにも天然ガスと石油の恩恵を受けている国らしい様子を目の当たりにしてからである。ちなみに著者たちの宿泊したユルドゥズ・ホテルは、星を意味するユルドゥズという名前のとおりの五つ星ホテルであった。このバス旅で宿泊したホテルの中で最高級であったことは言うまでもないが、著者の人生においても一、二を争うものであり、そのようなホテルを利用することは二度とないだろうと思っている。ホテルには無料で利用できる立派な広い屋内プールも設置されていたので、もちろん泳がせてもらった。
　翌日は、まず郊外にあるニサの遺跡見学から始まった。ニサは一時イラン系のパルティア（紀元前3世紀〜3世紀）の首都になったことがあり、その遺構となる城壁やゾロアスター教寺院跡などを見ることができる。ニサをあとにアシガバートの中心街

に向かい、1995年に永世中立国になったのを記念した永世中立の塔、国立博物館、独立記念広場、バザールなどに立ち寄って、車窓からは官庁街などを見学した。大理石でできた白亜の殿堂が建ち並ぶその様は、まるで砂漠の蜃気楼かと見間違うほどだ。やたらと広い道路に人の姿が見えないので、生活臭が感じられない（写真2-75）。その反面、記念塔や大統領の像といった権威の象徴だけが目立つのである。それでも、ホテルの著者の部屋には馬の絵が飾られていたり、ショッピングモールの画商には馬を題材にしたいくつもの絵画が売られており、トルクメン人の騎馬民族性を垣間見ることができる。また、競馬場も多いというし、ナウルーズ（ノウルーズ）には特別に設置された会場で馬のショーが催されて、無料で食事も振る舞われるとガイドは説明していた。ちなみにナウルーズとは、ゾロアスター教に由来するイラン暦の元日のこ

写真2-74　永世中立の塔　塔の上方に12mのニヤゾフ元大統領の像がある。（2015年）

写真2-75　アシガバートの中心市街　（2015年）

写真2-76　アシガバートの画商に飾られている馬の絵の数々　（2015年）

とで、春分の日に新年の祭りが行われ、イランはもとより中央アジア各国でも祝日となっている。

7　イラン

—その1　入国からテヘランまで—

　4月30日、2週間にわたる中央アジアの滞在を終えて、いよいよイランに入ることになった。アシガバートから50km足らずでイランとの国境に到着した。トルクメニスタンとの時差は30分の遅れである。かつて日本でもペルシャと呼んでいたイランの正式な国名イラン・イスラム共和国が示すように、イスラム原理主義の国への入国なので手間取るものと覚悟していたが、2時間ほどで手続きが済んだ。ツアーの女性メンバーは早速スカーフで頭を覆うなど、イスラム教徒と同じような衣装に変えて、著者たちはトルクメニスタン側からイラン側へ徒歩で渡った。バスとともに著者たちを迎えてくれたイランの現地ガイドは、20年以上のキャリアをもつベテランで、中国のガイドと同様に、添乗員の二村氏とは長い付き合いによる篤い信頼関係で結ばれているようだ。彼は日本では、イラン・イラク戦争をしたりアメリカと対立したりしているイランは危険な国とのイメージがあるが、実は安全な国であるということを強調していた。実際に、彼はこれまで多くの日本人を案内してきて、一度も盗難の被害がなかったと言っていた。イスラムの教えがどの程度浸透しているのかは分からないにしろ、教義からすれば窃盗のような犯罪は、敬虔な教徒の少ない中央アジアの国々と比較すると、少ないのかもしれない。

　国境を出発してコペト山脈を越えると昼食になったが、もうビールは提供されない。早速、原理主義国家を実感することになったのである。後述するように著者は1995年にヒマラヤ横断ツアーに参加し、その時もパキスタンではアルコールは、外国人といえども提供されなかった経験がある。"呑み助"ではない著者は苦痛を感じなかったものの、それでも当初は何か物足りなさがあった。ノンアルコールビールに慣れると、やはり"食事の友"としてよく注文するようになった。写真2-77はモルツタイプのまさにビールの味で、ほかにはレモン風味のノンアルコールビールもあった。

　昼食後バスは、首都テヘランに次ぐ大都市マシュハドを目指した。マシュハドは、イラン国民の大多数が属するシーア派イスラムの聖地である。8世紀初頭8代目イマーム（指導者、シーア派ではその最高の指導者）・レザーがここで殉教したことに由

来するといい、シーア派にとってはメッカに次ぐ重要な聖地となっている。国内統一のためにシーア派を国教としたサファヴィー朝で重要な聖地となり、最盛期のアッバース1世の時代（17世紀）に現在の原型ができたとされる。その後イマーム・レザー廟を核に、学院、博物館、図書館などを備えた宗教施設の複合体に拡大し、年間の巡礼者数は1200万人以上に達するという。廟を参拝すると病気が治ったなどの話を聞き、祈願で来訪する信者が多いとガイドが説明してくれた。生き方を悟るというよりも現世利益のために人々が信仰する側面があることは、どの宗教にも共通するように著者には思えた。

左／写真2-77　食堂で提供されたノンアルコールビール　（2015年）
上／写真2-78　シーア派イスラムの聖地マシュハドの宗教施設　中央奥に見えるドームがイマーム・レザー廟である。（2015年）

　"異教徒"である著者たちはイマーム・レザー廟内には入れなかった。それでも、メッカと異なり異教徒でも施設内に入れる（女性メンバーは髪を隠す布ヘジャブを着用）のは、シーア派の寛容さの表れかもしれない。見学を終えてホテルに入るとホメイニ師とハメネイ師の写真が掲げられていて、部屋にはコーランと礼拝用の綿布などが置かれていた。1979年のイラン革命で原理主義国になったことを改めて実感した。ちなみに著者たちの宿泊したホテルは、革命前はシェラトンホテルだったという。
　翌日5月1日は、マシュハドを出発して途中まで昨日と同じ道を西方に戻り、カスピ海の傍にあるゴルガーンを目指した。この間の距離は約570kmで、一日の走行距離としては最長であり、それだけに時間があるので、ガイドの説明も多岐にわたった。その中で著者の関心事はやはり宗教関連の話題であった。彼によると、イラン革命後イスラムの押し付けでむしろ信仰心を持つ人が少なくなったという。現在のイラ

ンの国土には、その周辺をも支配したイラン系の強力な古代の王朝が、アケメネス朝（紀元前 6 世紀〜前 4 世紀）、パルティア王国（紀元前 3 世紀〜3 世紀）、ササン朝（3 世紀〜7 世紀）と続いた。奈良の正倉院にある盃や楽器などがササン朝時代の工芸品であることで知られるが、ササン朝時代にはそうしたイラン固有の伝統的芸術や文化が引き継がれるとともに、イランの民族的宗教であるゾロアスター教も国教として発展した。しかし、7 世紀中葉にササン朝はイスラム勢力であるアラブ人に征服されて、イランでもイスラムが信仰されるようになり、アラビア文字が取り入れられるようになった。

　こうした経緯から、イスラム化したイランにはイスラム化以前の伝統的な基層文化があり、それが時により注目、強調されることがあるようだ。『イラン近代の原像』（pp. 62-63）によると、実際にイラン革命前のパフレヴィー朝樹立直後に、古代イランを礼賛、賛美する風潮がさまざまな分野で出現した。古代イランの建物のイメージを様式化し、外来語であるアラビア語の語彙を排除してペルシャ語の純化を図る運動もあった。さらに、イランの正式な暦をイラン太陽暦とし、太陰暦であるイスラム暦の使用を禁止した。ちなみに、従来のペルシャという国名をイランに変えたのもその頃（1935 年）であった。「ペルシャ」は、元来イラン南西部の一地方名ファールスに由来するものだが、そこから勃興したアケメネス朝が政治的統一を果たし、その領域を指す名称になったのであって、イラン人自身は古くから国の名を「アーリア人の国」を意味する「イラン」と呼んできたからである。

　近年では離婚の増加に伴い女性が子どもの養育をするなど、イランにおいても女性の社会的役割が実質的に拡大していることを、ガイドは強調していた。元来イランの伝統的な文化では女性が重視されてきたそうだが、革命後のイスラムの押し付けが、そうした基層文化を再び前面に押し出し始めたのかもしれない。写真 2-79 はゴルガーンへ行く途中で撮影したもので、女性の絵の描かれた看板には「女性はヘジャブを身に着けるように！」といった意味のことが記されているという。それだけイスラムに対する反発が実際にはあるものと推察できよう。また、車内でガイドが発した質問がとても興味深かった。それは「イラン人の一番嫌いな国はどこか」という質問であり、著者を含めて誰も正解を出せなかった。正解はサウジアラビアだそうだが、アラブ人に征服されたイラン史を思い起こせば、納得がいく話だ。事実バス旅の翌 2016 年早々に、イランとサウジアラビアは国交断絶となった。その要因としてシリア内戦を巡る支援についてなどの国際関係における対立や、イランを代表とするシーア派とサウジアラビアを代表とするスンナ派（スンニ派）の宗派間対立といったことが考えられよう。しかし、そうした対立の根源を支える要素として歴史的背景があるだろうし、イ

スラム教徒としてのアイデンティティと歴史に裏付けされたイラン人としてのアイデンティティとの葛藤が、イランでは内在するのかもしれない。そうしたアイデンティティの葛藤を想定すると、トルコでも同じような葛藤があったことに気が付く。トルコではトルコ革命でトルコ人としてのアイデンティティに舵を切った。もっとも、イスラム主義的なエルドアン政権の出現で、近年ではその反動ともいえる状況が現われ始めたが。なお写真 2-80 のように、1980 年から 88 年まで続いたイラン・イラク戦争での戦死者の遺影が道路沿いに掲げられていることからも、イラクというアラブ国家との戦闘は、イラン人としてのアイデンティティを一層強めたことが想像できる。

写真 2-79　モスクの前に掲げられていたヘジャブ（ヒジャブ）着用の呼びかけ　（2015 年）　写真 2-80　道路に立ち並ぶイラン・イラク戦争での戦死者の遺影　（2015 年）

　翌朝ゴルガーンを出発すると、写真 2-81 のような風景が午後まで続いた。日本の農村と似た田園風景であるのは、カスピ海の南岸に沿って延びるエルブールズ山脈に向かって湿った大気が降水をもたらし、沿岸に広がる平野は重要な稲作地帯となっているからだ。乾燥した大地が大半を占めるイランでは例外的な地域である。ちょうどトルコの黒海沿岸地域と同じ自然環境で、年間降水量も 1,800 〜 2,000mm に達するので、米のほかにオレンジ、茶、野菜類の生産も多い、豊かな農村地帯だ。途中でカスピ海沿いにある湖水浴場に立ち寄ってから、のどかな田園風景に別れを告げると、高度を一気に上げてエルブールズ越えとなった。この日はゴルガーンから首都テヘランまでおよそ 420km 走ることになるが、前日に比べると 100km ほど短いので気楽に思っていた。だが、山中に入ると渋滞にはまってしまった。この日は土曜日であったが三連休の最終日で、カスピ海沿岸などへ行楽に出かけた人々が、一斉にテヘランへ戻ったからである。イランではイスラムの安息日である金曜日が休日となるが、木曜日も学校などは休みである。おまけにこの日（2015 年の 5 月 2 日）は初代イマーム・アリーの誕生日に当たり、シーア派のイランでは祝日となっていたのである。山中で

はイラン最高峰のダマヴァンド山（5671m、イランの地図帳による）が途中で見られる
はずが、渋滞のため夕闇に消えかかる恐れが出てきた。だが、幸運にもその雄姿を何
とか見ることができた。ただし、テヘランのホテルに到着したのは午後9時を回って
いたが。

写真 2-81　カスピ海南岸の田園風景　この写真に
は写っていないが、機械化も進んでいる。水田の中に
ある畑のような部分は稲の苗代。（2015 年）

写真 2-82　ダマヴァンド山　トルコ最高峰のアー
ル山よりも 500m ほど高い。（2015 年）

　翌日 3 日は、テヘラン市内の絨毯博物館や考古学博物館を見学してから、地下鉄な
どに乗ってガイドの実家を訪問した。テヘランは東西及び南北の交通要衝の位置が重
視されて、エルブールズ山脈の南麓にある扇状地の標高 1200m 辺りに建設され、サ
ファヴィー朝滅亡後に成立したカージャール朝の首都になった。イランでは王朝が代
わると遷都されてきたが、カージャール朝から代わったパフレヴィー朝においてもテ
ヘランはそのまま首都となり、以降発展を続けてイラン最大の都市となっている。扇
状地の高度差に応じ、北側の上方に上層階級の住宅地、南側の下方に下層階級の住宅
地が展開することになった。そうした基本的な地域構造は CBD（中心業務地区）を北
進させ、南側は古いバザールを残留させつつ工業地域を形成させることに繋がった。
ちなみに著者たちが訪問したお宅は北側に位置し、閑静な住宅地にあった。また、地
下鉄の車両編成では女性専用の車両があったが、他の車両は男女一緒であった。興味
深かったのは、地下鉄駅構内に香水売り場があったことである。イランでは女性はス
カーフを被り長めの上着を着なければならないので、その反動であろうか、顔の化粧
がいささか派手なように著者の目には映った。そうした女性の制限された美に対する
切実な需要が、香水売り場を駅の構内にまで設置させたように思えた。
　夕方著者たちは、シーラーズに向かうべく空港へ急いだ。バス旅ではあるが、テヘ
ランとシーラーズ間の往路は航空機を使用したからである。意外だったのは、空港で

写真 2-83　ホテルから見たテヘラン市街　遠方に雪を抱いているエルブールズ山脈も見える。(2015 年)

写真 2-84　地下鉄駅構内の香水売り場　(2015 年)

の諸検査で X 線による手荷物検査こそ行われたものの、チェックイン時にパスポートは不要だったし、液体類の機内持ち込みも可能であった。世界中の空港で検査が強化される中、このように簡単に搭乗手続きが済むのは珍しいくらいだ。ガイドが強調していたイランの安全性について、納得できたような気がした。シーラーズのホテルには午後 10 時半過ぎの到着となったが、国内線にもかかわらずしっかりとした機内食が提供されたので、夕食は不要であった。

―その 2　シーラーズとペルセポリス―

　シーラーズはイラン南部最大の都市であり、ペルシャという地名の語源となったファールス州の州都である。イランの電子産業の中心にもなっているようだ。いつもホテルからの出発時刻が 8 時半か 9 時であることが多いのに、翌朝は 8 時であった。この日はイラン国内最大の見所である世界遺産のペルセポリスをはじめ、見学箇所が満載だからかもしれないと著者は勝手に判断していたが、どうもそうではなかった。それが分かったのは、ペルセポリスに行く前座として訪れたナスィーロル・モルク・モスクを見学してからである。このモスクは「ピンク・モスク」とか「ローズ・モスク」と愛称されるように、タイルにピンクのバラの図柄が多用されており、モスクとしてはかなり派手な装飾となっている。さらにステンドグラスがとても優雅で、そこに朝日が差し込む光景は筆舌に尽くし難い美しさであり、著者も写真 (2-85) に収めてはみたが、実際の姿を表現するのはなかなか難しい。そのような理由から、朝日の差し込む時刻と観光客の少ない時間帯を見計らってくれ、早めにホテルを出発したのであった。ちなみに、このモスクはガージャール朝時代の 19 世紀後半に、絨毯貿易で潤った資金によって建設されたそうだ。

写真 2-85　口絵で見るようにステンドグラスの
見事なナスィーロル・モルク・モスク　(2015 年)
▶口絵ⅷ頁

写真 2-86　貢物を持参するアルメニアからの使
者 3 人を案内するペルシャ人 (一番右)　(2015 年)

　ペルセポリスはシーラーズの郊外にあり、モスク見学後 1 時間ほどで到着した。
世界遺産に等級はないが、西はエーゲ海から東はインダス川までを支配したアケメ
ネス朝の遺跡であるペルセポリスは、世界史的な意義からも"五つ星"クラスの世
界遺産だと著者は考えていたので、期待で胸が一杯であった。ガイドブック『*The
Authoritative Guide to Persepolis*』(pp. 9-10) によると「ペルセポリス」という名は古代
ギリシャの命名によるもので、「ペルシャ人の都市」と「都市の破壊者」の双方の意
味を持つという。マケドニアのアレクサンドロス (アレキサンダー) 大王によって破
壊されたという、その大王の偉業を記憶するためにペルセポリスと名付けられたとも
考えられている。残された遺構のうち地表面にあるものは、偶像を嫌うアラブ人がイ
ランを征服した時にさらに破壊されたが、地下に埋もれていたものは原形をとどめる
ことができた。例えば、1 万人を収容できたとされるアパダナ (謁見の間) の階段には、
23 か国からの使者の様子が克明に描かれたレリーフ (写真 2-86) があるが、これも
発掘によって出現した。こうしたアケメネス朝の強大さを示すレリーフが、さまざま
な箇所の壁面に刻まれている。2,500 年も前のレリーフをその場で直に見ていると思
うと、思わず興奮してしまった。
　ペルセポリスはペルシャ語で太陽神の山と呼ばれている山麓に、その山の岩を用
いて作られた宮殿の跡である。約 450m × 300m の長方形の基盤の上に、周囲よりも
3m ほど高いアパダナをはじめ、宮殿、ハーレム、百柱の間 (王座殿)、宝物殿のほか
に、万国の門 (クセルクセス門) などが建設された。アケメネス朝最盛期の第 3 代ダ
レイオス一世以来 3 代かけて完成させた。アケメネス朝の政治上の中心は、現在のイ
ラク国境の近くにあったスーサに置かれており、前述のガイドブックによれば、ペル
セポリスでは主に宗教的な儀式、すなわち、春分の日に行われるイラン暦の新年の祭

りであるナウルーズなどが催されたとの説が有力のようだ。ペルセポリスは、古代ペルシャ帝国の発祥地として王朝の権威を示す、まさに聖都としての役割を担ったのかもしれない。だからこそ、アレクサンドロス大王は壮大なペルセポリスを徹底的に破壊したのであろう。そのような思いで廃墟全体を眺めていると、現代世界の紛争の虚しさが一層募るような気がした。写真 2-88 は近くの山腹から撮影したものであり、その場所の近くにはアルタクセルクセス二世や三世の王墓がある。昼食後には、ペルセポリスから 6km ほど離れたナクシュロスタムにあるアケメネス朝の王墓を見学した。ペルセポリスの建設にかかわったダレイオス一世、クセルクセス一世、アルタクセルクセス一世らが眠っているとされる。

写真 2-87　万国の門（東口）　守護神として人面有翼獣神像が刻まれているが、頭部はイスラム教徒により破損された。（2015 年）

写真 2-88　ペルセポリス全景　中央奥の覆いの辺りにアパダナの階段があり、その左側一帯がアパダナ。覆いのすぐ奥に万国の門が見える。（2015 年）

▶口絵viii頁

　ペルセポリスからの帰途には、市内にある十二イマーム派の霊廟、ハムゼ廟を見学した。ハムゼは、第 8 代イマーム・レザーの甥でレザーを補佐したが、9 世紀前半にこの地で殉教者となった。サファヴィー朝時代に重要な聖地となり、現在の建物はパフレヴィー朝に再建されたものである。棺は、ガラスのきらびやかな内装のモスクに安置されている。著者たちはちょうど礼拝時に訪問したが、内部に入れてもらえて写真の撮影もできた。イスラムの重要な戒律である偶像崇拝の禁止にもかかわらず、モスク内にはホメイニ師とハメネイ師の写真が掲げられていたし、境内にある墓碑の中には遺影が刻まれているものもあったので、テヘランの食堂に初代イマーム・アリーの肖像画が飾られていたことを思い出した。そのアリーを預言者ムハンマドの後継者に奉ずるイスラム諸分派の総称がシーア派である。
　シーア派のイランでは、スンナ派では毎日 5 回なされる礼拝が昼と午後の 2 回を 1

回に、夕と夜の2回も1回に合わせて行うのが普通で、金曜日の集団礼拝もスンナ派ほど重視されないという（『イスラム事典』p. 195）。スンナ派のトルコでは礼拝時には異教徒はモスクの中に入れなかったし、ましてや宗教指導者の写真が掲げられるなどということは絶対になかった。シーア派の戒律はスンナ派に比べて確かに緩やかなようだ。ちなみに、トルコでは礼拝の時刻を告げる呼びかけ（アザーン）が、"異教徒"の著者にはイスラム圏に滞在している証であったり、時には朝の不必要な目覚ましであったりしたが、イランでは全く聞くことがなかった。不思議に思いガイドに尋ねたら、アザーンはラジオで流されるとのことであった。

　翌5日は、イラン国内のもう一つの見所であるイスファハーンに向かうべく北上した。出発して2時間ほどすると、パサルガダエに到着した。ここは紀元前6世紀半ばに、

写真2-89　ナクシュロスタムにあるアケメネス朝の王墓　墓の下に見えるレリーフはササン朝時代のもの。墓の十字は東西南北やゾロアスター教の四大要素（火、空気、水、土）を表しているとされる。（2015年）

写真2-90　シーラーズにあるハムゼ廟　女性のメンバーは無料レンタルのヘジャブを身につけて見学した。（2015年）

写真2-91　ハムゼ廟の内部　写真中央下部に棺が見える。（2015年）

写真2-92　学生などで賑わうキュロス二世の墳墓　（2015年）

アケメネス朝の最初の首都が置かれた所である。最古のペルシャ式庭園などの遺構が見られるとともに、キュロス二世の墳墓とされる構築物があり、世界遺産になっている。墳墓は巨大な石のブロックを積み上げて作られており、高さは 11m を越える。中の安置室には、彼の遺体が入れられた金製の棺が金製の玉座の上に置かれ、傍には彼が使用した武具などがあったが、アレクサンドロスの侵略により破壊されたと、説明板には記されていた。イラン人にとっては自らのアイデンティティを確認する上でも大切な場所であり、校外学習で来ていた学生も多く見学していた。

そうした観光客は著者たち一行が日本からの旅行者であると分かると、一緒に写真を撮らせてほしいと言ってきた。写真 2-93 はその記念となるものだが、"両手に花"での撮影は久しぶりである。初めて著者がトルコを訪れた 1975 年頃は日本人旅行者はまだ珍しく、そのようなことがしばしばあった。トルコでもイランでも日本に対する国民感情が良好という証拠であろう。日露戦争で勝利した日本は、当時の中東では近代化の見本とされ、その後、植民地化や政治的介入をしてきた欧米諸国と異なり、中東に"手垢"を付けていないことからも、一般に日本の評価は高い。今も、アメリカと距離を置いた外交政策で中東諸国に向き合えば、より信頼の置ける国として一層評価が高まるであろう。日本の中東外交が好条件を生かせていないように著者には思えて、全く残念な限りだ。

パサルガダエの外国人観光客にはドイツ人の一行もいた。彼らは寝台車を牽引して走る観光バスでやって来たのである(写真 2-94)。このバスに寝泊まりしながら陸路の旅を楽しむもので、ドイツの Rotel 社が催行している。38 人乗りで、今回は 23 日間でトルコとイランを周遊するという。ちなみに、シャワーはホテルのものを借用するとのことであった。同社は 1945 年に設立され、日本国内を走ったこともあるよ

写真 2-93 "両手に花"の筆者 (2015 年)

写真 2-94 寝台車を牽引して走るドイツの観光バス (2015 年)

うだ。どうやらドイツ人は旅を楽しむのが好きなようで、観光客が少ない場所でドイツ人と遭遇したような記憶も多い。実際に OECD 統計ベースの海外旅行出国者数の国別統計（2018 年）では、第 1 位中国の 14,972 万人に次いで、第 2 位はドイツの 10,854 万人である。人口比で比較してみると、いかにドイツ人が海外旅行に出かけているかが分かる。そのような海外旅行好きのドイツ人と、海外で暮らす人数の多い漢民族（華僑・華人）を分かりやすく表現するのに、著者は "どこにでも行くドイツ人、どこにでも住んでいる漢民族" と言ってしまうが、決して彼らを揶揄しているわけではない。

―その 3　イスファハーン―

　パサルガダエをあとにした著者たちのバスも、Rotel 社のバスに負けずに、イスファハーンに向けてイラン高原を快走した。道路から見える風景には、秋播きの冬小麦とヒマワリあるいはトウモロコシの畑が広がる。そして午後 4 時を過ぎた頃には、イスファハーンの街が遠望できるようになった。イスファハーンはササン朝時代には軍事拠点になり、アラブ人に征服されてイスラム化した後のセルジューク朝やティムール朝などの時代においても、首都や行政・文化の中心地としての役割を果たしてきた。だが、イスファハーンの目覚ましい発展はサファヴィー朝になってからで、特にアッバース一世が 16 世紀末にイスファハーンを新たな首都にした時に黄金期を迎えた。まず**地図 11** のイスファハーン市街図で、その概略を確認しよう。図中のアルファベットは、以下に記した箇所の位置を示しているとおりである。

　イスファハーンの中心として最も古くからある金曜モスク（マスジェデ・ジャーメ：C）とそれに接続するように南方へ曲がって延びるアーケードの大バザール、それに所々で接するように建てられているキャラバンサライや小さなモスクやマドラサ（学院、トルコ語のメドレセ）を残して、アッバース一世は大バザールの南端に接続させて広大なイマーム広場（旧称王の広場：E）と、その西側に四十柱宮殿（チェヘル・ソトゥーン宮殿：B）などの宮殿を建設させた。また、王宮街の西側には、市街地の中央を南北に横断するチャハール・バーグ大通りが建造された。この大通りは地図の中央部を南北に結ぶ通りで、地下を地下鉄（日本の鉄道の記号に似た線）が走っている。こうしてイスファハーンの中心部は、セルジューク時代からある曲がりくねった道路や古い町並みからなる旧市街と、方形の整然とした都市計画的な新市街をあわせ持つようになった。さらに、庭園や橋、公衆浴場、灌漑設備、運河なども整備され、17 世紀には「イスファハーンは世界の半分」とまで言われるほどの繁栄を誇った。

　南郊からイスファハーンに夕方到着した著者たちは、まず三十三アーチ橋（アッラー

ヴェルディー・ハーン橋：A）を見学した。中心市街地の南部を東西に流れるザーヤン デルード川をチャハール・バーグ大通りが横断する橋として、アッバース一世が遷都 して間もない17世紀初頭に建造した。長さ約300m、幅14mの橋は3路に分けられ ている。中央路は馬車に、その両側のアーケード状の通路が歩行者用として建設され たが、現在では歩行者専用橋となっている。橋の正式な名称は建設を監督したアッ ラーヴェルディーにちなむものだが、彼はキリスト教徒で、イエスが33歳で処刑さ れたことから33のアーチが作られた、とガイドは説明していた。この橋の東方に当 たる下流には、灌漑水路に水を供給するダムの役割を果たすハージュ橋など、17世 紀に建設された風情のある橋が見られる。ザーヤンデルード川の両岸には草花や樹木 が生い茂り、市民の憩いの場所となっており、砂漠地域の中にあるイスファハーンが まさにオアシス都市であることを実感できた。

　見学後に到着したイスファハーンで2泊するホテルは、王宮街に歩いてでも行ける 中心部にあり、市内最上級のホテルであった。このホテルはもともと国王の母の命に より建設されたキャラバンサライであったものを改造してできただけに、クラシック な造りと中庭は、500kmほど走ってきた著者たちの疲れを癒すのに十分な風格のあ るものであった。宿泊客以外がホテルに入るには入場料約400円を支払わなければ ならない。そのような豪華なホテルに宿泊することになったのは、当初予定していた テヘランの世界遺産ゴレスターン宮殿が休館であったための代替措置であったことを 聞き、納得がいった。

　翌日の市内観光は、四十柱宮殿の見学から始まった。この宮殿はアッバース二世 が17世紀中葉に完成させたもので、その名はテラスの屋根を支える20本の木柱が 池の上に映し出されて40本となることに由来する。この宮殿は方形の庭園全体の

写真2-95　ザーヤンデルード川にかかる三十三 アーチ橋　（2015年）

写真2-96　キャラバンサライを改造したホテル にある中庭　（2015年）

写真 2-97　庭園の中にある四十柱宮殿　(2015 年)

写真 2-98　四十柱宮殿内の祝宴の様子を描いたフレスコ画　赤ワインらしき飲み物も描かれているが、サファヴィー朝では酒に寛容だったのかもしれない。(2015 年)

中央に配置され、その前面に長方形の池を設けている。そして庭園全体は、中央で交差するような 2 本の主要通路で四分割されている。ガイドブック『*Travel Guide to Esfahan,Kashan and More*』(p. 69) によると、こうした設計スタイルは歴史の古い庭園でよく見られ、伝統的なペルシャ(イラン)式庭園として知られている。テラスの後部にある広間では王が高官や使節に謁見した。その広間は鏡で覆われるとともに、祝宴や戦闘の場面が描かれたフレスコ画や細密画が飾られている。それらのほとんどがアッバース二世の時代のものである。

　次に向かったのは、イスファハーン最古のモスクである金曜モスクであった。このモスクが世界遺産としての価値があるのは、イランのさまざまな時代のモスク建築を具現しており、イラン・イスラム建築史の博物館あるいはコレクションとでも言える存在だからである。金曜モスクは、アラブ人に征服された後にゾロアスター教寺院の上へ建てられたモスクが起源であるが、その後拡張されて、前掲のガイドブック(p. 116)によるとイラン最大の 80m × 60m の中庭を抱える現在の建物の原型は、11 世紀から 12 世紀初頭のセルジューク時代になって形成されたという。そして、建物にはゾロアスター教の拝火神殿に起源を持つとされるドームや、中庭を囲む回廊にはイーワーン(三方が壁で囲まれて天井がアーチ状になっている空間)が東西南北の 4 か所に設置された(写真 2-99 と 2-100)。ガイドによると、この四イーワーンもゾロアスター教の四大要素(火、空気、水、土)の影響を受けているようで、こうしたドームと四イーワーンは、イラン的なモスク建築の特色となっている。ちなみに、このイラン式の建築スタイルはセルジューク朝やその後のティムール朝の領土などで、モスクのほか学院などでも採用されている。ティムール朝の首都であったサマルカンドや

ブハラなどでは、イスファハーン出身などのイラン人建築家が占めたので（『普及版イスラムの建築文化』p. 105）、サマルカンドにあるティムールらの眠るグリ・アミール廟（写真 2-57 参照）をはじめ、ブハラのミル・アラブ・メドレセ（学院）（写真 2-63参照）などのように、イラン国外の色々な所でイラン式のイスラム建築を見ることができる。

　セルジューク朝時代に原型が出来上がった金曜モスクでは、その後イルハン国時代に建築された礼拝室とイスファハーンで最も美しいとされるミフラーブ（メッカの方角を示すアーチ形の壁龕、写真 2-101）、ティムール時代に建造された冬の広間（写真2-102）など、さまざまな箇所でその後の歴史をたどることもできる。また、セルジューク時代には使用されなかったタイルがその後出現して、ティムール時代にはタイルの柄も増えた。そして、サファヴィー時代になるとさらに色柄も多くなったと、ガイドは説明してくれた。目を見張るような美しいタイルがイーワーンなどで見られるが、前出のガイドブック（p. 114）は、タイルの装飾的な図柄はゾロアスター教文化の影響を大きく受けている、と説明している。写真 2-103 の下方にある花瓶のような柄は香炉あるいは火壺、中央にある花びらは火、その上にある長方形のような柄は、ゾロアスター教の精霊に当たるもの、さらにその上には神あるいは永遠の存在の図柄が描かれているという。この日の昼食に入ったレストランの店先では、写真 2-104 のように店員が魔除けとなる火壺のようなものを持って著者たちを出迎えてくれた。これもゾロアスター教の名残であろう。原理主義のイランであるだけにイスラムの教義にのみ目が向いてしまうが、イランの伝統的な信仰の根深さも視野に入れなければならないことを思い知らされたような気がした。

　金曜モスクの見学後は、チャハール・バーグ大通りを南下してザーヤンデルード川の南岸近くのジョルファー地区に向かった。この地区はアッバース一世が、アゼルバイジャンのジョルファーの町に住む優秀な職人や商人のキリスト教徒アルメニア人を移住させた所で、現在でも 1 万人ほどのアルメニア人が住んでいるという。彼らを移住させたのは、イスファハーンの経済を発展させてくれるというほかに、彼らがキリスト教徒であるので、同じキリスト教徒である西欧との意思疎通が図りやすくなる、敵対関係にあったオスマン帝国から市場の重要な一部を奪えるといった思惑があったようだ。この地区に 10 数か所あるアルメニア教会のうち、著者たちの見学したヴァーンク教会（地図 11 中の D）は 17 世紀に建造されたもので、ドームがあるモスク風の建物はアルメニア教会らしくないが、内部には数多くの宗教画が描かれている（写真2-105）。敷地内には博物館も付設されており、1915 年にオスマン帝国内で発生したアルメニア人の虐殺事件に関する展示などが見られた。この事件が計画的・組織的な

写真 2-99　金曜モスクの中庭　正面に北イーワーンが、左右に西と東のイーワーンの一部がそれぞれ見える。（2015 年）

写真 2-100　金曜モスクの南イーワーン（右）と東イーワーン（左）　手前の絨毯は、前日の集団礼拝に使用されたもの。（2015 年）

写真 2-101　金曜モスクのイルハン国時代の礼拝室とミフラーブ　写真中ほどの奥にある壁の窪みがミフラーブ。（2015 年）

写真 2-102　金曜モスクのティムール時代に建造された冬の広間　現在では観光用に照明器具が設置されているが、本来は写真手前上方などに見える小窓の採光のみ。（2015 年）

集団殺害であるジェノサイドに当たるのかどうかを巡っては、オスマン帝国の後継となるトルコ共和国、アルメニアとアルメニア人移住者が多い欧米諸国との間で対立が続いている。

　昼食後一旦ホテルに戻って休息をとってから、夕方イマーム広場に出かけた。ツアーのメンバーが高齢者集団である上に、既に旅程の半分以上が過ぎているので、二村氏は著者たちの疲労度を配慮して、この日も適切に休憩時間を組んでくれた。さすがに何度もシルクロードのバス旅に添乗しているベテランだと、かねがね著者は感心していた次第だ。世界遺産になっているイマーム広場は長さ 510m 幅 163m と、さすがに広い。歴史のある広場としては天安門広場に次ぎ世界で 2 番目に大きいと、前出のガイドブック（p. 78）には記されている。かつてこの広場は軍事パレード、騎士た

ちの競技、外国使節団の歓迎式典、さらにはテントや屋台を設置して行商や隊商の商用に充てるなど、多目的な空間となっていたようだ。広場の周囲は二層の店舗用建物で囲まれており、著者たちもトルコ石の店や細密画の店に立ち寄った。その建物の南側に接続してイマーム・モスク（旧称王のモスク：**地図 11** 中の F）がある。

イマーム・モスクはアッバース一世が 17 世紀初頭に 18 年かけて建設させたもので、50m もの高さがある一対のミナレットや、高さ 54m、直径が 28m に及ぶドームをもつ壮大な建築である。ドームは二重殻の構造になっており、内殻の高さも 36m に達する（規模の数値は『普及版　イスラムの建築文化』による）。二重殻の間は木造の骨組

写真 2-103　金曜モスクで見られた
ゾロアスター教の影響を受けている
というタイル柄　（2015 年）

写真 2-104　火壺のようなものを
もって出迎えてくれた食堂の店員
（2015 年）

写真 2-105　イスファハーンのアルメニア教会
ドームなどの上に十字架がある。（2015 年）

写真 2-106　イマーム広場（北側の部分）　（2015 年）

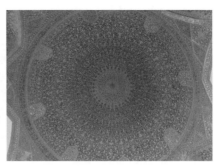

写真 2-107　イマーム広場（南側の部分）とイマーム・モスク　モスクへは写真左手にある入り口から45度曲がって、モスクの北イーワーンから入る。メッカの方角に合わせた設計となっている。ドームは修理中であった。(2015年)　　▶口絵ix頁

写真 2-108　イマーム・モスクのドームの天井に見るタイル装飾　(2015年)　　▶口絵ix頁

みで支えられ、耐震性が図られているが、その大きな空間が見事な音響効果を生み出している。このモスクは壮大さだけではなく、ドーム、ミナレット、イーワーンなどさまざまな箇所で用いられているタイル装飾の華麗さにも目を見張るものがある。まさにサファヴィー朝芸術の結晶ともいうべきもので、イランを代表するモスクと言っても過言ではないであろう。なお、イマーム・モスクにおいても四イーワーンの建築様式が採用され、セルジューク時代からの伝統が継承されていることは言うまでもない。夕食後著者たちは、イマーム広場と三十三アーチ橋のライトアップを観賞し、イスファハーンの忘れられない思い出の一ページをつづった。

―その4　カーシャーンからトルコ国境まで―

　翌5月7日、イスファハーンに後ろ髪を引かれる思いの中、バスはカーシャーンに向かった。だが、サファヴィー朝時代に数十kmごとに整備されたという、キャラバンサライの跡が著者の目を楽しませてくれた。途中標高2,100mほどの山中にあるアビヤーネという寒村に立ち寄った。自然環境の良さに加えて伝統的な日干し煉瓦の建物が残っていたり、ササン朝時代からの衣装が今でも用いられたりしていることで、現在では国内旅行でも人気のある村の一つとなっているようだ。村内には拝火神殿の遺構もあると、前掲のガイドブック（p. 216）には記されている。この村で昼食を取った後1時間ほどでカーシャーンに到着したが、途中でナタンズ核施設の近くを通過した。付近では高射砲も見られ、核施設を巡るイラン情勢の緊迫感も味わった。

　カーシャーンでは、世界遺産になっているフィン庭園の見学が中心であった。この庭園はサファヴィー朝時代に建設されたペルシャ式庭園の代表格とも言うべきもの

で、庭園のほぼ中央には二階建ての東屋（あずまや）があり、その前面にはとうとうと水を湛える池が配置されている。その豊富な水は近くの山から湧き出た泉水で、前掲のガイドブック（p. 196）によれば紀元前5000年代の頃から用いられているという。庭園の周りにはいくつか建物が付設されているが、その中には浴場もあった。サイフォンの原理を活用して園内の隅々にまで水が流れている光景は、まさにオアシスを思わせる。実際にフィン庭園やそこから流れる水を得られる場所だけは木々が見られるが、写真2-110のように、周辺になると砂漠のような景観が広がっているのである。

　翌日はカーシャーンを、いつもより早く8時には出発した。目指すザンジャーンまでは500km以上走らなければならないからである。車窓からカーシャーン市街を眺めていたら、写真2-111のような景観、すなわち多くの建物の屋上部への出入口に似た凸部があることに気が付いた。これは暑さの厳しいカーシャーンでよく見られる造りで、熱気を外に逃がす通気口のような役目をするという。伝統的な邸宅で採用されてきた方法で、地下室にプールを設置して多少なりとも涼しくなった空気を階上にもたらす機能も持つと、前掲のガイドブック（p. 179）には記されている。こうした自然環境に応じた人々の暮らしぶりを明確に示す事象が、1時間もしないうちにまた見えてきた。カナートである。カナートは砂漠地域で古くから開発された地下水路で、それによって飲料水や灌漑用水が得られることから、地理の学習では必ずと言ってよいほど取り上げられる設備である。通常のツアーならば車窓からの説明で終わってしまうところだが、写真撮影のために停車してくれた。二村氏と現地ガイドとの意思疎通の良さを、またしても見せられた思いだ。著者は1990年に北京で開催されたIGC（国際地理学会議）地域大会での新疆への巡検で、トルファンのカナートを見たことがあるが、出口の部分だけであったので、写真2-112のように竪穴を傍で見たのは初め

写真2-109　カーシャーンにあるフィン庭園
（2015年）
▶口絵 xi 頁

写真2-110　カーシャーンの南郊　左手奥にある一層こんもりとした林がフィン庭園である（ホテルから撮影）。（2015年）

写真 2-111　カーシャーン市街の建物 （2015 年）

写真 2-112　カナートの堅穴　穴が直線状に遠方へ続いている。現地ガイドが左側で手を前に出して熱心に説明している。（2015 年）

てであり、それだけに感激も大きかった。

　車窓からザクロ畑が見えてきたらイラン第二の聖地であるコムだが、コムを通過してから昼食となった。ちなみに、ザクロは料理のソースに加工されるなどして、イランでは日本の醤油のように欠かせない調味料となっている。特に鶏肉のようにさっぱりした肉料理には、よく合うような気がした。雪を抱くエルブールズ山脈が見え始めると、テヘランを大きく迂回してカズヴィーンを目指した。そこからはタブリーズ方面に向かうアジア・ハイウエーに乗って、ザンジャーンに向かって快走した。その甲斐あってか、ザンジャーン近くのソルターニーエ遺跡には午後 4 時過ぎに到着した。

　ソルターニーエは、チンギス・ハンの子孫が 13 世紀半ばにアッバース朝を倒して樹立したイルハン国の首都になった所である。296m × 314m の面積を持つ城塞があり、その中には 14 世紀初頭に建造された巨大な廟が威風堂々とたたずんでいる。ドームの直径が約 25m、高さが 50m 近くに達する八角形のこの廟は、イタリアのフィレンツェにあるサンタマリア大聖堂（写真 3-5 参照）、イスタンブルにあるアヤソフィア（写真 1-9 参照）に次ぐ規模だ。二重殻構造のドームとしては世界で初めて建設されたものであり、この廟で用いられたタイルや内装の仕様などとともに、イランの後の建築に大きな影響を与えたという。この廟は、イルハン国時代にもセルジューク朝時代からのイラン・イスラム文化を継承・発展させた証でもあり、世界遺産に登録されている。なお、ソルターニーエに遷都させた第 8 代君主オルジェイトゥがこの廟に聖者の遺物を納めるべく、メルヴにあるスルタン・サンジャール廟（写真 2-72 参照）をまねて建造させたが、何も受納されず彼の墓所として扱われている。ちなみに、彼はイスラム教徒に改宗していた。ソルターニーエはモンゴル帝国、イルハン国時代を通じて恰好の夏の放牧地とされてきた所だけに、遺跡の周辺が緑豊かな畑となっていた景

写真 2-113　ソルターニーエのオルジェイトゥ廟
ドームを覆う青タイルも後のイラン・イスラム建築
に影響を与えたようだ。（2015 年）
▶口絵ix頁

写真 2-114　緑豊かなソルターニーエ　写真 2-110
のカーシャーン南郊と対照的である（オルジェイトゥ
廟から撮影）。（2015 年）

色が印象的であった。

　翌日はサンジャーンから、イラン北西部の中心地タブリーズに向かった。イルハン
国成立時の都となったタブリーズは、サファヴィー朝においても最初の首都であっ
た。一時期オスマン帝国の領土となったこともあるが、サファヴィー時代にヨーロッ
パとアジアを結ぶ交易都市として発展した。そうしたことから、タブリーズには世界
で最も長い商業施設としてのバザールがあり、それが中東で最古のものでもあって、
世界遺産として登録されている。タブリーズには昼に到着した。ファーストフード店
に入って、なぜかサンドウィッチと呼ばれているハンバーガーやホットドックでおな
かを満たせた。ホットドックが半分に切られて出されたものの、日本のハンバーガー
の 3 倍ほどもある大きなものであり、おまけにこってりした味なので、それだけで著
者たちには十分だった。店内には写真 2-115 のポスターが貼ってあったが、分かりや
すすぎて苦笑した。

　食後にバザールの中を覗き込んだら、食料品、衣類、貴金属等々、扱っている商品
の種類ごとに区画をなしていた。トルコにあるバザールとの差は何ら感じなかったが、
バザールの雑踏の中で中学生の頃に親しんだ楽曲「ペルシャの市場にて」が著者の脳
裏をかすめた。イギリスの作曲家 A. ケテルビーが作曲した管弦楽曲で、幻想的で異
国趣味的なメロディーが印象に残っていたのであった。後日談になるが、このツアー
から帰国した後、退職後の時間活用として著者はピアノを習い始めることになり、そ
れから 3 年後の発表会では、そうした思い出の「ペルシャの市場にて」を何とか弾け
るまでになった。シルクロードの旅が、自分の人生をそのような形でも豊かにしてく
れたのである。バザールの見学後は早々とホテルのチェックインを済ませて休息し、
イラン最後の夜を迎えた。

左／写真 2-115 「塩のかけすぎに注意！」のポスター　（2015 年）
上／写真 2-116　お花畑での放牧　（2015 年）
▶口絵 ii 頁

　翌 5 月 10 日、およそ 10 日間滞在したイランに別れを告げるべく、バザルガンにある国境に向かった。途中のお花畑で放牧している様子を見つけたら、ガイドがすかさずそこに近寄るよう運転手に指示をして、写真の撮影をさせてくれた。オレンジ色のポピーと黄色い別の種類の花が放牧地に彩を添えるとともに、ロバにまたがる牧夫とそれを補助する牧羊犬の意思疎通が一層ほのぼのとさせて、実に"絵になる"光景となった。イランでは中央アジアほど草原が見当たらなかっただけに、野生の草花との出会いも少なく、この風景はイランから最後にもらったお土産のようになった。ちなみに、ここでもドイツからの一団と出会ったので、"どこにでも行くドイツ人"をまた実証できたようだ。こうした写真撮影のために何度か停車しながら、タブリーズから国境までのおよそ 280km を 4 時間半ほどで走破した。出国はスタンプを押すだけの簡単なものであったので、国境地帯を通過するのに 5 分くらいの徒歩で済んでしまった。

8　トルコ

―その 1　入国からアマスィヤまで―

　トルコには何度も訪れているが、陸路による入国は初めてであったので、国境の様子には多少の関心はあった。しかし、90 日間以内の滞在はビザを必要としない協定

を日本と結んでいる国なので、何らいつもと変わらずスタンプを押すだけの簡単な入国手続きで終了した。早速イランとの時差1時間30分の時刻調整を済ませると、新たなバスと現地ガイドで著者たちは国境の町ドーウバヤズットを目指して出発した。イラン国境に向かった時にも特に貨物自動車は混んでいたが、反対側車線を走る貨物自動車の長蛇の列はさらに著しかった。欧亜を結ぶ重要な街道であるから当然なのだが、トルコとイランとの物価の差を利用した商売が、それに拍車を掛けているようだ。国境越えをする頃から雨に見舞われたので、残念ながらアール（アララト）山（写真1-58参照）の雄姿は見られなかった。なお、トルコについては第1章の「トルコへの誘い」で地域や都市の特色や主な見所を紹介してあるので、ここではバス旅のルートに沿った見学箇所やエピソードなどを中心に報告することにしたい。

　ドーウバヤズットで昼食を済ませると、バスはイサク・パシャ宮殿（写真1-61と1-62参照）へ急いだ。ここには2008年にも来たことがあり、その時と比べると修理や補修が進んでいるようだった。しかし、土産物店の進出などの観光地化は進展していなかった。見学後は一旦アール方面に西進するが、間もなく左折して南下すると、トルコで最大のワン湖が見えてきた。それとともに、2011年にワン一帯を襲った地震の爪痕を示すかのように、屋根を新たにトタンで覆ったような家が目立つようになった。そして、ワンのホテルには夕方到着した。

　翌日はワン周辺の日帰り旅行で、ワン城塞（写真1-65と1-66参照）などの見学をしてから船でアクダマル島に渡った。2008年の東トルコツアーで寄った時と比べると、ワン城塞の見学コースが整備され、辺りにカフェや土産物店なども出現しており、観光地化の様相を呈していた。その時のツアーでは天候が悪く足早にアクダマル島を立ち去ったが、この日は朝の雨も上がり、島内にあるアルメニア教会をゆっくり見学できた。その上アクダマル島からの景色は、筆舌に尽くし難いほどの絶景であった。写真1-67は教会の近くの丘から撮影した会心の一枚であり、それを添乗員の二村氏に見せたら彼も気に入ったようで、ホームページのバス旅レポートに載せてくれた。見学予定の博物館が休館となっていたため、城塞の近くでワン猫（日本ではターキシュバンの名で親しまれている）が飼われている家を訪れた。ワン猫は左右の目の色が異なるところから、世界的な貴重種として知られている。

　翌5月12日は、ワンから420kmほど離れたエルズルムに向かう。途中での見学箇所がないので、ユーフラテス川本流やその支流の上流となる地域を快走した。アールで昼食を取り、東アナトリア地方の中心地エルズルムの郊外にあるホテルには夕方4時過ぎに到着した。エルズルムには既に3回ほど訪れているので、敢えて市内見学をすることもなかったが、夕食までの時間を利用してタクシーで中心街に出てみた。そ

の時に撮影したのが写真 2-117 であり、中心部一帯が大分整備されていたことが印象に残っている。しかし、スカーフを被る女性は多いし、黒装束を身に着けている人も見かけられる。街中を歩く人も男性が目立つ。やはり敬虔なイスラム教徒が多い東部の町であることを実感させられた。また、後背の山々にはかなりの残雪も見られて、標高が 2,000m 近くもあるエルズルムがトルコ最大の高原都市であることを、あらためて感じた。ちなみに著者たちの宿泊先も、スキー場の傍にあるリゾートホテルであった。

　翌 13 日は、黒海地方東部の中心地トラブゾンの郊外にあるマチカまでの道のりで、距離的には 300km 足らずだが、途中で北アナトリア山系を横断しなければならない。今までの東アナトリア地方から黒海地方に変わるのだといった旅情に浸っていたら、山中の峠でバスが止まった。第一次世界大戦の東部戦線でロシアと戦った戦士たちの慰霊碑の前である。トルコ東部でも第一次世界大戦の攻防で、多数の犠牲者を出したのであった。山間部を徐々に下り、途中の銀の家を意味するギュミュシュハーネというう町で昼食となった。その町では実際に、20 世紀初頭まで銀を産出していたそうだ。この辺りに来ると徐々に木々が増えてきたが、標高 1,800m 前後にあるジガナ・トンネルを抜けると一気に森林地帯となり、緑の豊かな黒海地方に来た実感が湧いた。このトンネルは長さが 1,700m ほどで、トルコ国内では最長クラスである。1978 年に著者が初めて路線バスでトラブゾンからエルズルムまで向かった時にはトンネルはなく、山間をあえぐように登って行ったのが嘘のようだ。道路網の整備が進むトルコの現状を、ここでも確認できた。

　午後 2 時半頃には標高 365m にあるマチカのホテルに到着し、すぐにマイクロバスに乗り換えて、20 世紀初頭までキリスト教徒が使用していたスュメラ修道院跡（写

写真 2-117　エルズルムの整備された目抜き通り
右側にセルジューク様式のイスラム学院が見える。
（2015 年）

写真 2-118　標高 2370m にある対ロシア戦での戦死者の慰霊碑　（2015 年）

真 1-56 と 1-57 参照）を目指した。修道院は断崖にへばりつくようにして建てられているので、駐車場で下車してから山道を 30 分近く上ることになる。ここは著者にとって 3 度目の訪問先であり、初めて訪れた時は修道院はまさに廃墟同然であった。その後修復がかなり進められた様子が見て取れた。山道も整備され、駐車場の傍には立派なレストランもできて、観光化の進展を実感した。それだけに、美しいフレスコ画が異教徒の手によって傷つけられてしまっていたことが、実に悔やまれる。

　翌 14 日はいつもより早く、7 時半にマチカのホテルを出発した。その日の宿泊先であるアマスィヤまで、約 500km の道のりを走らなければならないからである。ホテルを発つと、すぐにヘーゼルナッツ畑が見えてきた。ヘーゼルナッツは黒海地方の名産で、世界の 7 割のシェアを占めているという。日本で見かけるものもほぼトルコ産だと言ってよいだろう。マチカの市場では、食用油の一つとしてヘーゼルナッツ油が売られているのも見かけた。ちなみにトルコでは、ヒマワリ油やオリーブ油が多用されている。バスはトラブゾン市街には立ち寄らず、まっしぐらに沿岸の道路を西進した。

　沿岸では右手の車窓には穏やかな黒海が、左手には緑豊かな山肌が広がる。また、小さな漁港も著者たちの目を楽しませてくれる。ちょうど、伊豆半島や紀伊半島の岬巡りの趣とでも言えよう。途中で、サクランボで有名なギレスンを通過した。この地名はローマ時代の地名 Kerasos に由来するそうだが、その地名がサクランボを意味するとのことで、アナトリア半島ではギレスンが最初のサクランボ栽培の地とされている。ちなみに、ギレスンは山形県の寒河江と姉妹都市である。のどかな春の海には養殖場も見え、JICA（国際協力機構）による技術指導で黒海での持続的水産養殖開発が

写真 2-119　緑の豊かな黒海地方（トラブゾンとギュミュシュハーネの間で）　住居が傾斜地に散在する散村形態は、黒海地方の特色でもある。（2015 年）

写真 2-120　トラブゾン郊外のヘーゼルナッツ畑
6 月に花が咲き 8 月に実るという。（2015 年）

写真 2-121　トラブゾンとオルドゥの間で車窓か
ら見た黒海沿岸の小さな漁港（2015 年）

写真 2-122　オルドゥ近郊で黒海を見ながらの昼
食　グラスの EFES は、トルコの代表的なビールの銘
柄である。（2015 年）

写真 2-123　サムスンにあるバンドゥルマ号
（2015 年）

進められたことが、脳裏をかすめた。近海で水揚げされたアジやカタクチイワシなど
の魚を扱う市場を見学した後、著者たちのおなかも満たすことになった。黒海に臨む
レストランで地魚のフライを主菜とした昼食となったが、久々の海産物を海を見なが
ら食べられる嬉しさと、トルコ入りしてから出合う確率が高くないビールが提供され
る喜びで、この食事は類い稀な至福の時間となった。

　昼食後に岬にある教会を見学した後に、バスは黒海地方最大の都市サムスンの郊外
を迂回してアマスィヤに向かった。サムスンに近づくと海岸平野では米やタバコの栽
培が目に付くようになった。サムスンはそれらの主産地であるからだ。サムスン港近
くの公園には、写真 2-123 のようにバンドゥルマ号が保存されている。第一次世界大
戦で敗北したオスマン帝国内では、首都のイスタンブルが連合軍に占領されたり、ギ
リシャがエーゲ海地域を獲得すべく 1919 年 5 月 15 日にイズミルへ上陸したりする
事態が生じた。こうした祖国の状況に危機意識をいだいた名将ケマル・パシャ（後の

アタテュルク）らは祖国解放戦線を組むべく、5月19日にイスタンブルを脱してサムスンへ上陸した。この時に使用した船がバンドゥルマ号である。上陸後、彼を中心にまず東部アナトリアの各地で防護団組織が形成され、それがトルコ全土に拡大した。したがって、上陸したその日こそがトルコ革命の始まりであり、バンドゥルマ号はその生き証人とでも言える存在なのである。なお、5月19日はアタテュルク記念日として祝日となっている。黒海地方の西部に入ると山が低くなり降水量も少なくなるので、緑の濃さは薄くなる。黒海に近いにもかかわらず湿度の低いアマスィヤはリンゴの一大産地として知られており、アマスィヤに近づくと名産のリンゴ畑が目立ってきた。

　アマスィヤには夕方に到着したので、見学は予定通り翌日となった。山頂に見える城塞が最初に建設されたのがヘレニズム時代だと考えられているように、アマスィヤの歴史は古くまで遡る。見学はまず、市街地からの高さが300mほどある城塞の傍まで、マイクロバスで行くことから始まった。城壁も現存するが、その大部分は13世紀のルーム・セルジューク時代のものだという。ここから眺めるアマスィヤの街は、黒海に注ぐトルコ第二の大河イェシルウルマック川を挟み、こぢんまりとした趣のある谷間の都市であることが分かる。市街地に下ってから博物館などを見学した後、断崖にあるポントス王国の岩窟王墓に参拝した。そして昼食を済ませて、自由時間に川沿いにあるオスマン時代の木造家屋群（写真1-54参照）を散策したが、それらは宿泊施設として活用されているようだ。観光スポットを中心に幻想的なイルミネーションで飾り付けられている市街地の夜景は実に見応えがあり、さまざまな時代の歴史的観光資源を活用して、魅力ある観光地化を進めている様子が一層明らかとなった。

写真 2-124　アマスィヤ市街と遺跡を抱える岩山
　著者たちが参拝した王墓は右手尾根の下の断崖にある（写真 1-54 も参照）。手前一帯が市街地の中心部で、岩山山麓との間にイェシルウルマック川が流れる。（2015 年）

写真 2-125　アマスィヤ市街の夜景　木造家屋（下）岩窟王墓（中）城塞（上）で、それぞれ時間とともに色が変化する。（2015 年）
▶口絵ⅹⅴ頁

写真 2-126　アマスィヤの理容室での記念写真
（2015 年）

　ただ、その割には外国人観光客の姿が少ないようで、それこそあの"どこにでも行くドイツ人"とすら会わなかった。もっとも著者も今回初めてアマスィヤへ来たのだが、世界遺産があるわけでもないので、外国人観光客からは注目度が低いのかもしれない。しかし、のんびり歴史に浸りながら田舎町暮らしを楽しむには、ちょうど良い街だ。日本を離れて 1 か月半もたち、そろそろ髪を切ろうかと考えていたので、この町が気に入った著者は自由時間に、思い出の一コマとしてホテルの近所にあった理容室へ行ってきた。国によって髪型の特徴があるようだが、短めにしたのであまり代わり映えがしなかった。それでも、これも一期一会と思い、お世話になった理容師との記念写真を撮っておいた。

―その２　ハットゥシャ遺跡からイスタンブルまで―

　翌 16 日も、いつもより多少早めにホテルを出発した。アマスィヤ・アンカラ間は 400km 足らずだが、途中にトルコ旅行の目玉となる世界遺産ハットゥシャ遺跡があるからだ。1 時間もするとチョルムを通過し、いよいよ内アナトリア地方に入るので、車窓からの景色は、乾燥している地域でも冬の降水で栽培が可能な小麦の畑が中心となる。そして 2 時間半ほどするとバスは遺跡のあるボアズカレに到着した。ここには 2012 年に、サブリ君の車でコンヤからカイセリとスィワスを経由して世界遺産のあるディヴリーイへ行った帰りに寄ったことがあるので、2 度目の訪問になる。それでも広大な遺跡を目の前にしてガイドの説明を受けると、古代人への思いが募った。最初にハットゥシャ遺跡の傍にあるヒッタイトの聖地となったヤズルカヤの遺跡（写真 1-35 参照）の見学をした。ヤズルカヤとは文字の書かれた岩の意味で、そこでは宗教的な儀式が行われたと考えられており、さまざまな神の絵や文字が岩に彫られている。

初めて見たときは衝撃的であったが、今回はイランのペルセポリスで既にもっと規模の大きなレリーフを見てしまったので、感動があまりなかったのが正直な感想だ。その後、ヒッタイトの王都となったハットゥシャ遺跡に移動したが、この遺跡は徒歩で回ったら2時間半もかかるので、著者たちは見学路をバスでたどり、大神殿跡、獅子門（写真1-34参照）などの門や城塞を見学した。

　遺跡見学を終えてから昼食を済ませて、アンカラへ急いだ。アンカラの東郊に入ると、写真2-128のような景観が時折見られるようになった。手前の丘の斜面には古くなった戸建ての民家が建ち並んでいるが、その後方には中高層の共同住宅が建設されている。民家はもともと地方の農村から流入してきた低所得の人々が無許可で住み着いた場所で、電気や水道などが整備されていないことが多い。一夜造りを意味するゲジェコンドゥと呼ばれるこの非許可住宅は、アンカラだけでなくイスタンブルやイズミルのような大都市の旧市街の急峻な未利用地で発生し、大都市における深刻な問題となった。それを解決すべくアンカラでは、1980年代から共同住宅の団地開発が進められてきたのである（『トルコの見方』pp. 62-69）。夕方、アンカラ新市街の中心業務地区（CBD）の一画、カワクルデレ地区の五つ星ホテルに到着した。ツアーでは最終日に向けて宿泊施設は豪華となることが通例だが、このバス旅でも例外ではなかった。このホテルは、今までに著者がトルコで泊まったホテルの中では最上級のものであることは言うまでもなく、旅の満足度が急上昇した。ならばホテルでゆっくり寛げば良いのに、夕食まで数時間あったので、著者はCBDの別の一画をなすクズライ地区にある馴染みの本屋に行って、資料収集をしてしまった。相変わらず仕事癖が抜けなかったようだ。

　翌朝は、7時前にイスタンブルに向けてホテルを出発した。そんなに早い時刻になっ

写真2-127　城壁の最南端辺りから見たハットゥシャ遺跡　中央部一帯に住居跡などが見える。（2015年）

写真2-128　アンカラ東郊で見られたゲジェコンドゥ対策の共同住宅　（2015年）

たのはツアーを通じて初めてのことであるが、それは距離が 480km と長い上に、イスタンブル近郊での渋滞の発生を考慮したからだ。イスタンブル・アンカラ間は東京・大阪間ほどではないが、それに匹敵する距離である。しかし、その高速道路料金はバスで約 900 円、普通車で約 350 円だという。確かにトルコの方が全般的に物価が安い。著者が初めて訪れた 1976 年頃は物価が日本の 5 分の 1 程度であったものの、現在ではトルコの経済発展に伴って日本の半分以上に上昇してきた。にもかかわらず、そのように高速料金がかなり安く設定されているのは交通政策の一環であるようで、トルコでは長距離を含めたバス代はもとより、電車代やタクシー代も割安なのである。

　出発して 2 時間ほどしたらボル市街の近くを通過した。ボルの周辺は 20 世紀になってからだけでもマグニチュード 7 以上の大地震が 4 回起こっており、さらに西隣のイズミットで 1999 年 8 月にも発生した。両市からエルズィンジャンにかけての北アナトリア山系に、活断層が走っているからである。イズミットの大地震ではイスタンブルを含めて人口過密な地域が被災したので、政府発表で 17,000 人以上の死者、推定では死者・行方不明者合計で 45,000 人にも達する被害がもたらされた。アダパザル、イズミット、イスタンブルといった、マルマラ海の一部をなすイズミット湾の北岸とその周辺はトルコ最大の工業地帯であり、アダパザルはトヨタをはじめとする外資系の自動車工業、イズミットは石油製品工業などが盛んなことで知られている。

　イズミットを過ぎると左手にはイズミット湾を横断するオスマン・ガーズィー橋の建設が進められている様子が見受けられた。この橋の完成でイスタンブルからブルサ方面への所要時間が大幅に短縮されるので、2014 年にイスタンブル・アンカラ間が完成している "トルコ版新幹線"（写真 1-28 参照）や高速道路網の拡充とともに、トルコで進むインフラ整備の典型的な一例となりそうだ。バスがイスタンブルのアジア

写真 2-129　アンカラ・クズライ地区の商店街
歩道上に飾られているのは、翌月の国政選挙に向けた
政党の旗である。（2015 年）

写真 2-130　トルコの代表的な工業都市イズミット
スモッグで空がかすんでいる。(2015 年)

写真 2-131　建設が進むオスマン・ガーズィー橋
日本の協力で翌年の 2016 年に完成している。(2015 年)

　側市街に入るようになると確かに渋滞気味となったが、予定通りユスキュダル地区の食堂に到着した。

　午後は第一ボスポラス大橋を渡って、ヨーロッパ側の旧市街地にあるアヤソフィア（写真 1-9 参照）の見学から始まった。アヤソフィアの傍にはトプカプ宮殿やブルーモスクとも呼ばれるスルタン・アフメット・ジャーミイがあり、その一帯はイスタンブル観光の"いろは"とでも言える地域である。現在のアヤソフィアの建物は 6 世紀前半に再建されたものであるが、高さが 50m を越える巨大ドームを備える。しかし、構造上の弱さを抱えているといわれ、堂内の改修と補強が繰り返されている（写真 2-132）。ビザンツ帝国時代に教会として建設されたものを、オスマン時代になってからモスクとして使用するようになったので、堂内のモザイク画は偶像崇拝の禁止から漆喰で塗りつぶされた。ところが、共和国になって政教分離政策が取られるようになると博物館として使用され、漆喰が剥がされて見事なモザイク画が出現した（写真 2-133）。だが、2020 年にイスラム主義の流れを汲むエルドアン政権は、アヤソフィアを再びモスクとして使用するようにしたので、礼拝時には布で覆いをかけて見えなくするような措置を講じたようである。

　この日はアヤソフィアの次に、そのすぐ傍にある地下宮殿を見学した。それはビザンツ時代の 6 世紀前半に建設された地下の大貯水池のことで、幅 65m 奥行約 140m、高さ 9m の規模を持つ。その空間を 300 本以上のコリント式柱頭の石柱が支えている。柱の基壇に 2 つのメドゥーサの首が使われていることでも有名だ。ちなみに水源は、20km ほど離れた北西の郊外にあったとされている。地下宮殿からは、5 世紀前半に建設され旧市街を取り囲むテオドシウス城壁の門の一つトプカプ門に向かった。ここでシルクロード走破記念の到着セレモニーが催されるからであった。新市街には軍事

左／写真 2-132　アヤソフィア内部　メッカの方角を示すミフラーブが下方中央部に見えるが、教会をモスクに改装した建物なので、中心より右にずれている。修理中のために足場が組まれている（2 階回廊から撮影）。（2015 年）
上／写真 2-133　アヤソフィアのモザイク画　左からマリア、キリスト、ヨハネ（2 階回廊で撮影）。（2015 年）

博物館があり、そこでは毎日オスマン軍楽隊の演奏が行われるのだが、何とその軍楽隊が著者たちのために演奏してくれたのである。到着した安堵感とともに、オスマン軍が突破した城壁で勇壮な演奏に出迎えられて、いやが上に感激した。実に粋な企画である。終了後、旧市街とアタテュルク空港との間のバクルキョイ地区にあるホテルに向かった。その地区は大型ショッピングセンターを抱えて、イスタンブル市内の経済や文化の一拠点となってきたとされ、著者たちの宿泊した五つ星ホテルの豪華さがそれを象徴しているように思えた。

　翌 18 日はトプカプ宮殿の見学から始まった。開門と同時に入場したので、快適に見学できたのが印象的である。ここに来るといつも混んでいることが多かったからだ。大きなエメラルドが 3 つ埋め込まれているトプカプの短剣などが展示されている宝物館、ムハンマドのコートを入れた家具などが収納されている聖遺物館、日本の伊万里焼などが見られる陶磁器館と厨房の見学をした。宮殿内にはハーレムもあるが、このツアーでは入場しなかった。トプカプ宮殿をあとにして、アヤソフィアの脇を通りブルーモスク（スルタン・アフメット・ジャーミイ）（写真 1-10 参照）を見学した。このモスクは 17 世紀初頭にスルタン・アフメット一世が建設させたもので、中央ドームは高さが 43m に達する。大小のドームが優美にピラミッド状を構成するその姿は、スュレイマニエ・ジャーミイ（写真 1-11 参照）やエディルネにあるセリミエ・ジャーミイ（写真 1-25 参照）とともに、オスマン建築の代表となっている。

　ブルーモスクの見学後は、かつての競馬場跡を見学しながら近くのトラム（路面電

写真 2-134　トプカプ門での到着セレモニー
（添乗員二村忍氏提供）（2015 年）

写真 2-135　トプカプ宮殿入り口　（2015 年）

写真 2-136　トプカプ宮殿内に展示
されている日本の陶磁器　（1995 年）

写真 2-137　ブルーモスク内部　写
真中央に見える直径約 5m の巨大な円
柱が 4 本あり、それらがドームを支え
ている。異教徒の女性見学者もスカー
フを巻くことになっている。（2015 年）

車）停留所に向かい、そこからトラムに乗って旧オリエント急行の終着駅となった
スィルケジ駅に出た。2013 年に完成した海底鉄道トンネルをマルマライ線の電車が
走るようになったので、この駅の地下にあるスィルケジ駅からアジア側のユスキュダ
ル駅まで、著者たちも試乗した。アジア側からボスポラス海峡を再びフェリーでヨー
ロッパ側に戻り、ガラタ橋の傍で売られている名物サバサンドが昼食となった。昼食
後はすぐ近くにあるエジプト・バザールに立ち寄った。このバザールはもともとエジ
プトなどからの香辛料やハーブを商った所だが、現在では土産物や菓子類を扱う店も

多い。再びトラムに乗ってグランドバザール（カパルチャルシュ、屋根付きの市場の意味）に向かい、そこで自由時間となった。このバザールは面積約 3 万㎡に及ぶ広大な施設で、オスマン帝国がコンスタンティノープルを征服した後、メフメット二世が町づくりの一環として建設させたことが起源とされている。4,000 以上の店舗が業種ごとに区画をなして営業している。この日のコースは、著者も家族や学生などを連れて来た時によく取り入れたもので、個人旅行で見て回る場合の定石とも言えるコースである。ツアーでありながら、個人旅行的な味わいを経験させてくれた計らいだ。

　グランドバザールで一時解散になったので、著者は添乗員の二村氏に直接夕食会場に行くことを認めてもらい、それまでの貴重な時間を新市街にある馴染みの書店など

上／写真 2-138　海底鉄道マルマライ線のスィルケジ駅入り口　写真左手に旧オリエント急行の終着駅がある。（2015 年）
右／写真 2-139　グランドバザール入り口（ベヤズット門）　入り口上方にオスマン朝のスルタンのトゥグラ（花押）がはめ込まれている。（2000 年）

写真 2-140　トプカプ宮殿から見た金角湾　手前の橋がガラタ橋で、その奥にある斜張橋に物議を醸した駅が設置されている。（2015 年）

写真 2-141　海鮮レストランが集まっているクムカプ地区　右手上の看板の文字は「エビ」。（2015 年）

で資料収集をすることに充てた。イスタンブルの銀座通りに相当するイスティクラール通り（写真 1-15 参照）を久々に散策してから、物議を醸した地下鉄新線を利用して夕食会場へ急いだ。問題視されたのは、金角湾でその新線が地上に出て湾上に駅が建設されたため、旧市街に設定されている世界遺産イスタンブル歴史地区の景観が損なわれるということだ。会場のレストランは旧市街のマルマラ海の傍にあるクムカプ地区にあった。そこは水産市場にも近く、海鮮料理専門のレストランが集中する地区で、著者もイスタンブルに行く度に寄っている所だ。魚介類が好きな日本人には、最後の晩餐に相応しい場所を選択してくれた。著者たちは流しの伝統的な楽曲の演奏を聴きながら美味しい食事とお酒を堪能し、50 日にわたるシルクロードの旅の思い出に浸った。

　翌 5 月 19 日は、ギリシャ・ローマ時代の彫像、石棺などが展示されている考古学博物館に寄ってから、帰国すべく空港に向かった。空港を午後定刻に出発した飛行機は、著者たちの足取りをたどるように東方へ進路を向け、11 時間ほどのフライトを終えて翌朝成田に着いた。そして、50 日間同じ釜の飯を食べた仲間との別れを惜しみつつ、それぞれが家路に急いだのであった。

　こうして著者たちのシルクロードツアーは、途中で病人の発生やトラブルもなく旅程通りに進行し、完璧に近い形で幕が下りた。それは偏に添乗員二村氏のキャリアと尽力のおかげであるが、参加者の意思疎通の良さもあったのかもしれない。後日談ではあるが、関東在住者を中心に二村氏を囲む“ツアー同窓会”が何度か開催されたのは、そうしたことを物語っているようだ。

第3章

テーマのある海外旅行

海外へは研修や学会出張といった勤務上の旅行だけではなく、家族旅行や夫婦二人旅などのプライベートでの旅行においても、著者は時間と費用を工面してよく出かけた。とりわけ 2004 年に癌によって胃の切除手術をした後は、その後の癌の再発可能性を危惧して、行けるうちに行こうとの思いから夫婦での旅行にしばしば出かけた。トルコや韓国のほかに、著者が全行程を企画して旅程を組んだオーストリアのウィーンとティロル地方やクロアチアのドゥブロヴニクへの周遊旅行（2005 年）などもあるが、本章では夫婦で参加した旅行社主催のパッケージツアーのうち、妻の評価もまずまずだったツアーなどを紹介するとともに、著者の経験したすべての海外旅行の中から、海外ならではのエピソードも旅のこぼれ話として記しておきたい。

1　典型的な周遊旅行のイタリア縦断ツアー

　著者の主観的な判断かもしれないが、著者たちの世代はアメリカよりもむしろヨーロッパに対する憧れや関心があるように感じており、夫婦旅行でもヨーロッパへのツアー参加が多かった。そのうちの一つがイタリア縦断旅行であるが、ここでイタリア旅行を紹介することにしたのは、イタリアは中国と並び世界一の世界遺産登録国（2019年）であり見所が多い上に、イタリア料理が日本でかなり馴染んできているので、国別の旅行先としては手ごろ感があるからだ。著者たちがイタリアツアーに参加した2011 年は東日本大震災の年であり、旅行への躊躇もあったが、キャンセルせず参加することにした。ツアー名は「新・まるごとイタリア大周遊」で、8 月下旬に出発して 9 月初旬に帰着する 10 日間の旅行であった。旅程や主な見学先は以下に記すとおりで、ツアー名が暗示するように、世界遺産となっているイタリアの主要観光地を南北に縦断して巡るものであった。

　初日は成田発の直行便でローマへ当日の夕方に到着し、市内のホテルに宿泊した。翌日はシスティーナ礼拝堂やバチカン美術館を含めてバチカン市国の見学から始まった。システィーナ礼拝堂は、ミケランジェロが描いた天井画で知られているとおりだ。その後、188m × 156m の楕円形で高さが 50m を超す巨大な円形闘技場コロッセオ（英語のコロシアム）、古代ローマの公共広場遺跡フォロ・ロマーノなどがある世界遺産「ローマ歴史地区」、お馴染みのスペイン広場やトレヴィの泉といったローマの人気観光地などを訪れた。フォロ・ロマーノでは、元老院議事堂、凱旋門、神殿、公共建造物などが確認でき、ローマ時代の町並みを彷彿とさせるのに十分だ。そしてナポリに宿泊すべく、ローマから一旦南下した。

写真 3-1　古代ローマの政治・経済・宗教の中心とされるフォロ・ロマーノ　（2011 年）

写真 3-2　ポンペイ遺跡　石膏像にして取り出された人の姿も展示されている。後ろには民家の壁画も見える。（2011 年）

　3 日目は朝カプリ島へ船で渡り、青の洞窟の見学（写真 3-11）をしてカプリ島内の散策となった。ナポリに戻ると、古代ローマ人の日常生活が生々しく残されているポンペイ遺跡の見学をした。2 万人ほどが暮らしていたポンペイはヴェスヴィオ山の噴火で街全体が埋もれてしまったわけだから、当時の暮らしがそのまま再現されているようなものだ。神殿や浴場といった公共施設はもとより、それぞれの家や路地などもそのまま残され、居間や食堂を飾った壁画も生々しい。2,000 年前の人々の息遣いさえ感じられそうで、遺跡は自分の足で歩いてこそ意味があることを、あらためて思い知らされた。そんなポンペイをあとにして、メノウや大理石などに浮彫を施した装飾品カメオの工房に案内されてから、ナポリのホテルに連泊となった。

　翌日はナポリから北上を続けた。イタリア中部の都市ペルージャの近くにあるアッシジはカトリックの巡礼地としても知られ、そこにあるサン・フランチェスコ聖堂を見学して、近くのホテルに泊まった。5 日目はトスカーナ地方に入り、中世に金融業などで栄えて扇形の広場の美しさで知られるシエナと、数多くの塔が建ち並ぶ丘の上の都市サン・ジミニャーノ、それぞれの歴史地区を見てからピサに宿泊した。この日は珍しく午前中一時雨になったが、その他は全行程を通じて快晴に恵まれた。地理の授業で必ず扱う、夏季の降水量が少ない地中海性気候を実体験したことになった。翌日は午前中にピサの斜塔など市内観光を済ませてから、午後にフィレンツェで、ヴェッキオ橋の傍にあるウッフィツィ美術館を含めて、ドゥオーモのサンタマリア大聖堂などがある歴史地区の見学となった。宿泊地はアドリア海側の都市リミニまで足を延ばした。翌日近くにあるサンマリノ共和国の歴史地区を散策するからである。

　サンマリノからはヴェネツィアまで北上し、ゴンドラ遊覧とサンマルコ広場などの島内観光をしてから、対岸での宿泊となった。翌 8 日目はミラノに向かうが、途中の

ヴェローナで市街の散策を楽しんだ。ミラノでは屋上からの展望を含めてドゥオーモ・ミラノ大聖堂の見学をしてから、ダ・ヴィンチの「最後の晩餐」を鑑賞した。ミラノに宿泊して実質的な最終日を迎えたが、午前中は僅かながら自由時間が取れたので、著者たちはホテルの近くにあるミラノ中央駅を見学してきた。駅舎はムッソリーニ政権時代に完成したもので、権威主義的なデザインが目を引いたからである。午後成田行きの直行便でミラノを出発して、その翌朝到着して帰国となった。

　このツアーが思い出に残った最大の理由は、イタリア観光の代表となる箇所をほぼ網羅し、そこで見るべきものを短時間ながらきちんと見学・鑑賞させてくれたように思えるからである。ツアー名に「新」がついているように、イタリアツアーを手掛け

上／写真 3-3　保全地域に指定されているアッシジの遠望　手前にサン・フランチェスコ聖堂が見える。（2011 年）
右／写真 3-4　ピサの斜塔　斜塔の高さは 55m で、その傍にはドゥオーモと洗礼堂がある。（2011 年）

写真 3-5　フィレンツェの町並み　右端にドゥオーモ、左端にヴェッキオ橋が見える。1975 年の欧州周遊旅行で来た時に見た景観とほとんど同じである。（2011 年）

写真 3-6　荘厳で豪華な駅舎となっているミラノ中央駅　建物前面の幅が 200m、天井の高さは 70m に達する。（2011 年）

た旅行社がさらに磨きをかけて精選したからだと、著者は判断している。バチカン美術館やウッフィツィ美術館の入場にしろ、「最後の晩餐」の鑑賞にしろ、夏季の観光シーズンで個人入場口には長蛇の列ができていたが、著者たちは旅行社の手配のおかげで、多少の待ち時間はあったものの比較的スムーズに入館できた。この時はツアーの良さを存分に味わったことを、今でもよく覚えている。また、青の洞窟にも入れたし、ゴンドラではミュージシャンの音楽も堪能できた。ミラノのドゥオーモの屋上に上がれたことや、シエナやサン・ジミニャーノでの自由な散策も忘れがたい思い出となったことも確かである。

　さらに、このツアーで新たな発見もあった。それは、ヴェローナの魅力に気が付いたことである。トスカーナ地方については以前から多少なりとも関心があったが、ヴェローナについては全く視野に入ってなかったし、恥ずかしながら「ロミオとジュリエット」の舞台の町であることさえ知らなかった。「ヴェローナ市街」として世界遺産に登録されているヴェローナ（**地図12**）は、イタリア北部の交通の要衝としてローマ時代から都市を形成した古い町で、それは市街中心部に残されている円形闘技場（地図中の**⓯**）が物語る。それはもともと紀元後1世紀に建造されたもので、ローマのものほどではないにしろ152m×123mの大規模な楕円形をなしている。現在では夏季の野外オペラ会場としても知られている。

　ヴェローナは、中世にはビザンツ（東ローマ）帝国、ドイツ王、貴族などに、ルネサンス期にはヴェネツィアに支配された。その後は、フランスの支配を経てオーストリアの領土となった。そのため、ハプスブルク家が好んだシェーンブルン・イエロー（ウィーンのシェーンブルン宮殿（口絵ix頁参照）の色調にちなむ）などと呼ばれる黄色

写真3-7　ヴェネツィアの狭い水路を行くゴンドラ　船上での楽器の演奏が旅情をそそった。(2011年)

写真3-8　ヴェローナの円形闘技場　オペラ公演の道具も見える。(2011年)

写真3-9 ダンテの像があるヴェローナのシ
ニョーリ広場　広場の周りには旧市庁舎などが取り
囲む。(2011 年)

写真3-10 ヴェローナにあるジュリエットの家
右手上方に名場面となるベランダ、奥にジュリエッ
トの像が見える。(2011 年)

系の建物が、古くからの地区で目に付いた。分裂が続いていたイタリア半島に 1861
年イタリア王国が成立したが、ヴェローナがイタリアの領土となったのは、その直後
のことである。こうしたさまざまな歴史を積み重ねてきた都市だけに、中世の町並み
を味わうだけでなく、見所も多い。ちなみに、**地図 12** 中の❶はローマ時代からある
エルベ広場で、野菜を意味するエルベの名のとおり野菜の市が開かれてきた。現在
では多種にわたる店がテントを張っている。❷はローマ時代に中央広場となったシ
ニョーリ広場で、傍には高さが 80m を超すランベルティの塔がそびえる。❹がロミ
オの家、❺がジュリエットの家である。

　最後に蛇足ながら、留意されたい事柄を 2 つ挙げておきたい。この旅行では幸運に
も青の洞窟内に入れて、あの独特な色合いを観賞できたし、幻想的な光景には確かに
感動した。だが、洞窟の入り口自体が海面から 1m 前後の高さであり、入るためには
写真 3-11 に見るような小舟に乗るので、多少でも波があると見学は困難になる。し
たがって、洞窟見学の確率を高めるためには晴天で、できれば無風に近い日を選ぶ必
要がある。そのためには、やはりハイシーズンで若干ツアー代金が高くなるが、晴天
で安定した天気が続くことの多い夏季に訪れるべきであろう。著者の知人は、代金が
安いからということで 11 月に行ったが、案の定見学ができなかったそうである。

　このツアーでは日本出国時やイタリアに到着してからも何度か、添乗員から盗難の
注意喚起がなされた。それだけに、記念写真でありながら著者もバックを前にしたま
ま撮影に臨んでしまったのである（写真 3-12）。しかし、添乗員が遠巻きに著者たち
を見守ってくれたにもかかわらず、残念ながらメンバーの一人が早速カプリ島で被害
にあってしまった。やはりイタリアは盗難が多いといった風評はあながち間違いでは
ない、と著者も考えるようになった。だからこそナポリの関係当局がパンフレットま

写真 3-11　青の洞窟見学用の小舟　洞窟入り口で
は頭をかなり低くしなければならない。（2011 年）

写真 3-12　ポンペイ遺跡での記念写真　後方の山
がヴェスヴィオ山。（2011 年）

で作成して、外国人観光客に防犯を呼びかけているのであろう。

2　オランダ・ベルギーでの花観賞ツアー

　前述のイタリアツアーは従来からの典型的な周遊旅行であるが、このツアーは観光
地を万遍なく巡るのではなく、観光の主な目的がはっきりと示され、その狙いに合っ
た場所を中心に行き先が組まれた旅行である。周遊型のツアーが一般化、成熟化した
近年の海外ツアー事情を反映し、"ポスト周遊型"ツアーとでも呼べるかもしれない。
花や紅葉の観賞はもとより、音楽鑑賞、スポーツ観戦、オーロラ観賞など、参加者個
人の趣味や興味関心を満たしてくれるツアーであふれている。

　後述するように、著者は桜やバラなどの観賞をするために国内旅行を楽しむように
もなってきた。そうした草花の観賞を目的に海外へも目が行き、妻を誘ってチュー
リップを見に行くことにした。見頃が４月なので、授業との兼ね合いもあり日程の設
定が難しかったが、幸い 2013 年の４月下旬は授業の曜日配分から都合良く年次休暇
を挟めたので、チューリップ観賞を主目的としたツアーに申し込んだ。ツアー名は「プ
レミアムステージ・春うらら連泊で巡るオランダ・ベルギー・ドイツ彩りの休日９日間」
で４月下旬から５月上旬までであった。

　このツアーでは成田からの直行便ではなく、パリ乗り換えでアムステルダムに向
かった。パリまでは日本航空プレミアム・エコノミークラスを使用したので、わざわ
ざ乗り換えになったのであろう。しかし、通常のエコノミークラスよりも座席にゆと

りを感じたせいか、パリまでの所要時間が短かった印象がある。また参加者も 11 人と少なく、バスも一人で 2 席利用できるなど、まさにプレミアムに浴することができた。2015 年にカナダの紅葉観賞ツアーに参加したことがあるが、その時は時季限定もあってか大変大きな団体となり、バスはぎゅうぎゅう詰めになった。しかも、トイレでの長い待ち時間や集合時間に遅れる人の多発など、とかくトラブルが多かった。ツアーの参加人数は快適な旅行ができるかどうかの鍵だと言っても、過言ではなさそうだ。

　アムステルダムではツアーの謳い文句のように、ゆったり 3 連泊となった。2 日目はアムステルダム近郊巡りで、まずレトロな SL 列車に乗り、車窓から牧歌的な風景を楽しんだ。その後、ザーンセ・スカンス風車村の見学となり、オランダの伝統工芸品である木靴やチーズの工房を見学した。3 日目はアムステルダムの市内観光で、まずアンネの家、国立博物館、ダイヤモンド工房などの見学をしてから、中心市街地を散策し、花市、アムステルダム中央駅、ホテルドゥヨーロッパなどを見て回った。その後は、クルーズ船で運河を走り抜けた。

写真 3-13　アムステルダム中央駅　駅舎が東京駅のモデルになったとされてきたが、建築様式の観点などから否定的な意見もある。（2013 年）

写真 3-14　アムステルダムのホテルドゥヨーロッパ　長崎県にあるハウステンボスのヨーロッパホテルはこれをまねて造られた（写真 4-64 参照）。（2013 年）

　4 日目にやっと、著者たちの一番大切な目的地であるキューケンホフ公園に行くことになった。32ha もある公園に 700 万以上のチューリップ、水仙、ヒヤシンスの花が咲き誇る、まさに世界最大級の花の期間限定公園である。ちなみに期間は 3 月半ばから 5 月半ばまでで、敷地の面積では日本のぎふワールド・ローズガーデン（旧称花フェスタ記念公園）の方が、80ha もあってはるかに大きい。園内には多様なデザインが施された庭園や温室などの施設が配置されている（写真 3-15）。毎年テーマを掲げ

ており、年によってイベントや展示が違ってくるようだ。この年はイギリスがテーマとなっていた。そして公園の周りでは、農家がチューリップなどを出荷用に栽培しており、まさに公園に華を添えている感じだ。ただ残念ながら著者たちが訪れた時は、園内では花の時季に相応しく水仙やヒヤシンスは彩りを添えていたものの、期待していたチューリップは桜で言えば3分咲きから5分咲き程度で、つぼみのものや緑のままのものが目立った。

　開花状況はその年の気象条件によるので仕方がないが、著者たちは何となく釈然としないまま恨みがましく園をあとにして、デルフトに向かった。デルフトは、マイセンなどと並んでヨーロッパで有名な焼き物の産地だが、オランダを代表する画家の一人フェルメールの故郷でもある。陶芸に関心のある妻はデルフトがとても気に入ったようで、不発に終わったキューケンホフのチューリップ観賞に一矢を報いた思いのよ

写真 3-15　キューケンホフ公園の案内板　公園の東から南にある縞は周囲の花畑。（2013 年）

写真 3-16　公園の周りにある農家の花畑　公園内の展望台から撮影した。（2013 年）

写真 3-17　デルフトの工房　白地にコバルトブルーの絵柄はデルフト焼きで知られる。（2013 年）

写真 3-18　アントウェルペンにあった日本からの寄贈『フランダースの犬』記念碑　もともとイギリスの作品なので、地元では人気がないという。（2013 年）

うだった。この日から宿泊先がベルギーのアントウェルペンになったが、ここでもゆとりの3連泊であった。

　ベルギーではオランダ語系のフラマン語とフランス語が公用語であり、前者は北部の地域で、後者は南部の地域で使用されている。国土のほぼ中央を東西に言語境界線が走っていると理解すればよいだろう。その境界近くに位置するのが首都のブリュッセルであり、そこでは両言語が併用されている。アントウェルペンはフラマン語圏のフランデレン地域にあるので、本書では地名はフラマン語表記を用いるが、フランス語表記ではアンベルスとなる。日本では英語呼称のアントワープと表記することが多かった。ちなみにフランデレンは英語でフランダースであり、日本ではよく知られている物語『フランダースの犬』のフランダースである。また、フランドルはフランス語呼称である。

　5日目は、午前中のヘント見学から始まった。ヘントは中世に織物工業で発展した都市であり、写真3-19の鐘楼はそうした頃に建設されて、世界遺産となっている。その後、聖バーフ教会など市内の散策をした。午後は世界遺産となっているブルッヘ（ブルージュ）歴史地区の観光となった。ブルッヘも中世には織物工業を背景に港湾都市として栄え、ハンザ同盟の在外商館が置かれたほどであった。しかし、運河や港に土砂が堆積し始めた15世紀の頃には衰退しだした。その後の戦争でも荒廃が進んだが、そうした急速な衰退のために、かえって街の姿は中世のまま残されることになった。著者たちも市庁舎、マルクト広場などを歩いて巡り、中世のたたずまいにゆっくり浸れた。市街が運河に囲まれており、人気の運河クルーズでも旅情を味わえた。

　翌日は、宿泊先のアントウェルペンの市内観光で始まった。アントウェルペンはブリュッセルに次ぐベルギー第二の大都市である。発展した背景は港湾機能であり、ブ

写真 3-19　ヘントの鐘楼　（2013 年）

写真 3-20　運河に囲まれているブルッヘ市街　後方の鐘楼は世界遺産で、高さは 80m を超す。（2013 年）

左／写真3-21　ブリュッセルの市庁舎　（2013年）
上／写真3-22　ブリュッセルのグラン・プラス
市庁舎はこの写真の左手にある。（2013年）

ルッへの衰退で貿易港としての役割を拡大させ、それとともに商業や金融の中心地に
もなってきたからである。ここでは、ルーベンスの傑作とされる三連祭壇画が納めら
れている聖母大聖堂（ノートルダム大聖堂）でそれらを鑑賞して、市内の散策を楽し
んだ。午後には1時間足らずでブリュッセルに移り、王立美術館でフランドル絵画の
巨匠ブリューゲルなどの作品を鑑賞するとともに、中心部にある広大な広場グラン・
プラス（グローテ・マルクト）と、お馴染みの小便小僧の実物や小便小僧の衣装コレ
クションを見て回った。ヨーロッパで古くからの歴史がある都市の中心広場でよく見
られるように、世界遺産となっているグラン・プラスでも広場を囲む建物の一つに市
庁舎（写真3-21）がある。15世紀前半に50年ほどの歳月をかけて建造された市庁舎は、
高さ96mの塔を備えている。1975年に著者が初めてこの広場を訪れた時には鳥の市
が開かれていたが、2年に一度開催されるフラワー・カーペットのイベントは、花柄
の絨毯を広場一面に敷き詰めたようで、実に素晴らしいという。
　この日の昼食はグラン・プラスの傍にあるレストランで、ブリュッセルの名物だと
いうムール貝の白ワイン蒸しが主菜として出され、ツアーのメンバー一同がそれを美
味しくいただいた。給仕が仲間と話している言葉がトルコ語であったので確認する
と、著者の推察したとおりであった。料理長含めて全員トルコ人だそうで、ブリュッ
セルの名物料理を移住してきたトルコ人が提供する現状を知り、ドイツだけでなくそ
の周辺一帯にも大勢のトルコ人の移住者が住んでいることや、彼らがそれだけ移住先
に根付いていることに、あらためて気付かされた。
　翌日の7日目も前日同様に宿泊先のアントウェルペンから出発し、ブリュッセルの

写真 3-23　グロート・ベイハールデン城のチューリップ　おとぎ話に出てくるような古城が一層雰囲気を醸し出す。(2013 年)
▶口絵 xi 頁

写真 3-24　現在は博物館となっているガースベーク城と庭園　(2013 年)

　郊外にあるグロート・ベイハールデン城に向かった。ツアー参加者に配られた「旅のしおり」には、「約 150 万株もの春の花が、広大な敷地に咲き誇ります」とあったが、キューケンホフのチューリップがいわば空振りに近かっただけに、正直なところ期待は全くしていなかった。しかし、ブリュッセルはアムステルダムのほぼ 180km 南に位置するのであるから、東京と福島県の白河との位置関係に相当することになる。当然春を先取りしているブリュッセルではチューリップは十分咲いているはずだ。そのように変化した著者の期待どおり、この城に植えられているチューリップはまさに満開であった。17 世紀に建てられたという古城の屋敷で、著者たちは春爛漫を心ゆくまで謳歌した。著者としてはまさに "キューケンホフの仇をグロート・ベイハールデンで" とでも言ったところだ。この時と違って、もし催行の期間がもっと暖かければ逆になっていたはずだ。いれにしろ、旅行社はどちらかでチューリップの鑑賞ができるように "担保" していたのは確かで、腕の見せ所を知らされた思いがした。蛇足ながら、著者は国内での観桜ツアーには参加したことがないが、桜の場合についてもそうした旅程の工夫がなされているのかは、参加にあたっての重要な検討事項になりそうだ。なお、この城は私有だそうで、敷地の公開も期間限定となっている。著者たちが訪れた年は、4 月 5 日から 5 月 12 日までであった。

　午前中チューリップの花を楽しんでから、午後グロート・ベイハールデンに近いシント・アナ・ペーデに向かった。ここはブリューゲル絵画の原風景が広がる地で、シント・アナ・ペーデ教会や 19 世紀に再建されたガースベーク城を見て回った。その日の宿泊先は、見学先と同様にブリュッセルの郊外にあるシャトーホテルであった。ホテルの前の湖と古風な風情ある建物だけでも五つ星クラスのホテルの証であり、ツアー最後の宿泊先は豪華なホテルとなる典型例のようであった。ツアー参加者揃って

の最後の晩餐であり、食事も豪華な上に、旅行期間中に誕生日を迎えた参加者を祝う形で特別にワインもサービスされた。満足した花の旅にさらに華を添えるような夜となり、このツアーを催行した旅行社の好感度をアップさせたことは確かであった。

　翌8日目は実質的な最終日であるが、午前中360kmほど走り、ライン川のほとりにあるドイツの町リューデスハイムに着いた。リューデスハイムはフランクフルトの西約60kmにあるが、もともとワイン醸造の町として知られてきた。ツグミ横丁などの古い町並みが残り、またライン川クルーズ船も発着して賑わいを見せている。著者たちも横丁の散策後にクルーズ船へ乗り込み、ザンクト・ゴアールスハウゼンまで1時間半ほどの船旅を楽しんだ。リューデスハイム付近から下流のコブレンツ付近までのライン川渓谷沿いが世界遺産に登録されており、数々の古城・遺跡と見事なブドウ

左／写真 3-25　リューデスハイムのツグミ横丁
　ワインを楽しめるお店や土産物店などが軒を連ねる。
（2013 年）
上／写真 3-26　ライン川クルーズでの寛ぎ（バッハラッハ付近）（2013 年）

写真 3-27　ライン渓谷の古城・教会（カウプ付近）
　古城の右斜面にブドウ畑が若干見える。ラインの両岸には幹線鉄道が通っている。（2013 年）

畑などが、観光客の目を楽しませてくれる（**地図4**参照）。古城の周りでは花が咲き始め、春爛漫のライン渓谷の風景を船上から眺めながら、思わず「春のうらゝの隅田川…」と口ずさんでしまったほどだ。だが、じきに船乗りの難所とされたローレライの岩（**地図4中の⑩**）が見えてきて、中学校で学んだ「ローレライ」の曲が鳴り始めた。日本人観光客には好評のようだったが、ほかの外国人観光客にはそれほどではなかった。ちょうど曲が終わった頃、著者たちが下船するザンクト・ゴアールスハウゼンの船着き場が見えてきた。そこから空港まではおよそ2時間で到着し、フランクフルトからの成田行き直行便で翌日の帰国となった。ラインの船旅は、花の旅の最後に相応しい思い出に残る一場面となった。

3 "中欧トライアングル"＋αのツアー

"中欧トライアングル"——著者が勝手に用いているだけかもしれないが、観光用語としては分かりやすいと思っている。中欧は中部ヨーロッパあるいは中央ヨーロッパの略語として定着している。その地域を代表する都市はオーストリアのウィーンであり、ハンガリーのブダペストであり、チェコのプラハである。言うまでもなく、この3都市はそれぞれハプスブルク家に所縁があり、歴史の重みを感じさせる首都である。それだけに、観光となる文化財や史跡に富んでいる。しかも大都市であるものの人口は百万人台であり、市街が大きすぎず交通混雑もそれほどではない。地下鉄やトラムなどが整備されており、外国人観光客でも市内での移動が容易だ。また3都市はウィーンを中心に、ブダペストへはほぼ東方におよそ210km、プラハへはほぼ北西におよそ250km離れた位置にあるので、3都市巡りがしやすい。

このような意味から3都市をセットに観光旅行を計画しやすいことから、"中欧トライアングル"を構想できよう。実際に1994年にプラハでIGC（国際地理学会議）地域大会が開催された時、ウィーン、ブダペスト、スロバキアのブラチスラバなどを足早に見て回る巡検に参加したことがある。ただそれぞれ初めての訪問であり、両都市をいつかゆっくり見たいと思っていた。ウィーンだけは2005年に企画した夫婦二人旅でゆっくりと街歩きができたが、ブダペストへの関心も捨てきれずにいたし、プラハの良さを妻にも味わってもらいたかったので、3都市を一度に楽しめるツアーを探すことにした。その結果、オーストリアのザルツブルク、ドイツのドレスデンとマイセン、チェコのチェスキー・クルムロフといった"おまけ"の付いたツアーを見つ

けることができた。それが 2016 年 6 月末から 7 月上旬までの「新・中欧ゴールデンルート 5 カ国周遊 9 日間」であった。

　このツアーではミュンヘン行きの直行便で羽田を昼に出発し、夕刻に到着後すぐにオーストリアのザルツブルクまで走り、そこで宿泊となった。翌日は、世界遺産となっているザルツブルクの旧市街の観光から始まった。モーツァルトの生誕地や音楽祭で知られるザルツブルクであるが、日本で今でも人気のある映画「サウンド・オブ・ミュージック」（ワイズ，R. 監督、1965 年公開）の重要な撮影場所にもなっている。著者たちの観光でも、まずミラベル庭園に出かけた。この庭園は映画の「ドレミの歌」の場面が撮影された所だ。園内には映画のシーンとなった場所が散在し、ツアーメンバーは記念写真の撮影に余念がない。その後ザルツァッハ川に架かる橋を渡り、旧市街に入った。モーツァルトの生家を見てから、レジデンツ広場まで散策した。広場は、レジデンツと呼ばれる歴代の大司教が完成させた豪華な宮殿や、入り口が音楽祭の幕開け上演の場となる大聖堂などに囲まれている。次に向かうハルシュタットでの自由時間を確保するために、ザルツブルクの見学がやや足早に終わってしまったことが、著者には残念でならなかった。自分の思い通りにならないのがツアー旅行の宿命であることは、十分すぎるほど分かっているはずなのだが。

　世界遺産になっているハルシュタット湖は確かに“絵になる”風光明媚な場所であり、中国人をはじめ大勢の外国人観光客で賑わっていた。ここは中国でも大人気のようで、広東省恵州にハルシュタット湖畔をコピーしたと思える「ヨーロッパ風高級住宅街」が作られたそうだ。昼食後にハルシュタット（塩の場所の意味）の特産物である岩塩を買ったりして湖畔を自由に散策してから、その日の宿泊先となるウィーンに向かった。

写真 3-28　ミラベル庭園　遠方の丘の上にホーエンザルツブルク城を望む。（2016 年）

写真 3-29　人気のハルシュタット湖畔　（2016 年）

写真3-30　正門からのシェーンブルン宮殿　宮殿の左右の長さは180mで、完成時には1441室の部屋があったという。前方の看板は宮殿コンサートの案内。（2016年）

写真3-31　宮殿の裏側と庭園　ウィーンの旧市街は写真から外れるが、すぐ右手にある。（2005年）
▶口絵ix頁

　3日目の午前中はウィーンの市内観光で、ハプスブルク家の夏の離宮として18世紀半ばマリア・テレジアによって完成された、世界遺産シェーンブルン宮殿の見学から始まった。宮殿内のツアーが1時間ほどで終わり、旧王宮、高さ137mのゴシック様式の塔があるシュテファン大聖堂、国立歌劇場などを見学すべく、それらが建ち並ぶ旧市街に向かった。旧市街はかつて市壁に囲まれていたが、市街地の拡大に伴い市壁は撤去されて、リングと呼ばれる環状道路となった。旧市街一帯が世界遺産「ウィーン歴史地区」として登録されており、見所も多い。著者と妻は2005年にウィーンを訪れた時に4泊し、それらの観光スポットや美術史博物館、自然史博物館でも十分時間を取ったし、ベートーヴェンが散歩しながら交響曲第六番「田園」を構想したとされる、郊外の「ベートーヴェンの並木道」にも行ったので、このツアーでは旧市街での見学時間が少なくても著者たちには気にならなかった。

　歴史地区からはトラムでベルヴェデーレ宮殿に向かった。26人からなる集団を公共交通手段で引率する添乗員に敬意を表したいくらいだ。もっともツアーといえども最近では、個人旅行と同じような旅情を楽しめるようになってきているのも確かだが。ベルヴェデーレ宮殿は18世紀前半に夏の離宮として建設され、宮殿内の絵画館には19世紀末の代表的なオーストリアの画家クリムト、シーレ、ココシュカなどの作品が展示されている。宮殿のフランス式庭園も、市街を遠望できて印象に残っている。また、この宮殿では第二次世界大戦後の1955年に、連合国と敗戦国オーストリアとの間でオーストリア国家条約が調印されている。この条約の締結によりオーストリアが主権国家として再建され、連合国占領軍の撤退とオーストリアの永世中立国宣言がなされることになった。

写真 3-32　ベルヴェデーレ宮殿　宮殿はこの上宮
（絵画館）と下宮からなる。（2016 年）

写真 3-33　ベルヴェデーレ宮殿の庭園と旧市街
遠望　旧市街では建物に高さ制限があるので左手に見
えるシュテファン大聖堂の塔が目立つ。正面に横に広
がる建物が下宮。（2016 年）

　昼食後は 2 時間ほどの自由時間となった。集合場所が国立歌劇場の近くだったの
で、参加者の中には歩いて行ける美術史博物館にお目当ての作品を観に行った人もい
たようだったが、著者たちは国立歌劇場からシュテファン大聖堂に通じる目抜き通
りのケルントナー通りをのんびり散策し、デパートでの買い物やウィーンの銘菓ザッ
ハートルテの直営店で本場の味をかみしめた。この日は夕食後に宮殿コンサート（写
真 3-30）もあり、シェーンブルン内の宮殿劇場でモーツァルトやシュトラウスの楽曲
を鑑賞できて、思い出に残る夜となった。このコンサートはツアーに組み込まれてい
るものであり、音楽の都ウィーンを満喫できる企画となっている。このように、最近
では現地でのイベントやアトラクションを上手に取り入れたツアーが多くなったよう
で、2018 年に参加したサンクトペテルブルクとモスクワへのツアーでは、前者でバ
レエの鑑賞を、後者でマトリョーシカの絵付け体験をした。ツアーも名所巡りだけで
はなく、個人旅行で求められるような体験ができるようになり、より魅力のあるツアー
が出現しているようだ。
　翌 4 日目は、ウィーンからブダペストへまっしぐらに進み、到着するとすぐに昼食
であった。食事もほどほどにして午後からの市内観光が始まった。ブダペストはよく
知られているように、ドナウ川を挟んで右岸のブダ地区と左岸のペスト地区からなっ
ている。最初の見学先はペスト地区にある英雄広場だが、そこへ行くのに地下鉄に
乗った。その地下鉄 1 号線はロンドンに次いで世界で 2 番目に建設されたという古
い路線で、地下も浅く天井も低かった。ちなみにトルコのイスタンブルでは、ブダペ
ストよりも先に新市街のガラタ地区（写真 1-14 参照）で、テュネルと呼ばれるトンネ
ル内のケーブルカーが敷設されている。途中に駅もないが、これを地下鉄と見なせば、

写真 3-34　ウィーン旧市街のケルントナー通り
この通りは、左手前の国立歌劇場と中央の奥に見えるシュテファン大聖堂を結ぶ。手前のバスが通っている左右の通りは、リングと呼ばれる環状道路。(2016年)

写真 3-35　ペスト地区にある英雄広場　(2016年)

　ブダペストの地下鉄は3番目ということになるが、電化路線の地下鉄としては世界で最初となる。建設された当時のハンガリーは、オーストリアがハンガリーを王国と認めて再編されてできたオーストリア・ハンガリー帝国下にあったが、ハンガリーの建国一千年祭で英雄広場とともに地下鉄も完成された。広場に立つポールの足元にはマジャル人（ハンガリー人）の部族長らの騎馬像などがある。ちなみにハンガリー語（マジャル語）は、フィンランド語（スオミ語）と同様にウラル語族に分類されて、アジア系の言語として知られる。

　英雄広場をあとにしたバスは、ブダ地区にある漁夫の砦に向かった。この砦も建国一千年の記念建造物で、ここからのペスト地区とドナウ川の眺め（写真3-36）は、悠然と流れる川を挟み、歴史の重みを感じさせる町並みが整然と広がる絶景だ。ブダペスト観光には欠かせない見所となっている。この砦の傍にはマーチャーシュ教会があるが、この教会は13世紀に建てられた聖母教会が15世紀に大規模に改築されたものだそうだ。一時期オスマン・トルコに占領されてモスクとなったが、19世紀末の改装で屋根や内部にマジャル模様が取り入れられて、独特の美しさが見られるようになったという。見学後ホテルに到着した著者たちは、早速ホテル内の温泉に入った。ブダペストは温泉の街としても知られているが、温泉と言っても暖かめの温水プールとでも表現した方が良さそうで、実際に水着着用であることは言うまでもない。

　夕食後は、このツアーの最大の目玉とも言える貸切のドナウ川ナイトクルーズに案内された。夜の帳が下りる頃からのライトアップされた国会議事堂、鎖橋、王宮などの素晴らしい光景は、まさに「眺めを何にたとうべき」と言ったところか。写真に収めてみたが、実際のどれほどを表現できたのか、心もとない。そうした絶景を求めて

写真 3-36　漁夫の砦からのペスト地区とドナウ
川の眺め
（2016 年）　左奥に国会議事堂、右手に鎖橋が見える。

写真 3-37（左）と 3-38（右）　マーチャーシュ教
会とその内部　（2016 年）

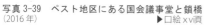

写真 3-39　ペスト地区にある国会議事堂と鎖橋
（2016 年）　　　　　　　　▶口絵ⅹⅵ頁

写真 3-40　ブダ地区にある王宮と鎖橋　（2016 年）

クルーズ船が多数周航しており、その中には宿泊ができる豪華客船も見受けられた。

　こうした思い出に残る夜を過ごして、翌5日目はスロバキアの首都ブラチスラバに向けて西方に出発した。ブラチスラバは同国の西端に位置し、オーストリア、ハンガリー両国との国境に接する。ウィーンとは60kmも離れておらず、電車やバスで1時間程度の距離である。市内を流れるドナウ川を見下ろす高台にはブラチスラバ城があり、著者たちの観光もその城から始まった。ブラチスラバはドナウ川を渡れる場所として、古くからヨーロッパ中央部の交易路となってきた。そのため城のある高台は要塞として重要な役割を担ってきたが、16世紀にはハンガリー王国の主城となり、その後現在に繋がるバロック様式に改築された。マリア・テレジアがハンガリー女王になった時には、ここに居住したこともあるという。王国の政治の中枢がブダペストに移ると、城は兵舎としての役割を果たすことになった。城の見学を終えてから、落ち着いたたたずまいの旧市街を散策し、旧市街への入り口となった門や王の戴冠式が執り行われた教会などを見て回った。

　昼食後はチェコのレドニツェに向かい、世界遺産となっているレドニツェ城とその庭園で散策を楽しんだ。その後宿泊先のプラハまで直行したので、この日はブダペスト・プラハ間のおよそ540kmが走行距離となった。宿泊したホテルが写真3-43であり、モスクワやサンクトペテルブルクでよく見かけたスターリン様式の建築に似ているので、社会主義時代に建設されたものだと思われる。建物をまじまじと見ていたら、にわかに「鉄のカーテン」の冷戦時代や当時の自由化を推進しようとした「プラハの春」が脳裏をよぎった。

　著者はそれまで旧東ドイツに入ったことがなかったので、数ある"中欧トライアングル"ツアーのうち、ドレスデン観光を含んだこのツアーを選択したのであった。そ

写真3-41　バスから見たブラチスラバ城（前方左側）とドナウ川に架かる橋（道路正面）（2016年）

写真3-42　ブラチスラバ旧市街の旧市庁舎前の広場　塔のある建物が旧市庁舎で、右手噴水奥の建物の中に日本大使館がある。（2016年）

れだけに、翌6日目のプラハからドレスデンへの日帰り旅行は楽しみの一つであった。エルベ川のほとりにあるドレスデンは、現在もザクセン州の州都となっているように、ザクセン地方の中心地として発展してきた。特に18世紀前半のザクセン選帝侯アウグスト強王の治世には、彼がポーランド王ともなり、ザクセンはヨーロッパの強国の一つにのし上がった。そうした繁栄ぶりがエルベ川南岸に広がる旧市街に、はっきり残っている。ドレスデン観光の筆頭であり、バロック建築の傑作の一つとされているツヴィンガー宮殿は、彼によって建設されたものだ。その傍にある劇場広場は、欧州の名だたる歌劇場の一つゼンパー・オペラ座やドレスデン城、宮廷教会にも囲まれている。ドレスデンの歴史を感じさせるこの広場とともに観光名所となるのが、エ

写真 3-43　歴史的建造物と言えるプラハの宿泊ホテル　（2016 年）

写真 3-44　エルベ川北岸から見たドレスデン旧市街地　後年再訪時に撮影したもの。左側の高いドームがプロテスタントのフラウエン教会、最右の塔がカトリックの宮廷教会（大聖堂）で、その右奥に宮殿の一部が見える。灌木のある右手岸壁の一帯が展望テラス。（2019 年）

上／写真 3-45　博物館となっているツヴィンガー宮殿とその中庭　（2016 年）
右／写真 3-46　再建されたフラウエン教会　45％ほどの部分がオリジナルの破片からなるという。写真中央下方に、残骸が展示されている。（2016 年）

ルベ川の緩やかな流れにたたずむドレスデンの町並みを満喫できる、展望テラス「ブリュールのテラス」である。著者たちの散策でも、それらの観光スポットを訪れてからフラウエン教会に向かった。この教会はもともと18世紀前半に再建されたもので、ドイツでは最も重要なプロテスタントの教会として知られてきたが、第二次世界大戦の末期に空爆で激しく破壊されてしまった。この教会も宮殿、城などと同様に修復が図られて、瓦礫の山と化した残骸から、市民主導で欧米の支援団体のもと2005年に再建された。教会をあとにした著者たちは、そこから程近い場所にある建物の回廊外壁に描かれた「君主の行列」を見学した。この壁画は、19世紀に描かれたものが20世紀初頭にマイセン磁器に転写されてでき、長さは100mを超す。幸いなことに、第二次世界大戦では最小限の損傷で済んだそうだ。

　ドレスデンからの帰途、陶芸の町マイセンに寄ったことは言うまでもない。高品質で知られるマイセン焼は、マイセン市街の丘にあるアルブレヒトブルクと呼ばれる城塞の部屋で、18世紀初頭にアウグスト強王がヨーロッパで白磁工房を創業させたことで始まったとされる。それは陶磁器生産の秘密を守らせるためだったようだ。そんな話をガイドから聞いた著者は、伊万里焼を思い出した。有田や伊万里を統治した鍋島家の佐賀藩は、御用窯を有田から伊万里の大川内山（写真4-59 参照）に移したが、それは藩が高品質の技法を保持するために、ほかに漏れないようにするためだったとされている。その結果鍋島焼とも言われる高級品が、現在でもブランド物として焼かれているとおりだ。ブランド維持の秘策に共通性が見出せて、興味深く感じた。その後マイセンは工房の場所を移し、現在では見学工房や美術館を併設した工場で焼かれている。そこでは実際の製作工程が公開され、型作りや絵付けなどの作業を見学することができる。美術館ではマイセン磁器の歴史が分かるように展示されるとともに、

写真3-47 「君主の行列」 アウグスト強王らヴェッティン家輩出の35人が、それぞれの時代の衣装や武具とともに描かれている。（2016年）

写真3-48 マイセンの見学工房での絵付け作業（2016年）

貴重なコレクションも見られる。ちなみにその日の昼食は、併設されているレストランでマイセン磁器に盛られて提供された。気のせいか、美味しさが倍増したようだった。

　プラハに戻り連泊して、7日目を迎えた。この日は世界遺産となっている「プラハ歴史地区」の観光で始まった。プラハはエルベ川の支流ヴルタヴァ（ドイツ語ではモルダウ）川が大きく屈曲し、内側の滑走斜面と呼ばれる土砂が堆積する場所（右岸）を中心に市街地が発展してきた。逆に外側の攻撃斜面の丘（左岸）には、プラハ城が建造された。そうした旧市街の北部には、既に10世紀の頃からユダヤ人も住み始めた。その地区では現在でもシナゴーグやユダヤ人墓地も見られて、ユダヤ人街として知られている。ちなみに、プラハでは77,000人以上のユダヤ人がナチスによって殺害されたという。プラハを含めチェコの西部・中部はボヘミアと呼ばれるが、14世紀のボヘミア王カレル一世（後の神聖ローマ帝国皇帝カレル（ドイツ語でカール）四世）の治世には、ヴルタヴァ川にカレル橋が架けられたり、中欧最初の大学となるカレル大学が設立されたりするなど、神聖ローマ帝国の首都としてプラハは、中欧最大の都市として繁栄した。カレル橋の東側・右岸に広がる旧市街には、そうしたプラハの歴史を今に伝える建造物が旧市街広場を中心にいくつも建ち並び、プラハ城やカレル橋とともに、世界遺産「プラハ歴史地区」となっている。広場の一角にある旧市庁舎には、15世紀初頭に作られた天文時計が設置された時計塔があり、高さ69mの塔にはエレベーターで昇れるので、著者たちも自由時間に塔の上から市街を一望した。14世紀にほぼ現在の形となったティーン聖母教会も、広場の一角にある。この教会には高さ80mの双塔があり、遠くからも目立つ存在だ。

写真3-49　プラハ旧市街北部とヴルタヴァ川左岸の丘陵部（時計塔からの撮影）　手前の教会の奥一帯にユダヤ人街があり、さらに遠方の左右に広がる樹林帯が丘陵部で、左端にプラハ城が見える。（2016年）

写真3-50　プラハの旧ユダヤ人墓地　墓石にはヘブライ文字や家名を表す絵柄が彫り込められている。1994年のIGCプラハ地域大会の巡検で撮影した。（1994年）

プラハ城はカレル一世の時にほぼ現在の形になり、城内にある聖ヴィート大聖堂も彼によって建設が始められたが、約600年後の1929年にようやく現在の形として完成されたという。後年ボヘミア王はハプスブルク家に引き継がれ、16世紀末には城に宮廷が置かれた。第一次世界大戦後オーストリア・ハンガリー帝国が解体されると、1918年に成立したチェコスロバキア共和国の大統領官邸となった。そして現在では、建物の一部がチェコ共和国の大統領府となっている。まさにプラハ城は、チェコの歴史の生き証人としてその姿を今に伝えているようだ。著者たちのこの日の観光もプラハ城から始まり、見学後徒歩で坂を下ってカレル橋に出た。この橋は14世紀半ばに建設が開始されたが、完成するまでに40年以上の歳月がかかっている。長さが500m超、幅が約10mの石橋で、中世の最も有名な建造物の一つだ。橋の上には30の聖人像が並んでいるが、橋建設の当初からあったわけでないという。橋を渡り旧市街広場に出てから、傍にあるボヘミアングラスの店に案内された。そして著者たち一行は、街路にテントが張られた市場で買い物をした後、風情のある路地を散策しながら昼食会場に向かった。ウィーンと同様にプラハも観光名所が集中しており、気軽に街歩きができるのが嬉しい。昼食後の1時間半だけの自由時間を、当然のごとく著者たちは広場周辺をうろついたり、カフェで喉を潤したりして楽しんだ。

　再集合の後、バスは3時間ほどでその日の宿泊地チェスキー・クルムロフに到着した。"中欧トライアングル"ツアーを企画している日本の旅行社はすべてと言ってよいほど、チェスキー・クルムロフに寄るように旅程を組んでいるようだ。それほど日本でも人気があるのは、中世の町並みがそのまま残っており、世界遺産にも登録されているからに違いない。著者もここには一度来てみたいと思っていたので、とても楽

写真3-51　プラハの旧市街広場　左の塔が時計塔で、下の方に年月日、時間、日の出入り、月の出入りを表す天文時計がある。奥に見える双塔がティーン聖母教会。(2016年)

写真3-52　プラハの観光名所であるカレル橋からのプラハ城遠望　絵画を販売する露店が多く出店するなど、1994年に比べると観光地化が進んだようだ。(2016年)

写真 3-53　プラハ旧市街の市場で出会ったトル
コ人旅行者たちとの記念写真　まさに一期一会が旅
の醍醐味かもしれない。(2016 年)

しみにしていた。チェスキー・クルムロフという地名は、チェスキーは「チェコの」、
クルムロフが「ねじれた形の川辺の草地」とか「川の丸い潟のある所」をそれぞれ意
味するとされ、実際にチェスキー・クルムロフは、ヴルタヴァ川の上流でかなり大き
く屈曲する地点に位置する（写真 3-54）。人口の少ない片田舎の町であり、面積もか
なり狭くはなるが、市街地の構造はプラハと基本的に同じと考えてよいだろう。ここ
でも右岸の滑走斜面となる「クルムロフ」に相当する地域が、広場を中心に市街を形
成している。それに対して左岸の攻撃斜面側の丘には、プラハ城に次ぐ大きなチェス
キー・クルムロフ城が構えているのだ。

　著者たちの見学は写真 3-54 の案内図中ほどにある○印の右下、すなわち川に挟ま
れてくびれた辺りからの散策で始まった。ここは若干高くなった場所で、城一帯を眺
めるのに最適の場所であり、写真 3-55 もそこで撮影した。そこから西に続く通りを
進み広場に向かった。広場の傍にはルネッサンス風の装飾を持つ市庁舎があるが、市
街全体がルネサンス様式やゴシック様式など、中世の雰囲気を醸し出す建物で覆われ
ている。広場から城に通じる路地には土産物屋やカフェ・レストランが連なっていて、
観光地の様相を呈している。伝統的な建物は、そうした商業施設のほか、プチホテル
などの宿泊施設として保存されているものも目に付いた。著者たちも城内に入り、い
くつも中庭を抜けて城の庭園の一角にある展望台まで足を運んだ。そこからの眺めは
市街全体を見渡せて、絶景と言ってよいものであった。著者たちの見学では城の建物
の中に入らなかったが、ガイド付きツアーで建物内部の見学はできるようだ。城から
ホテルへの帰途、チェコ料理での最後の晩餐をメンバー一同、和気あいあいと楽しん
だ。

　チェスキー・クルムロフのホテルは広場の近くにあり、実質最終日となる 8 日目の

朝、出発までの時間を活用して著者たちは、街中をのんびりと歩き回った。川沿いの
かつての倉庫などの建物が新たな創作活動の場として使われており、市街活性化の動
きが見られたのは興味深かった。出発したバスは300kmほど先のミュンヘンに向か
う。およそ5時間の道のりだが、車中ではこのツアーに関連のある映画「サウンド・
オブ・ミュージック」が上映され、著者たちが訪れたザルツブルクの地が懐かしく思
い出された。ミュンヘンでは遅い昼食後、仕掛け時計で有名な新市庁舎のある広場で、
1時間ほどの自由時間となった。ちょうど仕掛けが動く時刻となり、観光客で賑わっ
ていた。最後のミュンヘン散策は空港到着に遅れないようにするためのまさに"おま
け"であったが、空港へ無事に予定時刻には到着したので、狙いどおりのようだ。飛
行機も定刻に出発し、翌日羽田に到着した。

写真3-54　チェスキー・クルムロフの案内板
（2016年）

写真3-55　丘にたたずむチェスキー・クルムロ
フ城　案内図の上方に描かれているこの城は13世紀
前半に建てられてから西方（左）に伸びて、5つの中
庭を持つ大規模なものとなった。城の円筒状の塔は、
16世紀に壁画装飾で覆われた。（2016年）

写真3-56（左）と3-57（右）　城内の展望台から
見たチェスキー・クルムロフ市街北半分（左）と
南半分（右）（2016年）

4 インド世界遺産巡りツアー

　これまで紹介した3つのツアーは目的地がすべてヨーロッパであったが、この項目で紹介するのはそれがインドであるだけに、何か別の事例のツアーを予想するかもしれない。まさにそのとおりだが、まずこのツアーでは日本からの添乗員は付いていないという点で、前掲3つのツアーと大きく異なる。現地係員兼ガイドによるツアーが近年では増えているようで、このインド旅行だけでなく、2006年に参加したベトナム縦断ツアーや2007年と2014年に参加したオーストラリアのツアーもそうであった。

　著者はインドへの旅行についてはいつか必ず実行しようと思っていたし、妻もインドについては関心があったので、インドツアーをかなりきめ細かく探し出してみた。日本からの添乗員が付く大手旅行社のインドツアーはデリー、アグラとジャイプルあるいはヴァラナシなどを巡るものが多く、折角初めて訪れるインドなので、著者としてはもっと多くの観光地を回ってみようと思っていた。だが、多くの観光地を一度に訪れるツアーは少なく、あってもヨーロッパへのツアーのように日本から添乗員が同行するようなツアーはかなり限定される。現地ガイドのツアーであっても、希望する日程に即するツアーがいくつかあった程度だ。こうした現地ガイドによるツアーである上に料金も比較的安いので、本当に大丈夫なのか、妻は参加にあたって一抹の不安を抱えていた。しかし、現地の気候や伝染病の発生の可能性などを考慮すると、やはり乾季となる冬が相応しいと判断して、授業の関係から冬休みを挟んだ時期に限定せざるを得なかった。

　著者が選んだツアーがそうした時期にかなっていたことや、ベトナムツアーの現地ガイドに対して好感を持てた記憶も妻の背中を押したようで、結局インド旅行を得意としていた旅行社のツアー「アジャンタ・エローラ・カジュラホとインド13大世界遺産を極める!!」（2008年1月上旬の9日間）に参加することで、妻からも合意を得た。このインドツアーだけではなく、ベトナムツアーでもたまたまそうであったが、利用者は著者たち夫婦のみであった。この点でも、前述のヨーロッパツアーとは大きく違っていた。両ツアーとも最少催行人数が2人なので成立したが、著者の気持ちからすると、まるで現地ガイドを雇ったような感覚であった。発展途上国であれば物価・人件費が安いので、対応できるようだ。

　正月2日の出発だけに、成田空港も人出が少なかったが、デリー行きのエアーインディア機の乗客も少なく、2、3割の搭乗率だったような記憶がある。しかも、機材が1970年代後半によく乗ったような古い型で、おまけに著者たちの座席付近で天

井板のビスが抜けている箇所があり、揺れるとこすれるような音が聞こえてきた。そのような状況で若干不安すら感じた。さらに現地係員が本当に出迎えてくれているのか、といった疑念さえ抱き始めた。幸いほぼ定刻にデリーに到着し、著者たちを出迎えてくれた現地係員の顔を見た時は、とりあえずほっとした。

　しかし、宿泊するホテルに到着したら、また著者たちは不安にさいなまれる羽目となった。ツアーの一般的傾向から、初日のホテルが立派なものではないことは承知していたし、ましてや代金が安めなので、ホテルの等級についてはある程度の覚悟はしていた。だが、到着してホテルの外観を見て驚いた。どう見てもツアーで用いられるホテルには見えないし、喧騒な街中にあるホテルの場所からすれば、バックパッカーの使う安宿と言っても過言でないほどであった。そこで著者は何かの間違いと思い、慌てて日程表に記載されている初日のホテルの住所と名前を確認したが、確かにニューデリーの一角にある記載どおりのホテルであった。オールドデリーであるならば、インドの大都市らしく混とんとした雰囲気は当たり前だと思っていたが、周知のようにニューデリーは、イギリス統治時代に円形広場と直線道路を組み合わせた計画都市の地域であるから、著者はそうした疑念を抱いてしまったのである。受付を済ませて部屋に入る際、寒い場合に使うようにとニクロム線仕様のかなり古い型の暖房器具を渡された。この日はインド北部にも寒波が襲来していたようで、ホテルの周辺でも路上でドラム缶に燃料をくべて暖をとっている人たちの姿が目に付いた。結局著者たちは、日本から着込んでいった冬支度のまま寝具をかけて寝入ることになった。ちなみにシャワーは水だけしか出なかったので、もちろん浴びることはなかった。

　翌日は、宿泊したホテルから程近いオールドデリー地区の世界遺産ラール・キラーの見学から始まった。ラール・キラーは17世紀半ばにムガル帝国の第5代皇帝シャー・ジャハーンが要塞として建設させたもので、ムガル朝文化の集大成とも称される。ラール・キラーは「赤い城」を意味し、レッド・フォートとも呼ばれるが、赤い砂岩でできているからだそうだ。その後著者たちは、高さが42mある凱旋門建築のインド門に移動した。この門は第一次世界大戦の戦死者を弔うために建設されたもので、兵士が警護しており、著者たちが見学しているときにも隊伍を組んでやって来た。ここも外国人観光客にも人気の場所だという。

　著者たちが写真などを撮っていたら、女性が一人やって来て、著者にインタビューを求めてきた。放送局のアナウンサーだそうで、インドの寒さについてコメントしてほしいとのことだった。デリーは北緯28度にあり、日本では奄美大島とほぼ同じ緯度だが、内陸部にあるため冬の寒さが厳しく、1月の最低平均気温も10℃以下となる。そうした状況は承知していたが、この時は寒波の襲来で一層厳しくなったよう

だ。そこで著者も多少誇張して、デリーの寒さは東京にも劣らない寒さであるとインタビューに答えたら、アナウンサーも我が意を得たりといった笑みを浮かべ、終了後の記念撮影を快諾してくれた。

　デリーではさらに、世界遺産のフマユーン廟とクトゥブ・ミナール複合建築群の見学をした。前者は16世紀半ばに完成した広大な廟で、中央にドームを有し左右対称の建物が建つスタイルは、ムガル朝建築の初期の典型例とされ、タージ・マハルなど、後に造営された廟や宮殿のモデルになったという。後者は12世紀にできた記念塔（クトゥブ・ミナール）やモスクの跡で、インド最古とされるイスラム遺跡である。これらを見てから、いよいよこのツアーの目玉の一つとなっているタージ・マハルのあるアグラへ向かった。

　最盛期にはインド亜大陸のほぼ全域を版図としたムガル帝国の創始者バーブル帝は

写真 3-58　デリーにあるラール・キラーのラホール門　（2008 年）

写真 3-59　デリーにあるインド門でのインタビュー記念の撮影　後方に放送車が見える。（2008 年）

写真 3-60　フマユーン廟　ドームの高さは 38m。（2008 年）

写真 3-61　クトゥブ・ミナール複合建築群　高さ 73m ある記念塔はインドで最初のイスラム建築だという。（2008 年）

ティムールの子孫であるから、まさにムガル帝国は「第二次ティムール朝」とでも言えるもので、「ムガル」がペルシャ語でモンゴルを意味することもそうしたことに関係している。帝国の実質的な土台を築いた第3代皇帝アクバルが、アグラを首都として帝国の統治機構を整えたことから、16世紀から17世紀にかけてアグラはその中心地として繁栄し、それを想起させるような建造物が数多く残っている。その代表が世界遺産のタージ・マハルであり、アグラをインド有数の観光地としている。

　タージ・マハルは第5代皇帝シャー・ジャハーンが妻ムムターズ・マハルの死を悼み、17世紀前半に22年間の歳月と莫大な費用をかけて建設した壮麗な墓廟である。正門をくぐると写真3-63のように、2本の主要通路で四分割される十字型の水路を持つ、ペルシャ式（→170頁参照）を踏襲した庭園が見られる。この庭園と相まって、高さ42mの4本のミナレットに囲まれた高さ70mほどの墓廟はヤムナー川南岸の高台にあり、背景が空だけとなるので、その壮麗さや荘厳さが一層引き立ってくる。大理石の墓廟の壁には花や唐草模様の繊細なレリーフが刻まれており、均整の取れた建物全体の美しさに、まさに華を添えているようだ。ムガル建築の最高傑作と言われるゆえんだろう。タージ・マハルのこうしたたたずまいは、世界遺産に等級があるならば、五つ星に値するものと著者は評価している。内部の円天井は高さが24mであり、外観上の丸屋根と内部の天井との間は空洞になっている。イランのイスファハーンにあるイマーム・モスク（写真2-107参照）と同様、二重殻の構造になっているのだ。こうした工夫はイランからもたらされたようで、ムガル朝では建築、造園だけでなく、文化の多様な分野でイランの影響を受けている。ちなみに、ムガル帝国の公用語であったペルシャ語がインドの地方語に融合して形成されたのが、現在パキスタンの国語で

写真 3-62（上）と 3-63（右）　タージ・マハルの
近景と遠景　（2008年）

あり、インドの公用語の一つとなっているウルドゥー語である。こうしたことを想起すると、タージ・マハルがインド・イスラム文化の象徴と言っても過言ではないであろう。なお、内部にはシャー・ジャハーンとムムターズ・マハルの棺があるが、これはレプリカであり、本物は地下の墓室に置かれているという。

こうして実にさまざまな観光をして長い一日が過ぎ、アグラのホテルに到着した。初日のホテルと異なり、極めて普通の三つ星クラスのホテルであったが、浴室の排水機能が悪くて十分な入浴にはならなかった。それでも疲れを翌日に持ち越すこともなく、3日目を迎えることができ、世界遺産のアグラ城の観光が始まった。アグラ城は、アクバル帝が16世紀半ばに築いた赤砂岩の城で、シャー・ジャハーン帝までの3代にわたる居城となった。傍を流れるヤムナー川と堀に囲まれた城壁の高さは20mほどで、城塞の機能も十分にあったようだ。城内には宮殿だけでなく、モスクやバザール、宮殿従事者の住宅まであったという。シャー・ジャハーン帝は財政状況などを気にせずに贅沢な建物を多く建築したので、息子のアウラングゼーブ帝によって、タージ・マハルが望める城内の一居室に幽閉されてしまったという。著者たちはアグラ城をあとにし、郊外にある世界遺産のファテープル・スィークリーというアクバル帝が建設した都の跡を見学してから、午後にカジュラホへ向かうべく駅に出た。インドの鉄道はゲージが統一されていなかったり、単線区間の箇所も少なくない上に、特急や急行といった優等列車も往来したりするので、どうしても遅れを生じやすいようだ。それでも、著者たちが乗車したアグラとジャンシー間はほぼ定刻どおりに発着し、約3時間半の列車の旅を楽しめた。その後ジャンシーからカジュラホまでは車で3時間はかかったので、カジュラホには夜9時頃の到着となった。

4日目の観光はカジュラホ遺跡の見学で始まった。カジュラホは、9世紀から14

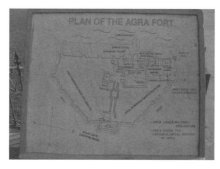

写真 3-64　アグラ城の案内図　軍用地が多く、全域の約8割に当たるようだ。右端に観光用の入り口がある。（2008年）

写真 3-65　アグラ城からの眺望　左手下に低地とヤムナー川が広がり、奥手にはタージ・マハルをかすかに望める。（2008年）

世紀初頭にインド中央部を支配したチャンデーラ朝の都として栄え、当時の寺院が20余りも現存するという。その頃のインドでは、ヒンドゥー教や仏教でタントリズムという考え方が流行しており、男性原理と女性原理の結合が宗教的至福をもたらす、と信じられていたようだ。そのため当時のヒンドゥー教寺院の多くは、豊穣祈願が込められた男女抱擁のミトゥナ像と呼ばれる彫刻などで外壁一面が覆い尽くされている。日本でも各地に生殖器信仰があるが、同様に多産や豊穣を願ったものであると考えられている。インドのヒンドゥー教寺院のミトゥナ像の中では、カジュラホのものが最も有名であり、「カジュラホの建造物群」として世界遺産にも登録されている。世界遺産は西の寺院群、東の寺院群、南の寺院群からなるが、著者たちは、数多くの寺院がある西の寺院群を訪れた。カジュラホの寺院は細い釣鐘状の塔のような造りになっていて、高いものでは30m超となっている。ヒンドゥー教の主神シヴァ神の聖地であるヒマラヤの山をイメージして造られたものもあり、多くの寺院がそびえたつように並んでいる。寺院の内部にも彫刻が施されていて、拝観できるようになっている。

　カジュラホの予想を超えた建物の壮大さや官能美溢れる彫刻に圧倒されながらも、満足した著者たちは午後にはジャンシーに戻り、再び鉄道でボパールに向かうことになった。駅で列車を待ったが、著者がイメージしていたインドらしく、1時間ほど待たされることになった。長距離の列車ではどうしても遅れがでてしまうようだ。その間を利用し駅構内で飲料水などを購入すると、その値段がほかで買うよりも安かった。日本では構内や車内販売では価格が一般に高くなるが、それが逆であったので記憶に残っている。それがたまたまなのかどうかわからないが、旅行者への配慮であるとし

上／写真3-66　世界遺産「カジュラホの建造物群」
（西の寺院群）　（2008年）
右／写真3-67　カジュラホのヒンドゥー教寺院の
壁面を覆うミトゥナ像　その数、洗練された美しさ、
描写のおおらかさに驚かされる。（2008年）

たら、旅行を趣味とする著者には実に賞賛すべきことである。結局、列車が遅れた分だけボパールへの到着も遅くなり、深夜となってしまった。

　翌5日目は、まずボパール近郊にあるビヒンベドカの丘に上がり、およそ12,000年前に描かれたとされる壁画を見てきた。隆起海食崖と推定される洞窟には、ゾウ、トラ、シカなどの動物や動物狩りの様子を描いた壁画が残されている。その後は、ボパールから50kmほど離れた場所にあるサーンチーに向かった。

　サーンチーは古代インドで仏教の一大センターになった所であり、紀元前3世紀から11世紀にかけて造られた仏教遺跡が見られる。世界遺産に登録されている遺跡群は3つのストゥーパ（仏塔）からなるが、第一ストゥーパが一番古く、仏教に帰依したアショカ王が紀元前3世紀に建てたことがその起源とされている。ちなみにアショカ王は、インド最初の統一王朝であるマウリヤ朝の最盛期を築いたことで知られている。写真3-68で見るように、石造りのドームの周りを玉垣で囲み塔門が配置されるようになったのは、紀元前後だと考えられている。塔門には、仏教に関連した図が彫られている。サーンチーに見られる仏塔が、インド仏塔の典型的なものだという。

　見学を終えて再びボパールの駅に戻り、翌日の見学先であるエローラに向かうべく夜行の寝台列車を待った。その列車も1時間半ほどの遅れで到着した。それもそのはずで、列車はインド北部のジャンム・カシミールのジャンムを出発し、ムンバイの南東にあるプネまで2,000km以上の長距離を走るので、日本でいえば、盛岡から在来線で鹿児島まで行くようなものだ。それにしても、列車の遅れを最初から想定することはできないわけではあるが、分かっていたならばボパールの市内見学をしたかったと、著者はしきりに思った。というのは、ボパールで1984年に大規模なガス爆発事故が化学工場で発生し、猛毒が市中に拡散して世界的に知られる大災害となっただけに、著者はその後が気になっていたからであった。少なくとも3,000人以上の死者、50万人以上の負傷者が出ており、今でもその後遺症に苦しむ人が大勢いるようだ。ところで、著者たちの乗車した寝台車両はエアコン付き2段ベッドタイプで、寝具も提供された。夜行なので安眠とはいかないまでも、睡眠不足にはならず元気に朝を迎えることができた。

　6日目の朝マンマードの駅に到着し、世界遺産になっている石窟寺院遺跡エローラには昼前に着いた。エローラは北緯20度にあり、28度にあるデリーに比べるとかなり南に位置し、暖かく快適な気温になった。エローラは山中の断崖に掘られた34の石窟からなる寺院群だが、全長2.5kmほどの場所に、ほぼ古い順に仏教、ヒンドゥー教、ジャイナ教の3つの寺院が細長く、それぞれまとまって並んでいる。これらは5世紀から11世紀頃までに建設されたという。その中でヒンドゥー教のカイラーサ寺

写真3-68　サーンチー仏教遺跡群の第一ストゥー
パ　石造りドームは直径が36mほど、高さが16mほ
どの大きさである。（2008年）

写真3-69　マンマード駅　著者たちの乗車した寝台
列車が5番線を出発した。（2008年）

写真3-70　エローラの仏教窟　内壁にブッダの座
像や菩薩像などが彫られている。（2008年）

写真3-71　エローラにあるヒンドゥー教のカイ
ラーサ寺院　岩山を真上から掘り下げながら寺院を
彫り出していったという。（2008年）

院は、インドでも最大の石彫寺院とされており、高さ35m、幅60m、奥行き90mと
いう空間から総量20万トンの石を掘り出して造られた。この寺院は、ヒンドゥー教
の主神シヴァが住むとされるヒマラヤのカイラーサ山をイメージして建造されたそう
だ。100年以上の歳月を費やして寺院を造った技術と、至る所に見られる神々の像や
細かな模様が刻まれた精緻さには、何しろ圧倒される。

　エローラでの見学を終え著者たちが自動車に乗る時に、野犬が数匹追いかけて、車
が走り出しても執拗について来た。その形相は凄まじく、インドでは狂犬病に注意す
るようにガイドブックにも記されていただけに、一層怖さが募った。スピードが加速
されると諦めたようで、著者たちは胸をなで下ろした。だが、旅の思い出話としては
済まされない怖さを味わい、アウランガバードのホテルに到着して市内を散策する時
でも、著者たちは殊更犬に注意深くなっていた。

翌朝、アウランガバードから世界遺産のアジャンター石窟寺院群に向かった。アジャンターには、U字型の蛇行に沿った渓谷に全長550mにわたって30近くの仏教石窟寺院があり、前期のものは紀元前2世紀から紀元後1世紀の頃にかけて、後期のものは5世紀から7世紀の頃にかけて掘られたという。概して後期の方が装飾文様の彫刻も優美で、彩色壁画も華やかで美しく見えるものが多いようだ。著者にはアジャンターが古代インド仏教の野外美術館のような存在に思えてきたほどである。石窟は僧たちが日常の生活をしたヴィハーラ（僧院）窟と、礼拝を行い仏塔などが据えられたチャイティヤ窟からなるが、5か所が後者で残りはすべて前者だとされる。写真3-73は5世紀後半から6世紀に造られたチャイティヤ窟の正面部分で、豊かな姿の仏像が彫られている。内部にある石柱や数々の仏像彫刻もすばらしく、アジャンターで最も完成度が高い寺院といわれている。写真3-74はブッダ入滅を描いた巨大なレリーフで、6世紀以降に建設されたチャイティヤであった第26窟の中にある。この涅槃仏像は全長が7mほどあり、インドで最大であることで知られる。アジャンターの見学を終えて再びアウランガバードに戻ると、著者たちは夕方の飛行機でムンバイ（旧ボンベイ）に向かい、市内にあるホテルに予定どおりに到着した。このツアーの最終宿泊となるホテルなので、それまで滞在したホテルよりも上のランクになるものとの"ホテル宿泊ランク原則"を期待していたが、残念ながら三つ星程度のホテルであった。

　実質的に最終日となる8日目は、世界遺産に登録されている石窟寺院のあるエレファンタ島の観光から始まった。島に行くためにフェリーの発着所に向かったが、そこからの景色はムンバイの象徴のようなもので、インドのタタ財閥創始者が最高の資材を集めて建設し、1903年に開業させた豪華絢爛な造りで知られるタージ・マハル・ホテルと、1924年に完成した高さ26mのインド門が建ち並んでいるからだ（写真3-75）。後学のためにホテルに入ってみたが、インド最高級のホテルだけあって、格式の高さがにじみ出ていたことが鮮明に思い出される。日本人観光客だということで、特別に入館させてもらえたようだ。ちなみにこのホテルは、著者たちの訪れた年の11月にテロリストによって占拠され、多数の死傷者が出るとともに火災が発生して、大きな損害を受けた。この時人質となった宿泊客を救おうと奮闘するホテルマンの姿を描いた映画「ホテル・ムンバイ」（マラス, A. 監督）が製作されて、日本でも2019年に公開されている。

　エレファンタ島に向かう著者たちの船が出航して間もなく、現地ガイドの携帯に一本の電話が入った。ガイドは、その内容を著者たちに恐る恐る話し始めた。それもそのはずで、その日の夜9時半にデリー発のエアーインディア機で帰国することになっていたが、その成田行きの便が突然キャンセルになったという、悪夢のような知らせ

上／写真 3-72　アジャンター石窟寺院群　さらに
左手一帯に続いている。(2008 年)
右／写真 3-73　アジャンターに咲いた最後の華と
される第 19 窟　(2008 年)

左／写真 3-74　アジャンターの涅槃仏像　手前の
左右にあるのは窟内の石柱で、そこにも彫刻が施され
ている。(2008 年)
上／写真 3-75　ムンバイのタージ・マハル・ホテ
ル(旧館)とインド門　インド門の後方に見える高
層建築はホテルの新館。(2008 年)

であったからだ。この日のインド一帯の天候は良好で、気象条件の悪さからキャンセ
ルになったようでもないし、日本周辺の気象条件の影響でもなさそうだった。ガイド
も、キャンセルの理由は不明だと言う。結局、その代替案として 2 つの選択肢が示さ
れた。すなわち、予定した夕方のデリー行きの便でとりあえずデリーに向かい、エアー
インディアが用意した他社の代替便で帰国するか、ムンバイで 1 泊して翌日の全日空
便で帰国するかの選択であった。ただし 2 つとも確実に乗れるとは限らないので、さ
らに遅れての帰国もありうると言われた。著者は、帰国日の翌日に大学院生向け演習
の授業を入れてあったので、予定の日に帰国できそうな前者をやむなく選択した。
　そのような凶報を受けた著者たちは、エレファンタ島に上陸して島内観光が始まっ

ても、じっくりと落ち着いて石窟寺院を見て回れなかったことは言うまでもない。それらはすべてシヴァ神にまつわる彫刻で飾られ、彫られているシヴァの顔や像などの芸術性が高いとされている。気落ちしていたせいか、著者はそれらを見ても感動することもなく、むしろなぜそれらがタージ・マハルと同じ世界遺産になるのか、と疑問にさえ思えるほどであった。エレファンタ島からムンバイ市内に戻った著者たちは、チャトラパティ・シヴァージー・ターミナス（旧ビクトリア・ターミナス）駅に向かった。ムンバイ最大のターミナルとなるこの駅は、1887年に完成した。植民地時代の代表的なゴシック様式の建造物であり、数少ない鉄道関係の世界遺産の一つとなっている。

　見学もほどほどに著者たちは、まずムンバイの空港に向かい、予定していたデリー行きの便にすぐさま乗った。そしてデリーに到着すると、すぐにエアーインディアのカウンターに急いだ。主に日本人の搭乗予定者50人以上が既に待機しており、航空会社からの指示を待っていた。暫くすると、職員から代替便の発表がなされ、まずファーストクラスないしビジネスクラスの人が、クアラルンプールやシンガポールなどを経由して帰国できる便に案内された。続いてエコノミークラスの乗客の案内となり、すがるような思いであったが、結局著者たちを含めて20人程度の人たちが最後まで残され、その日は航空会社が用意したホテルに宿泊をし、翌日以降の便で帰国になる旨の通告を受けることになったのである。同じエコノミークラスでも正規運賃航空券、正規割引航空券、格安航空券と3種類があり、格安航空券でも変更可能なオープンチケットと変更不可のフィックスチケットに分けられる。ツアーでは、一般に一番安いフィックスの格安航空券が使われるので、著者たちは翌日に回されたのであろうと判断した。残された著者たちのグループは、ほとんどがバックパッカーと思われる若者で、初老の著者たちは目立つ存在であった。

写真 3-76　ムンバイの世界遺産チャトラパティ・
シヴァージー・ターミナス駅　（2008年）

著者は以前、北京から帰国する際に搭乗予定の便が遅れ、成田着が深夜となるために、出発が翌日回しになったことがあった。その時は空港の傍にある三つ星クラスのホテルに、航空会社が宿泊させてくれたことがあったので、何ら不安はなかったが、妻は今回のことが初めての経験であり、怒りと不安で満ち満ちていた。ところが、著者たちを乗せたバスが空港近くのホテルに到着するや否や、皆一斉に驚きの声を発した。何とそのホテルは、バックパッカーが宿泊するには全く相応しくないほど豪華な五つ星ホテルであったからである。著者たちにとっても、初めて滞在する高級ホテルで戸惑いがあったほどで、妻も一転して満面に笑みをたたえていた。それもそのはずで、著者たちの部屋には大きめなバスルームとは別にシャワールームがあるばかりか、部屋全体がゆとりを感じさせるものであった。スイートルームが提供されたのである。また、翌日の朝食と昼食が無料で提供されたことは言うまでもない。

　部屋で寛いでいるとエアーインディアから連絡があり、幸いにも著者たちは全員翌日の成田行き日本航空便に乗れることを知らされた。早速日本に電話を入れて、予定をしていた授業の延期を伝えることができたので、一安心して床に就いた。図らずもこのツアーで、最後の宿泊先が今までに経験したことのない最上級のホテルとなり、ツアーの"ホテル宿泊ランク原則"を満たすことになったのであった。

　後日談になるが、海外に出かけることの多い同僚にこのような突然のフライトのキャンセルについて話したら、航空会社の事情で時々あるとのことであった。そこで思い出すのが、著者たちがデリーの空港に戻った時に、大勢のイスラム教徒が帰国してきた姿を見かけたことである。その年は著者たちが帰国を予定していた日までがちょうどイスラムの巡礼月であったので、そのイスラム教徒たちはメッカ巡礼からの帰途であったと思われる。インドでは確かにイスラム教徒は少数派ではあるものの、2014年で1億8,000万人以上になったと推定されるほどだから、巡礼用のフライトはかなりの需要が見込まれるはずだ。往路のデリー行きエアーインディア機の搭乗率の悪さから、復路の成田行きも悪いことは明白であろう。エアーインディアは成田行きをキャンセルしてでも、機材が満席となる巡礼者向けの便に回した方が、収益が上がるはずだ。もしかしたらそうしたことを、エアーインディアは当初から想定していたのかもしれないが、それはあくまでも著者の邪推に過ぎない。

　ちなみに、著者は2019年4月に友人サブリ君の息子の婚礼に参加すべく、イスタンブル行きのターキッシュエアラインズの航空券を購入してあったが、出発の3週間ほど前であっただろうか、突然搭乗予定の便がキャンセルになった旨の連絡が旅行代理店から入り、訪問を取りやめにしたことがあった。その時は、イスタンブル新空港の開港（→77頁参照）に伴うターキッシュエアラインズの移転作業日に、運悪くあたっ

てしまった由の説明があったが、これも航空会社の事情によるキャンセルであった。

5　遺跡の魅力を訪ねる旅 ——アンコール・ワット、ペトラ、マチュピチュ、エジプトのピラミッドなど——

　エピソードを記すにあたり、まず海外旅行の主な観光・見学先とされることが多い遺跡について、その魅力をあらためて考えてみることにしたい。遺跡が文化遺産であることから、参考としてまずユネスコ世界遺産の登録基準に目を向けると、遺跡は「人間の創造的才能を表す傑作である」ことや、「現存するか消滅しているかにかかわらず、ある文化的伝統又は文明の存在を伝承する物証として無二の存在（少なくとも希有な存在）である」ことが、一応の目安となるであろう。そうした観点から遺跡を捉えなおすと、まず前者からは人工物でありながら極めて大規模であったり、構築した場所が通常では建設が困難なところであったり、建築物の構造や装飾で芸術的に優れた特色があったりして、見る人に感動や驚きを与える要素が遺跡にはあると考えられる。また後者からは、過去の文化や文明をつぶさに読み取ることができ、見る人がそれらを実感的に理解できる要素も遺跡にはあるだろう。そうした遺跡の迫力や魅力は実際に見学してこそ分かるものだと、著者は考えてきた。なかなか訪れることが難しい海外の遺跡は、まさに行けるうちに行きたいものである。

　そこで本節では、前述のような迫力や魅力を十分に備えていると著者が感じている"五つ星世界遺産"のうち、既に紹介済みの遺跡以外で著者が実際に見学した遺跡の主なものについて、その魅力や感想を当該のツアー旅程などにも触れながら、記してみたい。

　まず初めに、東南アジアを代表するカンボジアのアンコール・ワットから言及しよう。サンスクリット語でアンコールが王都を、ワットが寺院を意味するアンコール・ワットは、12世紀前半にアンコール朝（クメール帝国）のスールヤヴァルマン二世が王廟として建設したとされている。当時のクメール人は王がヒンドゥー教の神々の化身だと考えていたことから、僧侶司祭が祭祀を執り行う、巨大なヒンドゥー教寺院となった。15世紀になるとアンコール朝はタイのアユタヤ朝に滅ぼされ、その後アンコール・ワットも仏教寺院に改修された。江戸時代の初期に鎖国令が出されるまで、アンコール・ワットを仏教の聖地「祇園精舎」として参拝した日本人たちがいて、そ

の人たちが書き残した落書きがあるように、当時の日本でも知られた存在であった。伝説と化したアンコール・ワットがヨーロッパでも広く知られるようになったのは19世紀半ば頃からで、特にフランスがカンボジアを支配してからである。

　第二次世界大戦後フランスから独立したカンボジアでは、1970年のカンボジア王国の崩壊から93年の総選挙の実施までの間は、内戦状況が続いた。そのため観光は困難であったが、政情の安定化に伴い観光業は経済発展の重要な一部門となった。アンコール・ワットの近くにあるシェムリアップには国際空港があり、首都のプノンペンはじめバンコクやハノイなどからの便も往来するようになり、日本からそれらを経由して容易に訪れることができるようになった。そこで著者も、時間の余裕ができた2018年1月に5日間ツアーを利用して、気軽にアンコール・ワットやアンコール・トムなどの遺跡を見てきた。

　それらは世界遺産「アンコール遺跡」観光の目玉とでも言うべき名所で、とりわけアンコール・ワットは遺跡群の中で最大の規模で、東西1,500m、南北1,300m、幅約200mの濠で囲まれ、中央祠堂の尖塔は高さが65mもある。中央祠堂は、ヒンドゥー教で宇宙の維持を司るとされるヴィシュヌ神が降臨し、王と神が一体化する聖なる場所と考えられている。中央祠堂をそうした世界の中心となる須弥山に見立て、周囲の回廊・尖塔はヒマラヤの山々、環濠は無限の大洋を象徴しているという。見所の一つとなっている一番外側の回廊には、ヒンドゥー教における天地創造の物語や古代インドの叙事詩『マハーバーラタ』に基づく一大戦闘図、スールヤヴァルマン二世と行進する軍隊の様子など、数多くのテーマでレリーフが彫られている。それらは絵巻物風に描かれているので、見ていて興味が尽きない。

　アンコール・トムもアンコール遺跡の一つであり、アンコール・ワットの傍にある。トムがクメール語で「大きい」の意味を持つことからも推測できるように、アンコール・トムは、総延長が12kmにも及ぶ環濠と城壁に囲まれた、まさに大いなる都の跡であり、12世紀から13世紀にかけてジャヤヴァルマン七世が創建した、アンコール王朝最後の栄華を誇った都市であった。その都市跡の中央に位置するバイヨンと呼ばれるヒンドゥー・仏教混交の寺院などを、著者たちは見て回った。バイヨンもアンコール・ワットと同じような伽藍配置で、中央祠堂の周りに回廊が巡らされているが、こちらは2つの回廊でアンコール・ワットよりも1つ少ない。また回廊には、アンコール・ワットに見られるテーマと同じようなものを含めて、いくつものレリーフが刻まれている。アンコール・トムでは、塔に彫られた観世音菩薩とされる像の色々な表情が見られ、その微笑からなぜか神秘的な愛くるしさを感じるのは著者だけではなかったようで、その微笑を写真に収めるために、付近一帯に観光客が群がっていた。

著者たちのツアーではアンコール遺跡群の一つで、仏教寺院として建設された後ヒンドゥー教寺院に改修されたとされる、タ・プロームにも見学に行った。そこではガジュマルの木々がその遺跡に絡みつき、凄まじい姿を目の当たりにすることができる。その圧倒される奇妙な光景は、訪れた人にかなり強烈な印象を与える。廃墟と化した寺院の姿は、諸行無常といった言葉を思わせるのに十分だ。タ・プロームについては発見された当時の景観で保存する方針から、必要最低限の修復しかされなかったのだという。アンコール・ワットは細々と地元民の信仰を集めて寺院として機能していたようだが、アンコールの遺跡群が知られるようになった19世紀には、多くの寺院がタ・プロームのような荒廃状況にあったようだ。アンコール王朝は、アンコールの平原に貯水池や灌漑用水路の整備を進め、農業生産力を高めて豊かな富を築き上げたが、王朝の滅亡とともに、水路の保全管理ができなくなり、かつての農地も荒れ地となってしまったのである。現在では遺跡の周囲は400万haという広大な領域に密林、水田などが広がっているが、それは村人の生活や自然環境を保護することで、景観の維持に取り組んできた成果だそうだ。

　熱帯の密林に突如出現したようなアンコールの遺跡とは対照的に、乾燥砂漠の岩山に突然現われるペトラ遺跡も魅力的な存在だ。ヨルダンにあるペトラ遺跡は、日本でも1989年に公開された映画「インディ・ジョーンズ／最後の聖戦」（スピルバーグ, S.監督）のロケ地となったように、神秘的・幻想的な場所にあるだけに、一度は行ってみたいと思っていた遺跡である。ペトラは、2,000年以上も前にナバテア王国の首都となった古代都市で、アカバ湾、地中海沿岸のガザ、シリアのダマスカスにも近く、交通の要衝として隊商の中継基地となった。香辛料の交易で発展していたが、後に主

写真 3-77　朝のアンコール・ワット　手前の欄干に見えるのはナーガと呼ばれる蛇の神で、生命力と不死を司るとされる。朝焼けの絶景を見るべく早朝に参拝したが、雲が多くて期待外れに終わった。（2018 年）

写真 3-78　スールヤヴァルマン二世が描かれているアンコール・ワットの回廊の壁画　（2018 年）

写真 3-79　アンコール・トムのバイヨンに彫られている人面像 （2018 年）

写真 3-80　木が遺跡に絡みついているタ・プローム （2018 年）

要通商路から外れて衰退していった。そうしたことから、岩礁のような地形の特性を生かしたペトラは、難攻不落の要塞として伝説的な存在となったようだ。1812 年にスイス人の旅行家が発見してヨーロッパに伝えてから、広く知られるようになったという。

　著者は 2012 年 3 月に実質 6 日間のドバイ経由のヨルダンツアーに参加した際、ペトラ遺跡の見学をすることができた。そのツアーでも映画のシーンさながら、シークと呼ばれる暗くて狭い渓谷を 1km 以上通り抜けてペトラ遺跡に入って行った。シークは、砂岩の岩盤が地殻変動により亀裂を生じて形成されたと考えられており、狭い箇所だと幅が 3m 程度しかなく、壁の高さは 80m 以上になるという。ペトラへの出入口は別の場所にもあるが、このシークが隊商の重要な入り口になったようだ。こうした地形が、ペトラに要塞としての機能を十分に果たさせたのであろう。シークに沿って水路もあり、それらがペトラで必要な水を供給したのだ。まるで秘密の通路のようなシークを通り抜けると、忽然としてエル・カズネが現われる。岩山をくり貫いて造られた壮観な建物に、誰もがど肝を抜かされるであろうし、それは古代人とて同じであったことだろう。紀元前 1 世紀に彫られたエル・カズネはアラビア語で「宝物殿」を意味するが、目的については王家の霊廟など、いくつかの説があるようだ。名前の由来については、建物の一番上に乗っている壺の中に宝物が隠されている、と信じられたからだという。案内板に記されているように、その壺を落とすべく撃ったと思われる弾痕が実際に残っている。エル・カズネはペトラ観光の最大の見所であり、まさに“観光の宝物殿”かもしれない。

　広大なペトラ遺跡には、エル・カズネのほかにも色々な遺構が見られる。エル・カズネの近くにはローマ時代の円形劇場があるが、これも岩を掘って造られたという。

当初のものが拡大されて、7,000人が収容できたという大規模なものだ。そしてその反対側に目を移すと、「王家の墓」も立ち並ぶ。王家ということだが、誰のものかは特定されておらず、墓の造りが立派なことや目立った位置にあることから、王家や最上級階層のものであろうとの推定からそのように命名されているにすぎない。さらに進むと中心街として商店が建ち並んだとされる柱廊や大寺院の跡、凱旋門の跡なども残っているが、一番奥まった所にあるエド・ディルはかなり原形をとどめていて、エル・カズネに次ぐ見所となっている。それはナバテア王国末期の2世紀初頭にエル・カズネをモデルにして造られたものだが、案内板によると高さが51m、幅が47mもあり、エル・カズネよりも規模が大きい。建物の目的については神殿や霊廟など諸説あるが、当時神格化されたオボダス王に捧げられたものだとする、碑文が見つかっているという。ディルとはアラビア語で「修道院」を意味するが、それは後年のビザンツ時代にチャペルとして使われていたことによるそうだ。

　ペトラ遺跡についてはまだ不明な点が多く、「古代世界の七不思議」に次ぐものだと評価する考古学者も、少なからずいるようだ。このツアーではペトラに連泊したので、遺跡の見学に丸1日かけることができ謎めいた古代探訪気分を十分に味わえた。さらに翌日には死海の傍のホテルに宿泊したので、死海での浮遊体験もできた上に、帰途ドバイで1日観光があり、世界一高いブルジュ・ハリファ（バージ・カリファ）の展望台からの眺めも楽しむことができた。旅行代金の割には"お買い得ツアー"であった、と思っている。

　ペトラ遺跡と同様に「新・世界の七不思議」に選定され、その驚異さで魅力がある

左／写真3-81　ペトラ遺跡のシーク　暗くて狭い渓谷の先に見えるエル・カズネはまさに神秘的だ。（2012年）
上／写真3-82　ペトラ遺跡の象徴となるエル・カズネ　パンフレットによると建物の高さが43m、幅が30m。案内板によると切りたった一枚岩から彫られたとされる。（2012年）

写真 3-83　ペトラ遺跡の「王家の墓」（中央奥）　写真 3-84　エド・ディルの遠望　（2012 年）
と柱廊　（2012 年）

のが、ペルーのマチュピチュ遺跡である。アンデス山中の高度 2,400m ほどの急峻な
尾根に造られた天空の都市には、誰しもが興味を持つに違いない。人気のある世界遺
産の一つとして、大勢の観光客が押し寄せている。実際に遺跡への入場には人数制限
があり、午前用あるいは午後用、いずれかの入場券を事前に購入しなければならない。
特に遺跡の傍にあるワイナピチュ登山やマチュピチュ登山をする場合には、さらに制
限がかかる。また、遺跡観光の拠点となる麓のマチュピチュ村へは鉄道で行くことに
なる。村から遺跡までは一般的にはシャトルバスの利用となるが、それも早朝から長
蛇の列ができるほどだ。

　ツアー旅行では入場までのそんな煩わしい手間を感じることもない。学会出張など
で色々な手続きや手間を余儀なくされた身からすると、まるで"大名旅行"と言えよう。
著者はそんなマチュピチュ観光を、退職後の 2016 年 9 月から 10 月にかけて 2 週間
の"プレミアム大名旅行"で楽しませてもらった。マチュピチュ観光を含むツアーは
8 ないし 10 日間が多いが、著者の参加したツアーでは、ナスカ地上絵の遊覧飛行や
イグアス滝のヘリコプター遊覧も付いていたし、マチュピチュの連泊による 1 日半の
観光、首都リマの終日観光やインカ時代の都クスコでの半日にわたる散策など、日程
が全体的にゆとりあるものであった。そうした"プレミアムな"ツアーであったせい
か、参加者のほとんどが退職した高齢者であった。また、訪れた時期もまだ乾季で気
温が低くなく、ツアー全体を通じてちょうど良い頃であったが、それも大学勤務時代
には考えられない期間であった。

　著者たちのツアーでは、クスコからバスで 2 時間ほど乗った所にある、オリャンタ
イタンボの駅からペルーレイル社の列車に乗り込んだが、列車にはスーツケースを持
ち込むことはできず、2 泊 3 日分の荷物のみ持参した。マチュピチュ行きの列車には

重量制限があるからだ。同社が運行する列車は3種類あり、最上級のハイラム・ビンガムは、テレビなどでも紹介されることがある食事付きの豪華列車であるが、著者たちの列車は、その次のクラスのビスタドームと呼ばれるタイプであった。それでもタイプの名前のとおり、車両の側面と上部が大きな窓で囲まれた展望列車で、素晴らしい景色を堪能できるようになっているし、軽食と飲み物が提供されたので著者には十分であった。車窓からは雪を抱くアンデスの山々や、アマゾン川の源流の一つとなるウルバンバ川の眺めを楽しむことができ、車内では演奏などのアトラクションも催されて、乗客はもうマチュピチュ観光が始まったような高揚感で一杯になった。列車はウルバンバ渓谷を縫うように走り、1時間半ほどでマチュピチュ駅に到着した。

写真 3-85　オリャンタイタンボ駅に停車中の展望列車　（2016年）

　翌朝著者たちは早速、遺跡見学に向かうシャトルバスに乗り込んだ。村から遺跡入り口までのハイラム・ビンガム・ロードと名付けられた登山道を、バスは30分ほどかけてあえぐようにして登って行った。この登山道の名前の由来にもなっているハイラム・ビンガム三世は、草木に覆われて麓の村人にもその存在をほとんど知られずに廃墟と化していたマチュピチュ遺跡を、1911年に発見した。初めて科学的に調査したアメリカ人探検家であり、映画「インディ・ジョーンズ」のモデルともされる人物だ。発見から100年以上たった今でも、マチュピチュ遺跡については多くの謎が解き明かされずに残っている。マチュピチュは1440年頃に建設が始まったとされるが、いつ完成したかは定かでないし、誰がなぜそこに造ったのかも、はっきりとは分かっていないようだ。最近の調査などからは、インカ帝国第9代皇帝パチャクティが離宮として建造したとの説が、有力視されているという。建設開始の頃はパチャクティの治世であり、インカ帝国の拡大期であったことは確かなようで、離宮説のほかに、要塞説あるいは宗教施設説も唱えられているそうだ。

遺跡入り口からの見学には日本人の公認ガイドが同行したが、それは公認ガイド同行が義務付けられているからだ。決められた見学ルートに沿って基本的に一方通行で進み、所々で説明を受ける形で見学をした。ちなみに、マチュピチュでは遺跡保全の観点から、火気厳禁、食事の禁止、ルート外は立ち入り禁止など、当然のことながら基本ルールを徹底させている。著者たちはまず、マチュピチュ全体が見渡せる見張り小屋の傍まで登って行った。そこからは絵葉書のような写真が撮影できて、遺跡内で一番の撮影スポットとなっている。写真を何枚撮っても切りがないほど、絶景が広がっていた。そしてそこから下って市街地跡に入り、曲線を描く建造物の「太陽の神殿」、今でも水が流れている水汲み場、皇帝の部屋などを見てから、天地創造の神を祀ったとされる「主神殿」、巨石を削って造られた「太陽を繋ぎ留める石」（インティワタナ）へと進んだ。さらにワイナピチュ登山入り口近くまで行ってから、高さ3m、幅7mの一枚岩でパワースポットとなっている「聖なる岩」を見て、下段の居住区跡やアンデネスと呼ばれる段々畑を通りながら入り口方面に戻った。途中では、居住区内にある天体観測の石や、地上と天を結ぶ神とされるコンドルの名が付けられた「コンドルの神殿」に立ち寄った。

　午前中の見学を終えて一旦出口に出た後、目の前にあるロッジで昼食となった。ちなみに、このロッジは遺跡出入口のすぐ傍にある唯一の宿泊施設であり、部屋数も少なく優雅なホテルライフを味わえるだけあって、料金も超高級ホテル並みだという。著者たちのツアーでは午後の入場も予約がしてあり、希望者には公認ガイドが古代インカの人々も歩いたとされるインカ道を案内してくれるということで、もちろん著者も参加した。マチュピチュ遺跡から途中のインカ橋まで、往復2時間ほどのハイキングを楽しむことができた。ちなみにこのツアーでは、高山病に関する事前の説明があったが、標高3,400mのクスコから徐々に高度を下げてマチュピチュに向かったので、特に高山病の症状が出た人はいなかったように記憶する。翌日の午前中は全くの自由行動となっており、再度遺跡に入場できる切符とシャトルバスの乗車券が渡されていたので、希望者は自身で行くことができた。著者は朝の雲がかかった遺跡の写真を撮るべく5時半始発のバスに乗ろうと思い、5時頃にバス乗り場に向かったが、既に長蛇の列が出来上がっていた。それでも何とか雲が消える前に展望のきく見張り小屋に着くことができて、幸運なことに思い描いたものに近い写真が撮れたので、満足したマチュピチュ遺跡の観光となった。

　昼食後、もう二度と訪れることがないであろうと思いつつマチュピチュからの列車に乗り、再びオリャンタイタンボまで車窓からの眺めを楽しんだ。特に車内で演奏してくれた楽曲「コンドルは飛んでいく」が一層の旅情をそそったことを、懐かしく

写真 3-86　見張り小屋からのマチュピチュ全貌
すぐ後方にそびえるのがワイナピチュ山。左側の街区
が上段の市街地、右側が下段の居住区。（2016 年）
▶口絵 x 頁

写真 3-87　遺跡のシンボルとなる「太陽の神殿」
　すぐ左側に水汲み場がある。（2016 年）

写真 3-88　インティワタナからの景観　後方段々
畑の上方に見張り小屋、手前下に広場となっている「主
神殿」、岩が散乱する石切り場が見える（写真 3-86 に
おける左手奥の高台から撮影）。（2016 年）

写真 3-89　「コンドルの神殿」　コンドルの頭部と
くちばしを象った石が置かれ、後方の 2 枚の岩が翼を
広げるように立つ。（2016 年）

写真 3-90　インカ道にかかるインカ橋（写真中央）
　断崖絶壁にあり、渡した木を外せば外敵を防げる。
左手の 2 人が立っている脇に、観光客の立ち入りを禁
止した木戸がある。（2016 年）

思い出す。帰途にはオリャンタイタンボにある遺跡も見学したが、"小さなマチュピチュ"といった感じであった。マチュピチュとクスコの間のウルバンバ川流域には、そのほかにもインカの遺跡がかなり残っていて、「聖なる谷」と呼ばれている。見学を済ませてからウルバンバという町で宿泊した。翌日は天然塩水の温泉がわき出すマラス村に寄り、谷の斜面に造られた棚田で営まれる塩田を見学してからクスコへ戻ったのである。

ペトラやマチュピチュに比べると格段と早くから世界中に知れ渡っていたのが、エジプトのピラミッドである。既に古代ギリシャの時代に、「世界の七不思議」の一つとされていたことを想起すれば十分であろう。日本からも 1864 年に幕末の第 2 回遣欧使節団が途中で立ち寄り、スフィンクスの傍で刀を差したちょんまげ姿の武士たちが、記念に写真撮影をしている。何と、その写真のコピーが現地のお土産用で販売されていた。『維新前夜—スフィンクスと 34 人のサムライ—』（p. 26）によれば団員の一人が当時のガイドブック『地球説略』を抱えていたそうだが、そこにはピラミッドやスフィンクスについての記述が確かに見られる。同書はアメリカ人の書籍を翻訳したものであるが、それに先立ちナポレオンのエジプト遠征に同行した調査団が、調査結果を『エジプト誌』として 1809 年から 22 年にかけて発表しており、ヨーロッパでは古代エジプトに対する関心が既に高まっていたことが分かる。

著者はそんなピラミッドの見学はいつでもできるとの思いから、結局、今のところエジプトが最後の海外旅行先となってしまった。2020 年 2 月のコロナ禍が広がり始めた頃に出発したツアーに参加したので、まさに間一髪の海外旅行となった。実際に 3 月出発の同じツアーは中止となってしまったようだ。

著者の参加したエジプトツアーは、ナイル川クルーズ付きの標準的な 8 日間コースであった。まずルクソールまで空路で向かい、ルクソールから先は、途中エドフとコム・オンボに停泊する船旅でアスワンに上陸した。アスワンからは空路でカイロに戻り、観光後に帰国するというものであった。観光先もルクソールでカルナック神殿、ルクソール神殿、ツタンカーメン王などの墓がある王家の谷、ハトシェプスト女王葬祭殿、エドフでホルス神殿、コム・オンボでコム・オンボ神殿、アスワンでイシス（フィラエ）神殿、アブ・シンベル神殿、アスワンハイダム、カイロで古いピラミッドがあるサッカラとダハシュール、ギーザの三大ピラミッド、エジプト考古学博物館といった具合で、代表的な世界遺産を一通り巡るというものであった。ちなみにこのツアーは「お一人様参加限定」であったが、最近ではこうした一人参加限定のツアーも増えてきているようだ。通常のツアーに著者だけで参加したことが何回かあったが、一人参加者が少数派になることで、正直なところ居心地の悪さを感じる場面も確かにあっ

た。そうした実態と一人でも気楽に参加したいという需要が、ツアーの新たな形態を生み出したのであろう。

　著者たちのツアーではナイル川のクルーズを楽しめ、沿岸には農地が広がるものの、すぐ奥は砂漠という景観をつぶさに眺めることができた。まさに「エジプトはナイルの賜物」という、ギリシャの歴史家ヘロドトスの言葉を実感できた。ナイル川の増減水を利用した農業には、治水を目的にした住民の共同労働とともに労働力を統率する強力な指導者が必要となり、古代エジプトは統合への道を歩み始めたのである。紀元前3000年頃に王（ファラオ）による統一国家が形成され、国内の統一を保った時期が長く続いたことが知られている。そのうち特に繁栄した時代が、古王国、中王国、新王国の3期に分けられている。その後は国力が弱体化してさまざまな異民族の支配下に置かれ、紀元前4世紀にはアレクサンドロス大王の支配下に入った。エジプトでは彼の死後に部下であったプトレマイオスが即位して、ギリシャ人によるプトレマイオス朝が樹立された。著者たちが見学したピラミッドは古王国時代に建造されたものだが、ほかの遺跡は新王国時代に建造されたか、ホルス神殿、コム・オンボ神殿やイシス神殿のように、プトレマイオス朝やその後のローマ帝国支配時代に再建されたものである。

　プトレマイオス朝まで含めると、3,000年ほど続いたことになる古代エジプトの遺跡を一通り見学して感じたのは、まず、古代人の永遠の命への憧れや願いである。死者の魂が死後も生き続けて永遠の命を保つためにミイラが造られたのであろうし、亡くなったファラオが冥界の神として君臨するという話も、王の権力維持が目的であったとしても、再生できる永遠の命があってのことだ。王家の谷の墓所の壁画は、素晴

写真 3-91　ナイル川を航行する大型クルーズ船とファルーカ型遊覧船　エドフとコム・オンボ間で撮影した。ファルーカは伝統的な木造の帆船である。（2020年）

写真 3-92　ツタンカーメン王の墓所の壁画　墓所は1922年にほぼ未盗掘のまま発見されたので、一躍有名になった。（2020年）

写真 3-93　アブ・シンベル大神殿　4体は神殿の建設者とされるラムセス二世の青年期から壮年期までの像。左から2体目の頭部は、地震で崩れ落ちたものが移動後も同じ位置に置かれた。この神殿もアスワンハイダムの建設で水没することになったので、1963年から5年の歳月をかけて移動された。この大規模な移設工事が、世界遺産創設のきっかけとなったことで知られている。(2020年)

写真 3-94　ピラミッドの夜のライトアップ「音と光のショー」　ピラミッドやエジプトの歴史を解説するナレーションを聞く大勢の外国人観光客が手前にいる。(2020年)
▶口絵 ⅹⅵ頁

らしい来世や生前の楽しかった暮らしぶりが続くことを祈って描かれたものだろう。こうした憧れや願いは人間の本性とも言えることで、古代エジプト人に限らず現代人の信仰する宗教の世界でも、壁画などに残されている。もっともこうした死生観や信仰に視点が向いたのは、著者自身が本書執筆のような"終活"を意識し始めた頃に、エジプト旅行をしたからかもしれない。

　より一般的なもう一つの感想としては、為政者が権力を誇示する手段として巨大な建造物を造らせたことである。ピラミッドの建造目的については王墓説が有力なものの、今なお謎に包まれているが、一片の長さが230m、傾斜角が51度、元の高さが146mもあるクフ王のピラミッドをはじめ、高さが32mで幅が38mの巨大なアブ・シンベル大神殿、中王国時代の神殿にプトレマイオス朝やローマ帝国時代の建造物も付加されているカルナック神殿は、その巨大さや威容によって国力や権力を誇示するには十分であろう。そうしたことはアンコール遺跡やペトラ遺跡にも共通するし、山頂に都市が突然出現したような印象を持つマチュピチュについても該当するかもしれない。現代においても、これらの遺跡は見る人に感動や驚きを十二分に与えるであろう。だからこそ大勢の観光客を惹き付けるし、世界的な観光地となっている。それらの遺跡は古代の多くの人々が犠牲となって建造されたものであるが、そのおかげで同じ場所で暮らす現代人が経済的な恩恵を受けているのは、歴史の皮肉と言うべきかどうかは分からない。著者に言えるのは、現代において国民を犠牲にしてまでそうした巨大な建造物を造る必要はない、ということである。

6　山岳美を求めて

──アルプス、カナディアンロッキー、カラコルム──

　著者は学生時代からハイキングが好きだったので、海外の山を一度は見たいと思っていた。とりわけヨーロッパへの憧れもあり、アルプスには強く関心があった。それが実現できたのは、序章で紹介したようにソ連・ヨーロッパ地理視察旅行でスイスに寄れた時であった。マッターホルン（4,478m）山麓のツェルマットから登山電車で、展望台のあるゴルナーグラートへ上がったが、その時は天候に恵まれてマッターホルンをはじめ、周辺のモンテローザなども手に取るように見えた。この時の旅行ではほかの名峰を見て回ることもなく、シンプロン峠からイタリアに抜けてしまったので、またいつかじっくりスイスを探訪したいとかねがね思っていた。結局、定年退職を目前に控えた 2014 年 6 月から 7 月に、ハイキングが好きな妻と一緒に「憧れのアルプス 4 大名峰を巡る感動のスイスゴールデンルート」という 10 日間のツアーに参加して、多年の念願をかなえることができた。スイス全体を回るツアーは 8 日間が多いようだが、このツアーは若干余裕をみた日程である上に、著者の好きな鉄道による移動を多く組み込んであることが気に入ったのである。

　このツアーの主な旅程は次のとおりであった。入国したチューリッヒからバスでサンモリッツに抜けて、まずそこで 2 連泊した。中日となる翌日はベルニナ線に乗って途中下車し、駅からモルテラッチ氷河まで往復 2 時間ほどのハイキングだ。氷河の上にそびえるピッツ・ベルニナ（4,049m）山系の壮大な眺めは感動的だった。再びベルニナ線に乗り、ベルニナ特急の終着イタリアのティラーノで昼食となった。ちなみにベルニナ線は美しく円弧を描くループ橋を渡り、車窓から氷河湖ラーゴ・ビアンコなどの絶景が見られることで知られ、山岳鉄道のモデルとしてアルブラ線とともに世界遺産に登録されている。帰路はバスだったが、途中のディアヴォレッツァに立ち寄りロープウェイで展望台に上がった。しかし、あいにく霧がかかり、ピッツ・ベルニナ山系一帯を眺めることはできなかった。

　3 日目はクールまでアルブラ線からの車窓を楽しみ、そこからバスでハイジの里マイエンフェルトでの散策に向かった。午後はツェルマット駅の 1 つ手前のテーシュ駅までバスを利用し、そこからシャトル列車に乗った。ツェルマットには自動車は乗り入れることができず、駐車場のあるテーシュから鉄道を使用することになっているからだ。ツェルマットでは電気自動車を早くから導入しており（写真序 -29 参照）、排気

左／写真 3-95　ゴルナーグラートからのマッターホルン　ソ連・ヨーロッパ地理視察旅行での撮影で、当時は登山電車の編成が短かった。(1975 年)
上／写真 3-96　モルテラッチ氷河の上にそびえるピッツ・ベルニナ　(2014 年)

　ガスと騒音のない環境を維持している。ツェルマットでも連泊し、中日となる翌日はマッターホルン観光三昧のはずであったが、残念ながら朝から小雨に見舞われて朝焼けのマッターホルン観賞も、午後のゴルナーグラート展望台からの眺望も、またしても霧の中に消えてしまった。希望者には帰路登山電車を途中下車してハイキングコースを案内してくれたことが、せめてもの慰めであった。

　5 日目はテーシュに戻り、バスでレマン湖北岸のモントルーやローザンヌを経てジュネーブに向かった。途中のラヴォー地区には世界遺産となっているブドウ畑が広がり、ワインセラーでのテイスティングや昼食を楽しめた。そうした御膳立ては、まさにツアー旅行の妙味と言えよう。ジュネーブで国連地区や宗教改革記念碑を見学し、その日の宿泊地フランスのシャモニーに向かった。翌日は早速、アルプスの最高峰モンブラン (4,810m) の展望台エギーユ・デュ・ミディにロープウェイで一気に上った。万年雪に包まれたまさに白い山 (Mont Blanc) を目の前に仰ぐことができ、好天に恵まれたため、遠くマッターホルンまでその姿を確認することができた。アルプス西部の壮大な眺めを堪能して下山すると、バスはベルンに向かい旧市街での散策後、さらに夕食場所のインターラーケンへと走り続けた。到着して間もなくディナーショーが始まり、ヨーデルとアルペンホルンの演奏や名物のチーズ料理ラクレットを楽しんだ。そのような演出はツアー旅行の定番なのかもしれない。夕食後、その日の宿泊地グリンデルヴァルトへはすぐに着いた。

　7 日目はユングフラウ (4,158m) の観光となり、ユングフラウ鉄道でユングフラウヨッホのスフィンクス展望台に上った。しかし前日と打って変わり、展望台には雪が

写真 3-97　エギーユ・デュ・ミディ展望台から
望むモンブラン（中央奥）の山々　（2014 年）

写真 3-98　エギーユ・デュ・ミディ展望台から
望むアルプス西部の 4000m 級の山々　（2014 年）

舞う始末だ。名峰のアイガー、メンヒ、ユングフラウやアルプス最長のアレッチ氷河の大パノラマはお預けとなってしまった。そういうことも当然しばしばあることを想定してか、展望台の下には「ユングフラウ・パノラマ」という周辺一帯を写した 3D 映画劇場や、氷河に掘った洞窟に氷の彫像などを展示した「アイス・パレス」といったアトラクションがあるので、時間を持て余すこともなかった。帰路は途中下車して 1 時間半ほどのハイキングを楽しんだ。霧が立ち込めていたが、数々の可憐な高山植物が慰めてくれたことが思い出に残る。

　そして実質的な最終日の 8 日目を迎えた。ブリエンツに向かい、人気の SL 登山鉄道を利用してロートホルン展望台に上がった。前日の "リベンジ" となるような好天で、高山植物が咲き乱れる展望台からはユングフラウ地方一帯の山々を眺望できて、著者たちの思い出に華を添えてくれた。また、見晴らしの良い展望台のレストランでいただいた昼食は、格別に美味しく感じた。そうした人気のある場所でタイミング良く食事を楽しめるのも、手配力を発揮できるツアーならではの特典かもしれない。下山してバスが最後の観光スポットとなるルツェルンに向かった。街のシンボルとなるヨーロッパ最古の橋カペル橋などを散策して回り、湖畔にたたずむエレガントなホテルで最後の夜を迎えた。翌日は、バスで 1 時間ほどで到着するチューリッヒ空港からの帰国となった。

　カナディアンロッキーに初めて行ったのは、1988 年 7 月に家族旅行としてバンクーバーからバンフまで、夜行の大陸横断鉄道を使ったツアーに参加した時である。それまでは夏休みに長野県の白馬山麓に家族を連れて行っていたが、思い切って海外の山を見せてやりたいとの思いと、子どもがまだ小さかったのでなるべく飛行時間がかか

写真 3-99　グリンデルヴァルトのホテルから見たアイガー　（2014 年）　▶口絵 ii 頁

写真 3-100　ロートホルン展望台からのユングフラウ地方の山々（中央左側）遠望　眼下にはブリエンツ湖が広がる。（2014 年）

らない方が良いとの判断から、カナディアンロッキー行きを決意したのであった。外国の鉄道に乗れたこと、大氷原や宿泊したコテージの森でリスを見られたことで、子どもたちには思い出に残ったようだが、著者たちには子育ての一環としての旅行であったので、いずれゆっくりカナディアンロッキーを楽しみたいと考えていた。結局カナダ旅行も退職後のお楽しみとなり、2019 年 8 月に妻とカナダツアーに参加することで、長年の願望を実現することができた。そのツアーは 8 日間であるが、2 日間の終日自由行動が設定されており、バスでの移動と外せない見所の観光は団体行動で行うといったもので、個人旅行的な側面が前面に出されたツアーであった。一昔前の周遊旅行とは性格が大分違っており、若い世代を中心に海外旅行が一般化してきた昨今の社会状況を反映しているようだ。ツアーの行程と自由行動の著者たちの過ごし方は、次のとおりである。

　バンクーバーに到着するとそのまま市内観光となり、市民の憩いの場所となっているスタンレーパークと、再開発でマーケットやレストラン、ショップが並ぶグランビルアイランドに寄った。翌日の自由行動の下調べのような位置付けだ。2 日目、著者たちの自由行動では午前中にウォーターフロントや旧市街の再開発地区を、午後はスタンレーパークをゆっくり散策した。3 日目はバンフへ向かうべく、450km ほどの道のりをオカナガン地方経由で途中のケロウナまで進み、そこで宿泊となった。オカナガンはカナダのワイン生産地として知られており、著者たちもワイナリー併設のレストランで昼食となった。翌日はケロウナからさらに 490km 近くを走り、途中ヨーホー国立公園内のエメラルド湖などに寄ってバンフに到着した。

　翌 5 日目は、国道のアイスフィールド・パークウェイを楽しむドライブと氷河の見学で、ツアーのハイライトとなった。氷河を抱く 3,000m 級の山々が連なるダイナミッ

写真 3-101　バンフ駅での記念写真 （1988 年）

クな風景に感動し、エメラルドグリーンの湖水をたたえた氷河湖の神秘さに酔いしれ
たことが、記憶によみがえる。好天に恵まれて、途中で寄ったルイーズ湖、モレーン
湖、ペイトー湖、ボウ湖それぞれの美しさにも魅せられた。そして 325 k㎡もあるコ
ロンビア大氷原で 3 番目に大きいアサバスカ氷河では雪上車に乗り、悠久の時を刻む
氷河の上に降り立ったのである。

　翌日の自由行動では、まずホテルの近くにあるサルファー山頂へロープウェイで上
り、バンフ一帯の広大な景色を心ゆくまで堪能した。そして下山した後は、バンフ市
街を散策してウインドーショッピングを楽しんだり、市街の傍を流れるボウ川でカ
ヌー体験をしたりして、雄大な自然に溶け込んだ優雅な時間を過ごすことができた。
充実した自由行動ができて、思い出の一ページを増やせたことは確かである。翌 7 日
目はバンフから 120km ほど離れたカルガリーの空港に向かい、バンクーバー経由で
帰国の途についた。

　山岳美で日本人に人気のあるアルプスとカナディアンロッキーの双方を観光して、
あらためて感じたのは山容や規模と観光化の浸透の違いである。アルプスを初めて目
にした時、日本の飛騨山脈や赤石山脈と比べて確かにアルプスの規模の大きさに感動
した。しかし、そのアルプスとロッキーを比較すると、ロッキーは粗削りであるためか、
それぞれの山自体がアルプスよりもさらに大きいように見える。言い換えれば、概し
て峰が多いアルプスの方が景色が変化に富み、多様な山岳美が楽しめるように著者に
は思える。同一の縮尺（5 万分の 1）で比較がしやすいと判断し、手元にあるスイスのツェ
ルマット（Zermatt）の地形図（**地図 13**）とカナダのルイーズ湖（Lake Louise）の地形図（**地
図 14**）で見比べてみたい。**地図 14** で下方にあるモレーン湖（Moraine Lake）の背後の
山並みにはアルプスと同じようにいくつもの峰があるが（写真 3-106）、上方にあるル

写真 3-102 ペイトー湖　右手奥の谷に沿って国道の
アイスフィールド・パークウェイが続く。（2019 年）
▶口絵ⅱ頁

写真 3-103　アサバスカ氷河　長さ 6.5km、幅 1km
以上、厚さ 30〜365m とされる。（2019 年）

写真 3-104　サルファー山頂からみたバンフ市街
右下の川の傍に、森の中にある宿泊したホテルが見
える。（2019 年）

写真 3-105　ボウ川でのカヌー体験　（2019 年）

イーズ湖の背後の山並みではマッターホルン（Matterhorn）のような大規模な山塊を
なす山々が散在するようにそびえている（写真 3-107）。

　また、両方の地形図を見比べると、ツェルマットの一帯はゴルナーグラート
（Gornergrat）展望台までの登山鉄道をはじめ、ロープウェイやリフトといった観光設
備がさまざまな所に張り巡らされているが、カナディアンロッキーの代表的な観光地
の一つであるルイーズ湖の周辺でさえ、ハイキング用の小道と観光用のロッジがある
だけである。代わりにサイクリングや乗馬などの道が整備され、大自然の中でのアク
ティビティーを重視しているように思われる。それに対してアルプスは、スイスをは
じめ多くの人口を抱える周辺国からもアクセスが良く、観光化が早くから進んだ。ア
ルプス観光は既に 18 世紀後半に絵画や自然美を礼賛した文人の影響で始まり、19 世
紀後半からは各地で登山鉄道も建設された。さらに、スポーツとしての登山やスキー

写真 3-106　モレーン湖と背後の山並み　（2019 年）　写真 3-107　ルイーズ湖と背後の山並み　（2019 年）

もブームとなって山岳観光に拍車をかけたようだ。アルプスの三大名峰とされるマッターホルンの観光については地図で確認したとおりだし、ユングフラウのそれについては、早くも 1912 年にアイガーの山中にトンネルが造られ、標高 3,454m のユングフラウヨッホ駅まで登山鉄道が全通して、同駅は「Top of Europe」と称され多くの観光客を集めている。またモンブランでは、フランス側で著者たちも利用したロープウェイがシャモニーからエギーユ・デュ・ミディの標高 3,842m にある展望台に連れて行ってくれるし、イタリア側のクールマユールからロープウェイで標高 3,462m のエルブロンネ展望台にも行けるのである。

　アルプスやロッキーは観光やレジャーの場所としての役割を担っているが、山塊が一層大規模で標高も高くなり、自然環境も厳しくアクセスの困難なヒマラヤでは、特別の登山家だけで賑わう場所を別にすると、前者のような観光化は進んでいない。そんなヒマラヤ山系の一つカラコルム山脈を著者が訪れたのは 1995 年 8 月であった。それはパキスタンの首都イスラマバードから中国新疆ウイグル自治区のカシュガル（カシ）まで、1,300km 近くをバスで行くツアーに参加できたからである。そのツアーには偶然にも、埼玉県立所沢中央高校の岡雅行先生も参加されていた。先生がその時の様子を『地理月報』429 号で報告されているので、詳細はそちらに譲ることにするが、ツアーの概略としては、まずインダス川沿いに伸びるカラコルム・ハイウェイを通り、桃源郷のフンザ地方を経由してパキスタンと中国の国境をなすクンジェラブ峠に出た。さらに続くハイウェイを中国側に入ってからは、国境の町タシュクルガンを抜けて、標高 3,600m を超えるカラクリ湖から 1,300m のカシュガルへ一気に険しい道を下るというものであった。フンザで 2 泊したが、7 日間を要してのヒマラヤ越えであった。

途中にある山間の町ギルギットの手前では 8,126m の高さを誇るナンガパルバット
が見え、灼熱の砂漠のようなインダス渓谷から眺める純白の雪を抱く巨峰には、神々
しささえ感じられた。緑豊かなフンザ地方では、ラカポシ（7,788m）の山々が集落を
見下ろすかのようにそびえている。また、中国に入ってからカラクリ湖越しに見えた
ムスタグアタ（7,509m）も威風堂々とした感があり、忘れられない景色である。こう
したカラコルムの山々は、圧倒的な規模や標高から感じられる崇高さで、アルプスや
ロッキーにはない素晴らしさがあったように思える。

　しかしそうした 7,000m 級の山々がそびえる大自然に触れるには、それなりの覚悟
が必要でもあった。カラコルム・ハイウェイといっても片側 2 車線の完全舗装の道で
はなく、場所によってはバスとトラックがすれ違うのが難しく、所々に待避所が設置
されているほどの狭い道で、舗装がなされていない箇所も多い。そんなことは序の口
で、このツアーではリュックサックを用意して、決してスーツケース持参では参加し
ないよう、事前に釘を刺されていた。途中の河谷で土砂崩れが発生した場合には、通
行止めの区間で参加者各自が荷物を運ばなければならないからである。案の定著者た
ちもそうした事態に遭遇して、現地の人々と同様に、いつ落石が来るか分からない現
場を恐る恐る横切った。間もなく現地の車をチャーターできたので安心したのも束の
間で、次はまた別の恐怖を味わうことになった。インダス本流に沿った道は川面から
高い位置を通っており、数百 m の落差がある断崖をカーブを切りながら、猛スピー
ドで走り抜けるのである。ガードレールの類はなく、バスがすれ違いのためにバック
する時などは、後ろの席はまさに"崖っ縁"だ。そうしたスリル満点のドライブが終
わり、宿泊先に到着した時の安堵感は半端ではなかった。

　アクセスの困難さから観光化も進んでおらず、著者たちが宿泊したホテル（1 泊は
パオ）も、概ね山小屋並みと考えてもらえれば十分だろう。フンザのホテルでは突然
停電になったが、枕元にはろうそくとマッチが常備してあることから、停電は日常茶
飯事であると窺えた。お湯は出ないが、氷河の湧水を使用しているので水は豊富であ
る。ただし、色は灰色に濁っており、粒子で食器の表面もざらざらしていた。もっと
も、観光化の遅れのせいか、村人は純朴な印象が強い。このツアーに参加してから四
半世紀以上が過ぎた。現在では、当時よりも多少は観光化が進んでいるかもしれない。
それでも、壮大な自然とその中での純朴な人々の暮らしが維持されていることを願う
のは、旅行者の勝手なノスタルジアであろう。

　しかし現実は、そうした願いを打ち砕く事態が加速度的に進展している。言うま
でもなく、地球温暖化に伴う気候変動である。その傾向を明確に示すような惨事が、
2021 年 2 月にインド北部のウッタラーカンド州で発生した。ヒマラヤ山脈の氷河が

写真 3-108 クンジェラブ峠の国境にある平和友好の記念碑　出入国の手続きは、それぞれ国境近くの町でなされた。（1995 年）

写真 3-109 クンジェラブ峠付近のパキスタン側にそびえる 6000m 級の山々　この撮影場所の標高は 4500m 以上もあるので、撮影後うっかり走って集合場所へ戻った著者は、軽い高山病的な症状にみまわれた。（1995 年）

写真 3-110 インダス渓谷にそびえるナンガパルバット　（1995 年）

写真 3-111 フンザの村々とラカポシ　（1995 年）

写真 3-112 カラクリ湖とムスタグアタ　（1995 年）

写真 3-113 河谷沿いでの土砂崩れ現場　トラックの先が現場で、遠くの反対側でも車が列をなしている。"人が集まる所、商機あり" で、早速物売りをしている人が手前にいる。（1995 年）

崩壊し、大洪水が発生したのである。少なくとも 32 人の死亡と約 170 人の行方不明者が出たという（NHK・NEWS WEB、2021 年 2 月 10 日）。温暖化の影響で氷河の崩壊が増える可能性が示唆されるいま、アルプスやロッキーにおいても大なり小なりその危険性がないわけではないし、氷河の崩壊や縮小による観光への影響も懸念されよう。

　スイスのツアーで見学したピッツ・ベルニナ山麓のモルテラッチ氷河の写真 3-96 を再度確認していただきたい。2010 年段階で 1900 年当時から 2,185m 後退していることを表示した看板に気が付くだろう。実は写真 3-114 ～ 116 のように、氷河の末端面の位置を示した看板が最寄り駅の傍から設置されており、20 世紀の後半から氷河の後退が加速度的に進んでいることがはっきりと分かる。カナディアンロッキーのアサバスカ氷河でも、氷河の後退について観光客に看板で知らせている。看板では、最大規模であった 1844 年以降氷河の末端が 1.5km 以上後退し、モレーン（氷河によって運搬された堆積物やその地形）もその痕跡を示していることを説明している。そして 1919 年当時の写真を展示し、後退した現在の状況と比較させている。山岳美を求めてやって来る観光客も、一時的な行楽としての観光で終わらせるのではなく、持続可能な山岳観光を楽しむためにも、気候変動という社会問題にしっかりと当事者意識を持つことが求められる時代なのである。

写真 3-114　1900 年のモルテラッチ氷河末端の位置を示す看板　（2014 年）

写真 3-115　1900 年から 741m 後退した 1950 年の位置を示す看板　（2014 年）

上／写真 3-116　1900 年から 1619m 後退した 1980
年の位置を示す看板　(2014 年)
右／写真 3-117　アサバスカ氷河の後退を説明す
る看板　(2019 年)

7　遊覧飛行の魅力と高所からの展望

　地理学を専攻したり地理教育を専門としたりする "地理屋" は、まずその場所や地
域を把握することに関心を向けるので、空からあるいは高い所からの観察に非常に興
味があるはずだ。そこで本節では、遊覧飛行や高所からの展望ができた旅行について
紹介してみたい。

　初めて遊覧飛行を体験したのは、オーストラリアのウルル（エアーズロック）であ
る。この時の旅行は、シドニーとウルル地区を巡る 7 日間のツアーであったが、出発
の 90 日以前に申し込んだ特典として無料でヘリコプター遊覧に参加できたからであ
る。このツアーではまずシドニーで 2 泊したが、到着した日には市内観光後の半日、
そして翌日には終日の自由行動があったので、気ままに "City Life" を楽しめた。ウ
ルル地区に移動してからも、その日の夕方のサンセット観光や夜の野外ディナーと天
の川などの星空観賞、そして翌日早朝のウルル散策以外は自由行動であったので、ウ
ルル地区での 2 泊 3 日をのんびり過ごすことができた。それだけに、"Outback（オー
ストラリアの奥地）Life" での遊覧飛行は、実質 15 分程度の飛行であったが、思い出
に残る貴重な体験となった。

　ウルル地区はウルル・カタジュタ国立公園となっており、複合遺産として世界遺産
に登録されている。比高約 350m、周囲 9.4km の雄大な一枚岩からなるウルルは、朝

写真 3-118（左）と 3-119（右） ヘリコプターから見たウルル　ウルルが一枚岩からなることが分かりやすい。（2014 年）

写真 3-120　朝焼けのウルル　ウルルの左手地平線上にカタジュタがかすかに見える。（2014 年）

▶口絵 xvi頁

写真 3-121　カタジュタ遠望　36 の大小の岩の集合体からなっている。（2014 年）

日や夕日に照らされて赤く輝く姿が魅力的なことで知られている。そうした自然遺産の魅力に加えて、アボリジニのアナング族の文化と深い関わりのある重要な土地として文化遺産にもなっている。散策では、侵食作用でできた洞窟に描かれたアボリジニの壁画を見ることができた。1985 年に土地の権利がアナング族に返還され、彼らにとって聖地となっているウルルの登山をしないように呼びかけられてきた。そうした登山禁止運動の後押しもあり、2017 年 11 月には登山禁止令が採決されたようだ。ちなみに、著者たちが訪れた 2014 年ではまだ禁止ではなかったが、当日は風が強く登山閉鎖となっていた。実際に表面が滑りやすく、過去に登山中に 37 人以上の人が亡くなっているそうだ。ドーム型の岩が連なるカタジュタ岩群はウルルから 30km ほど離れたところにあり、著者たちもサンセット観光で訪れた。カタジュタもアナング族の聖地であり、その地にまつわる伝説が数多く語られてきたという。

マチュピチュ観光で南米に行った時にも、ナスカの地上絵とイグアスの滝は、それぞれセスナ機とヘリコプターに搭乗して上空から見学した。これらについても、遊覧飛行の特性が十分に発揮された。

　ナスカは、リマよりバスで4時間ほど離れたピスコの空港から、1時間半ほどの遊覧飛行をして見学した。実際に地上絵の上空を飛んでいたのは30分程度だが、乾燥した大地に描かれた絵を見た搭乗者一同は興奮気味で、時間の経つのが早すぎるくらいだった。写真3-122はナスカで最も美しいとされるハチドリの絵で、全長が96m、翼が66m、嘴が40mもあるという。ほかに全長135mのコンドルや、オウムあるいはトンボとされる全長200mの絵など、幾何学模様を含めて色々な地上絵が点在している。そして、それらが2000年以上も前に描かれたというから驚く。ハイウェイ沿いに展望台も設置されているが、絵として確認をするには、その規模が大きいだけに、やはり空中からに勝るものはないことが実感できた次第である。

　空からの観察の良さは、イグアスの滝の見学についても発揮された。イグアスへはまずブラジル側から入った。到着した翌朝早速ヘリコプターに搭乗し、上空で実質10分ほどの遊覧を楽しんだ。ヘリポートを出発して間もなく、密林の彼方に湯煙のようなものが見えたと思ったら、それがイグアスの滝であった。一番水煙をあげている箇所が「悪魔の喉笛」と呼ばれる最大の瀑布で、落差が90m近くあるという。遊覧飛行が終わった後、そのすぐ傍にあるバルコニーから見学したが、正直な感想としては水煙の激しさに圧倒されたというところかもしれない。「全身ずぶ濡れになりますので、水着や雨合羽、タオルがあると便利です。」と記された旅程表のとおりであった。翌日は、アルゼンチン側に入国しての観光であった。こちら側は滝の上にあるバルコニーからの見学なので、穏やかに流れる川が突然落下する光景が、むしろスリル

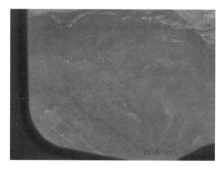

写真3-122　ハチドリの地上絵　（2016年）

写真3-123　地上絵の傍に設置されている展望台
　近くにいくつか絵が確認できるが、写っているバスなどから絵の規模の大きさが分かる。（2016年）

に満ちていたという印象だ。遊覧飛行のおかげで、「悪魔の喉笛」が巨大な U 字状の弧を描いていることや雨季には 270 もの瀑布が出現するという壮大なイグアスの滝の全貌を捉えることができた。

　著者は世界一（当時）の高さを誇るビルの展望台から眺望を楽しんだことが、二度ある。一つはニューヨークにかつてあったワールドトレードセンター（WTC）からのものであり、もう一つはドバイにあるブルジュ・ハリファ（バージュ・カリファ）からの眺めである。前者については、2001 年のアメリカ同時多発テロ事件でツインタワーが倒壊したのはご存じのとおりだ。著者は 1992 年の IGC（国際地理学会議）ワシントン大会に出席し、大会主催のワシントンからボストンまで 8 日間にわたるメガロポリス巡検に参加したので、その時の見学先の一つとして WTC の展望ラウンジに上がったのである。地上 400m ほどの高さにあるラウンジからは、マンハッタンの

写真 3-124　**上空からのイグアスの滝**　手前がブラジル側で、「悪魔の喉笛」が一番左側に見える。（2016 年）

写真 3-125　**上空からのイグアスの滝**　手前に大きく「悪魔の喉笛」が見える。左のアルゼンチン側にある細長いバルコニーを撮影したのが写真 3-127 である。（2016 年）

写真 3-126　**ブラジル側にある「悪魔の喉笛」バルコニー**（写真中央）（2016 年）

写真 3-127　**アルゼンチン側のバルコニー**（2016 年）

写真 3-128　WTC からのハドソン川とマンハッタンの眺望　遠方にエンパイアステートビルが見える。（1992 年）

写真 3-129　マンハッタン南端　今はなき WTC の 2 棟がそびえる。（1992 年）

　ダウンタウン一帯やハドソン川の波止場、遠く自由の女神像も望めて、ニューヨークの全貌を捉えるのには最適だった。ただ、WTC の周辺に高層ビルが多いせいか、自分で思ったほど高い位置にいる感覚が、著者にはあまりなかった。それでも、この時の巡検が著者には初めてのニューヨーク訪問であり、さらに船でニューヨーク湾から上陸しただけに、より印象深いものとなった。

　2022 年現在世界一（828m）の高層ビルであるブルジュ・ハリファについては、ペトラ遺跡ツアーの帰途で終日ドバイ市内観光となった時に、高さ 450m ほどにある展望デッキに上がった。ブルジュ・ハリファの開業は 2010 年であり、著者が訪れたのは開業 2 年後であった。ブルジュ・ハリファは商業・娯楽・住居の複合施設の核として建設され、傍には既に立派なモールも出来上がっていたが、全体としては周辺の開発も緒についたばかりの頃であり、展望デッキからの景観では砂漠状の更地が目立った。WTC のように周辺にさまざまな建造物があると、それらを探す楽しみやそれぞれの位置関係を理解する面白さがあるが、そういったものが少ないブルジュ・ハリファは、著者には高い所に上がっただけに過ぎなかった。むしろ、石油依存のモノカルチャー経済からサービス業や観光業にも力を入れて、産業の多様化を図っている政策の方が興味深かった。その点でブルジュ・ハリファのすぐ傍で夜間に行われた噴水ショー（ドバイ・ファウンテン）では、いくつかのテーマ音楽に合わせて噴水が芸術的に演出され、著者たち観光客の目を楽しませてくれたことが印象に残っている。

　こうしてみると、高所からの展望は高ければ良いというものではなく、当然のことながら展望する場所の位置が重要である。イスタンブルのガラタ塔（写真 1-14 参照）は高さが 67m であるが、イスタンブル中心部の大パノラマが楽しめる。同様にソウルの南山も市街中心部にあり、そこにある高さ約 240m の N ソウルタワーも典型的

左／写真 3-130　ドバイのブルジュ・ハリファ
（2012 年）
上／写真 3-131　展望デッキから見たブルジュ・
ハリファ周辺の複合施設　真下にはドバイ・ファウ
ンテンの装置も見える。（2012 年）

写真 3-132　市街中心部の対岸から見たオペラハ
ウスとハーバーブリッジ　2 つ見える橋塔のうち左
側の橋塔に展望台がある。（2007 年）

写真 3-133　ハーバーブリッジの橋塔展望台　著
者の後方側のアーチ上にブリッジクライムをする人た
ちがいた。（2014 年）

写真 3-134　ハーバーブリッジから見たシドニー
港とダウンタウン　ビル街中央の上にシドニータ
ワーが僅かながら顔を出している。（2014 年）

な展望スポットとなる（写真 1-77 と 1-87 参照）。しかしこうした展望のための施設でなくとも、意外なところに展望スポットがある。その好例が橋の上である。シドニーのダウンタウンにも、高さ 260m ほどに展望台を備えるシドニータワーがあるが、残念ながら港湾地区から離れていて高層ビルが障害となるために、世界の三大美港の一つとされる優美なシドニー港の代表的な景色を楽しむことは難しい。それに代わるのが、ハーバーブリッジの橋塔からの展望である。高さが 89m ある石造の橋塔の一つには、一般公開用の展望台があるからだ。ここから眺めるシドニー港が絶景であることは、太鼓判を押したい（写真 3-134）。なお、もっと絶景を楽しみたい人にはブリッジクライムが"お勧め"かもしれない。橋のアーチの上を歩くツアーが有料で催行されているが、著者は体験していないので怖さは分からない。ちなみにこうした橋からの眺望は、東京港にかかるレインボーブリッジにも歩行者専用道路があるので、そこでも楽しむことができる（写真 5-26 参照）。

8　海外旅行のこぼれ話
——地中海での海水浴とパンタナールの野生動物——

　最後の項目として、これまでのツアーやテーマに即した話題から、まさにこぼれてしまった話題を 2 つ取り上げてみたい。まずは地中海での海水浴である。著者は一度はトルコのアンタルヤで、もう一度はクロアチアのドゥブロヴニクで泳いだことがある。アンタルヤについては第 1 章で紹介した写真 1-43 に写っている海水浴場であった。写真は 3 月に撮影したものであるが、もちろん実際に泳いだのは盛夏であり、大変賑わっていた。その時の海水の印象は日本の海、例えば湘南海岸や外房の海岸より海水の塩分濃度が若干高いような気がしたが、海水温についてはあまり差がなかったように感じた。地中海地域では夏季は高気圧に覆われるので、降水量が少なく塩分濃度が高くなるとの説明を、実感することになった。しかし、ドゥブロヴニクで泳いだ時は、塩分濃度は日本の海と大して変わらなかったが、海水温については格段と冷たかったように覚えている。ドゥブロヴニクは地中海の一部であるアドリア海に面しており、イタリア北部の大河ポー川など、多くの河川が流れ込んでいるため、アンタルヤの海よりも塩分が薄められているのかもしれない。

　海水温の低さについては、河川からの流入水が温度を下げている可能性もあるが、

写真3-135　ドゥブロヴニク遠望　旧市街は典型的
な囲郭都市の形態を残しており、世界遺産となってい
る。（2005年）

　そもそもアンタルヤとドゥブロヴニクとでは緯度が大きく違うので、海水温に差が出
るのは当然なのであろう。ちなみに緯度的にはドゥブロヴニクは函館よりも北になる
が、アンタルヤは福島県のいわきよりも南になる。地中海ということで一括りにしが
ちであるが、同じ地中海北岸でも差があることをあらためて体感した海水浴であった。
　そうした体験の中、著者には冷たく感じたドゥブロヴニクの海で泳いでいる白人を
見て、著者は人種による体温の差にも関心を抱いた。恒温動物は同じ種でも寒冷地に
棲むものほど大型になる、という生物学の「ベルクマンの法則」があるそうだが、体
温維持のための体質や食事内容などさまざまな理由から、どうやら白人の欧米人と日
本人とでは体温に1℃近くの差があるようだ。確かに彼／彼女らは日本人より冬季に
薄着であることは、日本の中にいてもよく見受けられる。実はそうしたことを理解し
ておくと良いのが、ホテルなどでの室温調整である。欧米諸国はもとより彼・彼女ら
が大勢訪れる観光地・リゾートの宿泊施設では、室温が20℃前後に設定されている
ように記憶するし、著者より暑がりの妻でも室内が寒く感じられたことが多い。ちな
みに国内の宿泊施設例えばビジネスホテルでは、盛夏は別にしても23℃くらいに室
温が設定されていることが多いと思われるが、著者はそれでもしばしば寒く感じるこ
とがあり、念のため25℃に設定し直している。
　パンタナールとはどこなのか、初めて耳にする人のためにまず簡単に説明しておき
たい。そこは、ブラジル南西部を中心にボリビアやパラグアイにも広がる、世界で最
大級の熱帯低層湿原であり、ラムサール条約の登録湿原にもなっているほか、世界自
然遺産にも登録されている。今までの著者の地域研究とは全く違った地域であるだけ
に、そのような地域を話題にするのをいぶかる読者もおられるだろうが、実は次のよ
うな事情があったのである。

地理学関係でブラジル研究の第一人者である立教大学教授の丸山浩明先生の前任は
横浜国大であり、著者の同僚でもあった。先生は当時パンタナールをフィールドに、
湿原、草原、森林、農地などの多様な生態系の包括的な保全と地域社会の持続可能な
発展について、実証的な研究に着手され始めていた。以降精緻な研究と意欲的な取り
組みで、主著の一つ『パンタナール—南米大湿原の豊饒と脆弱—』などに成果をまと
められた。そのパンタナールでの当初の調査にあたり先生から協力依頼があったから
だ。どれほど役に立てたのか心もとなかったが、著者にとっては貴重な体験をさせて
もらった次第である。

　著者が同行したのは2001年8月であり、現地の南パンタナールは乾季で、特に降
水量が少ない期間であった。逆に年間降水量の半分近くが、11月から翌年1月に集
中するという。そうしたことから雨季には水位が高いと2mほど上昇し、著者が見た
一面の緑の大草原も浸水域となるそうだ。著者たちの調査先の農場は、ボリビア国境
に近い都市コルンバから陸路で約190kmにあるとのことだが、乾季でも自動車で5
〜8時間はかかる位置にあった。その農場は面積が1,750haもあるが、パンタナール
では小規模だという。農場の経営は、農場内の天然草地を利用した伝統的な生業であ
る粗放的牧畜業と、豊かな自然を満喫できるエコツーリズムや農場民宿の運営から成
り立っている。牧畜では牛の仔取り繁殖が目的で、牡の仔牛や若い牡牛を主に出荷す
る。エコツーリズムではバードウォッチング、乗馬、写真撮影ツアーなど、色々なサー
ビスを提供している。ちなみに著者たちが滞在している間に、バードウォッチングを
目的にドイツ人の一行が来ていたが、その農場の外国人宿泊者の多くがドイツ人だと
いう。まさにここでも、"どこにでも行くドイツ人"が立証されるようだ。

　前置きがとても長くなったが、そうした場所での滞在で著者の記憶に残るのは、野

写真3-136　雨季に対応しているパンタナールの
住居　（2001年）

写真3-137　牧童による放牧　天然草地の生産力の
低さから牛は痩せている。（2001年）

生の生々しさである。農場にたどり着くまでに見た野生動物の愛くるしさと怖さは、今でも覚えている。日本でも昨今ではお馴染みとなっているカピバラ親子が川面で寛いでいるような光景や、アリクイやアルマジロがとぼとぼと歩いたりする姿を見ると、微笑ましさを感じてしまう。その一方で巨大なアナコンダを見た時には、見られた喜びと恐ろしさが入り混じり複雑な気持ちであった。また、途中で停車した際、ジャガーが襲ってくることがある話が出た時も、恐怖心で一杯になった。実際にジャガーが出没して、牛が殺されることがあったという。

そうした野生動物の中で最初は恐ろしさがあったものの、見慣れてきたら風景に馴染んでしまったのが、小型ワニのメガネカイマンだ。乾季で湖沼が縮減しているため、水辺に群がっていることが多い。写真 3-138 のようにその周辺には牛が放牧されているし、鳥もたたずんでいる。そこには生態系に基づいた野生の姿があるにすぎないのだ、と思えるようになった。ある日の夕方、夕食に食べるピラニアを釣りに行こうということになり、皆で近くの沼に出かけた。すると早速餌に食い付いてきたので竿を上げようとすると、やたらと重かった。メガネカイマンが針にかかったのである。親しみさえ感じ始めていただけに、すぐに糸を切って逃がしてやった。

ワニにはもう一つ別のエピソードがある。それは、著者たちの宿舎へ毎朝のように、3m 以上もある大型のワニがやって来たことだ。どうも従業員が餌を与えているようで、大分馴れているのが著者にも分かった。日本のワニ園でも飼育員が馴らせているのだろうから、同じことかもしれない。宿舎には、くちばしが大きく黄色いオニオオハシなどもやって来て、さらに賑わいを見せていた。ひょっとすると、それらも観光客へのアトラクションかもしれない。それでも、放牧でジャガーや毒蛇などによる被

上／写真 3-138　水辺に群がるメガネカイマン
念のため近くでは撮影しなかった。(2001 年)
右／写真 3-139　オニオオハシとの記念写真
(2001 年)

害があるとはいえ、野生動物と共存することの大切さに気付いたことが、パンタナールでの著者の最大の学びであったようだ。

第4章

国内鉄道旅の楽しみ方

1　国内旅行を楽しむために

　国内旅行については、著者よりもさまざまな体験をして、それぞれの楽しみ方で旅の醍醐味を味わっている読者が多いはずだが、新たな観点や楽しみ方を見出してもらえるかもしれないと思い、ここでは地理的な見方・考え方を踏まえた著者の方法を提示させていただくことにした。海外旅行でそうであったように、著者は訪問先がどのような所なのかを、まずはその場所や地域の歴史的背景から考えるようにしている。それを知ることで現在の姿が理解できて一層の関心を持てるし、そうした場所や地域の変遷から学べることも多いからである。

　そこでまず、その具体的な手段として、都市の成立と構造といった基本的な視点を確認しておこう。都市が成立するためには、その立地に対応した都市の機能が見られるはずで、例えば優れた防備をもつ場所に城郭が建設され、それを中心に城下町が形成される。また、波除や風よけの良好な入り江などに港が建設され、さらにそこに河川が流れ込んでいれば、水上交通の拠点としてさらに大きな港町となる。こうした城下町、港町、あるいは宿場町、門前町等々が発達した歴史的背景を知ることで、現在のその都市の特性を読み解くことが出来よう。

　都市にはその機能を果たす中心となる空間があるので、都市の構造についてもそうした観点から見ていくことになる。都市が栄え始めた当初は、その都市の機能が発揮される区画が中心部となるが、鉄道や道路の建設でそれが移動することも多い。明治期以前から市街を構成していた古い都市では、明治期以降になってその周辺部に鉄道駅が建設された例が多く、一般的に旧来からの中心市街地と駅は離れていた。後にその間が市街化されて市街地の拡大に繋がっていくが、集客力のある大きな駅だと駅周辺が新たな中心地となった。さらに近年では、車社会の到来で都市の周辺部にショッピングモールなどが建設されて店舗の郊外化が進み、駅前商店街が衰退する傾向が目立つようにもなった。そうしたことから、かつてのような明確な中心部が見られなくなり、中心部の多極化が出現するようにもなった。このような都市の発展や変遷を視野に市街の様子を見て回ると、自分の住む地域の実情や在り方を考える上でも、参考になるであろう。

　旅行先の地域史については、地方自治体の発行した郷土史などが基本的な文献となるが、それらの内容を簡潔にまとめたりして、「○○県の歴史」「○○市の歴史」「○○歴史散歩」などのタイトルで出版された書物は、歴史を専門としない著者たちにも使い勝手が良い。ただ、そうした主として歴史研究者によって出版された図書の場合

は、地域で活躍した人物やその歴史的意義、関連する史跡などについての説明に重点が置かれて、地域の変遷についての紹介が少ないように著者には感じられる。その点で例えばシリーズ『歴史のふるい都市群』全12冊（大明堂）は、歴史地理学研究者によって都市の歴史が解説されており、目的地の都市が取り上げられている場合には事前に目を通すようにした。城下町を訪れる際は、シリーズ『太陽コレクション・城下町古地図散歩』全9冊（平凡社）を活用することが多い。近年の"お城ブーム"もあり、城下町の絵図や古地図と現代の地図を重ね合わせて理解を深める文献は、にわかにその数を増している。

　明治期以降については迅速2万分の1地形図を皮切りに、近代的な測量による地図が作成されているので、地域の変遷を調べるためには地形図が欠かせない。旅行先の旧版地形図を国土地理院で複写してもらうことは可能であるが、すべてを揃えたら膨大な量となるので、その代わりに著者は、旧版地形図をもとに全国をかなり網羅して各地の変遷を紹介している、シリーズ『日本図誌大系』全12冊（朝倉書店）を使用してきた。同シリーズは概ね1970年代に出版された著作であり、高度経済成長期までの姿を詳細に確認することができる。その後については、それを補足する意味でシリーズ『地図で読む百年』全10冊（古今書院）にも目を通すことが多い。これも旧版地形図を活用しているが、『日本図誌大系』ほど各地を網羅しておらず、都道府県内の主要都市や特色のある地域の変遷に限られる。前掲書で取り上げられていない地域でも、谷謙二先生（埼玉大学教育学部）の時系列地形図閲覧サイト「今昔マップon the web」で旧版地形図を確認できる場合がある。このサイトでは調べてみたい地域の旧版地形図の年次を選択できるし、現代の地図と旧版地形図が対比できるので、現在の場所・地域がどのように変遷してきたのかを確認するのには非常に便利だ。とりわけ三大都市圏や全国の主要都市とその周辺については、役立つであろう。

　著者は地域の変遷に関心があることから、実際にその手掛かりになるような景観が見られる場所にはよく行くし、またそうした所に興味を持つ旅行者も多いようだ。そのような条件を備えているのが、重要伝統的建造物群保存地区（以下、重伝建地区と略す）である。これは城下町、宿場町、門前町など全国各地に残る歴史的な集落・町並みの保存活用事業計画地域で、文化庁が指定している。重伝建地区は、その地域の成り立ちがそのままに近い形で保持された景観とレトロな雰囲気で、観光客にとっても魅力的な存在だ。全国で126地区（2021年8月現在）が指定されているので、著者は旅行計画に際して訪問予定地域の中あるいはその周辺に重伝建地区があると、立ち寄るようにしており、関心のある重伝建地区を目的に旅行計画を立てたこともある。なお、本書で言及した重伝建地区は表のとおりである。

著者は行ってみたい場所・地域が決まったら、具体的な観光・見学先や宿泊先を選定するために、訪問先の市町村に関連する観光協会などのサイトにアクセスし、そこから当地の観光情報を入手することにしている。観光協会が発行するパンフレットも、もちろんサイトから容易に入手できる。パンフレットには通例観光地図が記載されており、それを印刷して持参することが多い。そして目的の場所・地域だけでなく、その周辺にどのような観光地や興味深い箇所があるかを、一緒に調べるようにしている。都道府県と連携する観光協会が、県全体などに関する観光パンフレットを発行し

表　本書で言及されている重要伝統的建造物群保存
地区（重伝建地区）一覧

記載ページ	地区名称	種別	選定年
p. 272	伊根町伊根浦	漁村	2005 年
p. 277	萩市堀内地区・平安古地区	武家町	1976 年
p. 277	大田市温泉津	港町・温泉町	2004 年
p. 278	大田市大森銀山	鉱山町	1987 年
p. 293	弘前市仲町	武家町	1978 年
p. 298	有田町有田内山	製磁町	1991 年
p. 302	長崎市東山手・南山手	港町	1991 年
p. 307	南九州市知覧	武家町	1981 年
p. 314	杵築市北台南台	武家町	2017 年
p. 318	竹原市竹原地区	製塩町	1982 年
p. 321	福山市鞆町	港町	2017 年
p. 323	倉敷市倉敷川畔	商家町	1979 年
p. 324	矢掛町矢掛宿	宿場町	2020 年
p. 327	函館市元町末広町	港町	1989 年
p. 336	近江八幡市八幡	商家町	1991 年
p. 338	東近江市五個荘金堂	農村集落	1998 年
p. 341	宇陀市松山	商家町	2006 年
p. 342	塩尻市奈良井	宿場町	1978 年
p. 342	南木曽町妻籠宿	宿場町	1976 年
p. 345	美濃市美濃町	商家町	1999 年
p. 346	郡上市郡上八幡北町	城下町	2012 年
p. 348	名古屋市有松	染織町	2016 年
p. 423	香取市佐原	商家町	1996 年

ているが、シリーズ『分県地図』（昭文社）は都道府県ごとに発行された地図に地形、
道路、鉄道はもとより、文化、歴史などに関する観光名所関連の情報を多数記載して
おり、的確な縮尺で全体の姿を一目で把握できるので、使い勝手が良いはずだ。

2　周遊タイプの鉄道旅

　この節からは、著者が楽しんだ国内鉄道旅の実例を紹介しようと思う。著者は自動
車運転免許証を取得することなく今に至っており、鉄道利用が国内移動の基本となっ
ている。いわゆる"鉄ちゃん"ほどの鉄道愛好家ではないが、主要な交通手段である
ことから、必然的に鉄道に関心を持つようになった。妻も自動車の運転免許を所有し
ていないので、我が家の国内旅行では鉄道旅が中心となっている。
　鉄道旅については、例えば「ニッポン　ぶらり鉄道旅」（NHK・BS プレミアム）や「新
鉄道・絶景の旅」（BS 朝日）など、色々な番組がテレビで放映されている。それぞれ
の路線の特色や走っている車両の特徴などについては、取材力や企画力のあるそうし
た番組や鉄道ファンの専門誌に任せることにし、本書では、鉄道を利用した国内個人
旅行の実践を紹介し、鉄道旅による地域の魅力発見の手立てを提案したい。
　ハイキングや登山では往路と復路を同じにせず、色々な景色を楽しむことができる
周遊コースを設定することが多い。鉄道旅でも同様で、周遊タイプのコースの方が楽
しみや目的地が増えるし、JR 線では実際に長距離の方が割安の運賃設定となってい
るので、一筆書き的なルートを考案して片道切符で途中下車をしながら旅行した方が
得だということになる。ただし、後戻りしない限り途中下車は何度でも可能だが、片

写真 4-1　東京都区内発東京都区内着の片道切符

道の営業キロが100kmまでの普通乗車券では途中下車は出来ないので注意が必要だ。実際に著者が初めて一筆書きのルートで、駅で著者だけの片道切符を作ってもらった時の切符が写真4-1である。この時は新潟県上越市の高田へ行く所用が当初の目的であったが、妻も同行することになり、ついでに彼女が行ったことのなかった長野や金沢にも寄ることにした。さらに、金沢まで行くのなら、福井の永平寺にも参拝しようということになった。結局、当時は長野駅までしか開通していなかった新幹線で長野に向かい、途中下車して善光寺の参拝を済ませてから信越本線で高田駅に出た。翌日直江津駅で乗り換えてから北陸本線で金沢駅へ行き、観光を楽しんで金沢に宿泊した。その翌日も北陸本線の旅を続け福井駅で途中下車して、えちぜん鉄道への乗り換えで永平寺に寄った。福井まで来たら帰路は東海道新幹線の方が便利も良いので、切符の額面のような一筆書きルートになった次第である。それでは以下で、一筆書きのコースではないが、目的の地域を周遊した実践例を紹介しよう。

[竹田城跡とその周辺へ　1泊2日]

「日本のマチュピチュ」との別称があるように、最近では有名になった兵庫県の竹田城跡であるが、著者が初めて訪問したのは2012年の10月のことであった。雲海に浮かぶその姿はまさに「天空の城」である。だが、それを見るためには早朝霧がかかる時を見計らわねばならない。前日が好天で当日風もないことが多い秋は、その可能性が高くなる。ちょうど授業が入っていない金曜日だと急な休みも取りやすく、直前でも旅館の予約が可能なことが多いので、その条件の揃った前日に急遽実行に移すことにした。

当日は新幹線で姫路駅に向かい播但線に乗り換えて、まず生野銀山の見学をするために生野駅で下車した。姫路城へは妻も以前行ったことがある上に、この時は1泊2日の旅行であったので時間も十分にはなく、姫路城には寄らなかった。9世紀初頭に発見された生野銀山は、江戸期には生野代官所が設置されるほど多量の採掘が行われ、明治政府の下では直轄の鉱山として近代化が進められた。後に三菱に払い下げられ、国内有数の大鉱山として稼働したが、1973年に閉山となった。ちなみに19世紀末に開通した播但線も、それまでの馬車道に代わる鉱山関連物資の輸送が目的であった。「史跡　生野銀山」内では露天掘り跡や近代的な坑道であった金香瀬坑などが見学できる。

再び播但線に乗って夕方竹田駅に降り立った著者たちは、駅の裏から城跡に通ずる道があったので、とりあえず登ってみることにした。翌日雲海が見られない場合でも、城跡からの展望をしておけば、その分翌日の移動が早められるからだ。駅に戻っ

写真 4-2 「史跡　生野銀山」入り口 （2012 年）

写真 4-3 「史跡　生野銀山」内の景観　写真左側
の穴が金香瀬坑の入り口となっている。（2012 年）

写真 4-4　播但線竹田駅と裏山の竹田城跡 （2012
年）

た後、その日の宿泊先である和田山駅近くのホテルでチェックインを済ませた。翌朝
出発するタクシーの予約をしてから夕食で近くの居酒屋へ行くと、関東から来た著者
たちが珍しいようで、その店の常連客たちから、どうしてこんな所へ来たのかと尋ね
られた。この旅行の 1 か月ほど前に高倉健主演の映画「あなたへ」（降旗康男監督）が
公開されて、著者たちもそれを鑑賞したのだが、その映画でも主人公の亡くなった妻
が城跡で歌う場面があるなど、竹田城跡は全国的に知られた存在になりつつあること
を伝えると、彼らはとても驚いていた。彼らにとっては、小学校の遠足先でしか過ぎ
なかったからである。著者たちが訪れた後に竹田城跡はにわかに脚光を浴び、見学者
用の歩道などが整備されたり、ツアー旅行に組み込まれたりするようになった。

　翌朝予約したタクシーは 6 時前に迎えに来てくれたが、辺り一帯はまだ暗く、さら
に霧がかかっており見通しも良くなかった。心配そうな顔をしている妻を尻目に、著
者は内心ほくそ笑んでいた。著者たちはまさに雲の中にいるわけで、竹田城跡の展望

写真 4-5　立雲峡から見た雲海に浮かぶ竹田城跡
　雲海の発生する時間や立雲峡への交通手段を考えると、ツアー旅行ではこの絶景はなかなか見られないはずだ。（2012 年）

写真 4-6　竹田城跡本丸付近からの眺め　雲海は 8
時半頃には消えてしまった。（2012 年）

写真 4-7　遊覧船から見た伊根の舟屋　（2012 年）

台となる立雲峡が雲の上にあることを、著者は確信していたからである。タクシーが高度を上げて立雲峡に到着した時には、眼下に雲海が広がるとともに、雲海に浮かぶ竹田城跡の姿を写真に収める人が既に大勢集まっていた。まさに目論見どおりの絶景を満喫した著者たちは、再びタクシーで城跡の傍まで戻り、雲上の城跡散策を心ゆくまで楽しんだ。

　タクシーで和田山駅まで戻り、著者たちは山陰本線の福知山駅で乗り換えて、北近畿タンゴ鉄道（現京都丹後鉄道）で天橋立駅へと向かった。まず丹後半島の重伝建地区となっている伊根の舟屋を見学するべく、バスに乗車した。伊根では伊根湾巡りの遊覧船が運行されており、1 階を船置き場にしている舟屋の特色が船からよく分かる。下船後には舟屋群を散策して楽しみ、伊根をあとにした著者たちは天橋立に戻って、この旅行最後の観光名所を巡った。リフトで傘松公園に上って、沿岸流によって形成

された砂州の代表例である天橋立を「股のぞき」で眺めた後、天橋立駅の近くにある廻旋橋付近を散策したのであった。この旅行ではその日のうちに帰宅しなければならなかったので、天橋立の松林を散策したり、丹後国分寺跡にある京都府立丹後郷土資料館（ふるさとミュージアム丹後）に寄ったりする時間はなかった。それでも天橋立駅から京都駅に向かう列車の中では、充実した旅行気分に浸れた。

　最後に、天空の城について後日談を紹介したい。“お城ブーム”で雲海に浮かぶ城跡については、「天空の三城」として竹田城跡のほかに備中松山城と越前大野城が人気を博している。退職して時間の融通がきくようになった2015年の11月に、著者は竹田城跡を訪れた時と同じような気象条件の時に、岡山県高梁市にある備中松山城へ出かけた。この城は、天守の現存する山城として最も高い標高（430m）にあることで知られている。それだけに、雲海に浮かぶ天守閣はまさに“絵になる”景色だ。この時も前日に乗り合いタクシーに予約を入れて、早朝備中高梁駅から展望台へ向かった。越前大野城にもかねがね行ってみたいと思っているが、残念ながら未だ実現していない。福井県にあるので晩秋になると雨や雪が降りやすくなり、雲海の発生する状況を予想することが難しいからである。

写真 4-8　雲海に浮かぶ備中松山城　（2015 年）
▶口絵ⅲ頁

[関門海峡から山陰西部へ　3 泊 4 日]

　著者は学生時代か教員となった初任の頃に、ブームとなっていた津和野と萩、松江へ行ったことがあったが、石見銀山が 2007 年に世界遺産に登録されたことがきっかけとなり、再び山陰西部への旅を実施したのは、2013 年 3 月のことであった。折角行くのであるならば、イスタンブルの姉妹都市である下関と、レトロブームで売り出している門司港や、松江から程近い所にある足立美術館にも寄る 3 泊 4 日の旅程を

写真 4-9　下関の中心街に残るレトロな建物　屋上に日本庭園と茶室を備える旧秋田商会ビルは 1915 年に竣工し、和洋折衷様式のビルとしては最古級とされる。(2011 年)

写真 4-10　下関の赤間神宮から見た門司港地区 (2013 年)

考えてみた。

　この旅行の始まりとなった下関は、よく知られているように江戸期は北前船の中継地として、明治期以降は大陸との交易の基地として、その位置の特性を生かしてかなり繁栄した。しかし第二次世界大戦後は、戦前から発展を見せ始めた水産基地としての名残とも言えるフグの水揚げ漁港や、韓国との強い繋がりを保持してきた下関・釜山間の国際定期航路に、その特色を見出せる程度になってしまった。それでも、現在ではそうした過去の遺産を生かした観光に力を入れており、中心市街地とその周辺だけでも見所は多い。

　早朝新幹線で東京駅を出発した著者たちは、昼前には下関駅に着いた。鉄道旅でも 1 泊の旅程だと、荷物を持ったまま見学先まで行ってしまうことが多いが、2 泊以上になると著者はまずその日の宿泊先に行き、荷物を預けてしまうようにしている。見学先で必要になるものと貴重品だけを持って出かけるからである。この時も著者たちは最初に下関駅の近くにあるホテルへ向かい、身軽にしてから中心市街地を散策し始めた。現在の下関駅や下関港一帯は戦前に造成された埋立地であり、街路も整備されている。そうした中心街を歩くと写真 4-9 のように、空襲から辛うじて免れた戦前からの建物が散見し、かつての繁栄ぶりを窺える。さらに東方に進むと唐戸市場があり、そこで昼食として名物のフグ料理に舌鼓を打った。現在の唐戸市場一帯はウォーターフロントとして再開発された所で、関門海峡対岸の門司港地区や関門橋を眺めるのにも適した場所だ。さらに海峡沿いに歩みを進めると、朱塗りが目立つ赤間神宮に着いた。赤間神宮は源平壇ノ浦の合戦で入水した安徳天皇を祀った神社で、境内には安徳天皇陵や平家一門の墓もある。神宮の傍には下関条約の資料を展示する日清講和記念

写真 4-11　火の山公園からの関門海峡　右側が下関、左側が門司である。(2013 年)　　写真 4-12　関門トンネル人道内の県境　(2013 年)

館などもあり、日本史に度々登場する下関の重要性を確認できる史跡が目に付く。

　著者たちはさらに散策を続けて、海峡の幅が約 600m の最狭部となる壇ノ浦に出た。そして、それを確認すべく火の山公園へ急いだ。火の山は標高 268m だが、関門地区きっての展望スポットだ。ロープウェイで上がった山頂から見た景色が写真 4-11 である。トルコのボスポラス海峡（最狭部が約 700m）を写した写真 1-20 などと見比べてみると、巨大都市となったイスタンブルとの直接的な比較は無理にしろ、画面に映る地勢が似ていることが分かる。海峡に臨む下関がイスタンブルの姉妹都市となっていることはうなずけるし、火の山公園に来ることでイスタンブルへ行った気分になれるかもしれない。時季によっては、山腹にあるトルコチューリップ園にも立ち寄りたい。

　そうした下関の観光スポットとして着目したいのが、関門トンネル人道である。それは山麓のロープウェイ駅からも近く、壇ノ浦古戦場を一望できるみもすそ川公園のすぐ傍にある。トンネルは名前のとおり、関門海峡の下にある全長 780m の歩行者用トンネルで、15 分ほどの"海底回廊"を楽しむことができる。写真 4-12 のように途中に県境が示されており、本州と九州の境でもあると思うと、面白さが増幅する。歩行者は無料だが、自転車や原付を引いて歩く場合は 20 円を支払うことになる。このトンネルを散策路とすることにより、下関市街と門司市街が繋がっているわけで、トンネルが観光的に重要な役割を果たすと考えられる。実際に下関市の観光ガイドブックのエリアの一つに、門司港地区が取り入れられている。著者たちも、ここを抜けて門司港地区に出てみた。トンネルの出入口から門司港観光の中心となっているレトロ地区までは、バスのほか、乗車時間が 10 分程度の観光トロッコ列車を利用することもできるが、列車の運行日は限定されている。

写真 4-13　門司港レトロ地区の歴史的建築物群
黒い建物が旧門司三井倶楽部、その右奥に門司港駅、
右側手前に旧大阪商船門司支店が見える。（2013 年）

写真 4-14　九州の鉄道の起点であった門司港駅
正面奥に文化財の駅舎が見える。（2013 年）

　門司港も明治期以降、石炭などの輸出を中心とした貿易港としての地位を確立する
とともに、大陸への玄関口として軍需品や兵士を送り出す港としても重要な役割を
担った。横浜、神戸と並ぶ日本の三大港となり、商社や銀行の支店の進出で賑わい発
展した。しかし、戦後は大陸との貿易が縮小し石炭の輸出も減少したため、次第に衰
退した。そのような門司港だったが、栄えた時代の建物が大正レトロ調に整備され、
1995 年に「門司港レトロ」として観光名所に生まれ変わった。その代表的な建築と
して、現役の駅舎としては東京駅とともに重要文化財となっている門司港駅と、同じ
く重要文化財となっている旧門司三井倶楽部＊がある。ほかにも、九州鉄道記念館（旧
九州鉄道本社）、旧大阪商船門司支店＊、旧門司税関＊、旧三井物産門司支店＊、門司
電気通信レトロ館、門司郵船ビル（旧日本郵船門司支店）、門司区役所などが、目白押
しに建ち並んでいる。＊印がついている建物は、北九州市が取得したもので、門司港
レトロ事業では市が大きく関わっていることが分かる。この事業に伴って新たに観光
客向けの複合商業施設や、最上階に展望室のあるタワーマンション、中国大連市の歴
史的建造物の複製である北九州市大連友好記念館、出光美術館などが竣工した。歴史
的な建物の中にはカフェやレストラン、ギャラリーなどがあり、著者たちもそこでア
フタヌーンティーを楽しんでから門司港駅に出て、鉄道で下関のホテルに戻った。

　翌日は下関駅から新山口駅へ向かった。当初の計画では山陰本線で萩まで行くつも
りでいたが、接続が悪かったり本数が限られたりしており、昼前に到着するためには
新山口駅からバスを利用せざるを得ないことが分かったからである。萩では荷物を預
かってもらい、レンタサイクルを利用して効率よく見学することにした。近年では観
光地でレンタサイクルがあるのは当然と言えるほどで、中には無料で貸し出すような

写真 4-15　萩・明倫学舎　藩校明倫館の跡に建てられた日本最大の木造校舎。校舎内は現在展示室、カフェ・レストランなどとして使用されている。（2013 年）

写真 4-16　土塀と夏ミカンのある萩の景観　夏ミカンは士族救済のため、明治初期に栽培が一般化したという。（2013 年）

所もある。妻にとっては初めての地であり、萩の代表的な見所である松陰神社、松下村塾、萩城跡とともに、高杉晋作や木戸孝允の旧宅、明倫学舎などを見て回った。城下町の情緒が漂う萩の町並みと同様に風格を感じさせる萩焼の店にも立ち寄り、品定めに興じたものである。

　萩の観光を終えた著者たちは、東萩駅から益田駅乗り換えの列車で温泉津駅へ向かった。島根県にある温泉津は、1,300 年も前から続く山陰の名湯であり、古くから港で栄えた町並みも残る風情ある所だ。温泉津の港は、毛利氏の支配下で石見銀山の主要積み出し港として、中国や朝鮮半島との交易の中心地となったばかりか、江戸期には日本海の北前船航路の寄港地としても発展した。温泉街にある著者たちの宿まで駅から歩いて行けたが、到着する頃には薄暗くなり始めていた。夕闇に囲まれた温泉街はこぢんまりとしており、レトロで素朴な雰囲気が著者は気に入った。元湯泉薬湯と薬師湯の共同浴場もあり、古くから地域の人々に親しまれてきた湯治場なのだろう。

　著者たちの温泉旅館にある浴場は小振りだったが、浴槽にたたえられた温泉は若干高めの温度で、色合いも淡い茶褐色であり、温泉の濃さや質の良さを感じさせる。さらに、天然温泉 100％のかけ流しが魅力的だ。妻は、ここの温泉が今まで浴した温泉の中でトップ 3 に入ると評する。確かに温泉津温泉は、美肌に欠かせない炭酸成分やメタケイ酸も豊富に含まれているようで、「美肌の湯」として売り出している。そんな温泉に浸かり、日本海側で高級魚として扱われるノドグロ（アカムツ）の煮付料理が夕食に出されて、十二分に旅の疲れを癒せた。

　翌 3 日目は、この旅行の最大の見所である石見銀山の見学だ。温泉津からは車で20 分ほどの距離だが、列車とバスで行くと時間がかかり過ぎるので、タクシーを利

写真 4-17　重伝建地区に指定されている温泉津温泉の町並み　薬師湯（旧館）の建物は大正初期の建築で、温泉津で最古の建物だ。（2013 年）

写真 4-18　重伝建地区に指定されている石見銀山大森地区の町並み　（2013 年）

用することにした。到着した観光案内所で見学資料を入手するとともに、荷物を預けてレンタサイクルを借りる。石見銀山の史跡や集落は銀山川に沿って細長く続き、歩くだけでも入り口から末端まで往復 2 時間を見なければならないからだ。入り口となる代官所跡には資料館（いも代官ミュージアム）があるので、銀山の開発が始まった中世から閉鎖された 1923 年までの歴史を、ここで確認することができる。銀山は江戸期には幕府の直轄となり、代官所が銀山とその周辺を統治した。

　資料館から集落を貫く通りを進むと、銀の生産と関連する仕事に関わった武家屋敷や町家の家並みが続く（写真 4-18）。銀山が栄えていた時代の裕福な商家の建物や代官所勤務の役人の武家屋敷、それらの人々と深く結ばれた寺院なども散見し、一層興味がそそられる。家並みが途切れると、銀生産に直接関連する史跡が残る銀山地区となり、間歩と呼ばれる鉱山の掘り口がいくつか見えてくる。江戸末期には 279 の間歩があったという。その中でも最大規模で公開されているのが、龍源寺間歩である。坑内には無数のノミの跡が当時のまま残っていた。銀山地区ではそのほかに、精錬所跡や鉱山の守り神を祀った神社なども見学できる。

　石見銀山世界遺産センターがホームページで、世界遺産に登録された理由として、① 16 世紀から 17 世紀初頭の石見銀山が世界経済に与えた影響、②銀生産の考古学的証拠が良好な状態で保存されている、③銀山と鉱山集落から輸送路、港に至る鉱山活動の総体を留める、の 3 点を挙げている。確かにそうした石見銀山の価値が世界的に評価されたのであるが、第 3 章の「遺跡の魅力を訪ねる旅」の節で世界遺産の魅力について言及したように、遺跡には見る人に感動や驚きを与える要素があり、その魅力が実感的に理解しやすい。だが、石見銀山の世界史的意義が十分あるにしても、銀山を見学した一人として著者は感動を持てなかった、というのが正直な感想だ。著者

写真 4-19　石見銀山の見所の一つである龍源寺間歩　穴が 2 つ見えるが、右側の掘り口から坑内に入れる。（2013 年）

写真 4-20　清水谷精練所跡　明治中期に精錬所が建設されたが採算が取れず、すぐに閉鎖された。（2013年）

がインド・エレファンタ島の石窟寺院が世界遺産になっている理由が分からなかったように、世界遺産としての石見銀山が一般の外国人観光客にどれほど魅力を発揮しているのか、気になるところである。もっとも世界遺産になったことで、石見銀山が日本人にとっての観光地として知名度を高めたことは確かである。それだけに、韓国の良洞マウル（写真 1-108）と同様、観光客の急増がのどかな住民の暮らしに与える影響が課題となるようだ。

　昼過ぎに見学を終え、著者たちはバスでまず大田市駅に向かった。その後列車でその日の宿泊地となる玉造温泉へ行く途中、出雲大社に参拝すべく出雲市駅で下車した。山陰最古の湯とされる玉造温泉は玉造温泉駅に近く、宿泊先のホテルが送迎バスを出してくれる。翌最終日は、松江城などの観光をしてから足立美術館に向かう予定であったが、あいにくの雨天となり、松江市街へ行くことは取りやめにした。そのため直接足立美術館に向かうことになるのだが、幸い玉造温泉との間に無料のシャトルバスが朝 1 便出ていることが分かり、それを利用することができた。ちなみに足立美術館には、安来駅や米子駅などからも無料バスが出ている。

　足立美術館は近年では倉敷の大原美術館、鳴門の大塚国際美術館とともに、中国・四国地方を代表する美術館として名声を博し、これら三館を組み込んだツアーも企画されている。足立美術館は「名園と横山大観コレクション」が基本テーマで、日本庭園を通じて四季の美に触れ、日本画の大家横山大観などの作品を通じて日本画の魅力を伝えることを目的に、1970 年に足立全康が故郷の安来に創設した。ここの庭園はアメリカの日本庭園専門誌で、庭園の質や庭園と建物との調和などから「18 年連続日本一」（同館のホームページによる）の評価を得るまでになったという。例えば写真4-21 のように、入館者が庭園を一枚の額縁にはめ込まれた日本画のように鑑賞でき

写真 4-21（左）と 4-22（右） 足立美術館内から
見た庭園（2013 年）

るし、写真 4-22 は東屋からの眺めを感じさせる。また、手入れが行き届いた庭園、
枯山水庭をはじめとする多様な庭園の構成、移ろい行く四季の表情と遠方の山々を借
景に見立てた風雅さも、この庭園の魅力なのであろう。

　足立美術館での鑑賞は予定以上の時間が取れたので十分堪能できたが、それでも後
ろ髪を引かれる思いで安来駅へ向かった。安来駅からは伯備線経由の特急「やくも」
で岡山駅に出て、新幹線へ乗り換えて帰宅した。この旅行は 3 泊 4 日で計画したので、
4 日目日には帰途についたが、折角山陰に来たのだから、米子、境港、倉吉、鳥取、
さらには城崎温泉、福知山にでも寄ってから帰ることも考えられる。しかし山陰地方
全体を鉄道で旅行するのには、想定以上に多くの日数を要することになるようだ。山
陰本線では単線区間がかなりの部分を占めるので、例えば鳥取と益田を直通で結ぶ特
急列車でも本数が 1 日に数える程度しかないし、各駅停車の乗り換えも決して接続が
良いとは限らない。ちょうどテレビ東京の番組「ローカル路線バス乗り継ぎの旅」の
ようなものである。この旅行の後に著者たちは山陰東部の旅行をしたが、その時に倉
吉から城崎温泉へ行くのに、列車の遅延で接続列車に乗り損なった。そのために宿泊
先にも遅い到着となり、辛うじて夕食を済ませたことがあった。山陰地方の鉄道交通
体系が、岡山や新山口での “新幹線乗り継ぎ特急” や山陽本線・福知山線経由の大阪・
京都行き特急を基幹としていることを、念頭に置かなければならない。

［仙台から庄内地方を経て新潟へ　3 泊 4 日］

　山形県のレトロな雰囲気を醸し出す銀山温泉や、羽黒山五重塔の傍にたたずむ名
優吉永小百合のポスターを駅で見つけた時、是非行ってみようと思い立ったのが、
2016 年 9 月の旅行であった。折角行くのであるならば、といういつもの欲張り癖か

ら往路で山寺、途中で酒田、帰路で新潟県の村上に寄る企画を立てた。その結果、連続乗車券を購入することにした。この乗車券は一筆書きのルートではないが、出発してから途中の駅までを周遊し、その駅からは出発駅までを同一ルートで戻る時などに利用できるものだ。この時の乗車券は2枚発行され、1枚は「東京都区内→大宮」で、経由は「新幹線・仙台・仙山・奥羽・陸西・羽越・白新・新潟・新幹線」と記されていた。もう1枚は「大宮→東京」で、経由は「大宮・新幹線・東京」である。これで帰路新潟から新幹線を利用して、東京に戻れるようになっている。切符の有効期間は7日間であるが、3泊4日で実施した。

　まず、仙台駅で新幹線から仙山線に乗り換えた。電車は仙台の西郊から広瀬川沿いを走ると、秋保温泉や作並温泉といった「仙台の奥座敷」となる名湯の下車駅を通過する。著者たちはこの旅行では途中下車しなかったが、後年作並には"お気に入り"のホテルが見つかり、何回か訪れたことがある。山間から奥羽山脈下のトンネルを抜

写真4-23　作並駅にある交流電化発祥地の碑
（2018年）

写真4-24　駅前付近から見た山寺　右側上方に五
大堂と開山堂が見える。（2016年）

写真4-25　開山堂（右）と写経を納める納経堂（左）
（2018年）

けると、電車は山形県に入る。ちなみに仙山線の電化は早くから進められて、日本の交流電化の礎となった路線である。紅葉の名所となっている紅葉川渓谷に沿って下ると、間もなく山寺、立石寺への下車駅である。

　山寺は正式には宝珠山立石寺といい、9世紀の半ばに清和天皇の勅願によって慈覚大師が開いた天台宗の寺院で、『奥の細道』の旅程でここを訪れた松尾芭蕉の「閑さや岩にしみ入る蝉の声」の句碑もある。駅から登山口となる山門までは、15分程度で到着する。そこから奥之院への所要時間は1時間ほどなので、山寺随一の展望台でもある五大堂や、大師の木造尊像が安置されている開山堂などに途中寄ったりしても、1時間半ほどを見ておけば、主要拝観路沿いの主な見所は見学できるであろう。主要拝観路の中間辺りにある優美な仁王門まででも訪問すると、芭蕉が句に残した風景に出会えるので、途中下車してちょっと立ち寄るだけでも楽しめる観光名所である。なお、時間に余裕があるならば、重要文化財となっている根本中堂や山寺芭蕉記念館なども見学したい。

　山寺観光を終えた著者たちは仙山線の旅を続け、羽前千歳駅で奥羽本線の電車に乗り換えて、大石田駅でまた途中下車をした。この駅が銀山温泉への玄関口となり、そこからバスで40分ほどかかる。銀山温泉は名前のとおり、15世紀半ばに発見された延沢銀山が開発された時に出湯した温泉を利用したもので、鉱山の衰退後は湯治客で賑わう温泉街となった。実際に温泉街の近くには、銀山の面影が残る銀坑洞が史跡として保存され、浴衣姿でも坑内を一巡できるようになっている。銀山川を挟んで形成された現在の町並みは、大正中期から昭和初期にかけて出来上がったもので、木造の風情ある建物は大正ロマンを感じさせるのに十分だ。この背景には、1986年に尾花沢市が「銀山温泉家並保存条例」を制定し、建物や景観の維持を図って観光振興に生

写真4-26　レトロな雰囲気に満ちた銀山温泉の町並み　（2016年）

写真4-27　銀山温泉の銀坑洞入り口　（2016年）

かしたことがある。ちなみに銀山温泉は、アジア・中東・南米を中心に海外でも放映されたNHK連続テレビ小説「おしん」の舞台にもなっており、外国人観光客にも人気があるようだ。著者たちも、初日の宿泊地は銀山温泉にした。

　翌朝銀山温泉から大石田駅に戻るバスは尾花沢市街を通っていき、途中には徳良湖もある。これは人造湖で、農業用水を確保するために1921年に完成されたものである。築堤にあたり人夫たちは作業に合わせて即興の唄を歌ったそうで、その時の唄が山形県の代表的な民謡「花笠音頭」の元唄とされている。また、観光パンフレット「おばなざわ」によると、人夫たちが持っていたスゲ笠で元唄に合わせて踊るようになり、それが「花笠踊り」の元になったとのことである。花笠音頭の歌詞には「花の山形　紅葉の天童　雪をながむる尾花沢」という句があるが、確かに尾花沢が豪雪地帯に位置するにしろ、歌詞にそれが挿入されたのは元唄の発祥地に関連するからなのかもしれない。蛇足ながら、著者がピアノで日本民謡を弾き始めて最初に習得した楽曲がこの「花笠音頭」である。

　大石田駅からは、再び奥羽本線の電車で新庄駅に向かった。新庄駅から陸羽西線に乗り換えて酒田を目指す予定であったが、当日は陸羽西線が一部区間で不通になっており、代替バスの利用となった。最上峡の付近ではバスでも最上川沿いに走り、大きな谷に大河の迫力ある流れの眺めを楽しめたはずなのに、時間ばかりが気にかかり、楽しみが半減してしまった。案の定酒田到着は、予定していた時刻よりも1時間以上遅くなったのである。

　最上川の河口に位置する酒田は、古くから港町として知られてきたが、江戸初期に日本海の西廻り航路が整備されると、最上川の船運の河港と日本海沿岸の廻船寄港地の両機能を備えた商港として発展した。しかし、明治期半ば以降の鉄道の発達で最上川の船運は衰退してしまった。それでも、庄内平野が米の単作地帯として発展すると米穀取引所が開設されて、米経済を中心とした酒田の役割は依然として大きなものがあった。第二次世界大戦後、酒田港の日本海側における重要港湾としての認識が一層深まり、酒田北部の砂丘地に掘り込み港湾が建設されて、工業地区も形成された。だが酒田は、元来砂丘上に市街が立地しており水利の便が悪い上に、冬の北西季節風や東風の「だし」と呼ばれる地域特有の強風にさらされ、度々火災に見舞われてきた。特に1976年10月の大火では、中心商店街・繁華街を含めて22.5haが焼失する未曽有の大惨事となった。復興土地区画整理事業と市街地再開発事業を柱に防災都市づくりを実施し、中心商店街はセットバック方式のアーケードによる2つのショッピングモールとして再生された。しかし期待したほど来客数が増えず、また郊外型商業地の発展もあり、中心市街地の活性化に十分な効果は発揮されていないようだ。

写真 4-28　酒田の山居倉庫　ケヤキ並木は日よけ・　　写真 4-29　庄内米歴史資料館の内部　（2016 年）
風よけの役目を果たし、自然を利用した低温管理が行
われた。（2016 年）

　酒田の代表的な観光名所である山居倉庫など、歴史的な建造物がある区域は幸い大
火の被害を免れたので、そこでは前述した酒田の歴史を垣間見ることができる。残念
ながらこの時の旅行では、酒田での滞在時間削減を余儀なくされたので、タクシーを
使って急ぎ山居倉庫に足を運んだ。山居倉庫は 19 世紀末に米穀取引所の付属倉庫と
して建造されたもので、現在でも農業倉庫として使われている。倉庫は 12 棟からなり、
1 棟は庄内米の歴史を紹介している庄内米歴史資料館として、2 棟は観光物産館（酒
田夢の倶楽）としてそれぞれ一般公開されている。このほかの見所としては、武家屋
敷と商家造りが一体となっている本間家旧本邸、回遊式の庭園を有する本間家の別荘
で、現在では美術品や歴史資料が展示されている本間美術館、北前船の寄港地として
栄えた頃からの料亭であった山王くらぶ、相馬樓などがあるが、この時の旅行では時
間に迫られてこれらは見学できなかった。

　著者たちは慌ただしく酒田観光を終えると、鶴岡へ向かった。著者たちの乗車券で
は陸羽西線と羽越本線が接続する余目駅までしか利用できないために、酒田に来る時
と同様に、酒田駅と余目駅間の乗車券を買ってから、列車に飛び乗った。酒田と鶴岡
間は各駅停車でも 30 分ほどで到着する近さであるが、両市が庄内地方の二大中心地
となっている。酒田では前述のように港町としての経済発展が基盤になったのに対し
て、鶴岡は城下町が起源となっている。庄内地方は江戸期には徳川譜代の酒井家が藩
主となって治められ、その居城となったのが鶴岡であった。明治維新後に城郭が開放
され、ほかの城下町と同様に城跡には神社、公園、役所、学校などが建設された。こ
うしたことから市街の観光スポットも、市街中心部にある鶴ヶ岡城址公園（鶴岡公園）
の付近に多い。本丸跡では酒井家を祀った荘内神社、三の丸跡では明治期の擬洋風建
築である旧西田川郡役所、湯殿山山麓から移築された多層民家の旧渋谷家住宅などが

上／写真4-30　鶴岡の旧西田川郡役所　1881年に建てられたものを1972年に移築した。内部は資料館となっている。（2016年）

右／写真4-31　羽黒山の杉並木　全長約1.7kmで、両側には樹齢350年から500年の杉並木が続く。（2016年）

写真4-32　羽黒山五重塔　高さは約30m。平将門の建立とされるが、現在の塔は14世紀に再建された。（2016年）

▶口絵x頁

写真4-33　出羽三山神社三神合祭殿　内部は総漆塗りとなっている。（2016年）

　ある致道博物館のほかに、東北地方に現存する唯一の藩校建造物となる藩校致道館や大正期の擬洋風建築である大宝館も見ることができる。この日の宿泊地は鶴岡の郊外にある湯野浜温泉であり、駅からは荷物を持っての移動となる上に、夕食までの時間に制約もあるので、著者たちは致道博物館を重点的に見学することにした。

　2泊目を湯野浜温泉のホテルで過ごした著者たちは、翌朝鶴岡駅へバスで出て、荷物を駅のコインロッカーに預けてから、さらにバスで羽黒山に向かった。ちなみにこの旅行では鶴岡駅だけではなく、山寺駅、酒田駅、そしてこの後の村上駅、新潟駅でもコインロッカーを利用した。鉄道旅では駅のコインロッカーは大変有用で、ありがたい存在だ。バスは30分ほどで著者たちを、出羽三山の一つである羽黒山の麓に運

んでくれた。まず、出羽三山の歴史や文化が展示されている、いでは文化記念館に入館して、山岳信仰や修験の世界を知った。そこでは山伏が吹くほら貝を実際に吹いてみる体験もでき、気分も高揚する。そして杉並木が続く表参道を歩き始めると、その中で荘厳さを放つ国宝の五重塔が現われた。この旅行の最大の見所でもあっただけに、感動もひとしおだ。2446段の石段を1時間ほどで上り詰めると、羽黒山頂にある出羽三山神社三神合祭殿に到着した。この建物は月山、羽黒山、湯殿山の三神を祀ったもので、かやぶき屋根の規模は東北地方随一だという。参拝を済ませて遅い昼食を取った後、バスで鶴岡駅に戻り、3泊目の宿泊地となる新潟県村上市の瀬波温泉へと急いだ。

　羽越本線の鶴岡・村上間は各駅停車でも1時間半ほどで到着するが、本数が少ないので秋田発新潟行きの特急「いなほ」を利用することにした。そこまで時間を気にしたのは、村上の瀬波温泉で日本海に沈む夕陽を眺めたかったからである。実は前日の湯野浜温泉でも可能であったが、雲間に隠れてしまったので期待外れに終わっていた。2泊を日本海に臨む温泉地にすることで、夕日鑑賞の"保険"をかけておいたことが功を奏して、この日は天気も良く、水平線に沈む夕陽の美しさを堪能できたし、沖合にある粟島や遠くに霞む佐渡島も見渡せた。

　最終日となった翌日は、まず村上市街の見学から始まった。村上は、江戸初期に村上城跡のある臥牛山（お城山）の山麓西側に城下町として整備された。そうした村上の歴史を知るべく、城跡の近くにある「三の丸スポット」へ向かった。そこは武家屋敷のあった一画が観光施設として整備された地域で、大祭に曳き回される「おしゃぎり」と呼ばれる山車などが展示されるおしゃぎり会館（村上市郷土資料館）、二百数十年前に建築され復元された中級武家住宅の若林家住宅、日本ナショナルトラスト・ヘリテイジセンターとなっている村上歴史文化館などがある。この三の丸スポットまで駅から徒歩で30分ほどを要するが、途中に町人町として栄えた城下町時代を偲ばせる町屋が散在し、魅力ある街歩きができた。

　実は村上でも中心市街地の衰退化が進んだが、1990年代末頃から地域史を生かした町づくりが市民によって始められた。まず町屋の公開を皮切りに、日本ナショナルトラストの調査結果を踏まえて、市民基金で町屋の外観再生プロジェクトが組まれた。シャッターやサッシ、トタンと化した町屋の外観を、格子窓や木製ガラス戸、下見板（木製外壁）などに替えて、大黒柱に松の梁、仏間に神棚、囲炉裏といった昔ながらの内観と調和させたのである。しかもこうした再生事業に、昔から技術の高さで知られる「村上大工」の伝統の技が生かされたのだ。そうした結果が写真4-34や4-35に現われたのである。また、著者たちが訪れた9月は「町屋の屏風まつり」の

期間で、家々に伝わる数々の屏風や昔の民具などが町屋に飾られ、観光に華が添えられていた。

　著者たちは村上での見学と昼食を終えた後、すぐにこの旅行の最終目的地である新潟へ急いだ。新潟には学会の研究大会で何度か来ていたが、じっくり街歩きを楽しむ機会を見出せないままだった。しかし退職後 2015 年の夫婦旅行で、会津若松から磐越西線を使って新潟に出たことがあり、半日弱の時間を新潟観光に充てたことがあった。その時には、まず信濃川河口近くの左岸にある新潟市歴史博物館（みなとぴあ）に向かった。ここでは新潟の歴史と文化が展示され、地域史を確認しておくのに便利であるし、この建物の傍には移築された旧第四銀行住吉町支店の建物や、運上所時代の遺構となる旧新潟税関庁舎もあるからだ。

写真 4-34　昔の景観に戻した村上の「黒塀プロジェクト」　このプロジェクトは早期に住民発意で始まった。（2016 年）

写真 4-35　村上らしさを再生させた町屋のある風景　左側の酒店は築 200 年以上で、入り口が土間になっている。（2016 年）

写真 4-36　新潟市歴史博物館本館（中央奥）と旧第四銀行住吉町支店（右側）　博物館は 1911 年建築の二代目新潟市庁舎のデザインを取り入れている。（2015 年）

写真 4-37　旧新潟税関庁舎　開港当時の姿を今に伝えるこの建物は擬洋風建築で、多くが和風の技術で造られている。1966 年まで税関として使われていた。（2015 年）

新潟も酒田と同様に、近世に河川交通の整備や西廻り航路の開発で発展し、日本海側最大の港として幕末の修好通商条約で開港場の一つとなった。実際に開港したのは明治元年だが、翌年に新潟運上所が開設されて、領事館も設置された。廃藩置県後、県庁所在地としても近代化が進められてきた。また、19世紀末には信濃川河口右岸に近代的な工業が立地し、新港の完成などで港湾整備も進み工業地帯の形成に結び付いた。1980年代には上越新幹線と関越自動車道の開通や北陸自動車道の延伸で、他地域との交通の高速化が進展した。さらに、空港と港湾の国際化も進んだ。新潟空港は早くも1973年にロシアのハバロフスクとの間に定期便が就航して、現在では環日本海諸国などを繋ぐ国際空港となっている。また新潟港も日本海側で最初の特定重要港湾に指定され、国際拠点港湾として重要な役割を担っている。このように、新潟は環日本海を見据えた国際都市、日本海側の拠点都市として存在感を示している。

　前年2015年の旅行では、みなとぴあとその周辺を見学した後に鍋茶屋通りに出た。

写真 4-38　「日本三大花街」の一つとされる鍋茶屋通り　（2015年）

写真 4-39　新津記念館　（2016年）

写真 4-40　新潟県政記念館　（2016年）

その界隈には料亭や割烹が軒を連ね、北前船の寄港地として栄えた新潟の花街風情を感じさせてくれた。見学時間の制約と前回の見学箇所を考慮し、この旅行では博物館をあとにした著者たちは、新潟の歴史的核心部分になる旧市街地の観光に絞り込み、新津記念館と新潟県政記念館を訪れることにした。前者は、石油商で財を成した新津恒吉が外国人用迎賓館として 1939 年に建てた西洋館で、英・仏・独の技術に和の調和を凝らした内部の装飾に特色がある。後者は、1883 年に建てられた新潟県議会旧議事堂で、明治の府県会開設期に建設されて現存する唯一の議事堂である。この記念館の隣には白山公園があるが、そこは明治初期に日本で最初に指定された都市公園の一つであり、開港場となった新潟の近代化の歴史を今に伝えている。白山公園の前まで続く古町通りを歩いて行くと鍋茶屋通りに出られるので、再度行ってみた。しかし、そこに到着した時は夜の帳が下りる頃となり、料亭の敷居の高さを感じた著者たちは、この旅行でも新潟駅に直行してしまった。

［「大人の休日倶楽部パス」を使用した五能線と青い森鉄道線の旅　3泊4日］

　夫婦で国内旅行をよくするようになった著者は 65 歳になった時、待ちに待った JR 東日本運営の「大人の休日倶楽部ジパング」（以降「おときゅう」と略称）に、妻ともども夫婦会員として入会した。おときゅうの会員は、ゴールデンウイーク期間、お盆、年末年始の時期を除き 201 キロ以上の利用で、JR 線の乗車券類を 3 割引きで購入できるからである。特急券も割引かれるが、例えば新幹線の「のぞみ」や「みずほ」は自由席であっても割引の対象にはならないなどの条件があるので、注意が必要だ。もちろん年会費を支払わなければならないが、著者のように鉄道旅をする人には、すぐに“元が取れる”システムだ。さらに、会員限定の割引切符もある。その一つが「大人の休日倶楽部パス」であり、著者たちが利用したのはその一種類で、15,000 円（当時）で JR 東日本全線を 4 日間乗り放題という切符であった。特急の自由席使用はもとより、指定席の指定も 6 回まで可能だ。この東北旅行では、かねがね楽しみにしていた五能線の乗車や恐山の参拝を実現すべく、“おトク”で使い勝手の良いその切符を使用した。なお、切符は利用期間と販売枚数に制限があるので、留意したい。著者たちは 2017 年 6 月 28 日から利用したので、念のため 1 か月前の発売開始日に購入し、一緒に五能線の観光列車、快速「リゾートしらかみ」の指定席も確保しておいた。

　この旅の初日は新幹線で秋田駅まで行き、秋田始発のリゾートしらかみに乗り換えたが、大勢の観光客でホームはごった返していた。それだけこの列車は人気があるようで、全車指定の列車であるのにすぐに予約で埋まってしまうことがうなずけた。既

写真 4-41　リゾートしらかみの車窓から（大間越駅付近で撮影）（2017 年）

写真 4-42　十二湖の青池　口絵で見るように、まるで青いインクを流したような水面に周囲の木々の緑が幻想的に映し出されていた。（2017 年）　▶口絵 ⅲ 頁

に関東地方は梅雨入りをしていたが、東北地方北部はまだだったようで、幸運なことに 4 日間とも好天に恵まれた。そうした空模様も乗客の旅気分を高揚させるのか、車内はかなりの賑わいを見せていた。秋田駅を出発すると間もなく、観光列車仕様の大きな車窓から、八郎潟付近の緑豊かな田園地帯の景色が目に飛び込んできた。そして暫くすると能代駅に到着して、出発までの僅かな時間を歓迎のイベントでもてなしてくれた。かつては東洋一の木都といわれた能代だが、現在ではバスケットボールの盛んな都市として知られ、そのイベントでは著者たち乗客がバスケットゴールにボールを投げ入れる競技が行われ、楽しい一時が過ぎた。リゾートしらかみではこのほかに、車内で津軽三味線の生演奏が行われるなど、イベントが満載である。

　青森県に入る辺りから列車は海岸沿いを走り、いよいよ五能線の魅力の佳境に入る。どこまでも続く青い海と空。海岸線に見られる自然美に感動し、旅情に浸っていると、いつの間にか著者たちの下車駅である十二湖駅に到着した。駅名のように、白神山地の代表的な観光名所となっている十二湖の最寄り駅であり、駅前からバスが 15 分ほどでその傍まで運んでくれるので便利だ。十二湖散策は人気のあるトレッキング・スポットのようで、1 周 1.5km ほどの散策路もしっかり整備されている。バス停から歩き始めると、間もなく水面が神秘的に輝く青池に着いた。イタリアの青の洞窟も鮮烈だったが、青池はそれに少しも遜色を感じさせず、陽光が差し込むとその鮮やかさが一段と増して印象的だ。青池の近くにある色彩豊かな池で目の保養をしたり、ブナ原生林で森林浴を楽しんだりした。十二湖をあとにした著者たちは、バスでその日の宿泊先となるリゾート施設ウェスパ椿山（2020 年 10 月閉鎖）に向かった。ここにはコテージ型の宿泊施設のほかに、温泉施設やガラス工房などがあった。

　翌朝、ウェスパ椿山のすぐ傍にあるウェスパ椿山駅から、五能線の各駅停車に乗っ

写真 4-43　鶴の舞橋　長さ300mで日本一長い木橋
だ。1994年に開通した。（2017年）
　　　　　　　　　　　　▶口絵xi頁

写真 4-44　鶴の舞橋撮影スポットの案内板
（2017年）

写真 4-45　太宰治記念館「斜陽館」（2017年）

写真 4-46　津軽鉄道金木駅から望む岩木山
（2017年）

て五所川原に向かった。沿線には波打ち際の露天風呂で知られる黄金崎不老不死温
泉、地震による隆起で形成された千畳敷海岸など数多くの見所があるが、時間的な制
約から途中下車をせずに、五所川原駅まで乗車した。五所川原の観光は翌日に回し、
駅前からは事前に予約をしておいた観光タクシーで、鶴の舞橋などを巡る2時間コー
スの観光を楽しんだ。このコースでは最初に日本最古とされるリンゴの木があるリン
ゴ園などを見学してから、この旅行で最高の景勝地と言える鶴の舞橋と付近の観光施
設へ立ち寄った。五所川原の南西にある津軽富士見湖に架かる鶴の舞橋は、地元のヒ
バ木材を使用した三連太鼓橋で、その姿がまさに鶴が翼を広げたように設計されてお
り、後方に岩木山を配置した景色はまさに絶景だ。写真撮影の典型的な場所となって
いる。なお、津軽富士見湖は廻堰大溜池が正式な名称で、岩木山を水源とする自然流
水の貯水池であり、藩政時代から津軽平野の灌漑用水の一翼を担ってきた。
　タクシーで五所川原駅に戻った著者たちは、休む間もなく津軽鉄道に乗り換えた。

津軽鉄道は浦安高校勤務時代に訪れた十三湖（十三潟）への旅行以来の乗車であったが、この旅行ではその途中となる金木が目的地であった。太宰治の実家であった斜陽館の見学と津軽三味線会館に寄るためである。斜陽館は戦後実家の手を離れて旅館となり、現在では五所川原市が太宰治記念館として活用している。太宰の直筆原稿などの資料も展示され、太宰ファンならずとも、彼の人となりの一端が垣間見えたようで興味深かった。津軽三味線会館では津軽三味線の歴史、民謡、郷土芸能についての展示や、ステージでの生演奏も行われる。民謡への関心が若い時からあった著者は、叩き付けるような津軽三味線の音色と哀愁を帯びた津軽民謡のメロディーに心がくすぐられた。十三湖の傍にあった十三湊は鎌倉期から室町期にかけては日本海・東北の要港として栄えたが、岩木川の土砂の流入で港の機能が細り、荒涼として寂れた漁村になってしまった。そんな十三の在りし日をほのかに回想させる民謡「十三の砂山」の場所柄を確認したく、著者は十三湖へ行ったのであった。会館ではその「十三の砂山」や津軽民謡の代表曲「津軽じょんがら節」などを生演奏で聞くことができ、短くも思い出に残る充実した時間を過ごすことができた。金木をあとに五所川原へ戻る列車からは、残雪を抱えて夕陽に照らされた岩木山を眺めることができ、その雄姿が神々しく見えた。

　2泊目は五所川原駅の近くにあるビジネスホテルに宿泊したが、そのホテルには温泉浴場もあり、旅の疲れを癒すのに十分であった。翌朝は弘前行きの列車の出発時間までを活用し、ホテルの近所にある「立佞武多の館」に立ち寄った。青森で「ねぶた」、弘前で「ねぷた」と呼ばれる祭りは七夕の灯籠流しが原型だとされ、勇壮な武者絵が描かれた山車で全国的にも有名だ。だが、青森県内には「町あるところにねぷたあり」

左／写真4-47　五所川原の立佞武多　（2017年）
上／写真4-48　田んぼアートが描かれている川部
駅の案内板　（2017年）

と言われるほど、各地で行われている。この館内にも高さが約23mにも達する立佞武多などが展示され、祭りの様子を写した映像が年中上映されている。そのような大迫力の五所川原立佞武多を新たに発見でき、得をした気分になって駅へ向かった。五所川原駅を出発した列車からは遠くには岩木山、線路の傍にはリンゴ園といった景色が暫く続くと、五能線が奥羽本線に接続する川部駅に到着した。この駅から車で10分ほどの所に「田んぼアート」がある。広大な田圃をキャンバスに見立て、色の異なる種類の稲で絵具代わりに巨大な絵を描くというもので、最近では海外からも注目されて人気を博しているようだ。残念ながら著者たちはそこに立ち寄るだけの時間もなかったので、弘前駅へ直行した。

　桜の名所である弘前城・弘前公園が象徴するように、弘前は城下町として津軽地方の中心地となってきた。明治期に県庁所在地が青森になると、城跡は往時の遺構がほとんど保持され、陸軍施設を除き公園として市民に開放された。廃藩置県後は衰退傾向にあった商業活動も、軍関係者の需要により活発化し、弘前は軍都として再生した。城跡周辺の高級武士の屋敷跡は、官公署のほか、銀行、新聞社、教会、学校などの主要施設が集中する地区となった。弘前城の北側にあった中級以下の武家屋敷は、売り払った士族の代わりに平民が住み着き、その遺構がよく残されたので、その一画は昭和期に重伝建地区に指定されている。戦後、戦災で青森から移転してきた師範学校や医学専門学校などと旧制弘前高等学校が統合し、かつての軍用地跡などに弘前大学が開学した。軍用地跡はほかの大学などの敷地にも利用され、弘前は軍都から学園都市に変化した。第二次世界大戦で戦災を受けなかったので、城下町時代からの城郭、寺社はもとより、明治期以降の洋風建築も残り、秀峰岩木山を抱くなど、名所旧跡や景勝地に恵まれた弘前は、東北地方を代表する観光都市にもなっている。

写真 4-49　弘前市中町の重伝建地区　昔ながらの門や板塀、サワラの生垣などが、伝統的な町並みを残している。(2017年)

写真 4-50　旧弘前市立図書館（手前）と旧東奥義塾外人教師館　(2017年)

そんな見所の多い弘前だけに、本来ならば一日たっぷりかけて観光すべきところだが、この日の著者たちの宿泊地は青森の郊外にある浅虫温泉であったため、弘前の滞在が実質半日程度しか取れなかった。そこでレンタサイクルをフル活用して、市内中心部で駅から弘前公園への周遊コースを視野に、まさに走り回った。弘前公園の手前で、まず洋風建築の数々にロマンを味わった。日本基督教団弘前教会は、明治初期に創立された東北最古のプロテスタント教会であり、パリのノートルダムをモデルに建設された貴重なものだ。この近くには、明治末期にロマネスク様式で建てられたカトリック弘前教会もある。弘前公園追手門前にある市役所に隣接して、ルネッサンス様式の旧弘前市立図書館、旧東奥義塾外人教師館そして弘前学院外人宣教師館が建ち並ぶ中、そこから少し離れるが、ルネッサンス風和洋折衷の旧第五十九銀行（青森銀行記念館）も見落とせない。また市役所の傍には市立観光館があり、観光の拠点として色々な情報が得られる。ちなみにこの日の昼食は、外人教師館１階にあるレストランで地元の新鮮な食材を活かした「弘前フレンチ」を堪能したが、弘前は洋風文化を積極的に取り入れたようで、人口比では日本一フレンチ系の飲食店を擁している街だ、と観光パンフレットには記されてあった。

　弘前城の正門となる追手門が南側の公園入り口で、時間に制約されている著者たちは、そこから一目散に弘前城天守を目指した。1811年に再建された天守は、石垣工事のために2015年に直線距離にして70mほど本丸の内側へ曳屋され、著者たちが訪れた時は仮天守台に置かれていた。工事が終了するのに10年ほどかかると見込まれており、現在も仮天守台にあるが、めったに見られない光景なので思い出深い観光となった。天守の見学を終えて北門から出た著者たちは、重伝建地区の散策をし、旧伊東家と隣接する旧梅田家の住宅を見学した。ともに江戸末期に建築されたもので、藩

写真 4-51　弘前城追手門　（2017 年）

写真 4-52　仮天守台に設置された弘前城の天守
左手奥にうっすらと岩木山が見える。（2017 年）

政時代の武家の生活を偲ばせてくれた。武家屋敷からは弘前駅へ急いで戻ったが、城の南西の守りとなる寺町には、津軽家の菩提寺である長勝寺や最勝院五重塔など拝観したい寺社があるし、ねぷたの展示や津軽三味線の生演奏が楽しめる観光施設「津軽藩ねぷた村」なども市街にある。それらを見て回れなかった無念さを抱きながら、著者たちは青森行きの列車に飛び乗ったのである。

　県庁所在地としての青森市は、都市の成立と機能の視点から見ると全国の中で特異な存在の一つである。多くの県庁所在地が、幕末には大なり小なり行政を担った城下町を起源としているか、そうでなければ横浜や神戸のような港町、あるいは奈良や長野のような門前町の機能を果たしていた。そうした都市基盤が県庁所在地としての地位に繋がっていったが、青森はそれが明確ではなかった。確かに津軽藩が商業港の開設をして青森の商業育成を試みたが、青森はしばしば大火に見舞われ、幕末時には寒村と化していた。だが、廃藩置県で当初弘前を県庁所在地にして弘前県が成立したものの、県庁がすぐに、旧津軽藩と旧南部藩を統治するための中間に位置する青森へ移されたとともに、県名も青森となった。ちなみに青森と同じように、廃藩置県後に旧県が合併して現在の県に移行する中で、前述のような明確な都市機能が確立していなかったものの、県域の中間的・中心的位置にあることが理由で県庁所在地となったのが、千葉や宮崎である。

　青森の発展は函館との間に定期連絡航路が開設されてからである。また、前述のように戦災に見舞われた青森には、2021 年に世界遺産に登録された三内丸山遺跡があるが、それ以外の史跡類は乏しい。市街で観光スポットになるものとしては、ねぷたを年中体感できる文化観光交流施設「ねぷたの家ワ・ラッセ」や版画家棟方志功の記念館くらいである。この旅行では青森駅で青い森鉄道線に乗り換える程度の時間しかなかったため、それらの施設の見学は後日の機会に回した。それでも、青函連絡船として使用された八甲田丸が駅の脇に保存されているので、それを記念写真に収めておいた。浅虫温泉駅には予定通りに到着し、温泉でその日の疲れを癒した後に、青森湾に沈む夕日を眺めながら夕食に舌鼓を打った。景勝地に湧く名湯で知られる浅虫温泉で、この旅最後の夜を満喫した。

　翌朝は青い森鉄道線でさらに野辺地駅まで行き、そこから大湊線に乗り換えた。ちなみに、著者たちの割引切符は JR 東日本全線乗り放題である上に、青い森鉄道線や三陸鉄道線、伊豆急行線などにも乗車できるのである。大湊線では下北駅で下車し、バスで 45 分ほどかけて恐山の参拝に向かった。霊場恐山を映像で初めて見たのは、寺山修司監督の映画「田園に死す」（1974年公開）であったように記憶する。父親を亡くし恐山の麓で母親と暮らす中学生だった主人公が当時楽しみにしていたのは、イ

写真 4-53　青森市文化交流施設となっている八甲田丸　内部の見学もできる。（2017 年）

写真 4-54　恐山・本尊安置地蔵殿（右奥）の傍に広がる無間地獄　（2017 年）

写真 4-55　極楽とされる白砂の浜と宇曽利山湖（2017 年）

タコに父の霊を呼び出させて会話をすることであり、恐山がスクリーンに何度か映し出されたからである。地獄になぞらえられる荒涼とした地に火山ガスの噴出する岩肌一帯と対照的に、極楽とされる湖の岸辺に広がる白砂の光景が、当時流行していたサイケ調（サイケデリック）に色付けられて、そのシーンがやけに著者の印象に残ったのであった。実際の恐山の景観はどうなのだろうかという疑問が、著者の中で後々までも尾を引いていただけに、恐山拝観に期待が高まっていた。参拝を済ませて映画で見た光景の場所へ行ったら、地獄や極楽になぞらえられた光景は映像のトリックではなく、まさに現実そのものであった。9 世紀半ばに慈覚大師が霊山と呼ぶべき風光に感じ入り、恐山が開山されたことが実感できた次第だ。境内には宿坊や温泉浴場の施設も完備している。

　恐山をあとに再び帰路野辺地駅に向かい、青い森鉄道線で八戸に出た。全国有数の漁港を抱え、臨海地域には多くの工場が建ち並ぶ八戸は、八戸港を通じて北東北の物

写真4-56　埋立てが進み陸地と繋がった蕪島　蕪
島神社には弁財天が祀られており、漁民の信仰が篤い
という。(2017年)

流の拠点にもなっており、県内第二の都市として県東部の中心地となっている。明治
期以降の築港・港湾整備が八戸の発展を支えてきたといっても過言ではないが、実は
八戸はそれ以前にも都市基盤になるものがあった。盛岡南部藩の支藩として行政上の
拠点的な役割を担っていたから、城下町的な側面も持っているのである。それだけに
見所も少なくない上に、朝市で鮮魚コーナーを覗く楽しみもある。そうした八戸のさ
まざまな観光スポットを見学したいところだが、八戸到着が夕方近くになり、おまけ
に割引切符の有効期限がこの日までとなっているので、やむなく八戸駅から八戸線で
比較的列車の本数が多い鮫駅まで行ってみることにした。鮫地区には藩政時代から港
があり、漁港として八戸港の役割の一端を担ってきたからだ。駅でタクシーを拾い、
ウミネコの繁殖地として知られる蕪島と、太平洋を望む広大な白砂青松の景勝地と
なっている種差海岸の一角まで行ってもらった。そして日が沈む頃には鮫駅から八戸
駅に戻り、新幹線で帰途についた。

3　フライト&ライドの九州周遊旅行

　九州内を周遊するのに関東から九州まで往復とも鉄道で行けるが、時間の節約や海
外旅行で貯めたマイルの活用を考慮すると、やはり九州までの往復は航空機を利用し
たいところだ。この航空機利用による現地での鉄道旅を九州で何度か経験したので、
本節ではその例を紹介したい。なお、北海道でも同じような旅行が可能であるが、観
光スポットが広大な北海道の各地に散在している上に、九州ほど鉄道の使い勝手が良

くないので、未だ実行に移していない。

［新婚旅行追憶の九州西部旅　5泊6日］

　このタイプの鉄道旅を初めて実施したのは、結婚生活が35年も過ぎた2014年3月のことであった。前年の夏に佐賀大学で日本地理教育学会の研究大会が開催され、著者は終了後に有田や伊万里などを見学して帰宅したことがあった。陶磁器に関心のある妻にその話をしたら、妻は是非行ってみたいと言い出してきた。折角佐賀県まで行くのなら、そろそろ新婚の頃が懐かしくなってきたせいか、新婚旅行の思い出の地も一緒に訪ねてみるのも一興ということになった。序章で紹介したように、新婚旅行では福岡空港から当時の国鉄線を乗り継いで直接平戸へ行ったが、この旅行では博多から特急で有田に向かい、それから松浦鉄道線で伊万里に出た。伊万里から再び松浦鉄道線でたびら平戸口駅まで行き、新婚旅行と同様に平戸で1泊目を過ごした。

　佐賀県有田町やその周辺で生産される有田焼は、豊臣秀吉の朝鮮侵略で連れて来られた李参平ら朝鮮陶工が有田で磁器を焼いたことが、その起源とされている。17世紀初頭から製造が始まったが、当時は伊万里から積み出されていたので伊万里焼やIMARIの名前でも知られるようになった。17世紀後半には有田にあった鍋島藩の御用窯が伊万里市の大川内山に移され、朝廷や将軍家などへ献上する高品位な焼き物が、厳重な管理のもとで焼かれるようになった。そこで製造される焼き物は気品あふれる作風が特徴であり、鍋島や鍋島焼の名で呼ばれ、現在の伊万里焼にその伝統が受け継がれている。また、江戸期から明治期に伊万里港から積み出された焼き物は、現在では古伊万里と呼ばれて区別されている。

　有田駅で下車した著者たちは、レンタサイクルで李参平らが有田で陶石を発見した場所や、江戸初期に形成された町並みが残っている有田内山地区などを見て回った。そこでは磁器関係の商店、窯元の屋敷、資料館など江戸後期から昭和前期までの歴史的価値の高い建物が建ち並び、重伝建地区に指定されている。伊万里では、駅からタクシーで15分ほどの所にある大川内山地区へ行ってみた。大川内山は三方を山に囲まれている上に、関所跡や藩役宅跡まであり、まさに「秘窯の里」と親しまれているゆえんが分かる。有田でも大川内山でも、伝統の息吹を感じさせる窯元のレンガ煙突や家並みが、一層の旅情をそそった。著者たちもその思い出に、価格が手ごろな鍋島の透かし入りビアカップ一対を購入した。そのカップでビールを飲むとクリーミーな泡立ちで、美味しいビールが飲めるとのことだが、残念ながら破損を恐れて未だに使っていない。

　平戸では宿を決めるのに、新婚旅行で宿泊したホテルを考えたが、宿泊先の記録も

写真 4-57　李参平らが発見した陶石の採掘現場とその記念碑　(2014 年)

写真 4-58　重伝建地区に指定されている有田内山地区　(2014 年)

写真 4-59　「秘窯の里」で知られる伊万里市大川内山地区　(2014 年)

記憶もなく、天然ヒラメの漁獲量が多い平戸だけに、結局旬のヒラメを美味しく料理してくれる温泉旅館に宿泊することにした。刺身をはじめさまざまなヒラメ料理が出されて、著者たちは心ゆくまで舌鼓を打った。

　中世に長崎県西部一帯を治めた平戸松浦氏が平戸に居城を設けて、アジア各地との間に航路も開いたので、平戸は城下町の様相を持つとともに、平戸港を中心に発展していった。特に 16 世紀半ばにポルトガル船が来航してから、オランダ商館が長崎の出島に移転させられるまでの約 90 年間は、ポルトガル、スペイン、オランダ、イギリス各船が来航するとともに、平戸側からも朱印船を仕立てて東南アジア方面に進出した。「西の都」とまで呼ばれて活況を呈した平戸には、当時の様子を偲ぶことができる観光スポットが市街各所に散在する。アジア各地にあったオランダ商館の中で最大の利潤をあげたとされる平戸オランダ商館の跡、その商館の石造倉庫の建築に従事した平戸の石工が架橋工事をしたオランダ橋（幸橋）、西の都と言われていた時代の

写真 4-60　平戸のオランダ橋　（2014 年）

写真 4-61　35 年前にも記念写真を撮った平戸の撮影スポット　奥には教会も見える。（2014 年）

写真 4-62　九十九島でのヨット操縦体験　（2014 年）

写真 4-63　佐世保・弓張岳からの九十九島眺望　（2014 年）

藩主の館となった御館（現在の松浦史料博物館）など、平戸には異国情緒を醸し出す見所が満載である。著者たちもそれらを訪れるとともに、新婚旅行でも記念写真に収めた撮影スポットで、再度 35 年後の記念写真を撮ってみた。

　2 日目の朝、本土最西端に位置するたびら平戸口駅から再び松浦鉄道線で佐世保駅へ向かい、駅からは郊外にある九十九島パールシーリゾートに行ってみた。新婚旅行では平戸からここまで九十九島を通る遊覧船で来ている。このリゾートでは色々なアクティビティが用意されており、著者たちはヨットセーリングを楽しんだ。クルーザー型のヨットで、舵取りやセール操作も体験できる。著者がウインドサーファーであることを明かすと、船長が早速操縦させてくれた。新婚旅行ではできなかった経験をして、何か得したような気分になったことを思い出す。上陸してからは、近くの弓張岳までタクシーで行った。新婚旅行でもここで記念写真を撮ったのでよく覚えている。海に浮かぶ九十九島の島々や佐世保市街が一望できる景勝地として知られている

写真4-64　著者たちが宿泊したHTBのホテル　実際にアムステルダムにあるホテルをまねて建設された（写真3-14参照）。園入り口でチェックインを済ませ、散策後船に乗って建物の裏側にある専用の桟橋からホテルに入れる。（2016年）

写真4-65　オランダを思わせるHTB園内　ここがオランダでないことは、背後の山からすぐ分かる。奥の高いビルは園外にあるホテルで、その近くにハウステンボス駅がある。（2016年）

場所だ。佐世保駅に戻ってからは、佐世保線・大村線の列車でハウステンボス駅へ向かった。

　九州を代表するテーマパークのハウステンボス（以下HTBと略す）は、新婚旅行当時まだ建設されていなかった。HTBのある場所は江戸期に干拓された水田地跡で、所有者の長崎県は工業団地として造成し工場の誘致を図ったが、話が進まないままだった。1983年に開園した長崎オランダ村が人気を博したので、それを大規模化し発展させようとして、この地にHTBの建設が始まった。そして1992年に開園し一時期は好調に見えたが、入場者数が次第に減少して2003年には破綻に追い込まれてしまった。本格的な再建が始まったのは、2010年に旅行業界の大手HISが関わってからのようだ。さまざまな経営手腕が発揮され、コスト削減策と利用者増やリピーター増を図る工夫がなされるようになった。春のチューリップシーズンで園内が華やいだ色合いで飾られていることや、冬からの全国最大級のイルミネーション「光の王国」がまだ開催中であることから、HTBを存分に楽しむために、著者たちは園内のホテルに宿泊することにしたのである。

　実際に「入国」してみると、園内ではロマンチックなムードで散策を楽しめるばかりか、大人向けのアトラクションも用意されている。著者が興味深く感じたのは、健康状態の検査ができる「健康の館」で、まさに高齢者にも対応し出していることだ。また、園内の劇場ではハウステンボス歌劇団の公演を鑑賞でき、その御ひいき筋が常連として大勢入場している。年配の女性リピーターの多さにも驚かされた。妻も歌劇団の公演が気に入り、著者たちもこの旅行の後に2回もHTBに通ってしまった。春のチューリップだけでなく、初夏のバラ等々、園内では四季折々の草花が咲き乱れて

写真 4-66　イルミネーションで満載の夜の HTB 園内　堀を航行する船もイルミネーションで装飾される。(2018 年)　　　　　　▶口絵ⅹⅵ頁

写真 4-67　停車中の「ななつ星」　(2014 年)

おり、冬季のイルミネーションを含めて、いつでも楽しめる工夫がなされているようだ。

　3 日目の午前中まで HTB で過ごした著者たちは、昼食後ハウステンボス駅から大村線の長崎行列車に乗り込んだ。進行の右手にはのどかな大村湾が暫く望めたが、諫早を過ぎると間もなく、JR 九州がこの半年ほど前から運行した超豪華寝台列車「ななつ星」と遭遇した。いつか乗車できることを願いつつななつ星との別れを惜しんでいると、すぐに長崎駅に到着した。長崎の宿泊先は新地中華街の近くにあるビジネスホテルであったので、夕食は中華街に出向いた。とある料理店の入り口に市役所某部署の来店歓迎の看板が出されていたので、著者たちはその店に入ることを即決した。常連が普段よく使っているとの著者の推測が的中し、確かに安くて美味しかった。夕食後腹ごなしを兼ねて稲佐山までタクシーを走らせ、山頂の展望台から長崎市街の夜景を楽しんだ。流行の「恋人たちの聖地」を思わせる装飾が設置され、ロマンチックなムードを一層高めていたことが、高齢者の身にはうらやましく思えたほどだ。

　長崎では連泊であったので、翌 4 日目は新婚旅行で観光した長崎の代表的な見所を、まるでそれを回想するかのように探訪した。まず長崎観光の王道とも言える大浦天主堂・グラバー邸の南山手から東山手の孔子廟・オランダ坂などを散策した。幕末の開港によって造成された外国人居留地跡一帯は、まさに異国情緒を売り物にする長崎観光の目玉だ。長崎弁で街をぶらぶら歩くことを「さるく」と言うそうだが、のんびり"さるいて"いたら昼も過ぎてしまったので、長崎ちゃんぽんでお腹を満たしてから、かつての出島の跡に向かった。

　大航海時代の西洋と東洋が交わった場所で、当時の遺構が保存されているのは史跡出島だけだ、と長崎国際観光コンベンション協会のパンフレットは記す。史跡出島は 2000 年より建物群の復元が進められて、当時の様子が分かりやすく展示されている。

写真 4-68　長崎・東山手の旧居留地の一画　ここ
も南山手の一部と同様に、重伝建地区に指定されてい
る。(2014 年)

写真 4-69　日本で最初の唐寺となる興福寺　キ
リスト教禁止令が出されていた江戸期には、唐寺は在
留中国人が仏教徒であることの証にもなったという。
(2014 年)

写真 4-70　史跡出島内に作成された出島の模型
(2014 年)

写真 4-71　史跡出島内の復元された建物群
(2014 年)

　ちなみにそのパンフレットによると、出島は長崎の町人 25 名が出資して造成したもの
で、オランダ人は町人に年間で現在の 1 億円相当額の家賃を支払っていたという。
それだけ支払っていても、貿易を続けることに利益があったのであろう。

　出島をあとに、新婚旅行で記念写真を撮影した興福寺・崇福寺へ行ってみた。両方
とも 17 世紀前半に渡来した中国人の僧によって開山された寺で、建立者の出身地を
示す呼び名で前者は南京寺、後者は福州寺と呼ばれることもあるようだ。これら唐寺
には媽祖堂があるが、媽祖は海の神様であり、中国の船主が航海の安全を祈願したと
される(横浜にある媽祖廟は写真 5-105 参照)。両寺を参拝してから、途中で眼鏡橋に寄っ
て宿泊先へ戻った。

　5 日目は午前中、浦上の爆心地地区を〝さるく〟ことにし、浦上天主堂、長崎原爆
資料館、平和公園そして如己堂・長崎市永井隆記念館を見学した。午後には新婚旅行

と同様にバスで、この旅行最後の宿泊地となる雲仙温泉を目指した。雲仙は古い歴史のある温泉で、シーボルトなど長崎在住の外国人が西洋にも紹介している。明治期に外国人が避暑地として利用するようになってから、観光地として脚光を浴びるようになったようだ。明治の地形図では雲仙温泉のある場所は「温泉」と記され、「ウンゼン」と仮名が振られている。ほかの温泉と紛らわしいので、「雲仙」を充てたと考えられる。雲仙温泉についても新婚旅行の宿泊先記録が見当たらなかったので、ツアー旅行の常道のように、最後の宿ということで五つ星レベルのホテルに予約した。雲仙ではチェックインを済ませると、早速温泉街にある「地獄」巡りをした。地獄と呼ばれる場所では、高温の温泉や湯煙が至る所で激しく噴出しており、強力な硫黄臭と相まって、まさに地獄絵さながらの様相を呈していた。ホテルに戻って夕食で大ホールの食事会場に行くと、ホテル建築には珍しい二条城・二の丸御殿の天井のような和風の装飾天井であったことや、窓から傍の地獄がよく見えたことから、何とこのホテルこそが新婚旅行で宿泊したホテルであることに気付いたのであった。

そんな思い出となるホテルに偶然泊まれた著者たちの最終日は、新婚旅行のコースから離れてバスで島原に向かった。島原にはこの旅行の前年にポタリングで著者は来てはいたが、時間の関係で通過するだけであったので、この旅ではゆっくりと散策を楽しみたかったのである。島原行きのバスの車窓から、時折雲仙・普賢岳が見えたが、その噴火活動では1991年6月の土石流の発生だけでも犠牲者43名と179棟の建物被害が出る大災害となったことが、記憶に生々しい。

島原旧市街は、その土石流が発生した谷の北側にある眉山の東麓を海岸沿いに南北に広がっている。こうした島原の位置から、市街北部は火山性の扇状地にあり、豊富な伏流水に恵まれて、名水百選にも選ばれている。島原城の北西に武家屋敷跡が一部

写真 4-72　雲仙温泉の「地獄」 宿泊したホテルが左手奥に見える。（2014 年）

写真 4-73　水路がある島原の武家屋敷の一帯（2014 年）

写真 4-74　復元された島原城　（2014 年）

写真 4-75　島原城天守からの島原湾と阿蘇山遠望　手前からの通りの突き当たりにあるのが島原駅で、旧島原城門を模した駅舎だ。（2014 年）

残り、名水が屋敷の水路を流れているだけに、島原観光の代表的な見所となっている。

　島原鉄道島原駅の近くにある島原城は明治維新で廃城となったが、1960 年代に復元された。島原城は 1620 年代に松倉氏の領民に対する収奪と過酷な支配で築城されたもので、そうした圧政が島原の乱の原因にもなっている。五層の天守は博物館となっており、キリシタン史料や郷土史料などが展示されている。好天だったので最上階の展望所からは、写真 4-75 のように島原湾の対岸に阿蘇の山々がくっきりと見えた。18 世紀末に大地震で眉山が崩落し、島原の城下にも土石流が襲ったことがある。土石流はさらに島原湾にも流れ込み、最大波高 10m 以上の大津波が対岸の肥後の村々を襲った。反動波が島原半島沿岸にも押し返し、結局死者 15,000 人、流出家屋 6,000 戸とされる大災害となった。島原湾を眺望することで、「島原大変肥後迷惑」と呼ばれる大災害を多少なりとも理解できたような気がした。島原駅から島原鉄道で、有明海ののどかな春の海を眺めながら諫早駅に出た。

　長崎本線の特急に乗り換え、有明海沿いに走る列車の車窓からは手前に雲仙、遠くに阿蘇の山々が見えた。九州を代表する山並みに別れを告げるようで、この旅行の最後を飾るのに相応しかったが、著者たちは福岡に戻る手前の二日市駅で、太宰府天満宮に参拝するために下車した。だが既に夕方となっており、近くにある九州国立博物館へ行く時間はなかった。

［HTB・長崎から指宿・鹿児島へ　５泊６日と HTB から別府・杵築へ　５泊６日］

　HTB に魅せられた著者たちは、2016 年と 2018 年それぞれ 3 月の旅行で初日に、まずリピーターとして HTB に「入国」した。前回と同様にチューリップの咲き乱れ

る園内の散策を楽しんだ後、夜のイルミネーションやパレードで著者たちは童心に帰った。HTB のイルミネーション「光の王国」が全国的にも知られるようになったせいか、その規模が大きく、派手になったような気がした。イルミネーションだけでなく、妻は歌劇団の公演でも HTB の虜になってしまったようだ。また、宿泊した園内のホテルでは毎晩ラウンジで演奏会が開催され、華麗な雰囲気を一層高めてくれるのも嬉しい限りだ。両方の旅とも 2 日目の午前中までは HTB に滞在し、午後ハウステンボス駅から 16 年では宿泊先に近い長崎駅へ、18 年では諫早駅経由で肥前大浦駅へ向かった。それではまず先に、16 年の旅行について紹介したい。

　2 泊目を長崎で過ごした著者たちの 3 日目は、何しろ前年の 2015 年に世界遺産「明治日本の産業革命遺産」に登録されたばかりの軍艦島に行くことが、この旅行の主要目的地の一つであっただけに、当日の天気が大変気になった。軍艦島と呼ばれる

写真 4-76　軍艦島の全景　写真右手に僅かに見える桟橋のある東側を撮影した。（2016 年）

写真 4-77　軍艦島の見学広場で説明を受ける観光客　正面奥に見える 7 階建ての建物は、1916 年に建造された日本最古の鉄筋コンクリート造りの高層アパートだ。（2016 年）

写真 4-78　炭鉱の中枢となった総合事務所跡（2016 年）

写真 4-79　肥前大浦駅のホームにある看板（2016 年）

ことが多い端島（はしま）は長崎港から南西に約 19km の沖合に位置し、南北約 480m、東西約
160m の小さな海底炭鉱の島である。狭い島に最盛期には約 5,300 人が暮らし、日本
の近代化や高度経済成長の一翼を担ってきた。護岸で島全体が囲われ、高層の鉄筋コ
ンクリート造りが建ち並ぶ外観は確かに軍艦に似ている。端島へは、長崎港などから
各船会社が運行する軍艦島クルーズに参加する必要があり、出港しても荒天で上陸で
きないこともある。幸い著者たちは上陸することができて、決められた見学ルートに
沿った 3 か所の見学広場で説明を受けた。崩壊が進みつつあるものの、貯炭場などの
生産施設、従業員の住宅、竪坑跡などを確認でき、炭鉱の町で暮らした人々の息遣い
に触れたような思いで、島に別れを告げた。

　長崎港に上陸して昼食を済ませた後、埋立てで整備された港の周辺を春の日差しを
浴びながらのんびりと "さるいて"、思い出多い長崎をあとにした。長崎駅からは長
崎本線の各駅停車で、3 泊目の宿泊先がある肥前大浦駅で下車した。ここはもう佐賀
県の太良町で、竹崎蟹で知られるワタリガニの美味しい所だ。九州には各地にグルメ
ファンをうならせるブランドの海産物があるが、これもその一つである。かつては浦
安沖でもワタリガニの漁が盛んで、著者も幼少の頃からワタリガニを頬張ってきた
が、有明産の竹崎蟹の大きさと味には舌を巻いた。豊饒な海の幸を堪能するとともに、
星が降るような夜空を眺めながらの露天風呂を楽しみ、九州旅行の醍醐味をしっかり
と味わった。

　翌 4 日目の朝、肥前大浦駅から再び長崎本線で新鳥栖駅に向かい、九州新幹線に乗
り換えた。著者たちが乗った JR 九州の車両は、東海道・山陽新幹線と異なり内装が
観光客向け仕様で、車内がゆったりとして寛ぎやすくなっている。初めて乗る妻も、
満更でもなさそうな様子だ。下車駅の鹿児島中央までは 1 時間半もかからないので、
あっという間であった。なお、この旅行で熊本に寄ることもあり得たが、著者が以前
何度か訪れていることや妻もツアーで寄ったことがあったので、熊本駅で下車はしな
かった。

　鹿児島中央駅から著者たちは、バスで南九州市の知覧へ向かった。1 時間半足らず
で知覧に到着し、まず武家屋敷群の見学をした。江戸期の薩摩藩では領地を外城（とじょう）と呼
ばれる百以上の地区に分けて、そこに武家集落が造られた。知覧も外城の一つであっ
た。17 世紀後半あるいは 18 世紀半ばに建造されたとされる武家屋敷群の地区内は石
垣で屋敷が区切られ、沖縄でよく見られる石敢當（魔除けの石碑）や、屋敷入り口に
屋敷内が見えないように設置した屏風岩があり、琉球の影響を受けている様子も確認
できる。こうした特徴を持つ知覧の武家屋敷群は、昭和期に重伝建地区に選定されて
いる。武家屋敷群の見学を済ませた著者たちは、知覧特攻平和会館へ移動した。知覧

写真 4-80　知覧武家屋敷群の中心通り　この写真
は前年にポタリングで寄った際に撮影した。(2015 年)

写真 4-81　知覧武家屋敷でも見られる屏風岩
(2015 年)

は、第二次世界大戦の末期に特攻基地の置かれた町としても知られているとおりだ。特攻基地跡の一端に建設された会館では、史実を後世に伝えるべく、特攻戦没者の遺品・遺書や旧陸軍の戦闘機などが展示されている。見学を終えた著者たちは、バスで指宿市内のホテルに移動し、「砂むし温泉」で旅の疲れを癒した。

　温泉保養都市として知られる指宿は、一時期南九州の新婚旅行コースに組み込まれるほどの人気観光地となった。市内には海上からそびえる開聞岳、それを眺望する景勝地の長崎鼻、九州最大のカルデラ湖で謎の生物「イッシー」が棲むと言われた神秘的な池田湖など、数多くの観光スポットがある。著者たちもバスで長崎鼻から池田湖を巡る観光を足早に済ませてから、一旦指宿駅に出て荷物を慌ただしくコインロッカーに預けた。そして、知林ヶ島を望む田良岬へと急いだ。知林ヶ島は岬の沖合約800m にある無人島であるが、干潮時には砂州が出現し、大潮の際には海上を歩いて渡れることで知られている。ちょうど著者たちが指宿にいる時に大潮の干潮であったので、それに合わせるために田良岬に急行したのであった。潮が引くと、まるで「海割れ現象」のように砂の道(愛称「ちりりんロード」)ができ、著者たちも心地よい潮風を受けながら島との間を往復した。この時の感激のせいで、著者は韓国の珍島へ行ってみようという意欲がなくなってしまった。興奮冷めやらぬ中、駅に戻った著者たちは指宿枕崎線で最終宿泊地の鹿児島へ向かった。

　鹿児島の城下は当初、現在の鹿児島駅の北側辺りに形成されたが、17 世紀初頭に城山へ鶴丸城が建設されて移った。しかし、例えば熊本城などのような天守を持った近世の城郭と比べると、壮大な天守もなく、藩主の居館、行政施設としての館に過ぎなかったようだ。それは薩摩藩が前述の外城の制度を採用し、武士たちが藩内各地に配置されたことに関係があるという。藩政時代に鹿児島湾岸で一部埋立てが実施さ

写真 4-82　長崎鼻から見た開聞岳　(2016 年)

写真 4-83　知林ヶ島に続く砂州の出現　(2016 年)

れ、幕末には城下は城を中心に、南は現在の市街中央を流れる甲突川の付近まで広
がった。鶴丸城跡とその周辺は他の城下町同様に、官公庁や博物館・図書館などの文
化施設の多い地区となっており、隣接する商業・業務地区や繁華街の天文館を含めて
中心市街地となっている。甲突川以南は第二次世界大戦以前から宅地化が見られたが、
戦後一層の市街地化が進んだ。またシラス台地上にも住宅団地が形成されたり、湾岸
部の埋立ての進展によって、臨海部での工業化が促進されたりした。さらに、2004
年に九州新幹線が部分開業し、駅名が西鹿児島から改称された鹿児島中央駅の周辺も、
新たな商業地区となっている。

　鹿児島で最後の夜を迎えるので、宿泊先は高級な老舗の観光ホテルにした。このホ
テルは中心市街地の背後に位置する城山にあり、ホテルからの桜島や鹿児島湾（錦江
湾）の眺望は、まさに絶景に値するほどだ。また夕食でも、黒毛和牛など鹿児島の食
材をふんだんに用いた郷土料理の数々に舌鼓を打った。最終日となった翌朝は、まず
ホテルの近くで、西郷隆盛が西南戦争で最後に指揮を取っていた洞窟を見学してから、
鹿児島の代表的な観光名所である仙巌園（磯庭園）へバスで向かった。

　仙巌園は鹿児島駅よりもさらに北の市街北端に位置し、17 世紀半ばに島津家の別
邸として築造されたものである。桜島を築山に、錦江湾を池に見立てた雄大な庭園で
知られる。園内には奇岩・千尋巌や琉球国王から献上された楼閣・望嶽楼があり、薩
摩と外国との交流を示すものが見られる。さらに、大砲を鋳造するために鉄を溶かし
た西洋式の施設である、反射炉の跡も残っている。仙巌園に隣接する尚古集成館本館
は、1865 年に竣工された日本最古の機械工場の建物で、現在は博物館となっており、
島津家の歴史や近代化事業が紹介されている。これらも端島などとともに、2015 年
に世界遺産として登録されている。なお、集成館事業で作られていた独自のカットガ
ラス「薩摩切子」が復元され、切子工場の傍にあるギャラリーショップでは、それら

写真 4-84　城山のホテルからの桜島遠望　（2016年）

写真 4-85　仙巌園から望む桜島と錦江湾　（2016年）

写真 4-86　仙巌園内にある反射炉跡（奥の石垣）と反射炉の模型や復元された大砲　（2016 年）

写真 4-87　尚古集成館本館（旧集成館機械工場）（2016 年）

　鹿児島の工芸品が紹介されている。仙巌園からホテルに戻る途中で、かごしま水族館にも立ち寄ってみた。巨大な水槽で悠然と泳ぐジンベイザメが圧巻で、とても印象に残っている。ホテルからはシャトルバスと空港連絡バスで、鹿児島空港へ直行した。

　2018 年の旅行でも 1 日目は HTB に、2 日目は肥前大浦の前回お世話になった割烹旅館に宿泊し、心ゆくまで竹崎蟹を味わった。3 日目は肥前大浦駅から途中で特急を利用して博多駅に向かい、博多駅から再び小倉駅経由の特急に乗って、大分県の柳ヶ浦駅で下車した。当初の計画では、久大本線を走るリゾート特急「ゆふいんの森」を利用して鳥栖駅から別府方面に向かうつもりでいたが、前年に発生した九州北部豪雨のために一部区間が不通となり、それが翌年まで持ち越されて、ゆふいんの森が運行されていなかったからである。柳ヶ浦駅からはタクシーで宇佐市内の宿泊先に向かい、チェックインを済ませてから、前方後円墳 6 基が保存される「宇佐風土記の丘」園内にある大分県立歴史博物館の見学に出かけた。

著者は 2004 年に胃癌で切除手術をしたことから、行けるうちに出かけるようにしようと妻に持ちかけ、早速翌年の春に、羽田発で福岡県の柳川から阿蘇を経て由布院・別府・宇佐・耶馬渓などを観光し、福岡から羽田に戻る「九州横断バスの旅」に参加したことがあった。ちなみに、この時著者は初めて大分県の地を踏んだが、大分が全都道府県の中で最後の訪問県となった。ただ、このツアーでは宇佐神宮や国東半島にある真木大堂や富貴寺といった名所には寄ったものの、摩崖仏の見学もなかったし別府市街の十分な観光もなかった。このようなことから著者自身の大分県についての知識理解が手薄であったので、まずは歴史博物館に寄った次第であった。館内の常設展では、大分の歴史と文化を暮らしや祈りの視点から考えるべく、土偶、宇佐神宮の歴史、国東半島の天台宗寺院（六郷満山）、摩崖仏と石塔、富貴寺の複製阿弥陀如来坐像と複製壁画、庄屋の暮らしと奉納物、家や土蔵の壁などに漆喰で描かれたレリーフ状の鏝絵が展示されていた。翌日の観光の“予習”となり、貴重な見学であった。

　博物館をあとにした著者たちは再びタクシーで、この旅行の主な目的地の一つである豊後高田へ向かった。それは豊後高田が、昭和時代の雰囲気が色濃く残っている市街があることから「昭和の町」として知られ、映画「ナミヤ雑貨店の奇蹟」（廣木隆一監督、2017 年公開）などのロケ地として選ばれているからだ。周防灘に面して豊後高田は、瀬戸内海の海上交通によって六郷満山文化が花開いたように、古くから関西との交流が盛んであった。明治期以降においても、関西方面との内海航路の拠点となっていた。こうして豊後高田の中心街は、宇佐や国東半島を後背地とした海上輸送の要として発展したが、内海航路の重要性の低下や日豊本線の駅からも離れていることもあり、高度経済成長期以降は衰退を余儀なくされた。それだけに市街の建て替えも進まなかった。だが、2000 年代になるとレトロな雰囲気を逆手に生かし、昭和 30 年代

写真 4-88　昭和の町・豊後高田の商店街　（2018年）

写真 4-89　昭和ロマン蔵　ボンネットバスも主に土・日曜日に運行される。（2018 年）

の外観をイメージして地域の活性化に取り組んだのであった。バスターミナルから始まる商店街では「昭和の再生」を目標に、建物の外観だけでなく、それぞれの商店が昭和期の「お宝」を展示し、昭和期からの逸品を販売するなどしている。また1935年頃に米蔵として建てられた旧高田農業倉庫が「昭和ロマン蔵」として再生された。そこには駄菓子屋の玩具の展示や駄菓子の買い物ゾーンなどがあり、昭和の暮らしが体感できるようになっている。著者たちも昭和時代の懐かしさに浸りきって、宇佐の宿泊先に戻った。

　翌4日目は宇佐から別府への移動日となった。その途中になる国東半島の名刹や摩崖仏を、手頃に効率よく見て回る方法として思い付いたのが、宇佐駅からの定期観光バスの利用である。著者たちが参加した「国東半島史跡めぐり」は、大分駅から別府駅・宇佐駅を経由して、宇佐神宮・富貴寺・真木大堂・熊野摩崖仏・両子寺などを参拝し、大分空港と別府駅に寄って大分駅に戻るコースであった。著者たちのような鉄道旅行者の願望を満たしてくれる、頼もしいサービスである。なお、途中での昼食時間が設定されているが、食事代は各自払いとなっている。拝観箇所の概略は次のとおりである。

　全国4万余りの八幡宮の総本社である宇佐神宮は、応神天皇を主祭神としており、朝廷の崇敬が篤いことで知られる。神宮と命名されるゆえんである。広い境内には、古い神社本殿の一形式を伝える八幡造の本殿のほか、多くの社殿が点在している。富貴寺の大堂は平安後期の建立で、現存する九州最古の木造建築だという。堂内には阿弥陀如来坐像が安置されるとともに、仏像を囲むように壁面に、数多くの仏を描いた壁画が見られる。六郷満山の最大の寺として隆盛を誇った伝乗寺が700年ほど前に

上／写真4-90　宇佐神宮本殿　（2018年）
右／写真4-91　摩崖仏の一つである不動明王像
高さ8mの半立像である。（2018年）

火災で焼失し、難を逃れた9体の仏像が集められたお堂が、真木大堂である。六郷満山の拠点となった胎蔵寺から山道を登ると、忽然と姿を現したのが平安後期に造立されたと推定されている熊野摩崖仏である。巨岩壁に刻まれた日本一の石仏である大日如来像と不動明王像が著者たちを迎えてくれた。両子寺は国東半島の最高峰両子山の山腹にあり、六郷満山の中の古刹として知られる。半島最大の仁王像のほか、山門、護摩堂など、往時の寺院形態が残されている。

　別府で下車した著者たちは別府湾沿いの宿泊先に到着した。1960年に開業した別府タワーの近くにあり、別府が戦前に観光ブームで繁栄した旧市街にあるホテルだ。最上階にある露天風呂からは湾一帯を望め、旅の疲れを癒すのには最適であった。翌5日目の朝はまずその日の宿泊先に向かい、荷物を預かってもらった。別府市内には連泊するものの、同一のホテルではなく、異なるホテルに宿泊することを企画の段階から決定していたのである。別府の第二繁栄期となる高度経済成長期には、別府駅西方の山腹に位置する観海寺地区や、市街北部で「地獄」と呼ばれる温泉が噴出している鉄輪地区で高層の大型ホテルが建設されている。そこで、最終泊は趣を変え観海寺地区の老舗ホテルに移動したというわけだ。

　ホテルに荷物を預けた著者たちは、バスで由布院温泉へ日帰り観光に出かけた。由布院駅前から駅前・由布見通りをそぞろ歩き、湯の坪街道・たけもと通りに入ってみた。それらのメインストリートは、案に違わず観光客であふれていた。特に中国人や韓国人の多さが、ここでも目立った。1980年代に八ヶ岳山麓の清里が若者の間でブームとなったが、由布院ブームは日本の若者だけでなく、海外の若者にまで波及したようで、情報・交通の国際化の進展ぶりが実によく反映されているようだ。清里の観光化は、やたらとけばけばしさが鼻に付いた記憶があるが、外国人旅行者が"日本らしさ"を求めているせいか、由布院では落ち着いた賑わいとでもいったものを感じた。由布院の観光名所となっている金鱗湖まで行き、帰りはお土産店やギャラリーを覗き込んだりして、駅の傍にあるバスセンターに戻った。別府のホテルに帰着した後は、一風呂浴びて夕食を楽しみに待った。想定したように料理の一品に「関さば」が供され、ここでも九州のグルメを堪能した。

　最終日は午前中にまず鉄輪地区に行き「地獄めぐり」に興じた。国指定名勝となっている海地獄と白池地獄など、歩いて行ける範囲の地獄を見学して、急いでホテルへ戻って荷物を持つと、路線バスで杵築に向かった。別府・大分空港間には空港特急バスがあるが、途中で、重伝建地区に指定されている城下町杵築の見学をしたかったからである。国東半島の付け根に位置する杵築市街の東端には、城山の杵築城跡があり、本丸跡には1970年に杵築城天守が建設された。これは模擬天守であり、館内ではさ

写真 4-92　北台武家屋敷の東端にある杵築城の遠望　南台武家屋敷東端の展望台から撮影した。(2018年)

写真 4-93　北台武家屋敷と谷町筋を結ぶ「酢屋の坂」　酢屋の坂とその角に位置する綾部邸を保存するために、ここの谷町筋の道路は狭くなっている。(2018 年)

写真 4-94　道路が 16m に拡幅された谷町筋 (2018 年)

まざまな史料が展示されている。

　城下町は城山の西側に展開しており、北台と南台の 2 つの台地には武家屋敷が、その間の低地（谷町筋）には町屋が配置された。台地上から眺めた立体的な景観や台地と谷町筋を繋ぐ坂道は絶景で、しばしば時代劇のロケにも使われている。重伝建地区に指定されている一画は武家屋敷の地域で、上層藩士が居住した藩政期の地割がよく保存されているという。主屋と門の武家住宅の形式が残り、石垣や石段で坂道を巧みに生かした景観が魅力を生んでいるようだ。こうした特徴から、市観光協会は杵築を「サンドイッチ型城下町」としてアピールしているが、同じ原理は東京の麻布にも当てはまるものがある（→ 377 頁参照）。台地上のかつての武家地は大使館、学校、公共施設などに転用されたが、低地の麻布十番は町屋を引き継ぎ、山の手屈指の商店街

となっているのである。杵築の谷町筋でも商店が散在し、古い情緒を残そうと白壁造りを模した建物に建て替えられた。ただ、谷町筋の大部分では道路の幅員が 16m に拡幅整備されたため、著者には城下町の道路としては広すぎる感じがして、いささか違和感があった。だが、近代的な生活に対応できる都市構造への転換を求めて道路拡幅の要求がある中で、歴史的景観の保存を図ろうとする町づくりの試みを追求した結果、歴史的に価値のある坂や建造物のある箇所では、拡幅の規模を縮小した。後述の広島県の鞆の浦（→ 320 頁参照）だけでなく、大きく変化した現代の生活様式の中で歴史的価値をいかに保存するのかは、それぞれの場所でその地域性を考慮して検討が進められているようだ。

　市観光協会によると、杵築は全国初の「きものが似合う歴史的町並み」認定を獲得したようだが、まさに楽曲「わたしの城下町」で歌われているような、古風で落ち着いた風情がある。別府・大分方面へ空路で行くことがあるようなら、是非ゆっくりと再訪したい場所である。ちなみに、杵築・大分空港間は路線バスでおよそ 30 分だ。

4　往復割引で行く鉄道旅

　JR 線では、片道乗車券の経路を全く同じ行程で折り返す往復乗車券だと、利用する片道の営業キロが 601 キロ以上になる場合は、往復割引で「ゆき」「かえり」の運賃がそれぞれ 1 割引きとなる。したがって、目的地の手前にも下車したい駅がある場合には、往復乗車券を利用するのも一考だ。往復乗車券の有効期間は片道乗車券の 2 倍となるから、途中下車する駅が多くても使い勝手が良い。ちなみに、JR 東日本のおときゅうの会員だけでなく、JR 各社の「ジパング倶楽部」の会員になれば、さらに 3 割引きとなることは言うまでもない。以下では、この往復乗車券を使った鉄道旅を紹介しよう。

［広島県東部と岡山県西部の瀬戸内の旅　3 泊 4 日］
　妻と瀬戸内地方を初めて一緒に訪れたのは、2008 年にポタリング（第 5 章参照）でしまなみ海道を広島県の尾道から愛媛県の今治まで走破した時のことであった。自転車を走らせながら目に映った瀬戸内海の風景が、まるで楽曲「瀬戸の花嫁」の歌詞そのものだと、妻は瀬戸内の穏やかな海が非常に気に入ったようだった。そこで翌 2009 年には、香川大学への学会出張にも同行し、著者たちは岡山城、夕日の多島美

を望む鷲羽山、映画「二十四の瞳」（木下惠介監督、1954 年公開）の舞台で、オリーブ栽培でも有名な小豆島などに立ち寄った。またその後 2011 年の東日本大震災の直前にも、夫婦旅で広島を中心に岩国や呉、竹原にも足を運んだことがあった。そこで再び 2018 年 5 月に、瀬戸内海の本州側沿岸部でそれまで行ったことのない観光地を、島にも渡りながらたどってみることにした。購入した切符は東京都区内から呉線の忠海駅までの往復乗車券である。

　この旅行では、早朝に東京駅を出発する新幹線を利用し、福山駅で山陽本線に乗り換えて尾道駅で途中下車をした。尾道にポタリングで来た時は、自転車の走行に余裕を持たせるために、尾道では十分な観光ができなかったので、この旅行ではゆっくり街中を散策できるような行程にした。尾道はよく知られているように、古くから対明貿易船や北前船などの寄港地として瀬戸内海交易の要衝となり、港町として発展してきた。石見銀山の銀もここから上方に輸送されたことがあったという。そうした繁栄ぶりから豪商が寄進して、数多くの神社仏閣が市街地の山腹に細長く建ち並んだ。著者たちも駅の近くにある持光寺から始まる石畳の古寺巡りコースに沿って、途中にある数々の名刹や志賀直哉旧居などを見学しながら、千光寺山山頂に上るロープウェイの乗り場まで歩いた。山頂からは、尾道の語源を思わせる尾道水道が市街と対岸の向島に挟まれて、川のように広がる様子が手に取るように見えるし、瀬戸内海の島々が指呼の間にあるようだ。展望台の下には 9 世紀初頭に弘法大師が開基した千光寺がある。参拝した後は眺望を楽しみながら、尾道の風光を愛でた文人墨客の作品を天然の岩に刻み込んだ「文学のこみち」という遊歩道を通って下山した。そしてバスを使って、小津安二郎監督の不朽の名作「東京物語」（1953 年公開）の撮影現場にもなった古刹、浄土寺にも参拝した。

　その撮影現場を 15 歳の時に見学した大林宣彦監督は尾道出身であり、自身も「転校生」（1982 年公開）を皮切りに、数々の尾道を舞台とした映画作品をヒットさせた。近年映画などのロケ地を巡る旅が流行しているが、林芙美子が青春時代を過ごした風光明媚な尾道には、そうした映画ファンが早くから訪れたようだ。また中心市街地には、おのみち映画資料館もあり、尾道所縁の作品や資料が展示されている。尾道ではこうした映画や文学だけでなく美術にも力が入れられており、尾道市立美術館、尾道市立大学美術館、遊歩道の壁面展示パネル「おのみち海辺の美術館」と、"三つ揃い"である。このような施設や企画は、尾道が目指す国際芸術文化都市の一面のようだ。昼食としてご当地グルメ「尾道ラーメン」に舌鼓を打った後、尾道駅に戻った。10年前と比べると駅舎が新築されたり、駅前が洗練されたデザインで整備されたりした様子が目立った。それも、そうした市政の反映なのであろう。

写真 4-95　天寧寺（手前）と千光寺（山腹上方）
右手にロープウェイの鋼索が見える。（2019 年）

写真 4-96　向島と尾道市街に挟まれている尾道
水道　市街東方の新尾道大橋方面を望む。（2019 年）

　尾道をあとにした著者たちは三原駅で呉線に乗り換えて、往復切符の行き先となっている忠海駅へ向かった。駅の傍から出航する大久野島行きのフェリーに乗るためである。第二次世界大戦期に大久野島には旧陸軍の毒ガス製造所があったことを日本史の教材から知り、広島大学へ学会出張で行った帰りに寄ったことがあった。その時に野生化したウサギが島中に見られたのが印象的で、妻にそんな話をしたら妻はとても興味を示した。そうしたことから、この旅行では大久野島への往復が行程に入ったのである。忠海港から 15 分ほどで島に到着すると、生息数が 1,000 羽を超えるとされるウサギがちらほら見え始めた。まるで著者たちを歓迎してくれているかのようだ。有りのままの姿を保全するためにお菓子やパンなどを与えないよう、抱っこしたりしないよう、観光客に呼び掛けている。それでも、販売されているウサギ用の餌をやることはできるので、写真 4-97 のような愛くるしさが、多くの観光客を惹き付けている。「ウサギの島」は SNS などでその知名度を上げて、国内旅行者はもとより、今や「Rabbit Island」を訪れる外国人観光客も急増した。著者は当初、このウサギは毒ガス製造研究の実験動物として飼育されていたものの子孫かと考えていたが、そうではなく、戦後地元の人が飼育していたウサギを放し、それが野生化して繁殖したものだ、ということを現地で伺った。

　一方で大久野島には、「毒ガスの島」であったことを示す遺構、例えば砲台跡、発電場跡、毒ガス貯蔵庫跡などが島内に残されており、大久野島毒ガス障害死没者慰霊碑も建立されている。毒ガスの製造過程で多くの犠牲者を出した痛ましい事実を後世に伝えるべく、当時の資料を展示して毒ガス製造の悲惨さを訴える「大久野島毒ガス資料館」も開設されている。ウサギの可愛いさとともに、戦争の悲惨さや平和の尊さ、生命の重さを感じたいものである。資料館に隣接する保養施設・休暇村大久野島に宿

写真 4-97　Rabbit Island として人気が出た大久
野島　（2019 年）

写真 4-98　大久野島の毒ガス研究所だった建物
（2019 年）

泊できるので、著者たちもそこで最初の夜を過ごした。夕陽を眺めながら温泉につか
り、海の幸も楽しめる。

　翌朝著者たちは忠海駅に戻って一路、福山駅へと向かったが、読者の皆さんがもし
大久野島を訪問するようなことがあれば、あわせて竹原市街の散策も勧めたい。竹原
駅は忠海駅の三つ隣りの駅であり、駅から歩いて行ける竹原旧市街には、昭和期に重
伝建地区に指定されている区域があるからだ。著者たちは既に見学したことがあり、
敢えて寄らなかっただけのことである。竹原も古くから瀬戸内の交通の要衝として海
運業が発展し、江戸期には塩田の開発で製塩業でも栄えた。さらに塩の移出と引き換
えにコメの移入がなされて、酒造業で財を成す商家も出現した。こうした経済の発展
で商家が大邸宅を構えて、現在残る町並みや神社仏閣が形成されるようになった。伝
統的な商家建築が竹原の重伝建地区の特徴で、日本の商家町の様子が分かりやすい。
現存する町屋の多くが、江戸中期から明治期のものだという。

　福山に戻った著者たちは、ほかの鉄道旅の時と同様に、まず駅のコインロッカーに
荷物を一旦預けたが、その背後にそびえるのが何と福山城なのである。本章の最初の
節で記したように、福山のような城下町など歴史のある都市では、明治期以降になっ
てからその周辺部に鉄道駅が建設された例が一般的であるものの、福山駅はその例外
となっている。言い換えるならば、福山城は駅から最も近くにある城の代表というこ
とになる。それもそのはずで、1891 年に山陽本線の前身となる山陽鉄道の部分開通
に伴って、城内の三の丸や内堀・外堀を埋めた跡に福山駅が開設されたのであった。
ちなみに、新幹線で福山駅から二つ隣りになる三原駅も、山陽鉄道開業時に三原城址
内に開設された。さらに三原駅は新幹線の開業に伴う高架化で、高架が本丸や天守台
を貫いてしまった。

写真 4-99　伝統的な商家が建ち並ぶ竹原の重伝建地区　（2011 年）

写真 4-100　福山城内に開設された福山駅　左側は駅構内で、右外れには再建された天守も見える。（2019 年）

　福山には、市内を流れる芦田川の河口に中世には「草戸千軒」と称する港町があり、賑わったことが発掘調査で分かっているが、洪水で流出してしまった。福山が城下町を形成したのは、江戸初期に譜代の水野家が入国してかつての福山湾内にあった島に新城を築いてからである。堀も湾内のデルタに入江を引いて外堀としている。家康が武蔵野台地東端に江戸城を建設し、その東側にあるデルタと埋立てで城下町を形成したような方式が、ここでも採用されたのである。福山では城の西に武家屋敷、東に町屋を配した。そして海に面した干潟に造成された干拓地への農民の入植で、耕地の拡張が図られた。福山は明治維新で地方行政の地位を失い一時人口の減少が見られたが、山陽鉄道や両備軽便鉄道（現福塩線）などの開通で交通の結節地としての立地条件が整い、工場や教育機関、金融機関などの進出で地方中心都市として発展した。それだけに第二次世界大戦では大空襲を受け、全戸数の 8 割近くが焼失して都市機能が破壊された。そうした戦争による悲惨さを後世に伝えるべく、福山市人権平和資料館が福山城公園の近くに設置されている。ちなみに福山城の天守もこの空襲で焼失したが、1966 年に博物館として再建された。この天守は秀吉時代の大阪城に倣ったもので、天守建築としては最も完成されたものだという。

　福山では戦後早々の復興都市計画で、市街地の整備が進められた。そして高度経済成長期の 1960 年代に埋立地へ日本鋼管（現 JFE スチール）が進出するとともに、福山の一帯は備後工業整備特別地域の指定を受けて工業化も進んだ。低成長時代になってからは生活重視の都市政策に軸が移され、隣接する岡山県の笠岡・井原の両市を含めて、広島県東部の中核都市圏の中心地としての機能が目指されている。こうした福山の発展や政策の中で、草戸千軒町遺跡の出土品展示や瀬戸内の歴史と文化をテーマにした広島県立博物館や、ふくやま美術館も開館した。また、協働の町づくりの契機

となった「ばら公園」は、1950年代後半に市民が当時の公園にバラの苗1,000本を植えたのが始まりで、「ばらのまち福山」「ばらのまちづくり」として知られるようになった。

　身軽になった著者たちは市内散策でまずばら公園に出向き、ちょうど見頃に差し掛かっていたバラの観賞を楽しんだ。後述のように著者たちはバラの観賞によく出かけており、無料でこれほど優雅で華やいだ気分にしてくれる所は、ほかにはないと思っている。この日の観光は時間の関係でこのほかに、福山城博物館など福山城公園内の見学と、国宝になっている明王院の参拝にとどまった。夕方には福山駅からバスで30分ほどの鞆の浦に出て、そこに2泊目の宿を取った。

写真4-101　福山城天守からの市街地眺望　左手奥にJFEスチールの工場がある。駅から右手に伸びる道路は、戦後の市街地整備で敷設された幅員55mの駅前大通り。(2019年)

写真4-102　明王院　本堂は1321年に、五重塔は1348年に建立された。(2019年)

　鞆の浦へは、著者が浦安高校に勤務していた時に修学旅行の引率で宿泊しているのだが、たいして記憶に残っていない。生徒指導で手一杯であったからなのかもしれない。それよりも、鞆の浦が長編アニメ「崖の上のポニョ」(宮崎駿監督、2007年公開)のロケ地とされるとともに、福山市鞆町にある県道バイパス建設計画の是非を巡る議論・論争（鞆の浦埋立て架橋計画問題）が全国的な関心を集めたことが、再びこの地を訪れるきっかけとなった。鞆町の道路は江戸期から継承された幅員狭小なもので、車の通行に支障をきたす箇所が確かに多い。そのために港の両岸を埋立てと架橋で結ぶという、インフラ整備と地域の活性化を図る計画が持ち上がった。だが、歴史的景観の保全などからこの計画に反対する意見も活発化し、論争となったのである。この問題は景観か住民の生活か、いずれを優先するのか、また景勝地としての価値を損ねないで観光客の減少を避ける方策をどのようにして考えるのかという、重要な検討事

写真 4-103　鞆城跡から見た鞆港　港を東西（写真では左右）に横断するような架橋計画が論争となった。（2019 年）

写真 4-104　常夜灯と雁木が見える鞆港の一部
写真 4-103 に見える常夜灯はこの常夜灯。（2019 年）

写真 4-105　対潮楼からの絶景　対潮楼は福禅寺の客殿で、通信使が命名した。（2019 年）

項を突き付けている。

　鞆の浦の歴史的景観に価値があるのは、そこが重伝建地区に指定されていることからも明らかであろう。鞆の浦は瀬戸内海の中心的位置にあり、満ち潮が出合い、引き潮が分かれる場所となっている。そのため、平安期には潮待ち・風待ちの港が形成されていたことが知られている。その後の日明貿易などでさらに発展して、鍛冶集団が定着し、戦国期には鞆城が築かれて城下町にもなっている。江戸期以降も港湾施設を中心に商業、鍛冶業、漁業、酒造業で賑わい、それが戦前まで続いた。山陽本線の開通や自動車交通の発達により、港町自体の繁栄は終わってしまったが、現在では重伝建地区に指定された地域で見られる江戸期以降昭和 30 年代までの古い町並みや港湾施設が、往古の暮らしを彷彿させてくれる。著者たちも到着後と翌朝に散策して、鞆城跡にある歴史民俗資料館を見学したり、常夜灯や雁木（桟橋となる階段）の残る港

でその雰囲気を満喫したりして、在りし日の鞆の浦を想像した。とりわけ、丘の上にある福禅寺対潮楼は朝鮮通信使が滞在した所で、そこから見る仙酔島などの眺めは、通信使の書で「日東第一形勝」と賞賛された絶景であった。ちなみに日本国内に朝鮮通信使の足取りがほかにも残されており、滋賀県近江八幡市の朝鮮人街道（写真4-139参照）や静岡市清水区の清見寺（写真5-203参照）などでも確認できる。

　翌日の午前中に福山駅に戻り、山陽本線で岡山方面へ向かい岡山県の笠岡駅で下車した。3泊目のホテルに荷物を預けて、著者たちは笠岡の住吉港から真鍋島へ向かったのである。高速船で45分ほどかかる真鍋島を選んだのは、この島が「猫島」であることと、この島に木造の校舎が残っていることを知ったからである。船が真鍋島の本浦港に到着し上陸すると、早速猫が数匹寄ってきた。確かに猫が多いのかもしれないが、大久野島で見たウサギに比べると全く少ないので、猫好きの妻は若干拍子抜けした感じであった。ちょうど昼食の時間であったので、港の傍の食堂に入り「地魚定食」を注文したら、その鮮魚の美味しさと安さには驚いた。それだけでも島に来た甲斐があったと感激したように記憶する。

　時々著者たちを追ってくる猫を尻目に、木造校舎の見学を主目的に散策し始めた。その日も好天に恵まれて、静かな漁村のたたずまいが何とも言えない心地良さで著者たちを包んでくれた。木造校舎をすぐに見つけて校門に入ろうとすると、その脇に二宮金次郎（尊徳）の像が置かれていることに気が付いた。著者たちが子どもの頃には学校にはどこにでもあったように記憶し、急に懐かしさがにじみ出てきた。そして現われた木造校舎が、同じような校舎で学んだ60年以上も前の著者を呼び戻してくれたのである。校舎は笠岡市立真鍋中学校として使用されており、職員室で許可を得ると見学できた。ちなみに、この校舎は映画「瀬戸内少年野球団」（篠田正浩監督、1984年公開）のロケ地となっている。見学を終えた著者たちは、ほのぼのとした気持ちとのどかな雰囲気に酔いしれながら港に戻った。思い出に残る大切な一日が過ごせ、この旅最後の夜を笠岡の宿で迎えた。

　最終日の朝は、笠岡駅から山陽本線で倉敷駅へ向かった。倉敷は浦安高校での修学旅行の引率でも来たことがあるし、妻も2009年の旅行で僅かな時間だが観光している。だが、今回の旅行では昼食を挟んでたっぷり時間をかけ、のんびりと倉敷を散策することにした。江戸期から繊維工業の町として知られる倉敷市は、最近では国産ジーンズ誕生の地である児島地区が人気の観光スポットになっているが、今回は倉敷川沿いの伝統的な町並みで知られる"クラシックな"倉敷美観地区に、著者たちの観光を限定した。手元にある韓国の日本旅行ガイドブック（イギリスDK社ガイドブックの韓国語版、2000年）やトルコの日本旅行ポケット・ガイドブック（イギリス

写真 4-106（左）と 4-107（右） 真鍋島の木造校
舎の外観と内部 （2019 年）

写真 4-108 倉敷川沿いの美観地区の象徴的な景
観 右側に修理中の倉敷館が見える。（2019 年）

写真 4-109 商家が建ち並ぶ美観地区の別の景観
美観地区は早くから重伝建地区に指定されている。
（2019 年）

Berlitz 社ポケット・ガイドブックのトルコ語版、2008 年）でも、倉敷は中国地方を代表
する観光地の一つとして取り上げられているほど海外にも知られているので、あらた
めてここで市街の概要や観光スポットを紹介することもないであろう。

　この日の著者たちの散策では、駅から美観地区まで歩き、入り口の傍にある古民家
の倉敷物語館から始まる見学ツアーに参加した。そして、倉敷川沿いにある大原家旧
別邸の有隣荘、大原美術館、江戸期の米蔵を改装した倉敷考古館や倉敷民藝館、大正
期に町役場として建築された倉敷館（観光案内所）、クラボウ旧倉敷本社工場を改修
した複合施設倉敷アイビースクエア、その敷地内にあるクラボウ創業時の工場であっ
た倉紡記念館などについて、手際の良い説明を受けた。そのおかげで、江戸期には幕
府の直轄地（天領）として米や綿などの物流拠点となり、明治期以降は近代的な繊維
工業都市となった倉敷の特性が理解しやすかった。ツアー終了後著者たちは、アイビー

スクエア内のおしゃれなレストランで優雅な昼食を楽しんでから、大原美術館でさらに美的感覚を研ぎ澄ませた。倉敷駅に戻り岡山駅から新幹線に乗った頃は、いつの間にか日が沈みかけていた。

このコースを参考に旅程の計画を考える読者の皆さんへ、最後に補足的な場所を紹介することにしよう。既に行ったことのある倉敷や岡山への観光が不要な場合は、その代わりとして、別の魅力がある矢掛と閑谷学校への立ち寄りを勧めたい。両方とも山陽本線沿いにあるので、往復切符が使えるからである。

岡山県西部にある矢掛は旧山陽道の宿場で、主要街道では数少なくなってしまった本陣が残っているばかりか、脇本陣も保存されており、両方が重要文化財に指定されているのは矢掛だけのようだ。江戸期の宿場町の面影を今に伝える町並みが評価され、令和期になって重伝建地区に指定された。矢掛へは伯備線の清音駅で井原鉄道に乗り換えて矢掛駅での下車となるが、駅から徒歩で10分程度の場所にある。矢掛からは井原鉄道の終点となる神辺駅で福塩線に乗り換えれば、福山に出られるし、神辺でも宿場町の面影を訪ねることができる。ただし、言うまでもなくこの"寄り道"のルートでは、倉敷駅・清音駅間、井原鉄道利用区間および神辺駅・福山駅間は別途乗車券を購入しなければならないことになる。なお、井原鉄道は1999年に第三セクター鉄道として開業し、2018年に大水害に見舞われた倉敷市真備町地区を通っている。過去の水害の教訓を生かして高架鉄道にしてあったので、水没を免れた。実際に乗車してみると、そのことが実感できるであろう。

岡山県東部にある旧閑谷学校は、岡山藩主池田光政によって江戸前期の1670年に開かれた学校で、現存する世界最古の庶民のための公立学校とされる。儒学を中心と

写真4-110　矢掛本陣（写真中央で説明板のある細長い建物）と町並み　本陣は公開しており、主屋内部・庭園・裏手にある酒造関係の建物の見学ができる。（2019年）

写真4-111　矢掛脇本陣　金融業で財を成した旧家が務めた。ここも見学可能だ。（2019年）

写真 4-112　旧閑谷学校案内板 （2019 年）

写真 4-113　正面から見た旧閑谷学校　最左の建物が国宝の講堂で、その右側に見える門の奥に聖廟がある。（2019 年）

した教育内容で、講堂のほかに孔子を祀る聖廟、学房（生徒の寄宿舎）、習字所（習字や素読を行う場所）、校厨（台所）、食堂なども建ち並んだ。明治維新で一時閉鎖されたことがあったが、再興されてかつての学房や習字所などがあった所には、私立閑谷学校本館が建設された。その後県に移管されて、戦後も県立和気高等学校閑谷校舎として 1964 年まで使用されている。以降はここに岡山県青少年教育センターが設置され、SDGs（持続可能な開発目標）と関連付けたプログラムで文化財保護、自然愛護、社会性・協調性の育成などを目的とした研修が行われている。閑谷学校へは岡山駅から山陽本線で 35 分ほどの吉永駅で下車し、駅からはバスで 10 分程度で行ける。明治期から近代化の一翼を担った日本の教育制度だが、その基盤には江戸期の庶民の教育水準を高めた寺子屋があったわけで、著者は見学をして、閑谷学校にはそれに通じるものがあるような気がした。

［ 新幹線で行く函館、酸ヶ湯温泉、乳頭温泉郷の旅　4 泊 5 日 ］

　新青森・新函館北斗間の北海道新幹線が 2016 年に開業したので、それまでは空路で何度か函館とその周辺を目的に観光に出かけていたが、2018 年 10 月に新幹線で函館まで行くことを計画してみた。東京から最速でも 4 時間ほどかかるので、陸路で行く面白みを増すために、帰路途中下車の旅をすることにした。そこで、著者たちが住む関東からは訪れることが稀な、東北北部の秘湯とされる酸ヶ湯温泉と乳頭温泉郷に宿泊することを旅程に組み込んでみた。購入した切符は、東京都区内から函館駅までの往復乗車券である。

　この旅行では 1 泊目を、函館郊外の人気観光地大沼の近くにある温泉付きリゾート

ホテルで初めて過ごしてみた。駒ヶ岳の麓にある大沼は、その玄関口となる大沼公園駅まで函館駅から各駅停車でも1時間足らずで行けるので、著者たちのそれまでの函館旅行では必ず訪れていたからである。新函館北斗駅からバスでホテルに到着した著者たちはすぐに大沼に向かい、大沼湖畔にある"お気に入り"のレストランで少し遅めの昼食を取った。そして以前のように、レンタサイクルで湖畔14kmをのんびり一周して、既に色付き始めていた北海道の秋を満喫した。コースは平坦で、雄大な駒ヶ岳をさまざまな角度から眺めたり、木々の間からきらめく湖面を見つめたりすることができる。このサイクリングは、自然の息吹を感じさせてくれ、著者たちの"秘密基地"を見て回るようなものでもあった。

　翌朝、新函館北斗駅から函館駅に出て、常宿としている温泉付きのホテルでまず荷

写真4-114　大沼湖畔から眺めた駒ヶ岳　（2018年）　▶口絵ⅲ頁

写真4-115　函館山と重伝建地区がある旧市街一帯（宿泊先から撮影）　手前の建物群が赤レンガ倉庫である。（2018年）

写真4-116　ハリストス正教会（左側手前）とカトリック元町教会（左側先）一帯（函館山から撮影）　東本願寺別院もあり、函館らしい地区である。（2015年）

写真4-117　函館山北側からの市街の眺望　陸繋砂州の左側沿岸近くに著者たちの宿泊したホテルがある。この旅行では遠望がきき、南側では本州の山並みがはっきりと見えた。（2015年）

物を預けた。そのホテルは函館駅からも徒歩で行けるベイエリアにあり、すぐ傍の赤レンガ倉庫群はもとより、ロープウェイ山麓駅近くのハリストス正教会復活聖堂や、旧函館区公会堂など観光スポットも徒歩圏にある。幕末の開港場として発展した函館の歴史の核心部となってきた、この旧市街へは毎回立ち寄っているが、この旅でもその界隈をのんびり散策した。この地区には明治から昭和初期までの多様な建築が見られ、それらと坂道や街路などが融合して特色ある町並みを形成しているので、重伝建地区に指定されている区域もある。それだけにこの旅の散策では、函館の歴史を今に伝える建物を中心に見て歩き、函館山からの眺望・夜景観賞、五稜郭・立待岬・外国人墓地・トラピスチヌ修道院といった市内の人気観光スポットへの立ち寄りは、既に経験済みなので敢えてしなかった。

　著者たちがそれ以前に楽しんだ函館旅行では、滞在中に大沼のような郊外・周辺地域へ日帰りで観光することがしばしばあった。その中で思い出に残るのが、2013 年に江差と松前を周遊した日帰り観光である。当時は江差線が運行されており、函館駅から木古内駅を経て江差駅まで 2 時間半ほどかけて列車が走っていた。渡島半島南部の日本海側にある江差は、節回しが難しい民謡で知られる「江差追分」発祥の地で、江差追分の全国大会が開かれる。江刺では江戸期にニシン漁が盛んとなり、北前船がニシンの加工品を本州に運んだので、浅間山麓の追分宿（現在の軽井沢町）辺りで歌われていた馬子唄が越後に入り、それを北前船の船頭らが北海道に伝えたとされている。そうしたニシン漁が盛んであった時代を彷彿させる町並みが残っている。

　江刺からは海岸沿いに松前まで 60 数 km もあるのだが、タクシーを利用せざるを得なかった。以前はバスが運行されていたが、廃止されたからである。北海道だけでなく日本の各地で同じようなことが生じており、著者たちのように運転免許証を持っていない人が個人で旅行することの難しさや悲哀を、この時はまざまざと味わった。なお、翌年の 2014 年に北海道新幹線の開通を目前に控えて江差線の江差・木古内間は廃止となった。木古内・五稜郭間は道南いさりび鉄道に移管されて存続しているとおりである。

　江差が民謡で知られているならば、数の子などを醤油で漬け込んだ松前漬けの発祥地とされる松前は、その名をもっと知られてよいのかもしれない。江戸幕府から蝦夷地の支配を認められた松前藩は、アイヌに対する交易も独占できた。交易権を与えられた商人は、ニシやマス、昆布といった海産物の生産を拡大させたが、それらを用いた郷土食が松前漬けであったようだ。その松前藩の居城があったのが福山で、現在の松前の地である。松前藩は幕末に北方警備の役割を担わされ、幕府の命で松前福山城の建設に着手し、明治維新の直前に完成させた。北海道で唯一の日本式城郭である

写真 4-118　江差追分会館（右）と江差山車（やま）
会館（左）（2013年）

写真 4-119　「江差いにしえ街道」　ニシン漁とヒノ
キ材交易で栄えた当時の商家・問屋蔵などが残ってお
り、歴史を生かす町づくり事業が実施された。（2013年）

写真 4-120　再建された松前城　付近一帯は桜の名
所にもなっている。（2013年）

写真 4-121　松前藩屋敷（2013年）

　松前福山城は第二次世界大戦後の類焼で天守を失ったが、再建されて松前城資料館と
なっている。また、城下町松前を再現したテーマパーク松前藩屋敷には、奉行所、商
家、漁家、武家屋敷、出稼ぎ漁夫の寝泊りした番屋、旅籠などが建ち並んでおり、資
料館とともに観光スポットとなっている。明治期の開拓のイメージが強い北海道で、
幕末へタイムスリップするといった奇妙な体験をした著者たちは、テーマパークでの
楽しさを引きずった子どものような気持ちで松前をあとにした。木古内まではバスで
向かい、木古内から江差線で函館に戻った。江差や松前では、江戸期に和人の開発し
た足跡がはっきりと見られるのである。
　話を2018年の旅行に戻すと、3日目の朝、函館の宿泊先を出発した著者たちは、
酸ヶ湯温泉へ向かうべく新青森駅で途中下車した。酸ヶ湯温泉は、駅からバスで70分
ほどかかる八甲田山中にある。江戸期から湯治場として知られ、現在もその名残があ

り、著者たちの宿泊した部屋は湯治棟にある和室の一室であった。トイレ・洗面所は共同となっており、自炊もできるが、著者たちは食堂での食事付きのコースとした。酸ヶ湯の象徴ともなっているヒバ千人風呂は160畳もある大浴場で、混浴である。ただし、男女それぞれの領域が設定されている。柱が一本もないヒバ造りの大空間は圧巻だ。もちろん大浴場のほかに男女別々の浴場もあり、ゆっくり温泉を楽しむことができる。

　酸ヶ湯温泉に1泊し、翌朝著者たちは新青森駅に戻る途中で八甲田ロープウェイを利用して、標高1,320mにある山頂公園駅からの展望や傍にある湿原までのトレッキングを楽しんだ。八甲田でも既に紅葉が始まっており、山腹に広がるオレンジや黄色の絨毯は、京都のお寺の紅葉美とはまた趣が異なって印象的であったし、霧の合間からは陸奥湾や岩木山も時折顔を出してくれた。

　新青森駅を発った新幹線の車中から遠くに八甲田の山々が見え、旅情に浸っていると、間もなく盛岡駅に到着した。盛岡駅で田沢湖線の田沢湖駅までの乗車券を購入して、各駅停車の列車に乗り込んだ。田沢湖駅からはバスに乗り継ぎ45分ほどの時間を要する。途中で田沢湖畔に出たり秋田駒ヶ岳の山麓をたどったりして、乳頭温泉郷に到着した頃は日が沈みかけていた。この旅行で著者たちは、大久野島の滞在同様に保養施設休暇村に宿泊した。休暇村では、その施設の周辺の自然や歴史を説明してくれる散策の会が催されるからである。担当者が色付き始めたブナ林の森を案内しながら、乳頭温泉郷の楽しみ方を教えてくれた。乳頭温泉郷には休暇村乳頭温泉郷の温泉を含めて7つの湯があり、外湯を楽しめるようになっている。この旅行では1泊だけであったので、湯巡りをする時間はなかったが、次回訪れる時には連泊をして、外湯も楽しみたい。

写真4-122　酸ヶ湯温泉内にある記念写真用の「ヒバ千人風呂」パネル　（2018年）

写真4-123　朝日が差し込む休暇村乳頭温泉郷付近のブナ林　早朝の散策の会で撮影した。（2018年）
▶口絵iv頁

最終日となる翌朝は再び盛岡に戻り、著者たちは駅前の自転車屋でレンタサイクルを借りて、早速市内見学に出かけることにした。盛岡は、17世紀初頭に藩主が居城を北上川とその支流が合流する地に移したことが発展の起源となる。北上川の東側の支流・中津川の傍に建設された城や武家屋敷が川の北側（右岸）に、商工業の盛んな町人町が南側（左岸）に形成されていった。こうして江戸期には城下町として発展していた。さらに明治期になって旧市街の西、すなわち北上川の右岸に盛岡駅が建設されると、駅前が整備されて、旧市街と駅を結ぶ大通りや中央通りといった東西の主要街路が完成した。そして盛岡城跡の付近には行政機関や金融機関が設置され、中心業務街に成長した。だが中心商店街は、駅への接近性が要因となって旧市街から大通り沿いなどに移ってきている。

　城下町に鉄道駅が開設された場合の一般的傾向が該当する盛岡の地域構造と変遷を

写真 4-124　盛岡旧市街にある岩手県公会堂　左下に原敬の像の一部と説明板が見える。（2018年）

写真 4-125　岩手銀行赤レンガ館　レンガ館前の大通りが駅前に繋がる。（2018年）

写真 4-126　北上川にかかる開運橋から見た盛岡市街と岩手山　（2018年）

念頭に置き、著者たちは盛岡城跡公園（岩手公園）に行って、旧跡を散策することから見学を始めた。その後で、城跡の北側に広がる行政機関の建物群にある岩手県公会堂や石割桜を見て回った。公会堂は1927年に完成したアールデコ調の建物で、同じ建築家が建てた東京の日比谷公会堂と外観が似ている。公会堂の傍には、平民宰相で知られる原敬の像がある。彼は盛岡の出身であり、市内には原敬記念館もあるが、以前に見学しているので、この旅行では訪れなかった。公会堂をあとにした著者たちは、中津川にかかる「上の橋」にある擬宝珠を見てきた。そこには17世紀初頭慶長年間の銘が刻まれており、擬宝珠が盛岡の歴史を語っているように思える。再び城跡公園の近くに戻り、中津川の対岸にある岩手銀行赤レンガ館内部の見学をした。赤レンガ館は、1911年に当時の盛岡銀行の本店として建築されたものであり、外観が東京駅に似ている。東京駅の設計者辰野金吾と盛岡出身の彼の弟子が、設計を担当したからである。赤レンガ館の傍には旧第九十銀行の建物なども見られ、かつての町人町から発展した地域であることが分かる。そして赤レンガ館の前を駅前まで貫く大通りを経て北上川に架かる開運橋を渡ると、すぐに盛岡駅前となった。新幹線の車中では4泊5日の旅の疲れか、著者たちはじきに寝入ってしまった。

　本項を閉じるにあたり、このルートで東京方面に戻る場合、岩手県内での途中下車"お勧め"2箇所を紹介したい。新花巻駅で下車して遠野へ往復したり、北上駅から東北本線に乗り換えて平泉の中尊寺に参拝したりすることも選択肢としてはあり得るが、新幹線の駅で下車して徒歩ですぐに楽しめる観光名所の方が実際的であろう。そこでその一つとなるのが、北上駅下車の北上展勝地である。展勝地は東北地方の三大桜名所の一つで、北上川左岸沿いに広がる約2kmの桜並木だ。桜のシーズンには大勢の観光客で賑わう。著者が訪れた「さくらまつり」の時には、駅側の右岸から対岸

写真 4-127　観光客で賑わう桜の名所北上展勝地
（2019年）
▶口絵xii頁

写真 4-128　釣山公園から望む城下町一関の旧市街　（2019年）

の展勝地への渡し船が運行されており、北上川から望む桜並木も見応えが十分あった。

　もう一つは、一ノ関駅周辺の城下町散策である。市街を流れる磐井川（いわい）の右岸にある釣山（つりやま）に城が築かれた一関は、伊達藩の支藩として城の北東側に城下町を形成した。そうしたことからまず城跡の釣山公園に上って、市街の全貌を把握したい。その後で、一関藩の家老を務めた沼田家の住宅、大正期に造られた仕込み蔵を活用した「世嬉の一（せきのいち）酒の民俗文化博物館」、藩主の迎賓館跡を活用した純和風庭園である「浦しま公園」などに立ち寄りたい。もっとも、そのためには数時間は必要だろう。また、半日程度の時間を取れるのならば、郊外にある厳美渓（げんびけい）あるいは猊鼻渓（げいびけい）にまで足をのばしてみるのも一興だ。前者はダイナミックな渓谷美の散策を、後者は水墨画の世界の舟下りを楽しめる景勝地として知られている。

5　拠点宿泊地を設定してその周辺で観光を楽しむ鉄道旅——京都の観桜と可児のバラ観賞——

　著者は京都には高校勤務時代に修学旅行の引率や事前踏査で何度か通ったが、50代後半頃からは毎年のように訪れるようになった。我が家の近くでは、桜の名所として皇居千鳥ヶ淵、上野公園、隅田公園などがあり、そこで十分観桜を楽しめる。だが、多少なりとも東京ほど喧騒に煩わされることなく、桜を愛でたいということから、観桜や紅葉狩りを目的に京都へ頻繁に出かけるようになったからだ。ただ、行楽シーズンなのでなるべく早めに宿泊の予約をしなければならないだけに、訪問日が必ずしも見頃の時期と重なるとは限らないという問題が発生する。京都が開花し始めたばかりでも、大阪方面は見頃に近づいていることもあるし、京都が見頃を終えていても、彦根や長浜で見頃となっていることもある。そうした見頃を"担保"するためには、宿泊地を京都に定めるにしても、京都から日帰りで出かけられる周辺の桜の名所を調べておくことが必要となるだろう。そのような"担保"を視野に入れて旅行計画を立てるのが、ここで取り上げるコース例である。紅葉観賞の期間は桜ほど短くないが、京都は紅葉の名所も多いので、秋の散策についても同じように適用できよう。

　一方で、妻がバラに関心があることから、著者たちは見頃の時期には千葉県内の八千代にある京成バラ園へ毎年のように通っていたが、岐阜県の可児（かに）にある、ぎふワールド・ローズガーデン（旧称花フェスタ記念公園、本書では以下ローズガーデンと

写真 4-129　ローズガーデン「水のコリドール」
（2018 年）

写真 4-130　ローズガーデン「ローズテラスとバ
ラ回廊」（2022 年）
▶口絵 xii 頁

略称）内のバラ園が世界最大級であることを知ってからは、ローズガーデンに切り替えてしまった。このバラ園は品種の多さはもちろんのこと、広々とした園内はまさに"バラのテーマパーク"といった感じで、植栽の配置も庭園風でセンスが良く、優雅な気分になれるのが素晴らしい。ローズガーデンへの交通手段は、名古屋鉄道新可児駅・JR 可児駅からバスまたはタクシー（約 5km）の利用となる。名鉄名古屋から新可児までが約 1 時間なので、関東や関西からも日帰りでローズガーデンを満喫することも可能である。著者たちは折角なのでローズガーデンの付近に宿泊し、ついでに周辺の観光名所を巡ってきたので、その例もこの節で紹介することにしよう。

［京都の周辺］

　京都を拠点に周辺の観光名所を日帰りで往復することを想定する場合は、まず宿泊先の位置を考える必要がある。観光先が京都市内だけなら、観光スポットまで歩いて行けたりする場所に宿泊先を決めてもよいだろうが、周辺への往復を考慮すると、やはり京都駅付近が便利である。しかし、それだけに料金も高くなるので、東海道本線を利用しての日帰り移動が主となる場合は、山科や大津、さらには彦根に宿を求めたこともある。特に京都に入る前に宿泊する場合はなおのことである。日数にもよるが、2 泊以上であれば 1 泊目を彦根に、2 泊目からを山科駅前や京都駅前に宿泊先を決めることもあった。

　京都市内の観光スポットの紹介はほかの著作に任せることにして、ここでは著者たちが興味を持った京都周辺の地域から、"お勧め"の場所を紹介することにしたい。京都の桜を"担保"する意図から桜の名所が筆頭にあがるが、お城の桜が"絵になる"ことから、まず城下町関係に触手を伸ばすことにしよう。東海道本線沿いあるいはそ

写真 4-131　長浜城と満開の桜　（2018 年）
▶口絵xii頁

写真 4-132　長浜旧市街の中心に位置する旧第百三十国立銀行長浜支店（1900 年建設）　黒壁銀行の名で親しまれ、現在では黒壁ガラス館として観光名所となっている。建物の前を左右（南北）に北国街道が通る。（2018 年）

の近辺では、琵琶湖北岸にある長浜と彦根が欠かせない。

　米原駅から北陸本線で 3 つ目となる長浜駅のすぐ西側には、長浜城と豊公園があり、長浜城を背景にした園内の桜は風格を感じさせるほどだ。長浜城は、豊臣秀吉が琵琶湖の舟運を重視した領国政策の中で築城されたという。1983 年に再興され、館内は歴史博物館となっている。駅の東側には旧市街が広がり、江戸初期に発令された一国一城令で長浜城が廃城となった後も、北国街道と琵琶湖水運の結節地として、湖北の商工業の中心地となった宿場町長浜の繁栄ぶりを垣間見ることができる。それを示す長浜曳山祭は、経済力のあった商人の寄進で維持・発展し、現在ではユネスコ無形文化遺産となっている。また長浜は、真宗大谷派の長浜別院として江戸初期に建立された大通寺の門前町としても発展してきた。明治期になると長浜は、一時期鉄道の町として生まれ変わったことがあった。1882 年に北陸鉄道の長浜・敦賀間が完成し、翌年には長浜・関ケ原の鉄道も完成した。長浜・大津間が鉄道連絡船で結ばれ、鉄道の結節点となったのであった。その時の駅舎が長浜駅のすぐ南に現存し、「長浜鉄道スクエア」内の鉄道資料館となっている。東海道本線が現在の米原から関ケ原へ抜けるルートで全通したので、鉄道連絡船は廃止となった。1903 年に現在の長浜駅の位置に新しい駅舎が完成したため、旧駅舎は僅か 20 年ほどでその役目を終えることになった。現在も、日本最古の駅舎として保存・展示されている。

　象徴となる国宝の天守が厳然とそびえ、名実ともに城下町として発展してきたのが彦根である。関ケ原の戦い後、当初の佐和山から彦根山に移城した譜代大名井伊家は、幕府の普請で天守が 17 世紀初めに完成されるなどして、城下の整備を着々と進めた。大規模な河川の付け替えや沼沢の干拓、堀の開削などの土木工事で防衛網を充

写真 4-133　現存する日本最古の旧長浜駅舎
（2014 年）

写真 4-134　桜で満開の彦根城（琵琶湖岸のホテ
ルから撮影）　右手には西の丸三重櫓（やぐら）が見
える。（2018 年）
▶口絵 x 頁

実させ、天守を中心に藩庁機能を持つ表御殿（おもてごてん）、重臣が配置された内曲輪（うちくるわ）、武家屋敷が
広がり、さらに武家と寺院に包み込まれるように町人の屋敷が配置されたのである。
緊急を要した城下の建設の背景には、井伊家が担った西国の押さえとなる要塞として、
彦根が位置付けられていたからである。彦根は江戸期には城下町として発展したが、
明治初期には一時停滞したことがあった。しかし、かつての武家屋敷跡地が官公庁や
学校に利用されるようになると、滋賀大学経済学部に代表されるように学術・教育の
整備にも繋がり、文化学術都市としての発展の基盤が形成された。かつての町人町の
うち、外堀（旧中堀）に架かる京橋から南側に通じる京橋通りは、道路の拡幅に伴い
修景が進められて「夢京橋キャッスルロード」として江戸期の町並みが再現された。
城内の見学・散策や、江戸初期に中国唐代の玄宗皇帝の離宮を模して造営された大名
庭園玄宮園（げんきゅうえん）とともに、彦根観光の代表的なスポットとなっている。なお、表御殿は
1987 年に彦根城博物館として復元され、能舞台も現存する。時間があれば是非寄っ
てみたい所だ。

　彦根城の紅葉は確かに見応えがあるし、玄宮園などでのライトアップも幽玄の世界
を感じさせるが、京都の仏閣を彩る紅葉は、人生観や死生観と重ねて観賞するせいか、
著者には特別の風情を醸し出しているように思える。だが観光シーズンで、人ごみの
多さに閉口することもしばしばだ。その点で京都のような風情を比較的静寂に味わえ
るのが、鈴鹿山脈山麓にある天台宗の古刹「湖東三山」である。いずれの寺も織田信
長の焼き討ちにあったが、一番北にある西明寺（さいみょうじ）と真ん中に位置する金剛輪寺（こんごうりんじ）それぞ
れの本堂、三重塔、二天門は、難を逃れることができて現存する。両寺とも本堂は国
宝となっている。国宝の西明寺三重塔は、その内部に描かれている壁画が貴重で、鎌
倉期のものとしては国内唯一とされる。金剛輪寺本堂の傍にある「血染めのもみじ」

写真4-135　夕日に映えるモミジと彦根城天守
彦根城は外観の美しさだけでなく、城本来が備える軍
事的機能においても優れていることで知られる。(2012
年)
　　　　　　　　　　　　　　▶口絵xii頁

写真4-136　玄宮園から望む彦根城天守　(2018
年)

も、見所の一つとなっている。一番南に位置する百済寺は聖徳太子により百済人のた
めに創建されたが、後に天台宗の寺院となった。焼き討ちで建物は灰燼に帰したが、
仏像や経巻類は難を逃れた。庭園の拡大移転が昭和前期になされ、湖東の平野が眼下
に展開し「パノラマ庭園」として親しまれる。紅葉のシーズンには湖東三山へのシャ
トルバスが河瀬駅などから、バスツアーが彦根駅からそれぞれ利用できる。

　長浜・彦根から東海道本線で京都方面に戻る途中の代表的な観光地は、近江八幡で
あろう。近江八幡は、豊臣秀吉の甥秀次が八幡山に城を築き、城下町を建設したこと
に始まる。碁盤の目状に町割りを整え、全長約6kmの運河「八幡堀」を整備して、
琵琶湖の水運と湖東地域の陸上交通との結節点とした。そうしたことから八幡は、商
人が活躍する町として発展した。八幡堀は琵琶湖と八幡を結び町の経済を支えたので、
堀沿いには近江商人の蔵や屋敷が並んだ。しかし1889年に東海道本線の前身となる
湖東鉄道が開通すると、湖上輸送が廃止されて堀は"どぶ川"と化した。1970年代
に八幡堀の復活活動が展開され、80年代には国からの支援も受けて、石垣の復元や
遊歩道も設置された。近江八幡の代表的な観光スポットとなり、重伝建地区に指定さ
れている区域とともに町並み見学のコースとなっている。ロープウェイで八幡山に登
ると、整然と広がる八幡の旧市街はもとより、その北に展開する大中の湖干拓地、西
の湖、その湖岸にたたずむ安土山（安土城跡）などを一望できる。

　彦根駅からは近江鉄道線が貴生川駅や近江八幡駅などと結んでいて、湖東三山観光
へのシャトルバスの発着がある尼子駅や、延命長寿と縁結びの神様で古くから信仰を
集めた多賀大社の最寄り駅となる多賀大社前駅などがある。さらにその沿線の豊郷駅
の近くには、存廃を巡って論争にもなった豊郷小学校旧校舎群がある。旧中山道に面

写真 4-137　西明寺の国宝三重塔　（2012 年）

写真 4-138　奥手に見える八幡山と近江八幡の重伝建地区の景観　（2010 年）

写真 4-139　近江八幡旧市街の朝鮮人街道　朝鮮通信使らが通った道で、野洲から彦根の鳥居本まで琵琶湖東岸を中山道に並走する。（2010 年）

写真 4-140　整備された八幡堀　堀一帯も重伝建地区で、映画のロケでもよく使われ、観光のスポットとなっている。（2010 年）

上／写真 4-141　豊郷小学校旧校舎本館　テレビアニメ「けいおん！」のモデルになり、若者の来訪が目立つ。（2015 年）
右／写真 4-142　旧校舎本館内で見られるウサギとカメの像がある階段　イソップ童話に古川が励まされたことから、設置されたという。（2015 年）

する校舎は、近江八幡に所縁の深いアメリカ人建築家・実業家のW. M. ヴォーリズの設計で、1937年に竣工された。その小学校の卒業生である古川鉄次郎（当時、丸紅の専務）の寄付で費用が賄われ、当時としては珍しい鉄筋コンクリート造りの校舎で、講堂や独立した図書館などを備えていた。教育環境の整備も充実しており、「東洋一の小学校」「白亜の教育殿堂」が出現したのであった。阪神・淡路大震災で耐震性への議論が高まり、小学校としての役割を終えることになると、当初は取り壊しが検討された。しかし保存運動が起こり、結局耐震化を含めた大規模改修がなされることになった。現在では図書館、子育て支援センター、集会所など、地域の教育・福祉の拠点として活用されている。なお、旧中山道を豊郷駅方面に戻る際に、伊藤忠商事と丸紅の創業者伊藤忠兵衛の記念館があるので、一緒に見学することもできる。近江商人の旧家は、近江八幡だけでなく湖東地域各地で見られ、五箇荘駅の近くには、近江商人の旧家が残る町並みで知られる五個荘の金堂地区がある。そこは旧家だけではなく、集落全体が重伝建地区に指定されている。

　近江八幡よりもさらに京都寄りの見学箇所として注目したいのが、草津駅近くの旧草津宿である。草津は東海道・中山道の分岐・合流点に位置し、宿場町として繁栄して、大名や公家が休泊した本陣も2つあったほどだ。そのうちの一つが史跡草津宿本陣として保存・公開され、現存する本陣の中では最大級だという。内部の玄関広間、大名専用の上段の間、土間台所などを見学すると、時代劇の世界をそのまま体感できる。また、旧草津宿の一角には草津宿街道交流館もあり、江戸期の旅と街道や草津の歴史・文化が紹介されている。駅と旧草津宿の間には、草津市街中心部を縦断する天井川の草津川が流れていたが、天井川部分を廃川として、市街南部に平地河川の新河

写真4-143　草津宿の追分道標（写真中央）と後方の土手のように見える旧天井川　当初1886年に建設されたトンネルが旧中山道、道標右手の道が旧東海道。（2010年）

写真4-144　旧東海道に面する史跡草津宿本陣（2013年）

道が造成された。廃川箇所は草津川跡地公園として整備されている。京都に一層近い所では大津の石山寺、三井寺、比叡山山麓の坂本の町並みなどの観光スポットがあるが、それらは京都の観光ガイドブックに記されていることが多いので、ここでは割愛したい。

　石清水八幡宮近くの淀川合流付近沿いにある背割堤、大阪府茨木にある万博記念公園など、京都の南西郊外に位置する京阪線や東海道本線沿いにも桜の名所があるが、京都市内との見頃の時期の差は小さいので、観桜の"担保"価値は期待ができないかもしれない。しかし大阪府南部にある岸和田まで足を延ばせば、京都での桜が見頃前でも十分に開花していて楽しめるので、"担保"に値しよう。勇壮なだんじり祭りで有名な岸和田だが、現在の市街形成の基礎は岸和田城の城下町である。16世紀末には天守も竣工して城郭としての体裁を整え、岸和田は泉州（和泉国）の中核都市となった。天守は幕末期に落雷によって焼失したので、現在の三層の天守は1954年に建設された模擬天守であるものの、写真4-145のように城内に咲く桜には欠かせない存在だ。

　京都駅から南海線の岸和田駅まで1時間半はかかるので、折角なので途中の堺駅で下車して、仁徳天皇陵古墳（大仙古墳）の見学もしてみたい。直接古墳に行かずに、まず南海線堺東駅の傍にある市役所21階展望ロビーに上がり、百舌鳥古墳群や自由都市・環濠都市、職人の町の面影を残す堺の町並みを眺めると良いかもしれない。また大仙古墳に隣接する大仙公園には堺市博物館があり、時間に余裕があればぜひ立ち寄りたいところだ。公園の近くに阪和線の百舌鳥駅があるので、京都に戻るには便利である。

写真 4-145　岸和田城の桜 （2012 年）

写真 4-146　堺市役所展望ロビーから望む百舌鳥古墳群 （2010 年）

写真 4-147　堺の「環濠の橋めぐり」案内板　（2010年）

写真 4-148　郡山城跡・追手東隅櫓の脇にあるしだれ桜　堀の手前に近鉄線電車が走り、車窓からも見える。（2012 年）　　　　　　　　　　▶口絵ⅹⅲ頁

上／写真 4-149　奈良県本郷の又兵衛桜　（2013年）　　　　　　　　　　　▶口絵ⅹⅲ頁
右／写真 4-150　桜井にある談山神社の十三重塔（2012 年）　　　　　　　▶口絵ⅹⅲ頁

　奈良方面でも桜の名所は枚挙にいとまがないが、お城の桜という点では大和郡山の桜が"絵になる"ようだ。郡山城は、豊臣秀吉の弟秀長の治世に城下の中心部が整ったものの、関ケ原の戦い後に廃城となった。しかし江戸期には譜代が藩政を治め、安定した時期が続いた。ただ、天守は結局再建されないまま明治期を迎えた。郡山も京都よりは若干早く見頃を迎えるようで、京都の桜が今一つという時に、郡山では写真4-148 を撮影することができた。京都から日帰りできる範囲で最も遠いが、観桜の十分な"担保"となるのが吉野千本桜であろう。ただし、近鉄線で京都駅から吉野山の登山口となる吉野駅までは 2 時間ほど見なければならない。麓から下千本、中千本、上千本、奥千本と呼ばれる吉野山は、麓から見頃の時期が異なるので、京都が予想よ

りもかなり早く見頃を迎えても、それらのいずれかで花見を楽しめるはずだ。吉野ほど京都と見頃の時期のずれが大きくないが、長谷寺も観桜の"担保"先の一つになるであろう。名古屋から近鉄線で長谷寺に寄ってから京都に向かう場合は、長谷寺駅の一つ手前となる榛原駅で下車し、そこからバスで本郷の又兵衛桜を見たり、宇陀市松山で重伝建地区に指定されている商家の町並みを散策したりすることも一考に値しよう。

　花見の名所紹介が続いたが、最後に京都に代わる紅葉スポットを記しておきたい。湖東三山のように比較的静寂な紅葉の名所となる著者の"お気に入り"は、奈良県桜井市の談山神社である。長谷寺でも素晴らしい紅葉を楽しめるが、ここは近鉄の桜井駅からバスで30分ほど南方へ行った山中にあるだけに、シーズン中でも人混みで閉口することもない。境内の十三重塔は木造としては世界で唯一とされ、紅葉との"共演"は、過行く秋の深まりを一層感じさせてくれるものがある。大和路随一の紅葉の名所と言われるゆえんだ。ちなみに、談山神社は大化改新の談合の地から社号が付いたとされ、藤原鎌足を祀ってある。

[ローズガーデンの周辺]

　ローズガーデンの最寄り駅である名鉄線の新可児駅へは、名古屋・岐阜方面から犬山駅を経由することになるので、1泊してローズガーデンの観光をし、前日ないし翌日に付近の観光、例えば犬山城と明治村、木曽川の日本ライン下り（2013年より休止）などを楽しむ場合は、犬山城の傍のホテルに宿泊することが多かった。しかし、2泊して中日をやや離れた周辺の観光地、例えば関、美濃、郡上八幡といった長良川鉄道の沿線、あるいは大垣、関ケ原といった東海道本線の沿線にまで足をのばす場合や、1泊だが岐阜城などの岐阜市内観光や長良川鵜飼を楽しむ場合は、岐阜に宿を求めたこともあった。また、ローズガーデンを主目的に1泊2日の周遊コースを設定し、東京都区内発中央東線・中央西線・東海道新幹線経由の東京都区内行きの片道乗車券を購入したこともある。中央西線の奈良井駅では重伝建地区に指定されている中山道奈良井宿の見学で、南木曽駅では同じく妻籠宿の見学と南木曽温泉での宿泊で、多治見駅では太多線の切符を購入してローズガーデンに行くために、それぞれ途中下車をした。

　さらには、3泊4日の旅程で北陸まで周遊してからローズガーデンに行ったこともあった。まず新幹線で米原駅まで行き、北陸本線の利用で永平寺を見学して山中温泉と金沢にそれぞれ1泊した。その後は富山駅に出てから高山本線に乗り換え、高山の見学をして下呂で3泊目の宿を取った。最終日は美濃太田駅で太多線に乗り換えて可

写真4-151　南北約1kmに連なる奈良井宿　鳥居峠を控え宿泊客で賑わったので、奈良井千軒と呼ばれた。駅の傍から宿場が始まる。（2014年）

写真4-152　妻籠宿　南木曽駅から妻籠宿まで旧中山道をのんびり歩いても、1時間ほどである。（2014年）

児駅で途中下車し、ローズガーデンでの観光を楽しんだ。帰路は再び太多線で多治見駅に向かい、中央西線経由で名古屋駅に出て新幹線で帰宅するというものであった。ちなみに乗車券は、東京都区内から名古屋の金山駅で連続して東京都区内に戻る連続乗車券である。以下では上記のうちローズガーデン周辺の観光スポットなどについて紹介しておきたい。

　まず、天守が国宝で知られる犬山城から言及したい。木曽川の脇にそびえる犬山城が尾張領にありながらも天守を抱くのは、尾張徳川家付家老の成瀬家が入城し、一国一城令の範疇に収まらず、犬山は明治維新まで成瀬家の城下となったからのようだ。実際に天守も、今世紀初頭まで成瀬家の所有であった。成瀬家は尾張徳川家の家臣でありながらも独立色・独自性が認められており、そうした特殊性の中で、犬山は木曽川の水運から経済的な繁栄を生み出したと考えられる。名鉄線の犬山口、犬山、犬山遊園の各駅と犬山城を結んだ範囲がほぼ犬山の城下であった。その旧城下町地区は第二次世界大戦の戦火を免れたので、近世の街路、町割り、町屋が残り、現在でも城下町の面影が色濃く漂う。城内にある針綱神社は明治期に現在地に移築された。この神社の例大祭である犬山祭りは江戸期から旧城下町で続くもので、伝統的なたたずまいの一端を担うものとなっている。建造物などのハード面だけでなく、コミュニティーの在り方といったソフト面を含めて、そうした歴史的な風致をいかに維持していくのかが、観光による町おこしをする上でも問われているようだ。

　犬山駅からバスに乗り20分ほどで行ける博物館明治村も、お馴染みの観光名所である。明治村は1965年に明治期の貴重な建造物を移築保存するために開村されたが、現在では開村時に比べると施設数も敷地も拡大し、昭和前期のものも加わり展示建造物が60件（うち重要文化財11件）を超え、敷地面積は約100万㎡となっている。展

写真 4-153　日本ライン下りの船上から見た犬山城と名鉄線鉄橋　日本ライン下りは美濃太田から犬山まで約 13km を運航していた。(2012 年)

写真 4-154　観光客で賑わう犬山城の旧城下町地区　(2012 年)

写真 4-155　明治村に移築された隅田川・新大橋の一部　橋の奥には内閣文庫が移築されている。(2018 年)

写真 4-156　旧帝国ホテル本館（ライト館）の中央玄関　ライト館は 1923 年に竣工し、関東大震災や戦災も耐え抜いたが、1967 年に解体された。(2012 年)

示物の中には京都市電や蒸気機関車のように実際に稼働し、村内の移動手段となっているものもある。そうしたことから、明治村では映画やドラマのロケも数多く行われてきた。建造物内の常設展示のほか、矢場・射的、明治の衣装の着衣など、さまざまな明治の風俗を体験でき、文明開化の象徴「牛鍋」など明治のグルメも楽しめる。著者たちの"お気に入り"は、帝国ホテル喫茶室で午後の一時を過ごすことであった。移設された F.L. ライト設計の帝国ホテル本館（ライト館）の中央玄関部分は、在りし日の面影を偲ぶことができて、味わい深いものがある。なお犬山市内には、明治村のほかに野外民族博物館リトルワールドなどもある。

　岐阜の中心市街地は、2 つの地区がその起源をなしている。一つは北部の金華山岐阜城の城下で、織田信長が整備した旧岐阜町である。もう一つは岐阜駅の南側の旧加納町で、徳川家康が岐阜城を廃し、そこに軍事上・交通上の要衝として加納城を築く

とともに、加納は中山道の宿場町にもなった。明治維新後、県庁が岐阜町の南隣りに建設され、官公庁が進出して南郊の都市化が進んだ。一方、東海道線の開通後には加納町の北部に駅が設置され、岐阜町の旧市街は急速に南に拡大して、両町は市街を連接した。そして1940年に加納町も既に成立していた岐阜市に合併されて、現在の岐阜の中心市街地が出来上がった。標高329mの金華山山頂にある岐阜城は、関ケ原の戦いの前哨戦で落城したが、1956年に復興されて資料館となっている。そこからは眼下を流れる長良川はもとより、西の伊吹山や東の恵那山まで遠望できる絶景スポットである。山麓の岐阜公園には織田信長公居館跡や岐阜市歴史博物館などがあり、散策をしながら戦国城下町の理解を深めることができる。公園の近くにある河原町は、長良川の河港（川湊）として繁栄した頃の面影が色濃く残っている地区であり、その北端にあたる長良橋南詰には鵜飼遊覧船乗り場もある。

写真 4-157　岐阜城からの長良川の眺め　長良橋の手前南詰の右側に鵜飼観覧船が係留されている。また左側に観覧船乗り場、その左手奥に続く低層の家並みとなる河原町界隈も見える。（2018 年）

写真 4-158　河港として繁栄した河原町界隈　当時を偲ばせる格子造りの商家が残る。（2018 年）

　JR 岐阜駅から高山本線で約 25 分の美濃太田駅から始まる長良川鉄道に乗ると、20 分ほどで最初の主要駅となる関駅に到着する。関の刃物産業は鎌倉期の刀鍛冶が始まりとされ、以降名刀の産地として栄えてきた。関鍛冶伝承館では古来より伝わる匠の技が、関鍛冶の歴史や刀装具などの貴重な資料や名刀の展示を通して紹介されている。また、国内外の鋏や包丁などの近現代の刃物製品も展示されており、刃物文化全般の魅力を伝えようとしている。後者の観点については、剃刀と精密刃物を展示しているフェザーミュージアムでも体感・体験できる。なお、この伝承館やミュージアムへ直接行く場合には、関駅の一つ手前となる刃物会館前駅が便利だ。

　関駅から 10 分ほどで、次の主要駅と言える美濃市駅に着く。美濃は「和紙とうだ

つのまち」で売り出し、ここでも伝統技術を基盤に観光の育成を図っている。美濃が和紙作りの中核となったのは平安期以降とされ、古い歴史を持つのも長良川水系の清流と良質の原料に恵まれたからだという。江戸期には和紙問屋や紙屋街が形成されて、豪商も出現した。そうした繁栄ぶりが、うだつの上がる江戸期以降の町屋の形成となった。そこでは落ち着いたたたずまいが残り、重伝建地区にも指定されている。中心市街地の一角には美濃和紙あかりアート館がある。和紙に光を当て幻想的な癒しの芸術空間を生み出しており、伝統を未来に繋げていく手掛かりが模索されている。旧市街の中だけでもこれらのほかに、日本で最古の近代吊り橋である美濃橋や河港跡となる川湊灯台などの見学スポットもあり、時間に余裕がなかった著者たちは、駅でレンタサイクルを利用してそれらを見て回った。

　美濃市駅からさらに 45 分ほど乗ると、郡上八幡駅に到着する。郡上八幡の盆踊り

写真 4-159　関鍛冶伝承館　左手の石碑は「日本刀匠総帥　渡邊兼永翁碑」。(2018 年)

写真 4-160　美濃のうだつの上がる町並み　家々の屋根の両端に立ち上がるうだつは、時代や当時の財力で一軒一軒異なる。うだつは本来防火壁としての機能を持ったという。(2016 年)

写真 4-161　美濃和紙あかりアート館内の展示例 (2016 年)

写真 4-162　城下の重伝建地区からの八幡城遠望 (2016 年)

「郡上おどり」は 400 年以上の歴史を持つとされ、日本の盆踊りの代表の一つだ。江戸初期に初代藩主が領民の融和を図るために、郡上各地で踊られていた盆踊りを集め、奨励したと伝えられている。藩主の居城は比高 150m ほどの八幡山山頂にあったが、現在の八幡城は 1933 年に完成した木造模擬城である。城下の町並みは江戸期のものがほぼ残り、城下町の風情を存分に味わえる。とりわけ、北町の長敬寺・蓮生寺の付近一帯は統一された様式を持つ町屋が密集して残り、重伝建地区に指定されている。その近くには郡上八幡博覧館があり、郡上八幡の歴史や伝統が展示されるとともに、郡上おどりの実演も楽しめる。また、城下の一角には 1985 年に全国名水百選の一番手として指定を受けた宗祇水の湧き水がある。

岐阜駅から東海道本線を米原方面に 10 分ほど乗ると、大垣駅に到着する。「水の都」として売り出している大垣は、扇状地性平野の末端部に立地しており、開削した堀を通じて湧き出す水を揖斐川水系に排出する工夫がなされてきた。畿内に通じる要衝の位置にある大垣の城郭や城下が整備されたのは 16 世紀半ば頃で、城の土塁を高くし、内堀や水門川などの外堀が開削されて、大垣城下町の原型が出来上がった。大垣城の天守は明治維新でも破壊を免れたが、第二次世界大戦の空爆で焼失し、1958 年に再建された。周辺の官公庁などのビルに囲まれてしまい、平城であるため天守は傍に近づかないと見つけることが難しい。大垣は東海道と中山道を結ぶ美濃路の宿場でもあり、大垣城の東側から南側に町屋が続き、宿場町の機能も果たした。大垣城の南側へ流れ出す水門川のほとりには、住吉灯台と船町川湊跡があり、江戸期の大垣は水運と陸運の交わる要衝にもなっていたことが分かる。その近くには「奥の細道むすびの地記念館」があり、芭蕉や『奥の細道』に関する資料の展示や 3D 映像で『奥の細道』の紹介がなされている。見所の多い大垣散策で多少疲れたせいもあったのか、駅への帰路に立ち寄った老舗の和菓子屋でいただいた大垣名産「水まんじゅう」が、ことのほか美味しかった。

大垣駅からさらに米原方面に十数分乗車すると関ケ原駅に到着する。関ケ原古戦場跡は新幹線でもその南側を通り、一度古戦場跡を訪ねていると岐阜羽島・米原間でその位置の見当がつくようになるので、一度は見学に行きたい場所だ。まずは、駅から北側へ徒歩で 10 分足らずの所にある岐阜関ケ原古戦場記念館に寄っておきたい。記念館は以前の歴史民俗資料館を充実させ、映像技術を駆使した展示内容で関ケ原の戦いが体感できるような工夫をしている。ここで関ケ原合戦の流れと東軍西軍それぞれの陣形の位置関係を確認すると良いだろう。主な武将の陣跡などを細かくたどると徒歩では一日近くを費やすことになるので、合戦それ自体に特に強い関心があるわけではない著者たちは、まず当時の資料館から比較的に近い決戦地に向かった。三成の敗

写真 4-163　郡上八幡の宗祇水　連歌師の飯尾宗祇
がこの近くに庵を結び、この清水を愛用したことから
命名されたという。（2016 年）

写真 4-164　大垣の八幡神社境内にある湧き水
旧城下町地区内には数か所地下水の湧き出す場所があ
る。（2018 年）

写真 4-165　大垣公園から見た大垣城天守　（2015
年）

写真 4-166　大垣の水門川岸にある住吉灯台と船
町川湊跡　（2018 年）

北で勝敗が決したので、その近くには笹尾山・石田三成陣跡がある。そこからは関ケ
原全体を一望でき、陣形図が記されている案内板から、合戦の様子を思い描くことが
できよう。笹尾山からは西軍の島津義弘陣跡や開戦地に向かった。西軍を裏切って東
軍を勝利に導いた小早川秀秋陣跡のある松尾山は西軍の最南端にあり、かなり遠くな
るので、そこまでは行かずに、開戦地から駅へ向かう途中にある徳川家康最後陣跡の
見学をした。時間が十分にない場合や半日行程の場合では、記念館でのレンタサイク
ルの利用も一考に値しよう。なお関ケ原は、672 年に天智天皇の後継を巡って起きた
壬申の乱の舞台にもなった所で、それに関連する史跡も見学のコースとなるが、それ
らは東海道本線の主に南側に広がっている。
　著者たちは名古屋から帰宅する時に、名古屋の中心部にある名古屋城、大須観音、
熱田神宮といったお馴染みの観光名所に寄ったこともあるが、ここでは名古屋市南部

写真 4-167　関ケ原の決戦地跡　左側奥の小高い所に三成陣跡が見える。（2016 年）

写真 4-168　石田三成陣跡　右側の丘に西軍の陣が張られた。（2015 年）

写真 4-169　重伝建地区に指定されている有松の家並み　（2013 年）

写真 4-170　旧東海道に面する有松・鳴海絞会館（2013 年）

にある有松と知多半島中部の常滑・半田を紹介しておきたい。旧東海道に面する有松は、名鉄線で名鉄名古屋駅から 20 分ほどの有松駅が最寄り駅となる。宿場町でもない有松だが、尾張藩が藩の特産物として有松絞りを保護し、400 年の歴史を持つ絞りの町として知られるようになった。東海道を往来する旅人が絞りの手ぬぐいや浴衣を買い求め、その繁栄ぶりは北斎や広重の浮世絵にも描かれている。当時の繁栄を今に伝える家並みが保存され、有松は重伝建地区に指定されるとともに、全国町並み保存連盟の発祥地となっている。日本建築の美しさも、有松の魅力となっていると言えよう。有松・鳴海絞会館では、製品や資料の展示とともに実演も行われており、妻のように絞りに関心のある人には宝箱のような存在だ。

　常滑は昨今では中部国際空港のある都市として知られるが、千年の歴史を持つとされる常滑焼で知られる焼き物の町でもある。江戸末期に登り窯が完成され、その後土管製造の基礎も築き上げられた。大正期にはタイルの生産も軌道に乗り、焼き物の町

としての地位を確立したという。名鉄名古屋駅から30分ほどで到着する常滑駅の駅前から散策路コースが設定され、観光スポットの土管坂、現存する日本最大級の登り窯、常滑焼を紹介するとこなめ陶の森資料館、体験・体感型博物館のINAXライブミュージアムなどを見学できるようになっている。短いコースでは1時間（見学時間を含まず、以下同様）、長いコースでは2時間半を見ておきたい。ちなみに衛生陶器で有名になったINAX（現LIXILグループ）は、常滑が発祥地である。

写真 4-171　ノスタルジックな常滑の風景　今は使われていない煙突や黒板壁の工場が常滑の象徴的な景観だ。(2011 年)

写真 4-172　常滑の土管坂　明治期の土管（右側奥）や昭和初期の焼酎瓶（左側）が壁を覆う。(2011 年)

　常滑から半田へはバスで40分ほどかかるが、同時に見学をしてみたい。良港に恵まれた半田は、江戸期から海運業が発達し、それに相まって清酒・食酢などの醸造業も徐々に発展していった。19世紀初頭以来操業する中埜酢店は、mizkanとして世界的にも知られる総合食品メーカーとして発展した。その一方で酒造業は、東海道本線の開通が一因となって灘の酒との競争に負け、衰退をたどってしまった。そうした半田の歴史が、市内各所で垣間見られる。JR半田駅から半田運河に向かうとミツカングループ本社、ミツカンミュージアム、運河沿いの黒板壁の蔵、國盛酒の文化館があり、再びJR線や名鉄線方面に戻ると、半田赤レンガ建物（旧カブトビール工場）、旧中埜家住宅などを見学できる。散策コースとしては1時間を見ておきたい。ちなみに、半田は童話『ごんぎつね』の作者新美南吉のふるさとであり、彼に関する資料や童話のジオラマなどが展示されている記念館も郊外にある。なお、名鉄知多半田駅あるいはJR半田駅から名鉄・JRともに名古屋駅までは30〜45分程度である。

　このように常滑や半田では、伝統的な産業を基盤に世界的な企業が出現して、ものづくり先進県愛知の代表的な例となっている。そうした歴史的産業遺産が観光にも結びつき、観光開発の新たな展開を示している。同様な事例については、自動車のトヨ

写真 4-173　半田運河沿いの醸造蔵　江戸期に特産の酒や酢が運ばれた。今も酢の香りが漂うようだ。（2011 年）

写真 4-174　1898 年建造の半田赤レンガ建物　レンガの建物としては全国屈指の規模を誇る。戦時中に飛行機製作所の資材置き場となって、工場は閉鎖された。改修後の現在では、内部に展示室が設置され、カフェ・ビアホールが出店している。（2013 年）

タ関連は言うまでもなく、県内には八丁味噌の岡崎や焼き物の瀬戸など、枚挙にいとまがないほど見られる。その中でも、名古屋と岐阜の途中に位置する一宮市やあま市は、ローズガーデン観光後に寄るのに便利なので、次回バラ鑑賞時の楽しみにしている。毛織物の町として知られてきた一宮では、のこぎり屋根の工場のある風景と工場見学を楽しめるし、あまでは伝統技術の七宝焼の魅力に惹かれそうだから。また、時間に余裕がなければ名古屋駅の近くにあるトヨタ産業技術記念館や、そのすぐ傍にあるクラフトセンター・ノリタケミュージアムを見学することも一考に値しよう。前者では、豊田自動織機の工場を産業遺産として保存して繊維機械技術の進歩を紹介するとともに、自動車の生産・開発技術の変遷も理解できるようになっている。後者は、陶器製造で創業したノリタケの工場跡地が再開発されてできた「ノリタケの森」の中にあり、工場見学やノリタケ食器デザインの流れをたどることができる。前者にもノリタケの森にも、近代化産業遺産を象徴する赤レンガ工場が残されている。

第5章

ポタリングのすすめ

—— 関東地方中心に厳選した13コース ——

1 ポタリングを楽しむために

ポタリングという言葉を初めて耳にする読者は、ボルダリングに発音が似ているので勘違いをするかもしれない。ボルダリングは岩や人工の壁面を登るスポーツであるが、ポタリングは自転車でのんびりと周辺を散歩することである。サイクリングの一種であるが、通例サイクリングが"走り"を目的にするのに対して、ポタリングでは"うろつく"ことを重視するとでも言えよう。本来のポタリングの定義からすると、目的地を定めることなく周辺を巡るべきだが、著者の場合は地理を楽しもうと、地理的な事象、例えばその土地の位置の重要性、自然と人間との関係、歴史に裏付けられた地域性などを実際に見て回る。地理学・地理教育関係者の言葉で言えば、"自転車による巡検"ということになる。その意味で著者のポタリングでは、目的の地域で何を見てくるのか、コースやルートの構想が大切になってくる。また、通例日帰りのポタリングを想定しているので、昼食をどうするかも考えなければならない。"コンビニ弁当"でも良いが、折角なので目的の地域の名産や郷土料理が楽しめるような場所を検討することもある一方、繁華街の人気店だと待たされることが多いので、午後からの時間を有効に活用するためには、昼食の場所にこだわらない方が良い場合もある。

著者がポタリングを始めるようになったきっかけは、ウインドサーフィンを楽しむようになってからである。車を持たない著者は、ウインドサーフィンの道具を千葉市検見川浜の艇庫に預けてあり、最寄りの京葉線検見川浜駅から浜辺までバスを使っていた。しかしバスの本数が少なく、しかもバス停からさらに歩かなければならなかった。自宅から京葉線新浦安駅までは自転車で出かけていたので、そうした煩わしさを一挙に解決する手段として思い付いたのが、2005年からの折り畳み自転車の利用である。新浦安駅で自転車を畳んで電車に載せ、それを検見川浜駅で組み立てて、再度浜辺まで走らせるというものであった。その折り畳み自転車をウインドサーフィンの時以外にも使用することで、ポタリングを始めた次第である。なお、サイクリストも自転車を列車や航空機といった公共交通機関に載せて目的の地域まで運び、現地で組み立ててから走らせることはよくあるようだが、彼らはそれを輪行と呼んでいる。

著者のポタリングでは、この輪行が前提となっている。したがって駅での持ち運びを考えると、折り畳み自転車は金額が張るものの、なるべく軽いものを使用したい。当初は、街中で普通によく見かける折り畳み自転車の3分の2ほどの重量（約11kg）のものを購入した。3段ギアが装備されているので重宝し、今でもウインドサーフィンへ行く時などにも使用しているが、ポタリングの魅力にはまり、長距離を走ったり、

写真 5-a と 5-b　折り畳み自転車の折り畳む前と
後　この自転車はペダルを外すタイプだ。

写真 5-c　輪行袋に入れられた自転車　袋に入っ
ていないと列車内に持ち込めない。また、車内の置き
場にも注意を払う必要がある。

坂道を走ったりすることが多くなった数年後には、新たにもう一台写真 5-a の自転車
を購入した。これが重量 8.5 kgほどとかなり軽量で、ギアも 8 段である。それだけに
大金をはたいたが、10 年以上も乗っており、既に"元"は取ったと判断している。
ちなみに、軽ければそれだけ走行も楽になることは言うまでもない。

　最近では、自転車をそのまま列車に持ち込めるサイクルトレインを導入した路線も
出てきており、地域によっては折り畳み自転車でなくとも輪行が可能となっている。
また、観光地だけでなく「東京自転車シェアリング」のように、大都市内部で広域的
なレンタサイクルのサービスが提供されるようになり、折り畳み自転車がなくとも気
軽にポタリングを楽しめる地域もある。東京自転車シェアリングは、都心三区を含む
14 区（2022 年 8 月現在）にあるすべてのポートで貸出・返却が可能となっているので、
使い勝手も良さそうだ。横浜の都心部でも同様に数多くのポートがあるシェアサイク
ルが利用できるので、レンタサイクルの電動アシスト付き自転車で、後述の"お勧め"

コース東京1、2、4と横浜のポタリングを楽しめる。

　自転車を自動車に積んで目的の地域に行き、そこでポタリングを楽しむこともできるが、その場合は自動車を置いた場所に戻らなければならない。しかし輪行だとそうした制約がないので、目的の地域の中でコースの設定もかなり自由にできるし、状況に応じたコースの選択ができる。コースやルートの設定にあたっては、まず高度差を配慮しなければならない。地点Aの標高が地点Bの標高よりも高ければ、AからBに向かって走るが、Bの方がAよりも高ければ逆に走ることになる。軽井沢駅から富岡製糸場まで走るコース（→436頁）は、まさにその典型である。ポタリングは自転車走行の訓練ではないので、楽に気分よく走りたいものである。

　そうした地形だけではなく、当日の気象状況、特に風向きにも注意が必要である。同じコースでもなるべく逆風で走らないように、走る方向を考えたい。ウインドサーファーである著者は風の利用を考えるので、当日の目的地域の風向きは事前にインターネットで確認するようにしている。千倉・館山間の南房総サイクリングコース（→416頁）では、千倉から走り出したこともあるし、逆に館山から走り出したこともある。本章で紹介するコースの大部分を占める関東地方では、一般に夏季は南西の風が、冬季は北西の風が吹くことが多いので、一つの目安になるかもしれない。南房総のコースを走る日に午後から西寄りの風が吹く予報が出ていたので、館山から走り始めて午後に東向きに進路をとると、予想どおり追い風となった。"ルンルン"気分で走行した著者たちには、逆風で苦戦して走るサイクリストが気の毒に見えたほどである。

　そのほかの気象関連では、やはり雨天日はできるだけ避けるようにしている。雨が午後から予想される中でも実施したこともあったが、その場合は途中で最寄り駅に"逃げられる"コースを想定しておくことも必要であろう。鉄道に沿って走るルートは、そうした対策にもなる。

　以下では、著者の体験したポタリングのうち同行者の評価も高かったものなどを中心に、コースを具体的に紹介することにしたい。コース1から5までは、市街地での見所の多いコースであり、まさに典型的なポタリングであるが、コース6からは走る距離が長くなり、サイクリング的な要素が強くなっている。もっとも、それだけに走る地域の自然環境の素晴らしさを味わえ、景観を楽しむことができる。また、長距離コースでは天候の急変や体力の負担を考えて、途中で"逃げられる"ように設定してある。

　コースの構想にあたっては、第4章で記した文献も活用したが、そのほかに山と渓谷社発行の『神奈川　横浜・湘南・富士箱根　自転車散歩』（2005年）、『埼玉・千葉

自転車散歩』（2006 年）、『東海　愛知・岐阜・三重・静岡　自転車散歩』（2006 年）、『新版　東京周辺　自転車散歩』（2008 年）、『新版　北関東　茨城・栃木・群馬　自転車散歩』（2009 年）も参考にした。このシリーズでは『大阪・神戸周辺　自転車散歩』（2005 年）や『京都・奈良・滋賀　自転車散歩』（2007 年）も刊行されており、本書で記載されていないコース作りにあたって参考にしている。また、序章で記した地理学習指導などを目的とした巡検に必要な資料収集で得た知見も、特に東京や神奈川のコース設定に生かされている。

2　ポタリングの“お勧め”コース

　以下に記されているコースでは、コース 13 を除きすべて日帰りを想定している。記載されている主な経由先は、必ず立ち寄らなければならない箇所ではなく、興味関心の程度や持ち合わせている時間によっては、単なる通過地点になるであろう。また、すべての箇所に十分な時間をかけて見学したい場合は、コースを 2 日に分けて走ってもよいかもしれない。なお、コースの走行距離は「自転車ルート検索 -NAVITIME」によって計算したものであり、あくまでも目安として参考にされたい。また、特に冬季のように日没が早い頃はルートの最後まで踏破する必要もないし、風向きによっては出発駅と到着駅を逆にした方が良いことは、言うまでもない。そうした臨機応変さが生かせるのも、輪行によるポタリングの特性である。

［ 1 ．東京：隅田川沿いの下町探訪コース ］
　ルートの概略：出発駅は JR 赤羽駅または東京メトロ赤羽岩淵駅、主な経由先は荒川知水資料館・旧千住宿・都電三ノ輪橋停留場・一葉記念館・浅草・両国・芭蕉記念館・門前仲町・佃島・築地・浜離宮庭園・レインボーブリッジ、到着駅はゆりかもめお台場海浜公園駅

　コースの走行距離：32km 程度

　このコースは全コースの中で最も見所満載のコースであり、それだけにポタリングに関心を持った知人に著者の古い自転車でお試しに走ってもらうと、ポタリングの楽しさに“はまって”しまう人が多かった。東京の下町に残された風情や歴史を感じさせる場所を繋いだコースであり、隅田川と人との関わりを見つめ直してみるのもよい

かもしれない。

　赤羽岩淵駅前の北本通り（国道122号線）を横断して住宅街を北に進むと、程なく新河岸川の土手に突き当たる。土手沿いに東（右手）へ進むと新河岸川に架かる志茂橋があるので、それを渡ろう。すると、傍に荒川知水資料館がある。ここでは荒川に関する歴史や地理などが展示されており、このコースの全容を把握する上でも、ぜひ立ち寄りたい場所だ。資料館の脇の荒川土手に上がると、対岸の埼玉県には高層ビルが目立つ川口市街を望めるが、右手に岩淵水門があることに気付く。そこが荒川と隅田川が分流する地点で、そこから下流の荒川は、1911年に着手され1930年に完成した荒川放水路なのである。現在の隅田川に流れていた荒川はしばしば洪水で氾濫を起こしたので、放水路開削事業が実施された。そうした経緯の説明のほかに、荒川が氾濫した場合の都内主要地点の浸水シミュレーション映像なども展示されており、昨今の気候変動で激増する自然災害から防備する上でも、有用な知識が得られる。まさに“知水”資料館だ。

写真5-1　荒川知水資料館　左奥に荒川の土手が見える。（2009年）

写真5-2　荒川（左）と隅田川（右）の分流地点　手前が旧岩淵水門（1924年完成）、後方が岩淵水門（1982年完成）。（2013年）

　資料館からは、対岸遠くに小菅の東京拘置所、右手に東京スカイツリーを見ながら、荒川河川敷のサイクリングロードを9kmほど走ることになる。都心の近くを走るコースでありながらサイクリングも楽しめるというのは、このコースの特色であろう。後述のようなターミナルの北千住駅を控え、いくつもの鉄橋が重なってよく見えるようになると、もう北千住地区だ。鉄橋の手前にある河川敷に造成された虹の広場という公園に出るので、そこで土手を超えて北千住駅方面に向かう。旧日光街道が左手に見える鉄路と並行して通っているが、土手下から始まるやや細い道路（写真5-3）なので、若干分かり難いかも知れない。それでも、18世紀後半に創業され整形外科で有名な

名倉医院千住本院の和風建物がその旧道の傍に建っているので、見つける手掛かりになるだろう。

　日光・奥州街道の千住宿は、いわゆる江戸四宿（千住・板橋・品川・内藤新宿）の一つとして賑わいを見せ、道路沿いに南北2km近くに連なる宿場となった。千住は隅田川の水運を生かし、周辺の農村からの農産物の集散地にもなった。やっちゃ場と呼ばれる青果物問屋街があったが、その頃の面影を残す建物なども千住大橋寄りの地区に見られる。それを継承したのが中央卸売市場足立市場で、千住大橋のたもとにある。

　旧街道沿いの商店街では江戸期からの商家、本陣跡、問屋場・貫目 改 所跡など、宿場町の面影をたどることができるし、老舗の和菓子屋や青果店、レトロな衣料品店、雑貨屋、居酒屋などもあって、宿場町を継承した下町の商店街であることも分かる。だが、この商店街にはそれらとともに、ファッション的な衣類や革製品を扱う店、レストランやカフェなど若者に人気の飲食店も数多い。都内でも数少ない“元気な”商店街であることは確かだ。この商店街は北千住駅にも近く、立地上の優位さが根底にあることは言うまでもない。北千住駅は1896年に現在の常磐線、99年に東武鉄道の駅となって、その歴史が始まった。さらに、1962年に地下鉄日比谷線が開通したのを皮切りに、その後地下鉄千代田線、つくばエクスプレス線も開通し、4社5路線が乗り入れている。その結果乗降客数も増加して、北千住駅は今や日本有数のターミナル駅の一つにまでなった。そうした交通の利便性から駅周辺に高層マンションが建ち並び、駅東口の再開発地にキャンパスを建設した東京電機大学などの大学も進出して、まさに北千住はファミリー層や若年層にも人気の街となっている。

写真5-3　荒川土手から望む旧日光街道　道路左側手前に名倉医院の看板がある。左手奥に北千住駅ビルの一部も確認できる。（2022年）

写真5-4　宿場町の面影が見られる北千住の商店街　道路左側手前に江戸末期に建築された紙問屋の建物がある。（2022年）

商店街を南下して京成線のガード下を抜けると足立市場前で、国道4号線（日光街道）に出会う。隅田川に架かる千住大橋（1927年に竣工）を渡り、足立区に別れを告げると荒川区の南千住となる。上野方面に日光街道を走ると道路沿い右側に円通寺というお寺がある。この寺の境内には、幕末の上野戦争（上野における新政府軍と旧幕府軍の彰義隊などとの戦い）で敗走した彰義隊士の墓があり、その戦いの激しさを残す黒門も移設されている。円通寺からさらに200mほど走ったら、右手の路地に入ってみよう。都電荒川線（東京さくらトラム）の三ノ輪橋停留場があり、付近一帯は昭和レトロな雰囲気に包まれているので、タイムスリップしたような気分になるに違いない。都電は1972年までに廃止されたが、専用軌道の多い荒川線だけは存続して、ここから早稲田まで運行している。沿線には桜の名所が多いことから「さくらトラム」の愛称が付けられているが、バラも多く植えられている。

写真5-5　千住大橋と傍の「奥の細道　矢立初めの地」の碑　千住大橋は隅田川に架かった最初の橋で、単に大橋と呼ばれてきた。深川から船で千住に来た芭蕉は、ここから『奥の細道』の旅に立った。（2013年）

写真5-6　都電荒川線の三ノ輪橋停留場　（2014年）

　再び4号線に出て常磐線のガード下を抜けたら、東京メトロ日比谷線の三ノ輪駅を通過し交差点を国際通り（都道462号線）へ左折しよう。国際通りを300〜400mほど走ったら、左折すると台東区立一葉記念館の前の通りに出られる。一葉記念館には自筆の名作『たけくらべ』の原稿など、樋口一葉に関する資料が展示されている。記念館の近くには実際に彼女が荒物・駄菓子業を営んでいた旧居跡の碑が立っている。再び国際通りに出て走ると、酉の市でお馴染みの鷲（おおとり）神社がある。吉原遊郭は神社の裏手に位置するので、神社に向かって右手の道を裏手方面に抜けると、吉原弁財天・花園公園・吉原神社を通って、吉原遊郭の中心通りである仲之町通りに出られる。遊郭は周囲を幅9mの「お歯ぐろ溝（どぶ）」で囲まれ、南北327m、東西245mの規模であっ

たという。お歯ぐろ溝跡が現在は道路となっており、南東側の跡は現在の花園通りである。仲之町通りをそのまま進むと吉原大門の交差点に出る。その傍には遊郭の名所の一つとされる「見返り柳」が立っているが、客が後ろ髪を引かれる思いを抱きつつ振り返ったから、その名が付いたという。

　見返り柳が面する土手通りを東京スカイツリーに向かって浅草方面へ少し走ったら消防署の角を右折し、花園通りから再び国際通りに出ると道に迷わないかもしれない。西浅草三丁目の交差点を過ぎると、国際通りに面して浅草ビューホテルが見えるが、このホテルは1982年に閉館した国際劇場の跡に建設されたものである。国際通りはこの国際劇場にちなんだ道路名であり、国際劇場は松竹歌劇団の本拠地となっていたことで知られる。国際通りをさらに南下すると、雷門一丁目の交差点で雷門通りへ左折することになるが、国際通りの西側300mほどをかっぱ橋道具街通りが並走しているので、飲食・厨房器具に関心がある人はこの通りを走ると良いだろう。

上／写真5-7　北西側のお歯ぐろ溝跡の道路から見た旧吉原遊郭内の景観　遊郭内は地盤が高くなっている。（2016年）
右／写真5-8　手前の見返り柳と建設中の東京スカイツリー　（2010年）

　雷門通りは江戸期から道幅が広げられており、広小路と呼ばれていた。東京メトロ銀座線に上野広小路駅があり、広小路は上野や両国橋西詰にもあった。防火が目的であったが、浅草では参詣路としても役割を果たしたようだ。外国人観光客にも人気の浅草寺界隈は、今も昔も変わらない行楽地である。雷門通りの左手（北側）一帯には、浅草寺を中核に土産物店や食堂・レストランが連なるばかりか、遊園地のほかに演芸場もある。明治初期に近代化の一環として東京に公園を設置することになり、上野の寛永寺、芝の増上寺などと同様に、浅草寺の境内も公園となった。浅草公園は公園全

体が6区画に区分され、浅草寺の西側にあった池が埋立てられて、そこが公園六区となった。そこに見世物小屋などが移転して、六区は東京でも最大とも言える歓楽街に発展した。特に昭和前期や1950年代の映画黄金期には映画館などが林立して、まさに娯楽の殿堂ぶりを示したが、2012年には映画館の灯は完全に消えてしまった。浅草寺への参拝とともに、浅草の盛衰が分かるそのような"ディープ"な場所を探訪するのも、一興だろう。

　雷門通りを進むと、隅田川にかかる吾妻橋にたどり着く。傍にある水上バス乗り場や行き交う船、間近にそびえる東京スカイツリーが、現代の浅草観光を支える基盤となっていることに気付くであろう。吾妻橋は江戸期に架けられた橋の一つであるが、

写真5-9（左）と5-10（右）　浅草映画館街の今昔（南から北を撮影）　黄金期ほどではないが、左の写真の1972年当時はまだ賑わいがあった。ほぼ同一地点から撮影した2021年の右の写真では、食堂の「セキネ」は右端に切れて写っている。

左／写真5-11　雷門通りから見る東京スカイツリー　（2016年）
上／写真5-12　隅田川に架かる東武線鉄橋　左手に水上バスの発着所が見える。この写真は吾妻橋で撮影した。（2021年）

1887年に隅田川で最初の鉄橋として完成している。しかし関東大震災でほかの橋と同様に崩落し、1931年に現在の橋に架け替えられた。吾妻橋の上流側には東武鉄道の鉄橋があるが、その先にある言問橋は1928年に、下流側の駒形橋は1927年にそれぞれ架けられた。いずれも震災からの復興計画での架橋であり、日本の近代橋の歴史のスタートだといわれる。当時建設された橋はデザインにも凝っており、それぞれ個性に満ちたものとなっている。吾妻橋上流側の隅田公園も震災後に計画されたものであるが、防災とともに川辺の景観に配慮された。東武線の鉄橋が低めのトラスに設計されたのも、車窓からの景色をよく見られるようにしたからだという（写真5-12）。

　吾妻橋を渡り墨田区に入るとすぐに右折し、隅田川沿いに南下しよう。首都高速の下をそのまま蔵前橋まで行った場合は、左折して蔵前橋通りに出たい。程なく清澄通りとの交差点（石原一丁目）に出るので、それに隣接する横網町公園に寄るとよいだろう。この公園は陸軍被服廠跡地の一部で、関東大震災時には空き地になっていたため群衆が避難をしに殺到したが、大旋風が巻き起こり38,000人を数える焼死者が出たという。そうしたことから園内に震災記念堂が建設されたものの、1945年3月10日の大空襲で再び多くの犠牲者が出て、戦争犠牲者の遺骨も安置したことから東京都慰霊堂とした。園内には東京都復興記念館もあり、大震災の記念遺品や戦災関係資料などが展示されている。

　横網町公園からは旧安田庭園の脇を通り、国技館の前から両国駅西口を抜けて京葉道路（国道14号）に出よう。両国駅は総武線の各駅停車しか止まらない駅であるが、駅舎（写真5-13）は小ぶりながらクラシックで重厚感がある。両国駅は、当初両国橋の駅名で今の総武線の前身となる総武鉄道の始発駅として開業している。都心部の房総方面へのターミナル駅として、東海道線方面への東京駅、東北方面への上野駅、中央線方面への新宿駅に次ぐ機能を担った。関東大震災で旧駅舎が被災し、1929年に現在の駅舎が当時の洋風モダニズムの影響を受けて完成した。そうした当時の両国駅の重要性が、駅舎建築に反映されているようだ。後に総武線の電車が御茶ノ水駅まで開通して両国駅の役割は低下するが、1972年に総武快速線が開通するまでは、房総方面への優等列車がここから発車するなど、それなりのターミナル機能は保持していた。しかし総武快速線が両国駅には停車せず、優等列車も東京駅から発着するようになると、房総方面への玄関口としての役割を失ってしまった。

　そうした両国駅の歴史に見られるように、同駅界隈には前述の施設のほか、旧国鉄用地の跡に1993年に開館した江戸東京博物館をはじめ、さまざまな見所が散在する。両国駅西口から国道14号に出た所にあるのが回向院で、17世紀半ばに江戸城の天守や市街の大半を焼失した明暦の大火（振袖火事）の焼死者を埋葬したことが、起源と

なっている。この火事をきっかけに防災の必要に迫られた幕府が、火事の直後に隅田川第二番目の橋として両国橋を架けた。当初両国橋は大橋と命名されたが、武蔵国と下総国を結んだ橋であることから、両国橋と呼ばれるようになった。ただし、墨田川東岸の本所・深川地区の江戸市域化が進み、後に武蔵と下総の境は江戸川に改められた。回向院は江戸勧進相撲の常設場所ともなり、その境内に 1909 年旧国技館（写真5-14）が建設された。現在の複合施設両国シティコアの位置である。そのため現在でも周辺には相撲部屋が多い。回向院の東側は旧地名では本所松坂町であり、赤穂浪士（→ 395 頁参照）が討ち入った吉良邸のあった地区である。現在はその一部が本所松坂町公園として残されているので、立ち寄ってみてもよいだろう（両国 3-13-29 付近）。

　両国地区から、上に高速道路が走る竪川を渡り南下すると、万年橋通りに出て江東区入りとなる。新大橋通りとの交差点を過ぎると万年橋通り沿いに芭蕉記念館が見える。松尾芭蕉が深川の草庵に移り住んだので、その所縁の地に記念館が開設され、芭蕉や俳文学関係の資料が展示されている。記念館から 300m ほど行った所に芭蕉庵史跡展望庭園があるので、そこへは俳句に関心のない人でも訪れてみた方が良いだろう。場所が隅田川から小名木川が分流する位置にあり、ライン川に架かるケルンの吊り橋をモデルにしたという清洲橋を眺めていると、欧米の都市にでもいるのかと錯覚するほどの景色だ（写真 5-16）。この橋は震災復興事業で昭和期になって初めて誕生したが、他の隅田川に架かる橋の数倍の費用がかかったという。小名木川は徳川家康が行徳（千葉県市川市）から塩を江戸に運ぶために開削したのが始まりとされ、「塩の道」として知られる。江戸川を通じての利根川水系に連なり、江戸期さらには明治期まで水運上重要な運河の役割も果たした。

　展望庭園から万年橋を渡って進むと清澄公園に出るので、そこで左折して清澄庭園

写真 5-13　昭和初期に完成した両国駅駅舎　両国駅の 3 年後に完成した上野駅正面玄関口駅舎は、規模がはるかに大きいが様式は似ている。（2016 年）

写真 5-14　旧国技館　都電の後ろにあるドーム型の大きな建物で、撮影当時は日本大学講堂であった。（1972 年）

写真 5-15　吉良邸の一部である本所松坂町公園
　園内には吉良上野介の首を洗ったとされる「首洗い
の井戸」や供養碑が残されている。（2014 年）

写真 5-16　芭蕉庵史跡展望庭園から見た清洲橋
と左手の小名木川　（2014 年）

の脇を通ることにしよう。清澄庭園は泉水、築山、枯山水を主体にした回遊式の大名
庭園として知られる。下総関宿藩久世家の下屋敷があった場所で、明治期に三菱の創
始者岩崎弥太郎が買収して庭園を造成したものだ。清澄庭園の清澄通りを挟んだ東側
の街区には、寛政の改革で知られる老中松平定信の墓と江戸六地蔵の一つ銅像地蔵菩
薩像のある霊巌寺、深川江戸資料館があるが、清澄通りに出たら右折して通りを南下
して門前仲町方面に向かうことにしよう。進行左手には寺が集中して見られるが、そ
れらは霊巌寺同様、明暦の大火などの後に当時は郊外であった現在地に移転してきた
ものである。高速道路の下をくぐると、地下鉄の門前仲町駅がある交差点にたどり着
く。

　門前仲町一帯は、江戸期から富岡八幡宮のまさに門前町として発展してきた。東隣
には材木置き場となる木場が、1974 年に現在の新木場に移るまであった。問屋が現
在の門前仲町駅周辺にあり、木場商人の豪遊ぶりによって繁栄した深川花街の存在も
大きく影響したようだ。門前仲町駅は東京メトロ東西線と都営地下鉄大江戸線の乗換
駅であるが、地下鉄開通以前の都電全盛時代においても結節点になり、江東区南西部
の中心となっていた。富岡八幡宮の深川祭りは江戸三大祭りの一つとして賑わい、境
内には巨大な神輿が展示されている。境内にはほかに横綱力士碑などや伊能忠敬銅像
もある。力士碑は富岡八幡宮が江戸勧進相撲の発祥（1684 年）の地であることから設
置されている。忠敬は門前仲町に隠宅があり、現在の台東区浅草橋三丁目にあった浅
草天文台まで歩測しながら通ったこと、全国測量への出発にあたり八幡宮に祈願した
ことから、記念に銅像が設置されたようだ。なお忠敬の住居跡は、葛西橋通り沿いの
歩道に碑が建てられている（門前仲町 1-18 付近）。

　門前仲町の交差点を清澄通りに沿ってさらに南下すると、左手には東京海洋大学越

写真 5-17　富岡八幡宮の右手奥にある横綱力士碑　正面参道に大関力士碑がある。（2021 年）

写真 5-18　八幡宮の正面参道にある伊能忠敬銅像　左手に石で地球をかたどったモニュメントが見えるが、2002 年から採用される世界測地系に基づいて作られた基準点が中にある。（2021 年）

左／写真 5-19　伊能忠敬住居跡の碑　（2016 年）
上／写真 5-20　右手の隅田川と左手の晴海運河に挟まれている大川端リバーシティ 21 地区　隅田川に架かる中央大橋のすぐ右奥の高層ビルが、聖路加ガーデン。写真は永代橋からの撮影。（2014 年）

中島キャンパスの建物や展示されている明治丸が見えてくる。大学の正門から見える建物は 1932 年にできた旧東京高等商船学校本館で、登録有形文化財である。さらに重要文化財に指定されている明治丸は、1874 年に灯台巡視船としてイギリスで竣工されたものである。ちなみに明治丸は 1876 年に明治天皇の北海道・東北への巡幸で使用され、この巡幸の横浜帰港が 7 月 20 日であった。それが海の日のそもそもの起源となっているそうだ。

　相生橋を渡ると中央区に入り、佃島・月島地区となる。橋を渡ったすぐの交差点を右折すると、大川端リバーシティ 21 地区に入る。そこはもともと隅田川の三角州の発達した石川島があった所で、18 世紀末に幕府は寛政の改革の一環として、そこに

無宿人の人足寄場、現在で言う授産更生施設を設立した。ちなみに実際の創設と運営に当たったのは、池波正太郎の小説『鬼平犯科帳』のモデルとなった長谷川平蔵だという。明治期には石川島監獄となったが、巣鴨監獄の新設に伴って廃止された。石川島には幕末に幕府による造船所も建設されたが、民間に払い下げられ石川島造船所が創設された。監獄の跡地も造船所に引き継がれて、造船所は石川島重工業となり、後に合併して石川島播磨重工業（現IHI）となった。この造船所の歴史などについては、リバーシティ21地区内のピアウエストスクエア1階に開設された石川島資料館「石川島からIHIへ」で展示・解説されている。

1979年に造船所の跡地は、都心部における定住人口の回復を図り「大川端リバーシティ21開発事業」として、官公民共同開発方式で超高層住宅地として再開発されることになった。1986年に着工し2010年にすべてのビルが竣工した。この事業は、東京のウォーターフロント開発の先駆けであり、眺望を重視したタワー型高層マンションの原型となったことで知られる。隅田川沿いには緩傾斜型のスーパー堤防が築かれて親水性の空間が造られるとともに、それに接続して設置された石川島公園や佃公園が街区に潤いを生み出している。

写真5-21　昔ながらの風情を残す佃島地区と大川端リバーシティ21地区のコントラスト　正面の水路は鍵状に左折して、写真5-22の水門に繋がる。（2016年）

写真5-22　佃大橋から見た佃島地区と大川端リバーシティ21地区　川沿いの佃公園から先は親水性のスーパー堤防となっている。公園傍の小さな水門の右に住吉神社の鳥居も見える。佃の渡しは写真の右端辺りにあった。（2016年）

佃公園から水路を渡ると、すぐに住吉神社が見える。佃島は、大阪の佃村から17世紀初頭に幕府の奨励で江戸に移住してきた漁民が石川島の隣に築き上げたもので、そこに彼らが故郷で信仰の篤かった住吉神社の分霊を祀った。現在の社殿は1880年に建てられている。水路は鍵状に残っており、その水路と隅田川に挟まれた区画と水路の東側の一部が、本来の佃島である。佃島一帯は戸建ての古くからの家並みが続き、

銭湯があったり、路地に井戸があったりして、漁師町時代の面影を感じさせるレトロな空間となっている。なお、佃煮は島の漁師が保存食や弁当のおかずとして考え出したもので、江戸末期創業などの元祖佃煮屋が数軒残っている。

　明治期になると、石川島や佃島に隣接して南方に埋立てが進み、水産品の倉庫などが建ち並ぶ月島が出現した。月島はもんじゃ焼きの発祥の地として知られ、佃島地区に接続してもんじゃ焼き店が多く集まる西仲通りがある。このコースでは佃大橋を渡り築地側に向かうことにしよう。佃島同様に、佃大橋の西詰北側にも「佃の渡し」の碑がある。江戸期から300年の歴史を持った渡し船が廃止され、1964年に現在の佃大橋が完成した。月島・江東方面への工場の進出によって隅田川に架かる橋の混雑が激化し、建設されることになった比較的新しい橋である。

　佃大橋での進行方向左手・下流側には、2棟の高層ビルが目立つようにそびえている。それらは聖路加（せいるか）（が正式な呼称）ガーデンと呼ばれ、聖路加国際病院の建て替えによる再開発事業で、1990年に着工して94年に完成した。高い方はオフィス棟、低い方はレジデンス棟で、レジデンス棟の上層部はホテルとなっている。両棟共用の低層部にはレストランやクリニック、商業施設が入り、地下にはスポーツクラブもある。川岸は、ここでも親水性のスーパー堤防が採用されている。

写真 5-23　聖路加国際病院トイスラー記念館
1933年に病院の宣教師館として建設されたもので、病院の歴史を物語っている。後ろに病院とガーデンの高層ビルの一部が見える。（2021年）

　聖路加国際病院のある明石町は、安政の条約で開港とともに江戸と大坂の開市場が決定され、それに伴って設定された築地居留地であった。東は隅田川、南はかつて水路だった現在のあかつき公園、西も同様に水路だった築地川公園、北は佃大橋から続く都道473号線に囲まれた範囲である。周辺は雑居地となり、居留地内には主に米国などの公使館、教会、学校、ホテルなどが建てられた。居留地内にイギリスの宣教

医師が開設した病院があり、それを米国聖公会の宣教医師が買い取ったことが聖路加国際病院の起源となっている。1899年に居留地は廃止されている。かつて居留地内には明治学院大学、青山学院大学、関東学院大学などの前身の学校や立教大学、慶應義塾などがあり、主にミッション系大学の発祥地となっている。こうしたことから、旧居留地内には数多くの旧跡の碑が立っているので、それを探すだけでも興味が尽きないであろう。

聖路加看護大学の西側にある築地川公園に沿って西方に進むと、本願寺築地別院（築地本願寺）の裏手に出る。そのまま正門のある新大橋通りに向かおう。江戸初期に建立された本願寺の別院は明暦の大火で焼失したので、佃島の門徒が中心になって現在の地に再建した。現在の本堂は、関東大震災後に古代インド様式で1934年に落成した。本願寺の脇で新大橋通りと晴海通りが交差するが、晴海通りを隅田川方面に向かうと勝鬨橋に至る。1940年に完成した勝鬨橋は、シカゴの跳ね橋を参考に中央部約45mを二つに分け、両方に跳ね上げて船を通過させる構造となっている。しかし、隅田川の水運が減り陸運が飛躍的に増加したため、1970年を最後に橋の開閉はなくなった。勝鬨橋は隅田川水運の盛衰を象徴しているとも言えよう。橋の西詰には、「かちどき　橋の資料館」がある。

このコースでは、その築地四丁目の交差点を新大橋通りに沿って直進しよう。進行の左側に外国人観光客にも人気のある築地場外市場やかつての中央卸売市場の跡地を見ながら走ると、浜離宮恩賜庭園の前に出る。17世紀中葉に4代将軍家綱の弟松平綱重がここに別邸を建てたが、彼の子が6代将軍家宣になると、この屋敷は将軍家のものとなり、以降浜御殿と呼ばれてきた。潮入、築山、泉水の回遊式大名庭園で、鴨場もある。明治維新で皇室の離宮となったが、戦後東京都に下賜された。浜離宮の西側を首都高速が走るのでその下を通り、ゆりかもめ線の高架下を竹芝駅、日の出駅、芝浦ふ頭駅と通過すると、レインボーブリッジ遊歩道の芝浦側入り口に到着する。

レインボーブリッジは、1993年に開発が進む臨海副都心と都心を結ぶ架け橋として開通し、今や東京港のシンボル的な存在となっている。ドライブやゆりかもめへの乗車でこの橋を渡ったことのある読者が多いと思うが、この橋に遊歩道が設置されていることを知っている人は少ないかもしれない。歩道なので自転車を引いて歩くことができるから（写真5-24）、このコースの最後の立ち寄り先としてレインボーブリッジを含めた次第だ。レインボーブリッジの吊橋本体は798mであるが、芝浦側入り口から台場側入り口までの遊歩道の長さは約1,700mとなり、20分はかかる。遊歩道は北側と南側の2ルートがあるが、ポタリングでここまで来た経路を確認する意味からも、北側のノースルートを勧めたい。海上50mもある高さから、都心や隅田川河口

上／写真 5-24　芝浦側遊歩道入り口　受付で自転車に台車を取り付け、引いて歩く。芝浦側では遊歩道まではエレベーターを利用する。（2021 年）
右／写真 5-25　台場側のスロープとなっている遊歩道と後輪に台車を付けた自転車　（2012 年）

写真 5-26　レインボーブリッジから見た隅田川河口付近　中央から左手に木々で覆われているのが浜離宮で、右が月島南端の水産埠頭。（2021 年）

写真 5-27　お台場の遊歩道から見たレインボーブリッジ　中央後方に東京タワーが顔を覗かせている。（2021 年）

方面、東京スカイツリーと東京タワー、さらには築地から移転した豊洲市場なども見渡せ、東京港からの絶景を心ゆくまで楽しめることだろう。

　台場側入り口からゴールのお台場海浜公園駅までは、1km もない距離だ。駅周辺のデックス東京ビーチやアクアシティお台場といった施設には、"おしゃれな" レストランやカフェもたくさん入っており、同行した仲間とお台場の夕景・夜景を眺めながら、その日の思い出を語りつつ夕食に舌鼓を打つのも一興だ。このように、その場所ならではの夕食が取れるような箇所を、コースの最終目的地として設定することで、一層味わい深いポタリングを楽しめるかもしれない。

［ 2．東京：山の手の "おしゃれ探訪" コース ］

ルートの概略：出発駅は JR 東京駅または東京メトロ大手町駅、主な経由先は半蔵門・
神宮外苑・表参道・青山霊園・六本木・麻布十番・広尾・白金台・
東京都庭園美術館、到着駅は JR・東京メトロ恵比寿駅

コースの走行距離：19km 程度

コース 1 が都心部の「川の手」ルートであるのに対して、このコースは山の手の "お
しゃれな" 場所を繋いだルートである。"おしゃれな" は都会的で洗練され、流行の
先端を行くという意味で著者は考えているが、それは現代だけではなく、明治期以降
の「ハイカラな」や「垢抜けした」のニュアンスをも含めている。コース 1 の 3 分
の 2 程度の距離ではあるが、見所が満載であることは変わらない。

まず、出発地となる東京駅付近の丸の内界隈を見学することから始めよう。赤レン
ガ建築の代表的な建造物である東京駅丸の内駅舎は、1914 年に完成している。東京
駅が開業する直前の東京中心部では、官設鉄道線（現在の東海道本線）の品川駅から
日本鉄道の山手線が日本鉄道線（現在の高崎線・東北本線）の赤羽駅と田端駅まで開
通していたが、日本鉄道の起点である上野駅と官設鉄道の起点である新橋駅（汐留）
の間は、路面電車で結ばれていた。しかし、それでは需要に追い付かないばかりか事
故も多発していたので、両駅間を高架鉄道で繋ぐことが計画された。結局上野から途
中に中央停車場（現在の東京駅）のほかいくつかの停車場が設置され、官設鉄道線に
接続されることになった。

中央停車場が計画された丸の内は、江戸期には大名屋敷であった地域だが、明治維
新後は軍の施設が置かれ主に練兵場となった。しかし 1888 年の市区改正（現在の都
市計画）で青山に移転することになり、その費用捻出のため三菱の岩崎弥之助に払い
下げられた。何も建っていない荒涼とした「三菱が原」の丸の内に、三菱は銀座に近
い馬場先門の付近から、洋風の赤レンガビルを徐々に建設し始め、その一帯は壮観な
風景から「一丁倫敦」と呼ばれるまでになっていった。これらの建築は、三菱の顧問
であったイギリス人建築家ジョサイア・コンドルの下で設計・建設されたという。そ
の手始めが 1894 年竣工の三菱一号館であり、現在の三菱一号館美術館は 1968 年に
解体された一号館が忠実に復元されて、2010 年に同じ場所（千代田区丸の内 2-6-2）
に蘇ったものである。ちなみに和田倉橋の傍にあった東京銀行協会ビルは、1916 年
に建設された旧銀行集会所のレンガ造りの二階建ての外壁のうち 2 面を残して 1993
年に新築された。そのように歴史的建築物の正面やその一部を保存して再開発をする
ことをファサード保存と呼んでいるが、その東京銀行協会ビルはファサード保存形式

写真 5-28　復元された三菱一号館美術館　(2021年)

写真 5-29　ファサード保存された日本工業倶楽部会館　旧会館は旧銀行集会所と同じ設計者横川民輔が担当して、1920 年に竣工した。(2021 年)

の先駆けとなった。だが 2016 年にそのビルも解体されて、2020 年に竣工した高層ビルにはファサード保存はなされていない。それでも、丸の内地区で新築された高層ビルには写真 5-29 の日本工業倶楽部会館（丸の内 1-4-6）のように、ファサード保存形式を採用しているビルが散見し、赤レンガ時代以後の丸の内地区の建物の変遷を部分的にたどることができる。

　そのように時代の先端を走り始めた丸の内にできた駅舎は、よく知られているように、日本銀行本店をはじめ日本の近代建築を数多く手がけてきた辰野金吾の手によって建設された。三階建てで外壁が 335m の壮大な駅舎は、当時の鉄道院総裁後藤新平が「大国ロシアを負かした国に相応しい駅にしたい」と要望したともいわれている（図録 p. 68）。そうした国威発揚もあり東京駅は華々しく開業した。この建物自体、赤レンガと白い石の色彩的対照が目覚ましい辰野式建築の総決算とされるし、ドームの内外のデザインにおいてもさまざまな工夫やモチーフが採用されているようだ。また東京駅の建設では、当時適用され始めた鉄筋コンクリートが用いられている。デザインや技術においても丸の内駅舎は、まさにハイカラになりつつある丸の内地区の象徴となったと言えよう。

　東京駅が完成してほぼ 10 年がたった時に関東大震災が発生したが、鉄筋コンクリートの採用で駅舎に大きな被害はなく、市民の避難場所になったという。しかし 1945年の東京大空襲では駅舎も被災したとおりで、駅舎は応急的な改修で三階建てから二階建てとなり、南北の丸屋根ドームも八角屋根となった。さらに丸の内駅舎は、解体の危機にさらされる状況が生じた。1987 年の国鉄分割・民営化直後、「東京駅周辺地区再開発に関する連絡会議」が設置され、丸の内駅舎の高層化が検討されたからである。そうした丸の内地区の再開発計画の流れは 2000 年代に入ると現実のものとなり、

高層ビルが建ち並ぶ"丸の内マンハッタン"が出現した。しかし、丸の内駅舎の保存・復元についての要望・請願が日本建築学会などから出されて、駅舎を創建当時の状態にすることが決められた。2003年には駅舎が重要文化財に指定され、07年からは駅舎の復元工事が着工された。そして、2012年には保存・復元工事が完成した。建て替えられてしまうことが多い中、丸の内駅舎は街の歴史を刻むランドマークとして、まさに国民の財産になったのである。

　丸の内界隈をあとに、大手門から濠沿いに地下鉄の竹橋駅や東京国立近代美術館の傍を通り、首都高速の代官町出入口の脇にある旧近衛師団司令部庁舎（写真5-31）を見てみよう。この洋風レンガの建物も明治末期の1910年に、近衛師団司令部として竣工した。建物の目的のせいか、凛とした風格のゴシック建築に趣を感じるのは著者だけではないだろう。1977年に一部を改装して東京国立近代美術館工芸館として使用されてきたが、2020年2月に工芸館が金沢に移転したので閉館となった。建物の中には入れなくなったものの、残された数少ない明治の"おしゃれな"建物を外観だけでも確認しておきたい。建物の前の高速道路に架かる歩道橋を渡り、代官町通りを千鳥ヶ淵の交差点で左折すると、都内随一の桜の名所千鳥ヶ淵公園だ。傍を走る内堀通り（都道401号）の向かい側には英国大使館も見える。半蔵門からの景色は、写真5-32のように三宅坂や桜田門方面で桜田濠一帯に広がる現代建築と江戸期の遺構で、新旧絶妙なコントラストが魅力的だ。

　半蔵門交差点で右折して、新宿通り（国道20号線）つまり甲州街道を進むことになる。新宿通りの右手一帯の番町界隈は、江戸城西側の防衛の要衝となった所で、将軍の警護を担う大番組が配置されて旗本屋敷となっていた地域であり、その区域の現在の街路は江戸期のものが原型となっている。靖国神社の北側にある富士見坂は、江

写真5-30　丸の内北口付近から見た東京駅丸の内駅舎　丸の内側だけでなく後方の八重洲側でも高層化が進んでいる。（2021年）

写真5-31　旧近衛師団司令部庁舎　手前下に高速道路が通っている。（2021年）

371

写真 5-32　半蔵門から望む三宅坂・桜田門一帯
（2021 年）

戸期から富士山がよく見える場所として知られてきたが、富士見坂の通りと靖国通り
など番町一帯の通りは平行になっている。言い換えれば、番町の通りは富士山の方角
に合わせて造られていたのである。

　そんなことに思いを馳せながら走っていると、四谷御門があった四ツ谷駅前を通過
する。駅西側の交差点を左折すると、正面には迎賓館が見えてくる。迎賓館赤坂離宮
はもともと 1909 年に東宮御所として建設されたもので、日本では唯一のネオ・バロッ
ク様式の宮殿建築として知られている。明治期の本格的な近代洋風建築の到達点と
なっているそうだ。第二次世界大戦後、国の迎賓施設へ改修されて 1974 年に現在の
迎賓館となった。迎賓館の傍には学習院初等科があるが、その間の通り（都道 414 号
線）に沿って迎賓館・東宮御所の脇を通り、権田原交差点を渡ると明治神宮外苑となる。

　神宮外苑は、明治期には丸の内から移転してきた青山練兵場があった場所だが、明
治天皇の陵墓が京都の伏見に決定されると、国費による明治神宮の建設とともに、民
間の手で天皇の遺徳を後世に伝えるべく、練兵場が神宮の外苑として整備されるこ
とになった。外苑の中央には明治天皇の一代を描く絵画を納めた聖徳記念絵画館が
1926 年に建てられ、スポーツが心身の鍛錬を通じて天皇の業績を偲ぶ活動であると
見なされたところから、野球場などのスポーツ施設も設置された。外苑の設計や造園
は当時の代表的な建築家佐野利器や造園家折下吉延が担当し、1918 年に着工し 26 年
に完成している。外苑の本来の景観の基調は芝生であり、周囲に行くにしたがって植
木が濃い植え込みになるように設計されて、周辺道路に分岐するところに噴水を配置
したという。公園が都市計画の核心になると考えた折下は、402m の長さを持つ四列
のイチョウ並木を配置した。この並木は並木道の軸線上の焦点を絵画館とし、手前の
青山口に高い木を植えて見事な遠近法を活用していることで知られる（写真 5-33）。

写真 5-33　青山口から見た神宮外苑のイチョウ並木　正面が絵画館で、このイチョウ並木は都内の紅葉の名所でもある。（2021 年）　▶口絵 xiv 頁

　しかし第二次世界大戦後、進駐軍の接収で広場が球技場に改造されたり、1964 年のオリンピック開催で国に譲渡された陸上競技場が大スタジアムとなったりして、周囲の緑のオープンスペースが大分削減されてしまった。

　神宮外苑をあとに、新設されたオリンピックスタジアムの西側を走る外苑西通りを横断し、西に向かうことにしよう。千駄ヶ谷小学校の交差点を左折して明治通り（都道 305 号）を南下すると、左手にトルコ大使館、右手に東郷神社や若者で賑わう竹下通りも見えて、華やいだ雰囲気が目立ってくる。神宮前交差点を左折すると表参道（都道 413 号）となり、道路の両側のケヤキ並木に沿って、衣類・装飾品の世界的に知られたブランドの店舗が軒を連ねている。まさに、おしゃれの情報を発信する最先端地区だと言えよう。その一画で進行左手に細長く 250m に達するビルが、表参道ヒルズである。関東大震災の復興支援団体であった同潤会が、当時としては先進的な鉄筋コンクリート構造の集合住宅を都内や横浜に建設したが、その一つである旧同潤会青山アパートの再開発事業によって 2006 年に完成した。この建物は地上 6 階・地下 6 階で、地上 3 階から地下 3 階までが商業施設となっており、ブランド店やレストランなど約 100 店舗が入っている。ちなみに 4 階以上は住居施設、地下 4 階以下は駐車場だ。こうした若者が集うおしゃれな表参道であるが、ポタリングで高齢者が休憩や昼食で訪れるのも “様になる” と著者は思っているが、いかがだろうか。

　表参道からは表参道交差点を左折して、青山通り（国道 246 号）に沿って進もう。左手に伊藤忠商事のビルが見えたら、近くの赤坂消防署入口交差点を右折して青山霊園に入ることになる。なお、その交差点を 200m ほど直進すれば先に写真 5-33 の青山口があるので、イチョウ並木配置での遠近法の採用を確認できるだろう。消防署の傍から始まる青山霊園は、南向き舌状台地にあった美濃郡上藩青山家下屋敷跡を、明

写真5-34　竹下通り（明治通りの竹下口から撮影）（2021年）

写真5-35　表参道ヒルズ（西館）　西館から本館、同潤館と後方に続く。（2021年）

治初期の1872年に共同墓地として建設したことが起源で、当時は市街地の周辺であった染井・雑司ヶ谷・谷中などとともに、青山にも設置されたのであった。青山霊園は面積26万㎡と23区内では最大の霊園で、近代日本を代表する政治家・文人・軍人・科学者などが葬られている。霊園に入ってきた道をそのまま進むと、道路の右手傍らには外人墓地の区画（写真5-37）もある。その道をさらに南下すると青山墓地中央交差点があるので、そこを左折して都道413号の道路を200mほど進んでから、坂を下り交差点を渡ろう。そして、その道路を北に100mほど進んだ所で、路地を鍵型に東へ向かうことになる。すると外苑東通り（都道319号）に出て、写真5-38に見るような旧乃木邸前に至る。

　公園として寄贈された旧乃木邸宅地には、日露戦争の軍司令官であった乃木希典が、1879年から明治天皇大葬の日に自刃した1912年までここに住んでいた。現存する母屋は1902年に建設されたもので、和室に暖炉の炊き出し口があったり、半地下の地階と一階に洋式トイレを取り入れたりと、西洋建築の合理性が採用されている。設計は彼自身によるもので、ドイツ留学中に見たフランス軍の連隊本部をモデルにしたという。隣地には、彼を崇敬する人々によって1923年に乃木神社が建立され、神格化された個人を崇拝するという神道の性格が理解しやすい。

　旧乃木邸からは、すぐ左に乃木坂を見つつ、外苑東通りを六本木方面に向かおう。するとじきに、東京ミッドタウンが左側に見えてくる。2003年に竣工した六本木ヒルズは六本木地区再開発の先駆けとなり、何かと話題をさらったが、六本木の地域性を象徴しているのはミッドタウンである、と著者は考えている。ミッドタウンは、2000年に市ヶ谷に移転した防衛庁（当時）の跡地再開発計画で建設された複合施設である。防衛庁の敷地は江戸期には萩藩毛利家中屋敷であったが、明治維新後に歩兵

写真5-36　乃木希典の墓所　霊園入り口傍の管理
事務所の向かい側から東へ伸びる通路の突き当たり手
前にある。（2013年）

写真5-37　外人墓地区画にあるイギリス人パー
マーの墓石　パーマーは横浜水道の建設や横浜港の
築港などに貢献した（写真5-114参照）。（2009年）

写真5-38　外苑東通りに面する旧乃木邸宅地　右
側のレンガ造りの建物は愛馬のための馬小屋で、邸の
門は電柱の左側に見える。邸宅地の南側には乃木坂が
ある。（2021年）

写真5-39　旧乃木邸の母屋　手すりのある通路は
見学用に設置したもの。乃木が子どもと向き合ってい
る像は、彼が辻占売りの少年を励ました逸話をもとに
した。（2021年）

第一連隊が創設されたことに由来する。ちなみに1936年の二・二六事件は、ここの連隊と近くの歩兵第三連隊（現在の国立新美術館と政策研究大学院大学のある場所）、近衛歩兵第三連隊（赤坂のTBSのある場所）などの青年将校が兵を率いて起こしたものであり、六本木は二つの連隊を抱えた兵隊の街であったと言えよう。日曜日や休日は外出する兵隊とその家族で賑わったようだが、表通りから一歩入れば閑静な屋敷が並び、静寂そのものであったという。戦後は軍事施設に進駐軍が滞在し、米兵がアメリカ文化を残すとともに、俳優座劇場の建設（1954年）やNETテレビ（現テレビ朝日）の開局（1959年）で芸能人も出入りするようになった。若者たちはそうした六本木に惹き付けられるようになり、1964年の地下鉄日比谷線開通がそれを加速させて、誰でも来やすい街として人も店も増加した。ロック音楽とアメリカ料理を楽しむハード

ロックカフェの日本第一号店（1983年）が六本木に出店したことは、その一例であろう。

　六本木ヒルズの4年後に竣工したミッドタウンは、オフィス、住居、130に及ぶ商業施設などから構成され、ミッドタウン・タワーと呼ばれる地上54階建てのビルが最も高く、その45階から53階まではホテルとなっている。隣接する檜町公園とあわせて4haの緑地とオープンスペースを創出し、緑化や環境にも配慮されている。ミッドタウンには、「生活の中の美」を基本理念に日本の古美術から東西のガラスまでを収蔵しているサントリー美術館が入っているが、六本木地区には、アートセンターとしての役割を担う新たなタイプの新国立美術館や、六本木ヒルズ内の現代アートを中心にした森美術館もある。異なるタイプの3美術館がそれぞれの特性を生かして「アート・トライアングル」をなし、今や六本木は東京の一大娯楽センターであるばかりか、世界に芸術・文化の最先端情報を発信する基地ともなっているようだ。

写真 5-40　乃木坂付近から見た六本木方面の外苑東通り　左上方にミッドタウン・タワーが見える。（2021年）

写真 5-41　六本木のハードロックカフェ東京店　六本木交差点を過ぎて進行方向の右手に見える。（2021年）

写真 5-42　六本木の外苑東通りから見る東京タワー　この場所の先方にある交差点を右折すると、写真5-43の景観に急転換する。（2021年）

写真 5-43　江戸期から存続する鳥居坂の通り　左手に東洋英和女学院があり、突き当たりが鳥居坂。（2021年）

ミッドタウンの前の外苑東通りを進むと、上に高速道路が走る六本木交差点に出るが、このコースのルートとしては、さらに直進し続けよう。すぐに前方に東京タワーが見えるが、何かいとおしさを感じるのはその高さが相対的に低下したからかもしれない。六本木五丁目交差点を右折すると、今までの喧騒とした表通りとは対照的に、閑静な町並みに変わる。この通りは鳥居坂に繋がる通りで、江戸期からの道路である。かつては大名屋敷が建ち並んでいたが、明治期にはそれらが大邸宅や学校に転用され、まさに高級住宅街になった所である。そんなかつての六本木の面影を、道路沿いに残る塀などから感じるであろう。左手に見える東洋英和女学院は、明治初期にキリスト教主義による教育を標榜して設立された。さらに左手にあるシンガポール大使館の脇の鳥居坂を下り、交差点を横断してそのまま麻布十番地区に入り、すぐの交差点を左折して商店街を走ろう。

　麻布十番商店街は江戸後期には栄えていた伝統ある商店街で、実際に江戸末期には開業していた商店も現存する。周囲の台地に武家地が広がっていたのに対して、麻布十番は谷間の水が豊かな場所で農地となっていたが、江戸の市街化が進むと商人が町屋を構えて、武家地の屋敷に出入りする職人が暮らすようになった。こうした高台と谷間の二重構造が、東京の山の手地域ではいくつか確認できるが、ここはその典型例であろう。麻布十番は関東大震災から免れ、戦前に映画館・演芸館も建設されて繁栄し始めた。戦災からの立ち直りも、区画整理事業や娯楽施設の復活などで果たした。だが商店街への集客の足となった都電が廃止されると、日比谷線の通った六本木とは対照的に、賑わいがなくなっていった。

　1980 年代になると、山の手にありながら下町的な様相を持つ麻布十番商店街は、昔の雰囲気を残す一方で周囲の高台が外国公館や外国人の居住地であることが評価さ

写真 5-44　老舗の店もある麻布十番商店街　左側
の豆源は江戸末期に開業したという。（2021 年）

れ、「古さと国際性」や「人間性の豊かさとファッショナブルな条件」を満たす街として、注目を浴びるようになる。商店街は83年に東京都のモデル商店街の指定を受けて近代化計画を進め、その一環として電線の地下埋蔵化を早くも1990年代半ばには完成させている。食料品・生活雑貨など最寄品を扱う店だけでなく、ファッション系やグルメ系、サービス系が多いのもこの商店街の特色であろう。グルメでは韓国・焼肉系の店が多いのは、近くに韓国大使館があることにも関連しているようだ。なお、2000年の地下鉄南北線と地下鉄大江戸線の開通による麻布十番駅の開業が、麻布十番地区の立地条件を向上させている。

　商店街を中ほどまで進み、豆源本店ビル前の交差点（写真5-44）を右折して進むと、右手に写真5-45のような善福寺への参道が見える。善福寺は9世紀前半に空海が開創したとされ、都内では浅草寺、深大寺に次ぐ古刹といわれるが、13世紀前半に親鸞が立ち寄り真言宗から浄土真宗に転向した。江戸末期の1859年から1875年に現在の大使館の地へ移るまで、善福寺にはアメリカ最初の公使館が置かれた。麻布・芝地区には善福寺のような外交上の遺跡が集中している。それは、この地区が江戸の南端に位置し外国人の上陸地点に近いことや、江戸の裏鬼門に位置して由緒ある大寺院が多く、外国人の一団のために必要な設備を整えられたからだと考えられる。神社は生活の場としてのスペースが狭く不便であったし、攘夷の風潮から大名屋敷については提供主がなかったようだ。そうした歴史的経緯から、明治期になると旧大名屋敷の広大な敷地が多く存在する麻布・芝地区は、多数の大使館を抱える土地柄となった。なお、善福寺境内の墓地には福沢諭吉の墓がある。

左／写真5-45　参道から見た善福寺　裏手の高層マンションとの対比が麻布らしさを示しているようだ。（2013年）
上／写真5-46　善福寺境内にあるアメリカ公使館記念碑　ハリスの肖像も刻まれている。（2021年）

善福寺への参道入り口を過ぎると、すぐに突き当たりの交差点に出るので、そこを右折しよう。ここからはこのコースで若干きつい仙台坂だが、距離にして 300m ほどなので、自転車を引いて歩くことも考えられる。途中の左側には韓国大使館があるが、日韓関係が悪化している時には警備が一層物々しい。仙台坂上の交差点は五叉路であるが、直線状に進んでから三叉路で左側の道を選択しよう。この道を進むと、右側に木々に覆われた有栖川宮記念公園が見えてくる。園内には都立中央図書館もあり、著者もしばしば利用させてもらっている。写真 5-47 のように、道は下りの南部坂だ。盛岡藩南部家の下屋敷が明治期に有栖川宮家の御用地になったが、戦前の東京市に寄付されて公園となったものである。坂の途中の左側にはドイツ大使館、そして下り終えたところには「ナショナル麻布」スーパーマーケットがある。このスーパーでは世界各国の珍しい食材などが扱われ、周辺に住む外国人で賑わっている。

南部坂はスーパーの傍で交差点に突き当たるので、そこを左折して道なりに右にカーブ（写真 5-48）して進むと、外苑西通り（都道 418 号）との広尾橋交差点に出る。傍には東京メトロ日比谷線の広尾駅がある。港区と渋谷区の境はその交差点付近では外苑西通りに沿っているが、その境はかつて天現寺橋で古川に合流した笄川であった。笄川は暗渠化されたが、交差点の場所に広尾橋が架かっていたのである。このように、交差点の名称はかつて存在した橋や地名をそのまま継承していることがあり、バス停留所などと同様に地域の歴史をひもとく手掛かりとなる。ちなみに JR 原宿駅の由来となる原宿の地名は、竹下通りの竹下町などとともに周辺一帯が神宮前に統一され、なくなってしまった。

広尾橋交差点を左折したら、外苑西通りをそのまま直進しよう。天現寺橋を渡ると、左手には慶應義塾幼稚舎が見えてくる。さらに進むと白金六丁目交差点に出るので、

写真 5-47　ドイツ大使館と有栖川宮記念公園の間にある南部坂　大使館の壁には日独交流 160 周年記念の壁画が描かれていた。（2021 年）

写真 5-48　広尾駅界隈　右手に見えるカフェはテラス席もあるからか、外国人に人気があるようだ。（2021 年）

写真 5-49　庭園美術館となっている旧朝香宮邸
の前での記念写真　（2015 年）

　そこを左折して高速道路の高架下を通過し、イチョウ並木のプラチナ通りを進もう。
この通りにはおしゃれで洗練された感じのカフェやレストラン、装飾品を扱うショッ
プが散見する。かつて「シロガネーゼ」と呼ばれた、付近の白金や白金台に住むマダ
ム"御用達"の店なのだろう。緩やかな坂を上りきると白金台交差点に出るので、そ
こを右折する。すると間もなく、東京都庭園美術館の入り口にたどり着くであろう。
庭園美術館のある場所は、隣接する国立科学博物館附属自然教育園とともに明治期に
は海軍火薬庫であった所だが、後にそれが神奈川県に移転すると、白金御用地とし
て皇室の所有地となった。明治末期に創立された朝香宮がその一部に居住を構えて、
1933 年に当時のヨーロッパで流行していたアールデコ調の建物を建てた。その朝香
宮邸は戦後の一時期、首相公邸や迎賓館にも利用されたが、現在は美術館として公開
されている。庭園美術館からは入り口前の通り（都道 312 号）を直進して目黒駅前に
出よう。駅西口側の交差点を右折して山手線・埼京線の線路に並走する道路を恵比寿
方面に北上し、厚生中央病院前交差点を右折して線路をまたぐと、すぐに恵比寿ガー
デンプレイスに到着する。
　恵比寿ガーデンプレイスがビール工場の跡地開発で出現したものであることは、
ビール愛飲家にはよく知られていることかもしれない。明治期半ばの 1887 年に日本
麦酒（現サッポロビール）がエビスビールの製造工場を建設したことを、起源として
いる。その理由として、ビール醸造に必要な水を玉川上水（コース 3 参照）から分水
された三田用水を通じて利用できた上に、2 年前に現在の山手線・埼京線にあたる品
川・赤羽間の鉄道が開業し、引込線で製品を輸送するのに有利な場所でもあったから
だ。恵比寿工場は首都圏の主力工場となっていたが、老朽化が進みサッポロビールは
工場を移転させた。「豊かな時間」「豊かな空間」を基本的な理念として、跡地にオフィ

写真 5-50　恵比寿ガーデンプレイスの中心部　右
手のビルがオフィスを主目的とした 40 階建ての恵比寿
ガーデンプレイス・タワーだ。(2013 年)

写真 5-51　恵比寿ガーデンプレイスのクリスマ
ス・イルミネーション　(2014 年)

ス、店舗、共同住宅、ホテル、東京都写真美術館などからなる複合施設を建設するこ
とにし、再開発の先駆けとして 1994 年に開業させた。本コースはクリスマスの飾り
付けが始まった頃に走るのが"お勧め"だ。ガーデンプレイスのクリスマス・イルミ
ネーションでは世界最大級のシャンデリアが設置されたり、中央の大屋根に覆われた
センター広場ではクリスマスのイベントも開催されたりして、ミッドタウンや表参道
ヒルズとは異なる趣が発揮されている。なお、ガーデンプレイスでもそうだが、再
開発された複合施設では外来者のための駐輪場が設置されているので、その場所を確
認しておきたい。

　ガーデンプレイスから恵比寿駅へは、動く歩道「スカイウォーク」を利用してもよ
いが、傍の信号から駅方面に向かう道路があるので、駅での移動を考えると自転車を
走らせた方が便利かもしれない。ちなみに、恵比寿駅はもともと 1901 年にエビスビー
ル専用出荷駅として開設されたものであった。また、恵比寿の地名も恵比寿駅から派
生したものであり、昭和初期に恵比寿通り（現在の恵比寿一丁目）の地名が出現した
のを皮切りに、戦後に駅周辺の地名が恵比寿、恵比寿南、恵比寿西に変えられていっ
た。駅の設置が地名を変えた事例であるが、駅名が有名になったり、利用客が多かっ
たりすると稀にあるようだ。ちなみに、総武線・武蔵野線・東京メトロ東西線・東葉
高速線のターミナルとなる西船橋駅の周辺の地名は、西船橋の略称である西船に変え
られてしまった。それに伴い、近くにある京成線の葛飾駅も京成西船駅と改名したの
である。地名や駅名の継続性をどのように考えるのかは、地域のアイデンティティに
関わる課題であるだけに、興味深い題材だ。

［ 3. 東京：青梅から井の頭公園への玉川上水コース ］

ルートの概略：出発駅は JR 青梅駅、主な経由先は羽村・福生・小金井公園・JR 三鷹駅・井の頭公園、到着駅は JR・京王吉祥寺駅

コースの走行距離：37km 程度

このコースでは、江戸・東京を支えてきた玉川上水の取水口から、それに沿って途中の井の頭公園までを、サイクリングロードや上水沿いの散歩道なども利用しながら巡る。現代では緑の回廊ともなっている玉川上水が持ってきたインフラ機能の重要さを、地域の成り立ちの視点からあらためて見つめ直すとともに、付近で見られる観光・見学のスポットも楽しむことにしよう。

玉川上水の取水口は羽村にあるが、青梅線でも電車の本数が多い青梅駅までまず行くことにしたい。青梅は江戸期から甲州裏街道と呼ばれた青梅街道の宿場町、あるいは多摩川が山地から平地に流れ出る扇頂部に発達する谷口集落の市場町として栄えてきた。明治期の半ば 1894 年には石灰石の搬出や物資輸送を目的に、立川・青梅間の青梅鉄道（現青梅線）が開通している。青梅駅のすぐ南側を線路に並行する旧青梅街道（都道 28 号）沿いが、青梅の中心市街地となってきた。そんな青梅では、市街活性化の一環として 1990 年代半ばから映画の看板を商店街に掲げ、「昭和レトロ」をアピールしてきた。商店街の一角には、古い駄菓子のパッケージや缶、ビンなど昭和期の品々を展示した昭和レトロ商品博物館が開館したり、隣りに青梅赤塚不二夫記念館（2020 年閉館）も設置されたりした。映画は看板だけになっていた青梅に、2021年には木造建築の映画館（シネマネコ）が復活した。昭和初期に建造された登録有形文化財の旧都立繊維試験場をリノベーションして、有効活用を図っているようだ。

旧青梅街道を東進し、三叉路となる住江町交差点を左側に進むと商店は徐々に少なくなるが、街道沿いに見られる古い建物が散見するようになる。青梅線の踏切を超えるとすぐに成木街道入口交差点となる。このコースをツツジの見頃の時期に走る場合は、ここから 3km ほど北東の方角に進むと塩船観音があるので立ち寄りたい。境内の護摩堂裏手に広がる丘がすり鉢状の地形をなし、その斜面に咲くツツジは圧巻だ。しかも開花の時期が異なる種類が植えられているので、見頃の時期も長くなるようになっている。交差点からは直進して東青梅駅近くの東青梅二丁目交差点に出たら、さらに直進して東青梅三丁目交差点まで行こう。ここから青梅線の羽村駅に向かうのだが、どのようなルートをたどっても扇状地を下るように走るので、楽なはずだ。例えばその交差点から青梅街道を直進し、青梅消防署前交差点で右折して霞台中学校の傍まで出るとしよう。その場合は、中学校東の交差点から青梅線と並行する道路が始ま

写真 5-52　青梅の昭和レトロ商品博物館と 2020
年に閉鎖した青梅赤塚不二夫記念館の前での著者
　映画の看板は商店街の各地で見られた。（2008 年）

写真 5-53　ツツジの寺としても知られる青梅の
塩船観音　（2008 年）
　　　　　　　　　　　　　　　　▶口絵ⅹⅳ頁

るので、左折してその道路をそのまま道なりに走り続けると、羽村駅東口交差点にた
どり着くことができる。

　交差点から駅に向かって進み駅前を左折すると、左側に小さな公園があるので中に
入ってみよう。すぐに目に付くのが、まいまいず井戸である。水の乏しい武蔵野台地
では井戸が重要な役割を果たし、竪に地底を掘り起こす上総掘りが導入される以前
は、すり鉢型に掘るまいまいず井戸が各地にあったようだ。この井戸のある五ノ神地
区には鎌倉末期に集落が形成されており、その頃にはまいまいず井戸が普遍的にあっ
たものと推定されている。武蔵野台地では江戸中期以降、上総掘り形式に転換したも
のとみられているが、五ノ神まいまいず井戸は 1960 年まで使用されていた。それだ
けに規模も大きく、地表面で直径約 16m、底面で直径約 5m、深さ地表面から約 4.3m
のすり鉢状の凹地の中央に、直径約 1.2m、深さ 5.9m の井戸が設けられている。ま
いまいず井戸からは来た道をそのまま直進すると都道 163 号線に出るので、右折し
て青梅線の踏切を渡ることになる。すぐにある交差点を右折して、羽村駅方面に向か
おう。駅の一歩手前の三叉路を左折すると、新奥多摩街道との交差点に出る。交差点
をそのまま直進して突き当たりを左折すれば、奥多摩街道（都道 29 号）に出て羽村
取水堰が見えてくる。右折して奥多摩街道沿いに進むと、すぐに東京都水道局管理事
務所やその隣に玉川水神社があるので、その付近で羽村取水堰全体を概観するのが良
いかもしれない。

　玉川上水はよく知られているように、井の頭池などの湧水を水源とする神田上水と
赤坂溜池の水を引いた上水だけでは、江戸の人口に対応しきれないと痛感した幕府が
玉川兄弟に命じて、1653 年に羽村・四谷大木戸間約 43km をおよそ 8 か月で開削さ
せたものだ。標高差が僅か約 92m であったが、尾根筋を巧みに利用した自然流下方

写真 5-54　五ノ神まいまいず井戸　（2019 年）

写真 5-55　羽村取水堰の玉川水神社（左）と水道局管理事務所（右）　間に陣屋門が見える。（2016 年）

式による水路であった。翌年には虎ノ門まで、樋による配水管工事を完成させている。上水は途中で半分以上が分水されたようで、特に野火止用水は取水総量の 1 割以上も占めたが、新田開発に重要な役割を果たした。千川上水や三田用水も農業用水などとして利用された。ただ江戸後期となると江戸市中の水が不足しだし、分水量が減らされがちになったという。玉川上水へと取水された水は現在も水道水として使用され、取水所の近くで村山貯水池や小作浄水場に送られている。上水を通り 12km ほど先の小平監視所からも、管路で東村山浄水場に送られている。ちなみに、監視所は野火止用水の分岐点であった所だ。

　こうして、小平監視所から下流は導水路としての役割は終わってしまったが、1986 年に玉川上水の清流復活事業が行われ、昭島で処理された再生水が下流 18km 先の杉並区久我山までは開渠で通水されている。都市化の進んだ武蔵野台地で緑が少なくなっただけに、身近な所で水と緑の空間を楽しめる玉川上水は、地域の人々に愛着を持たれた。そうしたことから、東京都も玉川上水を歴史環境保全地域として指定し、保全する取り組みをするようになったのである。

　玉川上水の取水口となる羽村取水堰は、増水時でも堰や取水口の水門を守る工夫がなされ、江戸期からその位置や仕組みは変わらない。水門は江戸期と同様に 2 つからなる（写真 5-56）。上水を管理する役所の出張所（陣屋）が、現在の水道局管理事務所の位置にあった。ちなみに玉川上水の終点となる四谷大木戸にも水番所があったが、そこも現在は水道局新宿営業所となっている。陣屋には、毎日水門で水の深さを計って堰の調整作業をし、水門に入る水量を調節したり見回りをしたりする水番人がいた。陣屋門が管理事務所と玉川水神社の間に保存されている。上水の守り神である水神社は、上水開通の翌年に建立されたものだ。取水堰の傍の羽村取水所園地には、

玉川兄弟の像が建立されている。

　取水所園地からは、羽田まで50kmにも及ぶ多摩川サイクリングロードを通って福生に向かうことにしよう。土手を走るだけに気分も高揚するが、残念ながらそのまま走り続けるわけにはいかない。「福生かに坂公園」の辺りに来たらサイクリングロードと離れ、左に分かれる道に進もう。すると玉川上水に出るのでそのまま上水沿いに走ると、すぐ対岸を走る奥多摩街道に渡る宮本橋があるが、渡らずに右手の道を進むことにする。200mも走らないうちに左手に煙突が見えてくるはずだ。江戸後期1822年開業の老舗の造り酒屋、田村酒造場である。創業者は敷地内に井戸を掘って、酒造りに最適な硬水の秩父奥多摩伏流水を探し当てたそうだ。また幕末には、敷地の裏手を流れる玉川上水から取水する権利を幕府から得て、精米用の水車や生活用水などに

写真 5-56　羽村取水堰（多摩川上流の方角）　左側に多摩川が見える。右上の景観が写真 5-55　となる。（2019 年）

写真 5-57　羽村取水堰（多摩川下流の方角）　右側が多摩川で、玉川上水との間にある緑地帯に玉川兄弟の像がある。（2019 年）

左／写真 5-58　玉川兄弟の像　（2008 年）
上／写真 5-59　福生にある田村酒造場　右手奥に玉川上水が流れている。（2013 年）

写真 5-60　玉川上水に架かる平和橋　写真中央の
踏切は基地への引込線用であり、その奥手には拝島駅
も見える。(2008 年)

利用してきたという。都内には数少ない造り酒屋で酒蔵の見学もできるが、事前の予
約が必要となる。

　ここからは前の道をそのまま道なりに進むと永田橋通りに出るので、左折して通り
をそのまま直進しよう。河岸段丘の緩やかな坂を上り詰めると福生駅前の商店街とな
り、福生駅西口に突き当たる。そこを右折して駅に沿うように進むと、すぐに青梅線
の踏切がある。それを渡り東口側に出ることになる。その道路（都道 165 号線）を道
なりに進むと、途中で八高線の踏切を渡って、その後すぐに横田基地の第二ゲート前
交差点に突き当たる。この付近になると、在日米軍の関係者らが利用するようなアメ
リカ的な雰囲気のレストランが散見するようになる。そうした店で昼食を取ることは
基地を抱えた町ならではの体験かもしれないが、著者の"お気に入り"は、福生駅東
口近くの 165 号線沿いにある大多摩ハムのレストラン「シュトゥーベン・オータマ」
だ。このレストランは大多摩ハム直売所の 2 階にあり、広々とした開放的な雰囲気や
ハムとソーセージを中心にしたドイツ風の料理が魅力的だ。土曜休日は混雑するので、
事前に予約を入れた方が良い。

　横田基地は、1922 年に帝都防衛構想で建設された立川陸軍飛行場（その跡地は米軍
から返還されて、現在では国営昭和記念公園・立川広域防災基地・陸上自衛隊立川駐屯地
などとなっている）の付属施設であった多摩陸軍飛行場として、1940 年に建設された。
戦後米軍に接収された後に拡張され、横田基地の名で使用され続けてきた。横田の名
は、戦時中から米軍が作成した資料に記された飛行場近くの YOKOTA の地名が採用
されたからともいわれている。確かに旧版地形図には、現在の武蔵村山市役所の西方
に横田の地名が記されているが、現在はなくなっている。周辺の都市化が進展する中
で約 7k ㎡という広大な面積を持つ横田基地だけに、騒音や廃油流出の問題、空域管

制、軍民共用化といったさまざまな課題を抱えている。なお、2012 年には航空自衛隊も横田基地に移転してきている。

　第二ゲート前交差点に出たら右折して、東京環状道路（国道 16 号）に沿って拝島^{はいじま}方面に向かおう。基地の広さは、道路が暫く基地のフェンスに沿って走ることから実感できる。基地の南端になると間もなく武蔵野橋北交差点に到着するので、横断して直進し拝島駅方面に向かうことになる。すると写真 5-60 のように玉川上水と平和橋が見えるので、そこから上水の左岸を走ろう。ちなみに途中で線路を横断するが、それは横田基地へ輸送するための引込線である。もうここからは、基本的に玉川上水に沿って走る"玉川上水サイクリング"のようなものである。もちろん自動車と並走する箇所が大部分であるので、運転には十分注意したい。ルートは概ね右岸（南側）も左岸（北側）も両方通行可能であるが、一部水路の傍に道がない場合があり、その際は多少の迂回を余儀なくされる。そのまま左岸を走ると早速公園に突き当たるので、左折して迂回すると都道 220 号線に出ることになる。出たら右折して 220 号線を走る。そして西武拝島線の踏切を渡ると、すぐに玉川上水となる。左折して水路沿いに進もう。周辺では、立川特産の東京ウドを生産している農家が時々目に止まる。

　五日市街道との天王橋交差点も上水沿いにそのまま直進すると、残堀川^{ざんぼり}の下に玉川上水がくぐって交差する場所が見られる。その後間もなく都道 55 号線と交差する金刀比羅橋になるので、著者はそれを渡り右岸を走ることが多い。このルートだと、玉川上水駅周辺で舗装されていない道を走ることになり、走り難さがあるものの、逆に武蔵野の面影を感じたりして気に入っている。上水の傍にある玉川上水駅は、西武拝島線と多摩モノレール線との乗換駅となっている。駅から 300m ほど走ると小平監視

左／写真 5-61　大木に覆われている玉川上水駅付近の玉川上水　（2013 年）
上／写真 5-62　玉川上水に架かる橋の上から見た玉川上水駅　上をモノレールが走っている。（2008 年）

所となり、ここから先も開渠であるが、前述のように再生水が流れており、流量もぐっと少なくなる。

監視所からは西武国分寺線を過ぎて、傍にある津田塾大学を対岸に見たりして進むと、途中で五日市街道に出る。そして玉川上水の両岸に植えられた名勝小金井桜が目立つようになり、西武多摩湖線とも交差する。小金井桜は 18 世紀前半にヤマザクラが植えられたのが起源で、江戸後期には文人墨客や浮世絵での紹介によって花見の名所となり、1960 年代前半までは賑わったようだ。しかし、その後の環境の変化や1965 年の小平監視所から先の水流停止で樹勢が衰え、ケヤキなどが繁茂するようになった。そうしたことから、小金井桜の再生・復活の事業計画が 2009 年から始まった。その一環として、新小金井橋と関野橋の間の陸橋を架け替え、平右衛門橋として整備している。橋の名称は、桜植樹を幕府から命じられた川崎平右衛門に由来しているという。

そのまま右岸を走ってもよいが、著者は休憩で小金井公園に寄りたいので、先を急ぐせいか喜平橋で対岸へ渡り、左岸の五日市街道（都道 7 号）を走ることが多い。喜平橋の名は、小平新田開発の一つ堀野中新田（現在の小平市上水南町）の組頭であった喜兵衛の名に由来するそうで、この付近で上水に架かる橋の名は、八左衛門橋、茜屋橋など、新田開発に関係した人物などの名が目立つ。ちなみに前者は、小川新田の組頭であった滝島八左衛門が架けた橋だとされている。後者は、以前この地域一帯でも盛んに栽培されていた茜の元締めをしていた、屋号茜屋の島田家が橋を架けたことが起源であり、島田家も新田開発で移住してきた。このように玉川上水からの分水が新田開発に大きく貢献したことが、新田の短冊形の地割だけでなく橋の名称にも残されている。

喜平橋から小金井公園までは、目と鼻の先のようなものだ。小金井橋交差点に出たら左折して、公園西門から入ることにしよう。小金井公園は戦前の紀元 2600 年行事で計画された小金井大緑地で、戦後の農地解放で 4 割を失ったそうだが、面積が日比谷公園の 5 倍近くにも及ぶ約 80ha の広さを持ち、1954 年に都市公園として開園された。園内には桜はもとより、色々な草木が入園者の目を楽しませてくれるし、雑木林は周囲が開発される前の武蔵野の面影を残している。また、広場や運動施設などとともに、1993 年に江戸東京博物館の分館として「江戸東京たてもの園」が開設された。館内には、それ以前にあった旧武蔵野郷土館が収集した多摩地区の資料が展示されたり、都内の江戸前期から昭和中期の歴史的に価値のある建物が移築・復元されたりしている。八王子に配備された徳川家の家臣団である八王子千人同心の組頭の家（江戸後期）、野崎村（現在の三鷹市野崎）の名主であった吉野家（江戸後期）、1936 年の二・

二六事件の現場となった高橋是清邸（明治後期）、千住の銭湯である子宝湯（昭和前期）、千代田区須田町にあった万世橋交番（明治後期）はその代表と言えよう。

　東口から公園をあとにして、道路を右手に進めば玉川上水左岸の五日市街道に突き当たるので、そこを左折して東進すると、間もなく写真 5-64 の境橋交差点に到着する。傍の上水に架かる境橋までが、小金井桜の範囲となったようだ。写真左側の樹林帯は五日市街道の中央分離帯の役割を持っているが、それは千川上水の跡であり、千川上水でもここから青梅街道までの開渠部で、再生水による清流復活事業がなされている。ちなみに千川上水は、善福寺川・妙正寺川・神田川と石神井川との分水界をなす武蔵野台地上を豊島区西巣鴨まで東西に流れて、将軍の立ち寄り先となった湯島聖堂、上野寛永寺、浅草浅草寺などのほか、駒込にある柳沢吉保の下屋敷（現六義園）にも配水された。

　この交差点からは写真右手の方に直進し、上水の左岸を走る。すると程なく境浄水場前の桜橋交差点（写真 5-65）に出る。1924 年に通水したこの浄水場は玉川上水の脇に設置されているが、原水を玉川上水からではなく、山口貯水池・村山貯水池から引き入れている。上水から直接原水を引き入れたのは、淀橋浄水場であった。明治維新後コレラの流行などで、浄水場で原水を沈殿・ろ過して鉄管で給水する近代的な水道の建設が急務となり、明治後期の 1898 年に代田橋付近から新水路を引いて淀橋浄水場に通水した。戦後東京の復興拡大で水不足が生じ、その対応として 1965 年に武蔵水路（写真 5-151 参照）が完成すると、利根川の水が直接東京に給水されるようになり、淀橋浄水場の機能は東村山浄水場に移転されて、廃止されることになった。その跡地が東京都庁などのある新宿副都心地区であることは、よく知られているとおりだ。新宿駅から程近い淀橋浄水場は、関東大震災後に東京西部の都市化が進展すると、

写真 5-63　小金井公園内にある江戸東京たての園　写っているのは下町関連の復元建物の地区で、都電も展示されている。（2013 年）

写真 5-64　千川上水の分流する境橋交差点　右手に玉川上水が流れる。（2008 年）

新宿の発展ぶりから移転の話が既に戦前から出ており、戦後新宿の中心性・利便性が顕在化して、副都心計画が実現した。1991年には都庁も、有楽町駅傍の現在東京国際フォーラムのある場所から移転していった。ちなみに浄水場の名前となった淀橋は、神田川に架かる青梅街道の橋の名前に由来するもので、家電・パソコンなどの量販店ヨドバシカメラ、中央卸売市場淀橋市場、淀橋第四小学校の名前などにもその名が残っている。

　浄水場の横を走る玉川上水左岸の道を、中央線の三鷹駅方面に直進しよう。駅の傍になると上水が見当たらなくなってしまうが、それは駅の下に玉川上水の水路があるからだ。三鷹駅は1930年に中央線が玉川上水を渡る所に開設された。その付近では水路が市の境となっており、三鷹駅は三鷹市と武蔵野市にまたがっている。三鷹駅は特別快速なども停車するので便利だし、東京メトロ東西線も三鷹まで乗り入れており、東西線利用者の著者にはどことなく馴染みを感じる駅でもある。さらに"お気に入り"は、この駅の発車メロディーが童謡「めだかの学校」であることだ。この曲は作曲した中田喜直が一時期三鷹で暮らしていたことが由来となっているという。駅の下にめだかの学校があるようで微笑ましい。もっとも、この曲の作詞は玉川上水からの発想ではなかったようだが。

　駅の北側から南側に移動するためには、駅北口に入らずに駅舎に沿って東へ路地を進むと、南口に通じる地下通路があるので、それを利用しよう。すると写真5-67のように、再び玉川上水に出会うことができる。そこからも水路の両岸に道路があるが、右岸（南側）を走ることを勧めたい。写真5-67を撮影した場所から数百m進んだ道路脇の植込みに、太宰治が1948年に玉川上水で入水自殺を図った現場がその辺りであったことを紹介している説明板があるからだ（写真5-68）。そこからさらに進むと、

写真5-65　境浄水場とその脇（写真右端）を流れる玉川上水　（2008年）

写真5-66　三鷹駅北口で樹林帯となっている玉川上水　バス停の奥に駅舎が見える。（2008年）

山本有三記念館も見えてくる。記念館の建物は、実際に1936年から進駐軍に接収された1946年まで有三が家族とともに住んだ家であり、そこで代表作『路傍の石』などが書かれた。1926年頃に建築されたその建物は、当時の海外における近代的様式の折衷的表現を試みたものだとされ、希少な洋風建築のようだ。接収後東京都に寄贈され、1996年に三鷹市山本有三記念館として開館している。

　記念館から数百m進むと吉祥寺通り（都道114号）に突き当たり、もう井の頭公園だ。右折すれば三鷹の森ジブリ美術館もあるが、左折して玉川上水に架かる万助橋を渡ることにしよう。井の頭公園は明治期には皇室の御料林であったが、1913年に当時の東京市に下賜され、17年には日本で最初の郊外公園として開園された。武蔵野台地での三大湧水池、すなわち井の頭池、善福寺池、三宝寺池の中でも、水量の豊富な井の頭池は周囲が高台となっており、江戸期から景勝地として知られていた。また、池が神田上水の水源となり、玉川上水ができるまでは江戸市民の生活を大きく支

写真 5-67　三鷹駅南口の玉川上水　（2016 年）

写真 5-68　左手玉川上水の傍にある太宰治入水
自殺の説明板（右端）（2008 年）

写真 5-69　井の頭池東端から流れ出す神田川（碑
の裏手）ここでは人がまたいで渡れるほどの川幅だ。
（2010 年）

写真 5-70　井の頭弁財天　江戸の町人が寄進した石
灯籠も見える。（2016 年）

えてきた。そうしたことから、池のほとりには水の神様を祀った弁財天も建立されており、江戸市民が井の頭池に寄せた思いを今に伝えている。池の周りの雑木林などの樹木や、それを目指してやって来る野鳥といった武蔵野に残された自然を感じることができる。それも、春のお花見だけではない井の頭公園の魅力となっている。公園から吉祥寺駅までは 500m もない距離であるが、公園の静けさと駅周辺の賑わいとの落差が大きいことにも、驚かされるかもしれない。

［4．東京：日本橋から蒲田までの旧東海道をたどるコース］

ルートの概略：出発駅は東京メトロ・都営地下鉄日本橋駅または JR 東京駅、主な経由先は旧新橋停車場・増上寺・泉岳寺・旧品川宿・鈴ヶ森・大森貝塚遺跡・池上本門寺、到着駅は JR・東急蒲田駅または京急蒲田駅

コースの走行距離：21km 程度

　このコースは日本橋から大部分を旧東海道に沿うようにして、史跡などを訪ねながら大田区蒲田までを走るもので、多少なりとも東海道を旅した人々の気分を味わえるかもしれない。また、都内の名だたる寺院 3 箇所に寄るので、例えば初詣の頃に走ると一層風情が増すだろう。

　1603 年に幕府が架橋した日本橋は五街道の起点と定められたので、このコースでも日本橋から出発しよう。地下鉄を利用する場合は日本橋駅が日本橋交差点の近くにあるので、すぐに見つけられるし、東京駅からは八重洲側出口を東に向かえば中央通り（国道 15 号）に出るので、それを北に進とすぐに着く。現在の橋は 1911 年に建設されたルネッサンス様式の石橋で、戦時下をくぐり抜けてきたので、橋には機銃掃射

写真 5-71　日本橋北詰にある東京市道路元標での記念写真　（2010 年）

の跡らしきものも見当たる。下を流れる日本橋川に沿って高度経済成長期に首都高速
道路が建設され、日本橋の空は見えなくなってしまった（写真序 -55 参照）。そうした
日本橋の景観がやっと問題視されるようになり、近年では日本橋周辺での首都高速地
下化の検討も出始めたようだ。橋とともに重要文化財となっている「東京市道路元標」
の碑が、橋の北詰にある小さな広場に移設されている。この碑はもともと橋の中央に
設置されていたようだ。東京市は現在の 23 区の前身で、都制に移行する前の東京府
時代の行政単位であったことは言うまでもない。碑が据えられていた場所には、日本
国道路元標が埋標されている。その広場の中央通りを挟んだ反対側には、「日本橋魚
市場発祥の地」の碑がある。橋の東側の日本橋川北岸には江戸期から魚市場があった
が、関東大震災で全焼し、その後魚市場は築地に移転して旧築地市場となったとおりだ。
　現在の中央通りは旧東海道を拡幅したものであるから、それに沿って銀座方面に向
かうことにしよう。中央区の主要道路は、昭和通りのように震災後に開通したものも
あるが、もとの掘割が戦後埋立てられて道路になったものが多い。地名や駅名となっ
ている京橋や新橋も、1950 年代までは実際に橋があった。中央通りの日本橋から銀
座にかけての地域は、徳川家康の江戸入府以前から土砂の堆積した所で、微高地となっ
ていた。築地がまさに"築かれた地"であり、埋立地であることと対比できよう。京
橋跡の上を走る首都高速の下をくぐると、銀座に入る。中央通り沿いは市街が早くか
ら形成され、江戸前期に銀座には銀貨鋳造所があったり、両替商が店を構えたりして
賑わいを見せていた。だが銀座の本格的な発展は、明治初期の大火で市街をレンガ造
りに改造し、経済の中心であった日本橋と鉄道の駅ができた新橋との間の位置で、文
明開化の象徴的な街となってからだ。銀座界隈には新聞社なども多く創設されて、文
化においても先進地域となった。そうした銀座の繁栄にあやかって「○○銀座」の名
称が、全国各地の繁華街に付けられるようにさえなった。ただ、新宿・渋谷・六本木
などの繁華街が出現した昨今では、かつてほど独特の高級繁華街といった感じはなく
なったようだ。
　銀座四丁目交差点を過ぎてさらに進むと、再び高速道路の下をくぐり、新橋交差点
となる。交差点を渡ったら左折して、すぐ近くにある旧新橋停車場に寄ってみたい。
新橋駅の東側は、かつての汐留貨物駅があった場所で、1990 年代に汐留シオサイト
として再開発が進められ、日本テレビや電通などが進出した。その再開発にあたり、
明治初期の 1872 年に日本で最初の鉄道開通の駅（正確には暫定開業していた品川駅の
方が 4 か月早い）である旧新橋停車場の遺構が発見され、その場所に開業時の駅舎な
どが再現されたのである。再現された駅舎内にある鉄道歴史展示室では、出土品や切
符などが展示されている。ちなみに、1909 年に山手線の駅として開業した烏森駅が、

写真 5-72　高層ビル街にたたずむ旧新橋停車場
（正面側）（2021 年）

写真 5-73　旧新橋停車場に再現されたプラット
ホーム（裏側）　プラットホームは全長の約 6 分の 1
が再現された。右奥には 0 哩（マイル）標識（測量の起
点となる第一杭）も見える。（2021 年）

東京駅の開業（1914 年）で線路が付け替えられ、新橋駅に改名されて現在の駅となった。初代の新橋駅は貨物専用の駅となり、鉄道貨物の隆盛期には、近くにある築地市場への輸送で物流の拠点となった。

　交差点に戻り左折して、そのままゆりかもめの駅下を通過し、旧東海道を拡幅した第一京浜（国道 15 号）に沿って大門交差点まで直進しよう。交差点を右折し一時旧東海道から離れて大門通りを進むと、正面には増上寺が見えてくる。増上寺は浄土宗の七大本山の一つであり、徳川将軍家の菩提寺としても知られる。2 代将軍秀忠や 14 代将軍家茂など 6 人の将軍、皇女和宮など将軍の正室と側室それぞれ 5 人らが埋葬されている。戦災で大殿や徳川家霊廟などが焼失したが、新しい大殿が 1974 年に竣工した。増上寺境内の一部は、浅草寺などと同様に明治維新直後に公園となった。東京タワーは、その芝公園 20 号地などに 1958 年に建設されたものである。また公園南端には大規模な前方後円墳の芝丸山古墳があるが、一部が削り取られており、5 世紀ごろと推定される築造当時の面影はないようだ。ちなみに東急線多摩川駅の傍にある多摩川台公園内の亀甲山古墳は、大型の前方後円墳として保存されている。

　増上寺からは門前の日比谷通り（都道 409 号）を田町駅方面に向かおう。芝五丁目交差点で第一京浜に出会うので、再び旧東海道を走ることになる。すぐに田町駅になるが、その直前に進行左側に「西郷・勝会見之地」の碑があるので見ておきたい。西郷隆盛と勝海舟の江戸開城最終交渉が行われた場所で、この交渉により江戸が戦火から救われたことは、よく知られた話だ。その碑がある所から田町駅周辺までの道路と裏の JR 線に挟まれた区域には、薩摩藩の蔵屋敷があった。屋敷の裏は海であったので、明治初期の新橋・横浜間の鉄道敷設にあたり、この付近では鉄路を通すために海上に

左／写真 5-74　増上寺の大殿と後ろにそびえる東京タワー　（2020 年）
上／写真 5-75　田町駅近くにある「西郷・勝会見の地」の碑　（2010 年）

約 2.7km の堤が造成された。それが現在の JR の線路に継承されたわけで、その鉄道遺構が 2019 年の品川駅改良工事で発見されたのをきっかけに、残存状態などに関する本格的な発掘調査が行われるようになった。その結果「高輪築堤」と呼ばれる遺構が明治の文明開化を象徴し、交通の近代化や土木技術の歴史を知る上で重要だとされると、その一部が国史跡に指定・保存されることになった。

　第一京浜を直進し田町駅前や札の辻交差点を過ぎると、間もなく高輪大木戸跡交差点に着く。高輪大木戸は、道幅約 6 間（約 10m）の旧東海道の両側に江戸の南の入り口として石垣が築かれ、夜は閉めて治安の維持や交通規制の役割を担ったようだ。旅人はここで送迎し、伊能忠敬はここを全国測量の起点としたという。札の辻にあった高札場も、ここに移設された。さらに品川駅方面へ進めると、次は泉岳寺交差点となる。2020 年に暫定開業した高輪ゲートウェイ駅へは左折することになるが、ここでは右折して坂を上り、泉岳寺に立ち寄りたい。

　「仇討ち」を果たした大石内蔵助以下 47 人の赤穂浪士が切腹を命ぜられ、浅野家の菩提寺である泉岳寺に主君浅野内匠頭ともども埋葬されているので、昔から有名な寺院である。この赤穂事件については、歌舞伎や講談、映画などの演目やテーマとなった。恨みを晴らす浅野側の立場でストーリーが構成され、事件以降庶民感情をくすぐり人気を博してきたが、赤穂事件が「忠臣蔵」の名で呼ばれることが多いように、主君に忠臣を尽くす好例として軍国主義にも利用されてきた面があった。江戸期には忠臣蔵の赤穂浪士は幕府への反逆者と見なされたが、明治維新後は彼らを公式に顕彰するようになった。例えば、彼らを祀った大石神社の創設が認められた上に、その神社

写真5-76　再開発が進む高輪ゲートウェイ駅周辺（駅から撮影）　シートの両脇に発掘された高輪築堤の遺構と、奥に泉岳寺交差点が見える。（2021年）

写真5-77　高輪大木戸跡　海側の幅5.4m、長さ7.3m、高さ3.6mの石垣だけが残っている。（2020年）

がその後昇格されたのである。

　第一京浜に戻り品川駅方面に進んで駅を過ぎると、緩やかな上り坂となる。御殿山である。御殿山トラストシティと呼ばれる区域には、オフィス棟、住居棟、ホテルや庭園があり、複合施設として開発された所だ。御殿の名は、家康が鷹狩りのための施設を建てたことにちなむが、それは18世紀初頭の火災で焼失した。その後跡地に8代将軍吉宗が桜を植えさせ、王子駅傍の飛鳥山同様、江戸市民の桜の名所・行楽地として知られるようになった。JR線をまたぐ八ツ山橋を渡ろう。すると写真5-79のように、旧東海道が京浜急行線（以下、京急線と略す）の踏切越しに見えるので、その道を走って旧品川宿を通ることになる。

　品川宿は東海道で江戸から最初の宿場であり、千住宿（写真5-4参照）など江戸四宿の一つとして賑わいを見せた。昭和期に品川沖の海が埋立てられたために、現在では実感し難いかもしれないが、品川宿は四宿の中でも唯一海に面した風光明媚な立地にあり、遊興に来る来客を接待する女性も多かったという。そうした品川宿の賑わいを背景に落語の演目「品川心中」が語られ、それらをもとにした映画「幕末太陽伝」（川島雄三監督、1957年公開）は、日本映画の名作の一つと定評がある。ちなみにこの映画監督は、山本周五郎が戦前の一時期浦安に在住していた頃の見聞をもとに描いた小説『青べか物語』を原作として、映画「青べか物語」（1962年公開）を監督している。

　品川宿は目黒川（品川）を境に南北二つの宿と、後に北品川宿の北側に加わった歩行人足のみの負担をする歩行新宿（かちしんしゅく）の三宿からなっていた。京急線の北品川駅が品川駅の南側にあるのは奇妙な感じがするものの、北品川宿が駅名の由来であることを考えれば理解できよう。ちなみに、品川駅は設置された当初は現在の南300mほどの所に

写真 5-78　泉岳寺　著者が訪れた時は、いつも大勢の参拝者で賑わっていた。（2020 年）

写真 5-79　旧東海道品川宿への入り口　右手には京急線北品川駅が見える。（2021 年）

写真 5-80　伝統的な和装の店や草履などを扱う店もある旧品川宿　右側に和風建築の二階家が見える。（2021 年）

写真 5-81　まちづくり協議会運営の品川宿交流館（左側手前）と前方奥の植込みがある品川橋（2021 年）

あったが、それでも品川宿の外れに位置していた。北品川宿には本陣が 1 軒、南品川宿と歩行新宿には脇本陣がそれぞれ 1 軒ずつあったようだ。旧東海道が山手通り（国道 357 号）と交差する少し北側にある聖蹟公園が、本陣跡地である。なおその公園の東側にある八ツ山通りを北西に進むと台場小学校の傍を通るが、その小学校の敷地が五角形となっているのは、もともとその場所が幕末に築かれた江戸防衛のための砲台島の跡だからである。また、目黒川に架かる新品川橋から利田神社辺りまでの八ツ山通りは、目黒川旧河道を第二次世界大戦後に埋めて道路にした区間である。

　品川宿の宿並みの道幅は 3 〜 4 間（約 5 〜 7m）であったから、現在の道幅は基本的に旧東海道を継承していると考えて良さそうだ。またその長さも南北 2km 以上と、細長いものであった。そのほぼ中間を流れる目黒川に架かる品川橋を渡ると南品川宿となる。その目黒川の下には現在では、高速道路の山手トンネルが通っている。品川宿界隈には開山に沢庵を迎えた東海寺や、北品川宿の鎮守で境内に板垣退助の墓があ

る品川神社など見所が散見するが、南品川宿の南端近くにある品川寺には旧東海道に面して江戸六地蔵の一つが鎮座しているので、立ち寄ってみたい。ほかの地蔵は奥州街道浅草の東禅寺、中山道巣鴨の真性寺（中山道を挟み対面には高岩寺のとげぬき地蔵がある）、甲州街道新宿の太宗寺、水戸街道深川の霊巌寺（→363頁参照）に現存するが、もう一体があった深川の永代寺は明治維新後の廃仏毀釈で廃寺となり、なくなってしまった。六地蔵はいずれも江戸の出入口にあり、旅人の安全を見守ったとされる。なお、旧東海道品川宿周辺まちづくり協議会が「まち並み整備事業」などに取り組み、旧東海道品川宿地区の案内板や石畳の整備、歴史を感じさせる修景などを実施してきた。

　旧品川宿をあとにそのまま旧東海道を直進して南下しよう。途中で立会川を渡り京急線に接近した付近で、道路に面した鈴ヶ森刑場跡に到着する。鈴ヶ森は北の小塚原刑場（荒川区南千住）と並ぶ江戸の刑場で、放火事件を起こした八百屋お七や慶安の変（由井正雪の乱、1651年）に加わった丸橋忠弥など、歌舞伎や講談でお馴染みの人物が処刑された所である。処刑に用いられたとされる台石や首洗いの井戸などが残されている。両刑場とも街道に面しているだけに、道行く人々は刑罰の重さにさぞ身を震わせたことであろう。

写真 5-82　品川寺にある地蔵菩薩　（2020 年）

写真 5-83　鈴ヶ森刑場跡　右側の題目供養塔は 17 世紀末に建立されたもので、高さが 3m を超す石塔に南妙法蓮華経と書かれているという。（2020 年）

　鈴ヶ森まで旧東海道を走ってきたが、ここからは大森貝塚遺跡庭園に向かうため旧東海道からは離れることになる。刑場跡の裏手を通る第一京浜を横断し、刑場跡の隣にある大経寺裏付近から西に進む道があるので、JR 線方面に向かおう。線路下の通路を通り反対側の道に出て、突き当たりの交差点を左折した所に大森貝塚遺跡庭園がある。この庭園には「大森貝塚」碑や大森貝塚を発見したアメリカ人モース博士の像、

貝層の剥離標本などがあり、縄文時代や大森貝塚の学習ができるようになっている。大森貝塚では明治前期の1877年に科学的な発掘調査がなされており、日本の考古学発祥の地としても知られている。

　庭園前の池上通り（都道421号）を南へ大森駅方面に進もう。乗降客で賑わう駅西口前を通過し、あとは商店街が続く池上通りに沿って直進するだけだ。その辺りの坂からの眺めがかつては素晴らしかったようで、八景坂と呼ばれて歌川（安藤）広重の浮世絵にも描かれている。暫く走ると呑川に架かる橋の近くにある池上特別出張所前交差点にたどり着くので、そこを右折して川沿い左岸（北側）を500mほど進めば、右手に本門寺への参道が見えるようになる。日蓮宗大本山池上本門寺は、鎌倉期の1282年に日蓮が池上の地で没したことが起源で建立された。戦災で日蓮を祀った大堂などを焼失したが、難を逃れた五重塔や宝塔などは重要文化財に指定されている。現在の大堂は戦後に再建されたものである。

　参道から再び呑川沿いに戻ろう。呑川の水源は世田谷区であり、上流では暗渠となっているが、大田区では開渠である。玉川上水で実施されているような清流復活事業により、呑川でも高度処理水が主な水源となっているが、大田区内にある洗足池からの水も流れ込んでいる。左岸を東へ走り続けると、JR線のガード下をくぐることになる。JR・東急蒲田駅はもう間近だ。くぐり抜けたらすぐに宮之橋を渡り、繁華街をそのまま直進しよう。すると右手には蒲田駅が見えてくる。

　蒲田にも旧東海道に沿った集落はあったが、人足と伝馬を一定数常備しなければならない宿場ではなかった。品川宿の次は川崎宿であったとおりだ。蒲田に駅ができたのは、新橋・横浜間の鉄道開通後30年以上もたった1904年で、開通後4年で設置された大森駅よりもはるかに遅かった。しかし駅の設置が蒲田の発展の契機になった

写真 5-84　大森貝塚遺跡庭園　（2021年）

写真 5-85　池上本門寺の仁王門　門の後方に大堂が一部見える。（2020年）

ようで、その一つが大正期の 1920 年に開設された松竹キネマ蒲田撮影所であろう。この撮影所は青春映画や喜劇映画などで、庶民の日常生活から題材を求めた蒲田調と呼ばれるスタイルの映画を確立し、数多くの名作を生み出して、日本映画の黎明期をリードしたといわれる。

　だが昭和期になり周辺には工場が増えたり、1931 年に羽田飛行場が開設されると騒音がひどくなったりして、撮影に支障をきたすようになった。そのため 36 年に撮影所は閉鎖されて、神奈川県の大船に移転を余儀なくされた。その跡地には高砂香料工業が進出したが、その工場の跡地を大田区と日本生命が共同で再開発して、1998 年にアロマスクエアとして竣工した。その街区は、オフィス棟のニッセイアロマスクエア、太田区民ホールのアプリコなどと本蒲田公園から構成されている。アプリコの 1 階には撮影所の前の小川に架かっていた松竹橋の親柱が、地階には撮影所全体の模型がそれぞれ展示されている。アロマスクエアは蒲田駅東口交差点の近くにあるので、立ち寄ってみたい場所だ。なお、JR 蒲田駅の発車メロディーには映画「蒲田行進曲」（深作欣二監督、1982 年公開）の主題歌「蒲田行進曲」が使われているが、この映画の舞台は東映京都撮影所であり、松竹蒲田撮影所を舞台にした映画は「キネマの天地」（山田洋次監督、1986 年公開）である。

　1922 年の関東大震災が東京郊外の都市化を促進させる契機になり、蒲田駅に至る現在の東急池上線や東急多摩川線も震災の前後に開設されている。そうした鉄道網の形成や道路網の整備で蒲田地区へ住宅や工場が進出したが、京浜工業地帯で重要な役割を担った蒲田は、戦災で大きな被害を受けた。戦後復興の中で、蒲田駅西口にあった東急 2 線の駅と京浜東北線の駅が一つになって新駅ができるとともに、蒲田駅から京急蒲田駅までの一帯が大田区最大の商業・サービス集積地域となった。蒲田駅周辺

写真5-86　松竹蒲田撮影所跡地に建つニッセイアロマスクエアとその右側にあるアプリコ　（2021 年）

は今や東京城南地区の一大中心地となっている。旧東京市35区の一つとしてかつて蒲田区が存在したが、区名となったことがあるだけの発展ぶりを示した。蒲田区は戦後23区に再編されて大森区と統合し、両区の地名を一字ずつ取って大田区が成立した。なお、蒲田駅と800mほど離れた京急蒲田駅を結ぶ「新空港線（蒲蒲線）」を建設し、都心と羽田空港を結ぶアクセスの強化や区内の移動の充実などを目指す事業計画が推進されることになった。

［5．神奈川：横浜中心部の満喫コース］

ルートの概略：出発駅はJRなどの横浜駅、主な経由先は旧神奈川宿・JICA横浜海外移住資料館・横浜開港資料館・山下公園・港の見える丘公園・山手イタリア山庭園・元町・中華街・横浜公園・県立歴史博物館、到着駅はJR桜木町駅

コースの走行距離：13km程度

このコースは経由先からもわかるように、横浜観光定番の見所を多分に含んだルートとなっている。横浜中心部の発展史を視野に入れた"ディープな"見学をすることから、バスなどの利用では1日では回り切れない所を、自転車の利便性を生かして回遊するように設定した。

出発地となる横浜駅西口は、東口やみなとみらい地区の開発に伴って若干見劣りがするようになったが、2020年に竣工した駅直結の複合商業施設JR横浜タワーも出現して、横浜の玄関口的な役割は変わらないようだ。西口には現在の相模鉄道が1937年に乗り入れ、特に戦後の高度経済成長期に沿線の"東京の郊外化"で賑わいを見せてきた。相鉄ジョイナス（現ジョイナス）のほか、高島屋や三越（現在はヨドバシカメラ）も開店した。その西口一帯も明治後期（1906年）の**地図15**で見るように、もともと「内海」であった。ちなみに現在の横浜駅は、地図上部から左側中ほどに続く東海道線と、地図の真ん中辺りにある初代横浜駅（現在の桜木町駅の位置）への支線が分岐する付近に位置している。内海はその後、埋立てや区画整理がなされて現在に至った。西口のロータリーから伸びるヨドバシカメラ前の大通りを進もう。鶴屋町三丁目交差点の自転車も載せられるエレベーターを利用して横断し直進すると、旧東海道が通る陸橋が見えてくる（写真5-87）。陸橋をくぐって先に出ると右手に旧東海道に続く坂があるので、それを上ることになる。

そこは、旧東海道神奈川宿の西の外れ辺りに位置し、現在はマンションなどが建ち並ぶ閑静な住宅地となっている。**地図15**で上方に記された「内海」の「内」の字の

北を通る旧東海道の位置に当たり、海側は崖となっている高台である。現在の地名では台町や高島台で表示される付近であり、高島は高島嘉右衛門（かえもん）の名にちなむ。彼は新橋・横浜間の鉄道建設で、海の中に鉄道用地を建設する埋立て工事、言わば"高島築堤"を請け負ったのである。その工事で彼が監督した高台が高島台であり、鉄道用地以外の埋立地は彼が取得し、高島町と命名されたのである。

　神奈川宿は長さが約4kmにもなり、全国的にも大きな宿場として賑わった。神奈川宿は千葉県の上総方面との通商も盛んで、廻船問屋もあった。旧街道を東進すると、右手に宿場時代の面影を残す割烹田中屋があり、この店の前身が歌川広重による「東海道五十三次」の「神奈川」に描かれている旅籠（はたご）「さくらや」で、そこで坂本龍馬の妻、おりょうも働いていたという。さらに走ると環状1号線に出るので、そこを左折するとJR線や京急線をまたぐ青木橋となる。橋を渡る前にすぐ前方にある本覚寺参

写真5-87　旧東海道の陸橋　（2021年）

写真5-88　陸橋から数百m東方の左手にある「神奈川台関門跡」の碑　幕府は横浜の警備の必要性から、神奈川宿の西側にも関門を設置した。（2012年）

写真5-89　旧東海道神奈川宿の旅籠さくらやの位置にある割烹田中屋　裏手は急崖で、かつては海であったことが分かる。（2021年）

写真5-90　アメリカ領事館となった本覚寺　門前には横浜開港主唱者岩瀬肥後守忠震（ただなり）の顕彰碑がある。（2021年）

道の坂を上り、アメリカ領事館が置かれた本覚寺に立ち寄ってみたい。そこに領事館が設置された理由は、1858年の日米修好通商条約による開港で神奈川が含まれていたからである。しかし、幕府は横浜村を神奈川の領地内と解釈し、神奈川の対岸に位置する横浜に港の建設を開始した。神奈川だと参勤交代などでトラブルが発生しやすいが、横浜だと川で囲まれて管理しやすいし、水深もあり大型船の停泊も可能であったからである。国内商人が横浜に進出し始めると、横浜が居留地と認められるようになった。

　青木橋を渡ると京急線神奈川駅があるが、その傍で「宮前商店街」の看板が掛かる旧東海道（写真5-91）をさらに東進すると、第一京浜（国道15号）に突き当たるので、陸橋を使って道路の反対側に出よう。道路沿いには神奈川公園が広がる。この公園も山下公園と同様に、関東大震災の復興事業で新設されたものだ。公園に沿って道路を道なりに左手へ進み、みなとみらい大橋を渡る。1980年代から本格的に始まった横浜市都心臨海部総合整備事業「みなとみらい21」地区（以降、みなとみらい地区と略称）に入ったことになる。みなとみらい地区は、三菱重工の跡地や旧国鉄の貨物操車場跡地などのほか、市の海面埋立地と新港埠頭地区の計186haを対象に、企業や商業・文化施設などを集積させ、関内・伊勢佐木町地区と横浜駅周辺地区の二つの都心を一体化させることを狙ったものだ。また、みなとみらい地区では公園や緑地を整備して水辺の空間を作り出すとともに、国際交流機能や港湾管理機能も集積するようにした。

　みなとみらい大橋を渡ってすぐ右手に見えるのが、日産自動車グローバル本社だ。その前のとちのき通り西交差点を左折し、とちのき通りを直進して突き当たりまで行くと、臨海パークに出る。そこは、みなとみらい地区内最大の緑地で、横浜港も一望できる。その傍にあるパシフィコ横浜は国立国際会議場を中心に、隣接するインター

写真5-91　旧東海道神奈川宿　マンションなどが建ち並び、品川宿（写真5-80と81参照）のような旧街道を想起させる面影はない。（2021年）

写真5-92　みなとみらい大橋から見た横浜駅東口の一帯　右手奥には、2020年に開業した西口のJR横浜タワーなども見える。（2021年）

写真 5-93　臨海パークからの新港地区などの遠望　右手にはパシフィコ横浜のホテルなどが、左手には新港旅客船ターミナルが見える。（2021 年）

写真 5-94　赤レンガ倉庫と係留中の飛鳥 II （2021 年）

コンチネンタルホテルなどから構成される複合施設である。ホテル脇の歩道橋を通って、対岸にあるカップヌードルミュージアムと万葉倶楽部との間の道を抜け交差点を左折すると、国際協力機構（JICA）横浜国際センター内にある海外移住資料館が見えてくる。資料館では、JICA が戦後主に中南米への移住事業を担ったことから、中南米とそれに先行するハワイを含む北米への移住に関する資料が展示されており、ぜひ見学しておきたい施設だ。見学後は、センター前の交差点を赤レンガ倉庫方面に向かおう。赤レンガ倉庫は明治末期から大正初期に建築されたものだが、関東大震災にも耐えた頑強な建物である。150m 近くある長い二号倉庫は商業施設として、震災で半分以上が焼失した一号倉庫は文化施設として、それぞれ利用されている。二棟の間にある広場はイベント会場となり、賑わいを見せていることが多い。

　赤レンガ倉庫の南にある新港橋を渡る直前に左折して、駐車場の南東側の休憩所付近へ行ってみよう。そこからは、横浜開港時の防波堤の名残である「象の鼻」や、長らく横浜港のランドマークとして知られてきたジャック（横浜市開港記念会館）、クイーン（横浜税関）、キング（神奈川県庁舎）を同時に見られる場所があるからだ（写真 5-95）。愛称は外国の船員が名付けたようで、実にうまく表現したものである。ジャックは 1917 年に竣工し、三つの中では一番 "年上" で、赤いレンガに白い花崗岩の辰野式外観に風格が感じられる（写真 5-109）。1934 年竣工のクイーンは、モスクを思わせる紡錘型ドームが愛称どおり優美である。威風堂々として威厳を感じさせるキングは 1928 年に竣工し、軍国主義が隆盛の昭和前期に流行した帝冠様式と呼ばれる建築スタイルだ。当時全国各地で建てられた庁舎建築のモデルになったとされる。洋式建築に和風の屋根を掛けるこのデザインは、名古屋市庁舎、愛知県庁舎、静岡県庁舎（写真 5-191 参照）などでも見られる。

写真 5-95　象の鼻（手前左の堤防）とキング（中央部奥）、ジャック（奥の通信施設の左下）、クイーン（右の最前）　写真中央部を左右に、山下臨港線プロムナードが続いている。（2021 年）

写真 5-96　キングの愛称を持つ神奈川県庁舎　写真には写っていないが、左下辺りに位置する交差点のすぐ傍に運上所跡の碑がある。（2021 年）

写真 5-97　横浜開港資料館入り口の玉楠　裏手に旧英国領事館がある。（2021 年）

写真 5-98　山下公園と氷川丸　バルコニーや階段が設置され、開園当時としては斬新なものであったに違いない。（2021 年）

　新港橋を渡って新港地区をあとにすると、左手には山下臨港線プロムナードが続いている。それは、かつての貨物線線路の跡であるが、山下公園内の景観を保持するために公園の手前で切れている。税関の脇を通り、横浜税関交差点で左折して進むと、右手には横浜開港資料館と開港広場が見える。資料館の旧館は、1931 年に復興された英国領事館の建物であり、館内の広場にある玉楠は、ペリー上陸時からあった大木のひこばえが成長したものであるという。ペリー上陸地点が現在の開港広場付近で、広場の一角には日米和親条約締結の碑がある。幕末から昭和前期までの横浜市史を概観するのに、資料館は“お勧め”である。震災以降の発展については、資料館の近くにある横浜都市発展記念館を訪れたい。

　開港広場からそのまま東へ走ると、すぐに山下公園に到着する。山下公園が震災による瓦礫の処分地であったことはよく知られている。公園にすることを求めたのは、

居留地に住む外国人であった。親水性の遊歩道を造り、散策を楽しむ欧米流の都市づくりが実施され、日本初の臨海公園が 1927 年に完成したのであった。公園の東寄りには、戦前には北米航路で、戦後は引揚船として活躍した氷川丸が係留されて、内部の見学が可能だ。山下公園沿いの通りは震災前の海岸通りであり、かつては外国商館が建ち並んでいた。唯一当時の面影を残している旧イギリス七番館（現在は創価学会戸田平和記念館）を見ることができる。

　公園東端の近くにある山下橋交差点を右折して中村川沿いを進み、谷戸橋で川を渡り左手に進んでから、T 字路で谷戸坂を上ることになる。きつい坂なので、自転車を押して進むことになるだろう。商館で仕事をした外国人が山手の丘にある居留地の自宅に戻るのに、そうした急坂を上らなければならなかったので、彼らは坂を「ブラフ（bluff、断崖）」と呼んでいたようだ。坂を上り詰めると、"ご褒美" として港の見える丘公園の前に出る。高速道路や建造物の林立で公園からかつてほど港の風情を眺望できないが、遠望がきく上にバラなどの咲く庭園もあって、休憩には最適な場所だ。

写真 5-99　旧イギリス七番館　建物はそのままだが、歩道をセットバックしたために、上り口が歩道に出っ張っているように見える。（2009 年）

写真 5-100　上り詰めると港の見える丘公園となる谷戸坂　（2021 年）

　公園からは、外国人墓地脇を通る山手本通りに沿って進むことになる。山手の丘一帯がかつての居留地であったことを想起させる教会や瀟洒な洋館が散見できて、"横浜らしさ" を感じながら走れることだろう。横浜の外国人居留地は、この住宅・学校・病院など住居系からなる山手居留地と、商館やホテルなど業務系で「関内」（大岡川、中村川と概ね現在の根岸線で囲まれた開港場の区域）の東半分にある関内居留地から構成され、開港された五港の中では最大であったという。ちなみに居留地制度が廃止されたのは 1899 年だが、外国人居留地と日本人居住地の町並みが同質化したのは、関東大震災以降だと考えられている。尾根筋に走る山手本通りを三育幼稚園前交差点ま

で進んだら、その先を右折すると山手イタリア山庭園に立ち寄ることができる。庭園のある場所は明治前期にイタリア領事館があった所で、イタリアの庭園様式で整備され、ランドマークタワーなどみなとみらい地区の高層ビル街も一望できて、"絵になる"風景を楽しめるだろう。園内には東京の渋谷にあった日本人外交官の家と、山手の外国人住宅「ブラフ18番館」がそれぞれ移築・復元されている。

写真 5-101　旧山手居留地の中央部を走る山手本通り　（2021年）

写真 5-102　山手イタリア山庭園から望むみなとみらい地区の高層ビル街　（2021年）

　庭園からは幾分遠回りになるが、一旦山手本通りに戻ってから右折して通りを進み、地蔵坂上交差点で右へ下る坂があるので、そこを通って下ると中村川の傍に出て、右手には根岸線のJR石川町駅が見えることになる。高架下の駅前を通って北へ向かい、元町交差点から川と並行する元町商店街をゆっくり進みたい。元町は、横浜開港に伴い立ち退きを命じられた村の人々が移り住んだ場所であったが、山手居留地と関内居留地との間にあり、外国人が往来する途中に位置していた。そのため、外国人相手の家具屋、花屋、洋服屋などを中心に商店街が形成された。そうした外国人との商いの手法は、戦後の駐留軍やその家族相手の対応にも活かせることができた。外国人が引き揚げてからも、築き上げられた国際性を駆使して、欧米視察で確保した輸入品やオリジナル製品の販売を実施してきただけでなく、セットバックを早くから導入して歩道を確保したり、町づくり協定を結び業種の限定をしたりして、高級商店街へと発展させた。
　商店街のほぼ中間的な位置の左側に横浜の老舗洋菓子店喜久家があるので、その横を左折して前田橋を渡り、歴史的な意味での「関内」に入ろう。中華街の入り口の一つである朱雀門（南門）をくぐり抜ける通りは、南門シルクロードと呼ばれているが、呼称の由来は中華街の"中国"と欧米的な元町の"ヨーロッパ"を結ぶ道路だからだ。

写真 5-103　元町商店街　壁面の後退で軒下空間を確保するとともに、外壁の制限や屋外広告の規制など、さまざまな協定を結んでいる。また、最近では商店街として SDGs（持続可能な開発目標）にも取り組んでいるようだ。（2021 年）

写真 5-104　中村川にかかる前田橋とその先にある朱雀門　中村川の上を高速道路が走る。（2021 年）

　中華街には、陰陽五行説による風水思想に基づき朱雀門のほかに、中華街大通りにある善隣門などの牌楼（門）が 10 基建っている。この通りに面して、2006 年に落慶開廟した横浜媽祖廟がある。媽祖は航海の安全を守る海の神様であるが、自然災害や疫病、盗難からも守ってくれると信じられ、中国大陸や台湾だけでなく、華僑・華人にも篤く信仰されている（→ 303 頁参照）。なお、媽祖廟と隣地の山下町公園は明治期に清国領事館があった場所でもある。中華街には、算盤の発明者でもあるとされる関羽を祀った関帝廟もあるが、商売繁盛と富の繁栄をもたらす神として信仰を集めている。中華街では読者の“お気に入り”の観光スポットに寄ってもらってから、玄武門（北門）の西側対面にある横浜公園に向かうことにしたい。

　横浜公園は公園そのものよりも、園内にある横浜スタジアムの方がよく知られているに違いないが、実は明治前期の 1876 年に一般公開された日本最初の洋式公園なのである。開港当初はここに遊郭が設置されたが、幕末に「関内」で発生した豚屋火事と呼ばれる大火で遊郭も焼けた。遊郭跡には避難所を兼ねた公園が建設されることになり、明治後期の地図 15 にも記載されている。実際に関東大震災では避難所となり、多くの人命が救われたという。また、この公園は日本の野球発祥の地でもあり、震災後に野球場（現在は横浜スタジアム）が建設された。

　公園の入り口から北に伸びる日本大通りも豚屋火事がきっかけで幕末期に造られたが、道路の幅員は何と 20 間（約 36m）で建設された。地図 15 でも目立つこの道路は、当時まさに日本一の大通りとなったが、それは「関内」の東半分を占める外国人居留地と西半分を占める日本人町との間を分けて、延焼を防止する防火遮断帯の役割を果たすためであった。日本大通りの西側にある県庁舎（写真 5-96）は、開港に際して税

関と外務全般の事務を取り扱った運上所の跡地に建設されている。公園入り口から日本大通りを見ると、県庁の手前を東西に走る本町通り辺りが若干地盤が高くなっていることに気が付くであろう。実は本町通りから海側は、開港前には砂州であった地域であるが、中華街を含めてそれ以外の「関内」の地域は、田圃や沼地が埋立てられて陸地となったからである。港に面する砂州上の良好な場所には欧米系の貿易商が商館を構えたので、彼らに買弁（西洋人と日本人との交渉をスムースに進める仲介人）や召使として横浜に連れて来られた中国人は、そうした低湿な場所に居住することになって、中華街を形成したのである（写真5-108）。

　横浜公園からは日本大通りと本町通りの交差点を左折して本町通り（国道133号）を西進しよう。すぐに左手に横浜市開港記念会館（愛称がジャック）が見えるが、通りを進むにつれて、左右には戦前に建てられた銀行などの建物やファサード保存（→

写真5-105　南門シルクロード沿いにある媽祖廟
（2021年）

写真5-106　1990年に開廟した四代目の関帝廟
初代は1871年に建立された。（2021年）

写真5-107　横浜公園から見た日本大通り　信号機のある本町通り付近は、手前よりも若干高くなっている。（2021年）

写真5-108　朝陽門（東門）　門外で左右（東西）にバスが走っている本町通りの方が、手前の中華街よりも若干高くなっている。（2009年）

369頁参照）された建物が散見でき、業務地区であったことを想起させる。本町四丁目交差点を左折すると、クラシックな建物の神奈川県立歴史博物館が目に入る。この博物館はもともと明治後期の1904年に竣工した横浜正金銀行本店の建物で、震災で焼失したドームは1967年に復元されている。その銀行は、外国為替業務を日本人の手で行おうと1880年に横浜の財界と政府で出資して実現したものだが、戦後は普通銀行の東京銀行となった。さらに東京銀行も合併して、現在の三菱UFJ銀行の前身の一つとなっている。博物館の前の通りは、開港当時から外国人が馬車でよく通ったので「馬車道」と呼ばれ、外国人相手の土産物店が並んでいたようだ。馬車道には「日本最初のガス灯」の碑があったり、博物館以外にも古い建物やファサード保存の建物があったりして、横浜の歴史を感じさせる地域だ。なお馬車道は、通り一帯の地域名称やみなとみらい線の駅名にもなっている。

写真5-109　本町通りと1917年に竣工した横浜市開港記念会館　（2021年）

写真5-110　馬車道の旧横浜正金銀行（現在は神奈川県立歴史博物館）　（2014年）

　博物館の裏手を西進すると国道133号に突き当たり、目の前には2020年に竣工した新市庁舎がそびえている。関内駅前にあった旧市庁舎が手狭になったので、ここへ移転してきたわけだが、みなとみらい地区の開発が進み、横浜の都心が関内地区から移動していることの証と言えよう。新市庁舎の位置は、開港前に谷戸坂付近から西に伸びていた砂州の最先端にあった弁天社の辺りとなる。その名残が、市庁舎の傍で大岡川に架かる弁天橋である。

　ここまで来ると、到着地のJR桜木町駅はもう目と鼻の先である。弁天橋は北側（下流側）を渡り、桜木町駅入口交差点を横断しよう。郵便局の横を通り根岸線のガード下をくぐると、小さな広場の歩道橋用エレベーター脇に「鉄道創業の地」記念碑があり、そこには新橋・横浜間の開業当時の様子や初代横浜駅舎の絵などが記されている。ちょうど写真5-111の奥に写っている駅隣接のビル（CIAL桜木町ANNEX）の付近に、

旧新橋停車場の駅舎（写真5-72参照）と同じような建物があったのである。現在そのビルの1階には「旧横ギャラリー」があり、開業当時の110型蒸気機関車や再現された客車などが展示されて、日本の鉄道創業の様子が理解できるようになっている。

写真5-111　JR桜木町駅の傍にある鉄道創業の地記念碑　（2021年）

写真5-112　旧横ギャラリーに展示されている開業当時の蒸気機関車　（2021年）

　桜木町駅で時間があるようならば、ランドマークタワーの近くで帆船日本丸が係留されている場所へ行ってみたい。地図15で初代横浜駅を記す「よこはま」の北に目を移すと楕円形が2個確認でき、渋沢栄一や生糸の取り扱いで財を成した原善三郎らが明治中期に設立した「横濱船渠會社」の名が、傍に記されている。楕円形は、その造船会社の石造りドックで、保存された南側の1号ドック（1898年竣工）に日本丸が係留されている。北側の2号ドック（1896年竣工）は復元され、ランドマークタワー脇のドックヤードガーデンとしてイベントなどで使用されている。その会社は昭和前期に三菱重工に吸収合併され、そのドックで氷川丸も建造されたという。なお、桜木町駅前と横浜ワールドポーターズ前を結ぶロープウェイが2021年から運行しており、みなとみらい地区を俯瞰（ふかん）するのに役立つであろう。

　さらに、このコースでは物足りない読者には、桜木町駅の南側から野毛（のげ）方面に伸びる平戸桜木道路を進み、野毛三丁目交差点を右折して野毛坂を上ることを勧めたい。途中で野毛坂交差点を過ぎたら、横浜市中央図書館側の道を進むと、吊橋の歩道橋が見えてくる。そこを左折して野毛山公園内にある地下配水池の脇に沿って行けば、園内にある展望台にたどり着ける。この配水池は、横浜市街に日本で最初の近代水道を通水すべく、明治中期の1887年に横浜水道が設置された時の浄水場であった。横浜水道では、現在は津久井湖の湖底となっている場所から44kmほど離れた野毛山まで、導水路が建設された。配水池の近くには、水道の設計監督をしたイギリス人ヘンリー・スペンサー・パーマーの碑も建てられている。野毛山一帯は下末吉台地（しもすえよしだいち）と呼ばれ、海

写真 5-113　明治期に造成された石造りドックに係留されている日本丸　左端にはランドマークタワーの一部が写っている。（2014 年）

写真 5-114　野毛山公園内のパーマーの碑と展望台　（2014 年）

抜も 50m 前後に及び、武蔵野台地と比べると低地からの比高が大きい。展望台からは、東方に広がる山手の丘の様子が確認できるであろう。その間の低地は江戸期に新田開発された吉田新田などの埋立地であり、**地図 15** でも分かるように、開港後の発展で市街地化が早くから進み、現在では横浜旧市街の一画を構成している。なお、この展望のきく野毛山公園は、もともと原家などの大規模な邸宅があった所だが、震災で灰燼に帰したため、市に寄贈されて公園として整備された。ちなみに、前述の原善三郎が所有していた土地に孫の婿である原富太郎（雅号が三渓）が造園した庭園が、国指定の名勝三渓園である。

［6. 神奈川：三崎・城ヶ島から三浦海岸を経て久里浜までの岬巡りコース］

ルートの概略：出発駅は京急線三崎口駅、主な経由先は三崎・城ヶ島・三浦海岸・ペリー記念館、到着駅は京急久里浜駅または JR 久里浜駅

コースの走行距離：32km 程度

　このコースでは、三浦半島南端の景勝地をゆっくり見て回ってから久里浜まで走り続けるので、サイクリング的な楽しみも味わえる。昼食を三崎で取ることになるから、「三崎まぐろ」料理に舌鼓を打つこともできる。なお、このコース全体が、千葉県の銚子市から神奈川・静岡・愛知・三重・和歌山県の各太平洋岸を走り、和歌山市までを結ぶ約 1400km の太平洋岸自転車道構想の一部を走るものであり、「太平洋岸自転車道サイクリングマップ・神奈川県（東部）」をインターネットで利用できる。

　三崎口駅からは駅前広場の前を通る国道 134 号を左へ道なりに南下し、左手から

の道が合流する引橋交差点をそのまま直進する。交差点からは県道 26 号になるが、26 号に沿ったまま下り坂の道を進んでいくことになる。途中で、油つぼ入口交差点で右手から道が合流するが、そのまま直進し、三叉路の城ヶ島入口交差点で左手の道を進む。そのまま下ると、間もなく城ヶ島大橋にたどり着く。城ヶ島大橋は 1960 年に完成した全長 575m の橋で、自動車は有料だが、自転車は無料で通行できる。海面からの高さが 21m もあるので、橋の上から富士山や房総の山並みなどの絶景と眼下に広がる三崎の町並みを眺望できる、まるで空中回廊のような橋だ。

　橋を渡ると道路は下りになり、道は二手に分かれるようになる。まず、左手に駐車場を囲むようにカーブして下る道があるので、その道を進もう。すると橋の下に入り込むことになり、その辺りで右側にある小道をたどると、橋桁の傍にある白秋記念館や詩碑へ行ける。「城ヶ島の雨」の作詞者北原白秋は三崎に移り住んだことがあり、記念館では白秋の三崎での足取りとエピソードや人物関係などの資料が展示されている。そして、前面の海岸には「城ヶ島の雨」の詩碑が建てられており、対岸の三崎の町並みを見ながら、そこで暮らした白秋に思いを馳せることができる。

写真 5-115　城ヶ島大橋（三崎側）での記念写真
（2008 年）

写真 5-116　城ヶ島大橋からの富士山遠望　右手
に魚市場などの漁港施設の一部が見える。（2015 年）

　下ってきた坂道を再び橋の近くまで戻り、先ほどの分岐点に着いたら他方の道に進もう。暫く走ると、城ヶ島東端にある県立城ヶ島公園に到着できる。園内には自転車の乗り入れができないので、入り口付近の駐輪場に止めることになる。広々とした園内には展望休憩所もあり、一息入れながら、展望台からは房総半島や大島などを指呼の間に望める。また公園の海岸沿いには、波浪や潮流などによる侵食で形成された特異な地形が見られる。

　三浦市の中心部となる三崎は、海上前面にある城ヶ島が防波堤の役割を果たして漁

写真 5-117　城ヶ島大橋の下に建つ「城ヶ島の雨」
の詩碑　(2008年)

写真 5-118　城ヶ島東端の海岸地形　右手にある安
房埼灯台は老朽化で、2020年に公園内に新設された。
(2018年)

港が成立したが、港は風待港・避難港としても利用された。遠洋漁業が発達したのは
大正期になってからで、東京、横浜といった大市場を控え、マグロなどの水揚げの多
い遠洋漁業基地として知られるようになった。そうした三崎港へは、城ヶ島から再び
城ヶ島大橋を渡ってT字路の交差点を右折して、三叉路の交差点もそのまま直進し
よう。急坂を下ると港に出るので、右折して港沿いに県道215号を走ることになる。
途中で道幅が狭くなるが、そのまま直進すると日の出交差点に出る。交差点をそのま
ま直進し三崎下町商店街を抜けても、交差点を左折し港沿いに回っても、それぞれ産
直センター「うらり」にたどり着ける。商店街やうらりの周辺にはマグロ料理店が多
数あり、人気店では行列ができているほどだ。

　昼食を楽しんだら往路に戻り、港沿いから急坂を上ることになる。港沿いの低地と
台地の比高が20m以上あるので、自転車を押して進むことになるだろう。坂を上っ
た所にある三叉路を右に剱崎・松輪方面へ県道215号を道なりに進もう。台地上に
は温暖な気候を生かした大根やキャベツなどの畑が広がり、進行右手には城ヶ島や沖
を行く船も見える。また、宮川公園には発電用の風車が2基あり、風景に彩りを添え
るような感じだ。県道215号は上り下りを繰り返すとともに、小さな漁港を抱える
湾の縁も通る。江奈湾沿いにある剱崎小学校を過ぎた辺りからは長い急な上り坂とな
るので、ここでも自転車を押すことになるだろう。その坂を上り詰めた付近から右手
に剱崎灯台へ行ける小道があるので、時間と体力があれば絶壁の岬に建つ灯台を見て
みたい。県道215号は、金田湾が前方に広がるのが見られる辺りから急な坂を下り、
金田漁港から海岸沿いに三浦海岸に向かう。三浦海岸交差点の周辺にはカフェやレス
トランも多く、三崎のうらりから11kmほど走ってきたので、海を見ながら休憩して
もよいかもしれない。なお蛇足ながら、天候の急変などで駅に"逃げたい"場合は、

写真 5-119　三崎中心街　古くからの漁港を感じさせる建物が散見する。（2022 年）

写真 5-120　宮川公園付近からの城ヶ島遠望　写真 5-118 は、島の左端に突き出した所で撮影した。（2008 年）

写真 5-121　江奈湾の漁港　（2008 年）

交差点から左折して走ればすぐに三浦海岸駅に着くし、予定どおりに進んだ場合も京急線と並走するので、最寄り駅に容易に“逃げ込める”。

　休憩後は休憩前の道路をそのまま海岸沿いに進むことになるが、交差点からは国道 134 号となる。津久井浜に入るとウインドサーフィンをしている人を多く見かけるようになるが、津久井浜はその世界大会が開催されるビーチであり、ウインドサーファーのメッカの一つでもある。津久井浜はもう横須賀市内であり、到着地の久里浜は近い。長沢を過ぎたら T 字路となっている野比交差点を右折して海岸沿いに走る県道 212 号を通って行こう。火力発電所の横の丘を越えるようにしてから久里浜港の海岸沿いを走り、右手には東京湾フェリーも見えてくる。大浜交差点を過ぎると、前方左側に現れるペリー公園に立ち寄ろう。

　園内に入ると写真 5-123 のように、ペリー（伯理）上陸記（紀）念碑が迎えてくれる。園内にはペリー記念館もあり、1853 年に 4 隻の黒船が来航した当時の様子を再現し

上／写真 5-122 ペリー公園前の久里浜港傍を走行
する著者　奥に火力発電所や東京湾フェリーも見え
る。（2008 年）
右／写真 5-123　ペリー上陸記念碑　右手にペリー
記念館も見える。（2018 年）

た模型や資料が展示されている。ペリー公園から再び大浜交差点に戻り、右折して直
進すればじきに京急久里浜駅の南側に出る。JR 久里浜駅も京急駅のすぐ近くにある。
なお、京急駅の少し手前を案内板に従って左折すると、「くりはま花の国」へ行くこ
とができる。この公園はコスモスやポピーが奇麗に咲くことで知られており、時季に
よっては立ち寄りの“お勧め”スポットとなる。ちなみに、くりはま花の国もペリー
記念館も入場無料だ。

［ 7. 千葉：千倉から館山への南房総サイクリングコース ］

　　ルートの概略：出発駅は JR 千倉駅、主な経由先は道の駅ちくら潮風王国・白浜・ア
　　　　　ロハガーデンたてやま・船越鉈切神社・赤山地下壕跡、到着駅は JR
　　　　　館山駅
　　コースの走行距離：42km 程度

　このコースでは房総半島の最南端を大海原を眺めながら走るので、充実した爽快感
にあふれたコースである。とともに、意外な発見があるかもしれない“おまけ付き”
コースでもある。早春 1 月下旬から 2 月は、花畑や道路沿いの菜の花が迎えてくれ
るので、“お勧め”の時季である。上記のルートの方が進行のすぐ海側を走ることが
できるが、当日の風向きによっては、ルートを逆にした方が良いことは言うまでもな
い。なお、このコース全体が太平洋岸自転車道の一部を走るものであり、「太平洋岸
自転車道サイクリングマップ・千葉県（南部）」をインターネットで利用できる。

千倉駅前の県道241号を100mほど南下すると交差点に出るので、そこを左折して
そのまま進むと、途中で二股の道になるが、右方向に伸びる県道に沿って走ろう。す
ると国道410号（房総フラワーライン）との交差点に突き当たるので、そこを右折し
て国道410号沿いに進むと北朝夷交差点に出る。交差点では左折して、県道251号
を進もう。この間国道と並走する海岸沿いの道もあるので、それを利用してもよい。
県道251号を暫く走ると房州ちくら漁協中央支所の手前で二股に分かれるが、左側
の道を進み中央支所前を通ることになる。あとはこの道に沿って走れば、道の駅ちく
ら潮風王国に到着する。その道は海岸近くを通るので、途中で千倉漁港や漁業関連施
設などを見かけるので、漁師町の風情を楽しめる。

　道の駅には広々とした公園があるので、そこで休憩をしてもいいし、館内にある地
元海産物の販売店や食堂・カフェを見て回ることもできる。春先であれば周辺では花
摘みで賑わっており、付近一帯の花畑を巡ってみるのも一興だ。休憩後も走ってきた
道の駅の前の通りに沿って道なりに進むと、じきに南房千倉大橋を渡ることになる。
海沿いの心地よい風を受けながらサイクリングを楽しみたい。暫くすると乙浜漁港に
出るが、走ってきた道に沿ってそのまま港沿いに進むことになる。道はやがて名倉海
水浴場傍の交差点で国道410号と合流するので、あとは海岸沿いの国道を走ろう。
房総半島最南端に位置する野島崎灯台が間近に見え、晴れていれば僅か40kmほど先
の伊豆大島も出迎えてくれる。

　ホテルやペンションなどが多い白浜地区中心部まで15kmほど走ってきたので、
そろそろ昼食の時間になるであろう。付近一帯には食堂・レストランも多いし、「な
めろう」や「さんが焼」といった郷土料理も楽しめる。傍にある野島崎に明治初期
1869年、日本で2番目の洋式灯台が建造された。現在の白亜の野島埼灯台は関東大

写真 5-124　早春の千倉のお花畑　（2015年）

写真 5-125　白浜での著者　伊豆大島の眺望や海食
作用による特異な地形を楽しめる。（2010年）

写真 5-126　野島埼灯台踊り場から西方の眺望
海岸段丘最下段は関東大震災による隆起面だという。
（2010 年）

写真 5-127　野島埼灯台を背景にした記念写真
当日は午後から南西の風が吹き始めたが、この時のルートでは追い風となった。（2019 年）

写真 5-128　アロハガーデンたてやま付近のフラ
ワーラインを走行する妻　（2012 年）

震災後に復旧工事で完成したもので、見学で上ることができる。20m ほどの高さにある踊り場からの太平洋や房総半島の眺望（写真 5-126）は、思い出の一コマとなるに違いない。

　観光スポットとなっている白浜地区中心部からは、再び国道 410 号を走ることになるが、2km ほど波打ち際を走った後に、左手から海沿いを通るサイクリングロードに出会うので、そこを走ると良いかもしれない。車道と完全に分離した道であるだけに、波の音だけが聞こえるような快感を味わえるが、砂丘上に設置された道であるので、海風によって砂に埋もれている場合もある。サイクリングロードは国道に合流し、緩やかな坂を一旦上がってから下ると、Y字路の相浜交差点に出る。左手の房総フラワーライン（県道 257 号）に進むことになるが、ここからの 3km ほどは車道との間の植込みに菜の花が植えられて、早春ならばまさにフラワーラインを満喫できる。途中にはアロハガーデンたてやまもあり、白浜から 10km ほど走ってきたので休憩に

は手頃であろう。ここでは食事もできるので、逆回りの場合には昼食も可能だ。ちなみに館山からだと、ここまでが 18km ほどとなる。

　アロハガーデンたてやまをあとに、県道 257 号を西進してから向きを北に変えると、洲崎の灯台も見えてくる。県道から入る道があるので立ち寄ることもできる。灯台の近くで県道は東進し、左手には館山湾や三浦半島が見えてくるようになる。東進して間もなく道路右側に、写真 5-129 のような東屋が見えてくる。そこは「矢尻の井戸」と呼ばれる所で、源頼朝が石橋山の合戦で敗退して安房に上陸し、飲水がない頼朝が矢尻を突き刺したら清水が湧き出したと伝えられる場所だ。この伝説は『義経記』などによるもので、鎌倉期の歴史書『吾妻鏡』によれば、上陸地は鋸南町竜島だとされている。

　さらに東進すると左手には休暇村館山が見え、その後間もなく消防署分遣所傍の交差点に出たら船越鉈切神社は近い。参道は温暖な南房をほのめかすように、亜熱帯的な樹林の間を抜けていく。参道を上り詰めると、海神が祀られている神社が見えるが、本殿はその裏手の洞窟（鉈切洞穴）の中に置かれている。鉈切洞穴は海岸段丘に位置する海食洞穴であり、そこから縄文文化の遺物が出土した。洞穴は古墳時代に一部が墓として利用され、その後神社となった。県道 257 号をさらに東進すると宮城交差点に出て、そのすぐ先に県道から右折して赤山地下壕跡へ行ける道があるので、地下壕もぜひ見学してみたい。

　南房総の中心都市である館山は、1919 年の鉄道の開通で海水浴客で賑わう避暑地となるとともに、館山湾南部で海岸に沿って海底に発達した砂の高まり（沿岸州）が埋立てられ、そこには 1930 年に館山海軍航空隊が置かれて、軍都としての性格も持つようになった。戦後、海軍航空隊は海上自衛隊館山航空基地となったが、その辺り一帯は終戦までの間に航空機関連などの軍事施設が集積した。その一つが赤山地下壕であり、合計 1.6km に及ぶ全国的にも大規模な地下壕である。内部には発電所跡などのほか、病院の施設もあったとの証言もあり、航空隊の防空壕の役割を果たしたと考えられている。地下壕跡の封鎖されている別の出入口近くには、写真 5-132 のような航空機を敵の攻撃から守る格納庫（掩体壕）も残されている。

　地下壕跡から再び県道 257 号に戻り、県道を道なりに東進する。途中のどこかで左折して、海岸沿いに館山駅西口に出ることもできるが、そのまま直進して汐入川を渡り、三叉路の潮留橋交差点を左折しよう。そして北上し駅東口へ出た方が、館山の旧市街を通過して地域の様子が分かるからである。現在の館山市域の中心部は、汐入川を挟んで北の旧北条町と南の旧館山町からなる。その交差点から駅までの道路は旧北条町の一番西側に南北に伸びる浜堤（砂浜海岸で海岸に平行に形成された高まり）上

写真 5-129　源頼朝上陸地と伝えられる「矢尻の井戸」　傍には上陸地の碑も建てられている。（2015年）

写真 5-130　船越鉈切神社本殿のある鉈切洞穴（2009年）

写真 5-131　赤山地下壕跡　案内人の後ろに出入口が見える。（2019年）

写真 5-132　赤山地下壕跡の近くにある掩体壕（2009年）

写真 5-133　館山城（八犬伝博物館）　（2019年）

写真 5-134　館山城からの館山湾・北条海岸眺望　手前の桟橋は館山港で、奥から2番目の堤防の右手辺りに、写真には写っていないが、館山駅がある。（2019年）

を通り、商店街となっている。館山駅（設置当初は安房北条駅）が開設されてから中心街として発展したもので、それ以前はその浜堤と平行して東側に見られる浜堤上の道路に沿って市街地が広がっていた。その道筋に郡役所や警察署など、安房地方の行政の拠点が置かれ、現在でも市役所をはじめさまざまな行政機関が見られる。

　他方の旧館山町は、城山に里見義康が 1590 年に館山城を築いたことに起源を発するが、江戸初期に里見氏の改易で城下町の機能はなくなった。しかし、海上交通の拠点としての機能は維持されたようだ。居城跡は城山公園として整備され、城山の頂上には館山城（八犬伝博物館）が建てられており、『南総里見八犬伝』に関する資料が展示されている。写真 5-134 のように、そこからの眺望も捨てがたい。また中腹には館山市立博物館本館もあり、海との関わりの中で展開してきた安房の暮らしと歴史が紹介されている。宮城交差点と潮留橋交差点のほぼ中間地点にある館山小学校入口交差点や、その東側に県道から南へ入る道があるので、それらの道から城を目指して行けば城山へはたどり着ける。

　館山駅付近に到着したら、マラソンと同じほどの距離を走った自分への "ご褒美" として、美味しい地魚料理などに舌鼓を打ちたい。だがその前に、もし体力と時間に余裕があるならば、前述の城山への立ち寄りはもとより、次の二か所への見学も一考に値するであろう。一つは沼サンゴ層であり、沼地区の山腹でサンゴの化石を見ることができる。鉈切洞穴でも確認したように、縄文時代は海水面が現在よりも 20m ほど高く、現在の山間部の谷は、当時は湾となっていたと考えられる。温暖で波静かな入り江でサンゴが生育していたが、その後の海水面の低下や地震などによる地盤の隆起で、堆積したサンゴの露頭が出現したのである。沼サンゴ層へは、まず館山小学校

上／写真 5-135　沼サンゴ層　（2009 年）
右／写真 5-136　大巖院四面石塔　右側の面にハングルが記されている。（2010 年）

の東側脇の道を南下し続ける。やがて突き当たりとなるが、傍の小道を再び南下しよう。するとY字路に合流するが、さらに道なりに進むと溜池に出るので、その脇にある農道をたどると到着できる。もう一つは大巌院四面石塔である。石塔には写真5-136のように、「南無阿弥陀仏」が日本漢字、インド梵字、中国篆字、ハングルの4カ国語で記されている。これは四海同隣を示したものだと考えられており、江戸初期に記されたそうだ。大巌院へは、市街東郊を通る北条バイパス（国道410号）の下真倉北交差点に向かい、交差点を横断して東へ向かう。鍵型になっても東進して道なりに走れば、大巌院へたどり着ける。

[8. 千葉・茨城：香取神宮から鹿島神宮への水郷コース]

ルートの概略：出発駅はJR香取駅、主な経由先は香取神宮・佐原旧市街・水郷佐原あやめパーク・加藤洲十二橋・水郷潮来あやめ園・鹿島神宮、到着駅はJR鹿島神宮駅

コースの走行距離：29km程度

　このコースは、利根川下流域の水郷と呼ばれ、千葉と茨城の県境地域（いわゆる「ちばらき」）となる田園地帯を走るもので、大部分が平坦な道であり、爽やかな風で心地よいサイクリングも楽しめる。アヤメの名所にも立ち寄るので、「あやめ祭り」の期間に訪れるのが最適であろう。

　香取神宮は香取駅からは2kmほど離れており、徒歩ではウォーキングになるような距離だ。しかし自転車では容易に行けるので、輪行で運んできた折り畳み自転車の効力が発揮される。駅前の道を左へ道なりに進み、踏切を渡ってから暫く走るとT字路に突き当たるので、そこを左折する。その後道なりに走ると香取交差点に出るが、交差点をそのまま直進して再び道なりに行けば、神宮前商店街の入り口にたどり着くことができる。ちなみに、T字路で右折しその道に沿って北上すると、利根川河岸にある津宮浜鳥居（写真5-137）に繋がる。

　赤い鳥居をくぐり、手つかずの自然が残された境内の鬱蒼とした参道を進むと、朱塗りの楼門と拝殿が出現する。両方とも江戸中期1700年の幕府による造営だ。香取神宮は鹿島神宮とともに軍神として信仰され、現在でも武道関係者の信仰が篤いようだ。また両神宮とも朝廷から崇敬の深い神社であり、明治期以前の「神宮」は伊勢神宮のほか両神宮だけであったという。古代においては、現在の霞ケ浦、北浦、印旛沼などの利根川下流域一帯は内海であり、台地上にある両神宮はその入り口に位置し、軍事や輸送の拠点となったと考えられている。両神宮のそれぞれの式年大祭では、相

写真 5-137　香取神宮の津宮浜鳥居　写真 5-142 を
撮影した場所から望遠で撮影。（2021 年）

写真 5-138　香取神宮の拝殿　黒を基調とした外装
が印象的である。（2014 年）

方の神宮の船団による御迎祭も行われ、両神宮が一対の関係にあることを窺わせる。

　香取神宮からは、商店街入り口傍の県道 55 号を道なりに 5km ほど走れば、佐原旧市街に行ける。旧佐原市が周辺の町と合併して 2006 年に香取市となったが、以前から佐原は利根川下流域の中心地となっていた。江戸期に利根川が太平洋に流れ出るように付け替えられ（利根川の東遷）江戸への航路が確保されると、佐原は利根川筋の主要な河港商業都市として発展したのである。周辺の農村から集められた米穀の取引や酒などの醸造で繁栄し、江戸との文化の往来も盛んとなった。伊能忠敬が江戸に出て日本地図を作成する前は、佐原で米穀商や醸造業を営む商人であったことを想起したい。こうして佐原は、明治初期には県内の主要都市の一つとなっていた。

　しかし、佐原が保持してきた利根水運の中継基地としての機能は、明治後期の 1898 年に鉄道が佐原まで開通した後も持続したものの、1933 年に成田線が銚子の松岸まで延伸すると、次第に衰退を余儀なくされた。それに伴い中心地としての地位も低下していったが、1970 年代に取り残された旧市街の町並み保存の動きが見られ、90 年代になると佐原市歴史的景観条例が制定されたり、国の重要伝統的建造物群保存地区（重伝建地区）に指定されたりした。指定地区は、旧市街から利根川に注ぐ小野川と香取街道（県道 55 号）が交差する忠敬橋を中心に、東西南北 400 〜 500m の範囲に集中している。地区内には蔵造りの町屋や大正期の洋風建築などが見られるほか、忠敬橋のすぐ南側には、忠敬が作成した地図（伊能図）などが展示される伊能忠敬記念館や伊能忠敬旧宅もあり、佐原は見所が多い。佐原では戦前に水郷の観光開発が始められたが、現在では「北総の小江戸」としても観光の活性化を図っている。伝統的なウナギ料理などの和食だけでなく、小野川沿いなどには古い建物を生かしたカフェやレストランもできて、和洋色々な昼食が楽しめる。

写真5-139　香取街道沿いの重伝建地区　左手の赤レンガ建築は1914年竣工の旧三菱銀行支店、右手の洋館は1930年代竣工の家具店。街道沿いには商家建築が多い。（2015年）

写真5-140　伊能忠敬旧宅前の小野川　中央に忠敬橋が見える。水運が利用できるので、川沿いには醸造家の建物が目立つ。（2021年）

　タイムスリップしたような佐原からは小野川沿いに走ると、利根川の土手に出られる。土手沿いのサイクリングロードを西進し、水郷大橋の南詰に着いたら橋を渡ろう。橋長が500m以上もあるこの橋は、千葉県と茨城県を結んでいるものの、北詰をすぐに右折して横利根川を渡ると再び千葉県となる。横利根川と常陸利根川に挟まれた利根川の北岸一帯も千葉県なのである。

　もともと内海であったこの地域では、利根川の土砂の堆積で島が形成された。16世紀後半から17世紀前半にかけて干拓が進み、新田開発もなされた。そして濃尾平野の輪中と同様に、堤防で囲まれた周囲に微高地が連なり、内側に湿田、さらに中央に与田浦のような湖沼が残るような地形となった。1960年代半ばから70年代後半にかけて圃場整備がなされ、水田が整然と区画された。農道や用排水施設も整備されて、大規模経営の可能な農業地帯となっている様子が、土手からよく分かる。なお、現在では佐原や潮来などを含めて利根川下流域一帯を広く水郷と呼んでいるが、本来は前述の両河川にはさまれた利根川北岸一帯を指していたそうだ。横利根川を渡る時に、そうした低湿地の水郷の特性を示す横利根閘門があるので見ておきたい（写真5-141）。水位差のある利根川と横利根川とを船舶で航行できるようにした施設で、パナマ運河などと同様の仕組みである。

　横利根川を渡るとすぐ三叉路となるが右折して、利根川北岸の土手にあるサイクリングロード（写真5-142）を東進する。爽やかな川風を受けながら、左手に水田が広がる"元祖水郷"と右手の"大利根"の景色を楽しもう。左側下の県道101号に信号機の設置してあるT字路が見えたら、土手から降りて北上する県道を道なりに走ることになる。立ち寄り先の水郷佐原あやめパークと千葉県立中央博物館大利根分館

（2022年4月より休館）へは、途中で掲示されている案内板に従って左折して行くことになるが、見失った場合は与田浦橋を渡ってすぐに左折して、与田浦沿いに行けばたどり着ける。与田浦のほとりにある約8haほどのあやめパークでは、昔ながらの水郷の情緒が味わえるようなレイアウトで、400品種ものハナショウブが咲き乱れる。盛夏の時期であればハスの花の観賞もできる。あやめパークに隣接して大利根分館があり、利根川の自然と歴史をテーマにした展示がなされていた。水からの恩恵と水害といった人々の水との関わり、米所となってきた水郷の変遷などが分かり、本コースの地域的特性の概要を把握しやすかった。

　あやめパークをあとに与田浦橋の北詰から水路沿いに進み、新島小学校の脇に出よう。その間はまさに水郷の "ど真ん中" を満喫できるだろう。東には鹿島線の高架橋が見え、水路には潮来から加藤洲を通って与田浦までを回遊する「十二橋めぐり」の

写真5-141　横利根閘門　1921年に完成し、近代化遺産として重要文化財に指定されている。（2015年）

写真5-142　利根川北岸の土手　下流方面を写した。同行者は、香取神宮の津宮浜鳥居が見えることを確認している。（2021年）

写真5-143　水郷の風情も味わえる水郷佐原あやめパーク　（2014年）　　　　▶口絵ⅹⅳ頁

写真5-144　加藤洲十二橋の一つ「いざよい橋」（2008年）

遊覧船が航行し、"絵になる"光景を楽しめる。小学校の脇にある橋を渡り、対岸の小道を道なりに水路に沿うようにしてから加藤洲の集落の中を北へ進むと、水門（写真5-145）のある常陸利根川の土手に出られる。集落の間を抜ける水路の両岸を結ぶ小橋が12箇所架けられており、遊覧船がその間をのんびり行き交う。水門の対岸は潮来の中心部であるが、そこへ行くには一旦土手を西に進み、潮来大橋を渡ってから、土手沿いに東進することになる。

　潮来の中心部に近づくと旅館やホテルも散見するようになる。楽曲「潮来花嫁さん」や「潮来笠」などで、戦後の高度経済成長期に潮来の知名度が上がり、その時に潮来が観光地となった名残を感じさせる建物が目立つようだ。ちなみに1970年に鹿島線が開通したが、それまではバスが主な交通手段であった。中心部を流れる前川に着いたら、川沿いを走ろう。その前川沿いに広がるのが水郷潮来あやめ園で、あやめ祭りの会場となっている。佐原のあやめパークより狭いが、市民公園として様々なイベントも開催されて賑わっている。逆回りで鹿島から出発した場合はあやめ園での観賞が気に入り、あやめパークは"ごちそうさま"状態になるかもしれない。なお、あやめ園は潮来駅の近くなので、天候の急変や疲労度によっては、潮来駅を到着駅に変更することも可能だ。

　あやめ園の写真5-146の右奥辺りにある出口から道路に出て、橋を渡ると間もなく県道5号との交差点に出るので、そこを右折して旧街道である県道を道なりに進む。やがて県道は国道51号に合流するが、そのまま国道を走ることになる。洲崎交差点を直進して神宮橋を渡ろう。神宮橋から前方右手に見える鹿島神宮一之鳥居の水上での立ち姿に、荘厳さを感じるかもしれない。橋を渡り終えて大船津交差点からは県道

写真5-145　常陸利根川から加藤洲の水路への水門　撮影している側にある常陸利根川の水門と写真の水門との間で水位調整をするのは、横利根閘門と同じ原理だ。（2021年）

写真5-146　水郷潮来あやめ園（北東部分）　鹿島線の電車も見える。（2021年）

242 号となるが、そのまま直進して道なりに進む。道は緩やかな上り坂となり、あやめ園から既に 9km ほど走ってきているだけに若干きついかもしれない。だが、鹿島神宮は目前なので踏ん張りどころだ。坂を上り詰めた辺りの鹿島小前交差点で左折し、さらに鹿島神宮入口交差点で右折すると鹿島神宮前の商店街となる。正面には神宮の大鳥居が見える。

　香取神宮と一対の関係にある鹿島神宮も、軍神を祀る神社として武家政権からも篤く信仰されてきた。境内は東京ドーム 15 個分に相当し、香取神宮に比べるとはるかに広い。その過半が鬱蒼とした樹林で、600 種以上にも及ぶという。大鳥居をくぐると楼門、そして右手に社殿（拝殿や本殿）が続く。さらに常緑照葉樹の巨木が目立つ奥参道へ進むと、左手には鹿園も見える。鹿島神宮では鹿が神の使いとして大切にされており、鹿島の鹿もそれに由来するとの説もある。そして右手には奥宮があるが、

写真 5-147　鹿島神宮の社殿　社殿は、江戸幕府第2 代将軍秀忠の寄進によって造営された。手前に六月の神事「茅の輪（ちのわ）くぐり」が設置されていた。（2021 年）

写真 5-148　鹿島神宮の御手洗池　神聖な雰囲気が醸し出される場所だ。（2021 年）

写真 5-149　塚原卜伝を記念した公園　正面右手奥に鹿島神宮駅がある。（2021 年）

これは現在の本殿にあった本宮をここに遷したものだという。奥宮から左に曲がり下りると、御手洗池に出る（写真 5-148）。この池では 1 日に 40 万ℓ以上の水が湧き、水底が見渡せるほどの澄み切ったこの池で年始に禊が行われるそうだ。神宮から駅に出るには、往路に通った神宮前の商店街を進み、途中の交差点を右折して下る道があるので、それを利用しよう。途中の左手にある小さな公園には、鹿島出身の剣聖塚原卜伝の像や記念碑が設置されている。

［9. 埼玉：埼玉古墳群から深谷・渋沢栄一記念館への埼北コース］

ルートの概略：出発駅は JR 吹上駅、主な経由先は石田堤・さきたま古墳公園・忍城址・妻沼聖天山・日本煉瓦製造株式会社旧煉瓦製造施設・渋沢栄一記念館、到着駅は JR 深谷駅

コースの走行距離：51km 程度

　このコースは、石田三成の忍城攻略にも関わる古墳群や、「埼玉日光」と言われる妻沼聖天山、渋沢栄一関係の旧跡なども訪れるので、走る距離も長くなるが、用水沿い、土手沿いに走ることが多いので、サイクリング気分も十分味わえる。"走り"と見所で、充実感のあるポタリングとなることは確実である。もっとも、長距離になるので途中での"逃げ道"も用意してある。

　高崎線の吹上駅北口から北へ向かうと、すぐに県道との吹上駅前交差点に出るので、右折して県道 307 号に沿って進む。やがて筑波交差点を過ぎると、すぐその先に信号のない五叉路を左手前方に続く道へ走る。川を渡りまた五叉路に出て、右手前方の道に進むと、中山道（国道 17 号）との下忍（南）交差点となる。渡って直進し道なりに走ろう。すると上越新幹線のガード下をくぐり、最初の目的地である石田堤史跡公園に到着する。

　1590 年の豊臣秀吉の関東攻めに際し、周囲が湖沼に囲まれ「浮き城」と呼ばれた忍城の城主が北条氏の家臣として小田原城に籠城したため、留守役の城代成田長親は忍城に立てこもり、徹底抗戦をした。忍城攻めに難航した秀吉は石田三成に水攻めを命じ、三成は自然堤防や微高地を繋ぎ合わせて盛り土し、全長 28km に及んだとされる堤を完成させた。しかし、忍城よりも寄せ手側に水が溜まり、堤は決壊して水攻めは失敗に帰した。北条氏が降伏したので、持ち堪えた忍城も明け渡すことになったが、領民から「でくのぼう」を略して「のぼう様」と愛称された成田氏は、面目を保つ結果となった。ちなみに、この攻防を題材にしたのが映画「のぼうの城」（犬童一心・樋口真嗣共同監督、2012 年公開）である。石田堤は鴻巣市内に約 300m、行田市内

に250mほどが残っている。鴻巣市内にある石田堤史跡公園は遺構を整備・保存したもので、園内には堤の断面見学施設などが設けられている。

公園からは、すぐ傍の橋を渡り道なりに北上しよう。道路沿いでも石田堤が一部見られる。暫く走ると県道148号との交差点に出るので、そこを右折して県道を進むと、堤根交差点で県道306号に出会い、傍には武蔵水路に架かる堤根新橋がある。右岸（西側）には県道、左岸（東側）には緑道があり、どちらも左折して水路沿いを北上すれば、次の目的地であるさきたま古墳公園にたどり着けるが、橋を渡って緑道を走った方がのんびり走れるであろう。水路沿いは桜の名所で、観桜も楽しめる。武蔵水路は利根大堰（写真5-156と157）から取水した水を荒川に流すもので、1967年に完成し全長14.5kmに及ぶ。利根川の水を東京都や埼玉県に運び、首都圏の生活を支える上で重要な役割を果たしている。

さきたま古墳公園は、園内に丸墓山古墳など9基の古墳を有し、埼玉古墳群の中核

写真5-150　石田堤史跡公園　後方に上越新幹線の高架が見える。（2019年）

写真5-151　武蔵水路　（2019年）

写真5-152　埼玉古墳群での記念写真　左手の丸墓山古墳には上れる。（2019年）

写真5-153　丸墓山古墳の上から見た行田市街（2019年）

をなしている。園内には国宝に指定された出土品が展示されている県立さきたま史跡の博物館や、石室の内部が見学できる将軍山古墳展示館などがある。時間に余裕がなくとも、園内の北端に位置する丸墓山古墳にだけは行っておきたい。古墳の手前で土手のような道を歩くが、その道も石田堤であったとされるように、丸墓山古墳は忍城の水攻めに関連がある。三成は城がよく見える古墳の上に陣を張った、という伝承が残っているからだ。この古墳は6世紀にできた直径105mの円墳で、日本では最大級の円墳としても知られているし、特別史跡の埼玉古墳群の中では唯一の円墳であり、高さ19mと最も高いという。

　また、公園の南東部に隣接して前玉神社があり、この神社も古墳の上に鎮座している。神社の名前となっている前玉は、律令による国郡制度の発足した当初に置かれた郡名とみられている。平安期には埼玉県東部が「埼玉・佐伊太末」と表記されるようになり、この辺り一帯が埼玉県名発祥の地になったと考えられている。園内には埼玉県名発祥の碑が建てられているし、行田市内には埼玉という地名もある。

　公園を貫通する県道77号に沿って、忍城址・行田市郷土博物館に向かおう。行田市街の中心部近くになると高源寺交差点に出るので、そこを左折して水城公園の交差点を右折する。道路は池の端をたどりながら、行田市役所の前に続く。市役所の西側に忍城址があるので、市役所と手前の産業文化会館の間にあり、風情を感じさせる「浮き城の径」という小路を経由すると良いだろう。忍城は江戸期になってから、17世紀前半以降19世紀前半まで阿部氏が城主となり、その間に城と城下町の整備が進められた。郷土博物館のある位置は本丸跡で、本丸の周辺も堀が張り巡らされ、二の丸や三の丸との間も堀になっていた。水城公園から市役所にかけての道路西側一帯もかつては広く堀や沼であり、忍城はまさに「浮き城」の名のとおりで、水城公園は

写真 5-154　埼玉県名発祥之碑　明治期の廃藩置県で管区内の最も広い郡名である埼玉が採用されたと、記されている。(2019年)

写真 5-155　再建された忍城御三階櫓　(2015年)

その名残である。城下町はそうした堀や沼を囲むようにして形成されていた。忍城址や市役所の北側を通る県道128号（本町通り）は東側の商店街を抜けていくが、この商店街は城下町時代の町人町である。忍城址にある郷土博物館では行田の歴史全般と文化について展示され、隣接する忍城御三階櫓では忍城と城下町や近・現代の行田について紹介されている。ちなみに三階櫓はかつて実在した櫓をモデルに再建され、1988年に博物館と同時に開館された。

　行田では、綿栽培の発達や藍染めが盛んであったことなどから、既に江戸期には足袋製造が最大の産業になっており、明治期以降も個人経営を中心として発展した。そうした行田の伝統は郷土博物館のほか、足袋とくらしの博物館でも紹介されている。忍城址からは商店街を通る県道を東方に走って利根大堰へ向かうので、その博物館にも途中で寄れる。県道沿いに走ると、やがて武蔵水路との富士見交差点に出るので、左折して水路沿いに北上しよう。途中で秩父鉄道の踏切を渡ったら水路の西側に沿って走り続けて、利根大堰の傍にある見沼元圦公園で休憩することができる。

　首都圏における水需要の急増に対応するため、1963年に利根川の取水施設として利根大堰の建設が着手された。用水を安定的に取水するためにゲートが設置され、堰上流の水位を一定に保つようになっている。ここで取水された水は、利根導水路である見沼代用水路（農業用・水道用）、埼玉用水路（農業用）、武蔵水路（水道用・工業用など）に分水される。見沼代用水路は元来、江戸中期に干拓された見沼に代わる農業用水の供給施設が利根川に求められて開削されたものであり、歴史のある用水路である。換言すれば、江戸期に開削された見沼代用水の取水口があったので、そこに利根導水路の取水口が設置されたのである。埼玉用水路からは、やはり江戸期からあった利根川右岸の農業用水路である葛西用水などに分水されている。

　取水口での圧倒的な水流や水量を見学したら、公園の北側を走る県道59号を西進するが、例えば次の信号のある交差点を右折するなどして、利根川の土手にあるサイクリングロードを走ることになる。土手からは左手の利根川右岸一帯に穀倉地帯が広がるのが見えて、のどかな田園地帯をのんびりと走れる。また右手の利根川では、ウインドサーフィンを楽しんでいる人たちがいたり、河川敷にある滑空場から飛び立ったグライダーが大空を舞っていたりする。さらに晴れていれば、赤城山や榛名山、浅間山なども見渡せるであろうし、振り返れば利根大堰の後方に筑波山も見えるであろう。そんな利根川沿いのサイクリングを10kmほど楽しもう。

　刀水橋の直前で土手から降りる道があるので道なりに進むと、橋から下ってきた県道341号と合流し、県道を進めば妻沼聖天山へじきに到着する。妻沼聖天山歓喜院は三大聖天の一つに数えられ、参拝者で賑わっている。本殿（歓喜院聖天堂）が2012

写真 5-156（左）と 5-157（右）　利根大堰の利根導水路取水口 写真 5-156 は県道の橋から北側を、157 は南側を撮影した。南側の写真で、左から埼玉用水路、武蔵水路、見沼代用水路に分水される様子が分かる。（2019 年）

写真 5-158　利根川土手からの利根大堰と筑波山遠望（2015 年）

年に国宝に指定されて、観光客も多い。現存する本殿は江戸中期に再建されたもので、建造物の各部材や各壁面がすべて彫刻で装飾され、華麗な色彩が施されている。教会の壁画やステンドグラスにも匹敵する宗教的な教えなどを示した彫刻の素晴らしさから、日光の陽明門を想起させられるであろう。「埼玉日光」と喧伝されるゆえんである。なお、参道最初の門である貴惣門は江戸末期に竣工したもので、三つの屋根の破風から構成されており、重要文化財となっている。

　次の目的地は日本煉瓦製造株式会社旧煉瓦製造施設であるが、そこへはさらに 10km ほど走ることになるので、妻沼聖天山への到着が遅くなったり天候が急変したりなどで、ここで終了としたい場合は、最寄り駅に"逃げ込んだ"方が良いかもしれない。その場合は往路の県道 341 号を北上し、そのまま刀水橋を渡って群馬県に入る。すぐに古戸交差点で三叉路となるが、右手の県道 314 号を道なりに東進する。暫く

上／写真 5-159　妻沼聖天山本殿の拝殿　（2019 年）
右／写真 5-160　彫刻の見事な本殿の奥殿　（2015 年）
▶口絵 x 頁

走ると南小学校前交差点に出るので、そこを左折して直進する。右手に大泉町役場が見えてくると、間もなく東武線西小泉駅前だ。ちなみに、群馬県大泉町はブラジルやペルー出身の日系人が多いことで知られている。駅の周辺では、ポルトガル語・スペイン語の看板を目にするだろう。

　旧煉瓦製造施設へは、往路を刀水橋の傍まで戻り、再び利根川沿いの土手のサイクリングロードを西進することになる。途中で本流から支流の土手になるが、ひたすら道なりに進み上武道路をくぐる。すると間もなく左手に深谷市浄化センターが見え、道は県道 275 号と交差するので、そこを左折しよう。県道を進むと、すぐ右手に日本煉瓦旧事務所の入り口が見える。旧事務所は、明治期半ばに渋沢栄一らによって設立された日本煉瓦製造株式会社の製造施設の一つで、重要文化財に指定され日本煉瓦史料館として公開されている。明治政府は当時、東京・日比谷の官庁街を西洋風レンガ造り建造物とすることにしており、レンガ需要の増大から渋沢に、大量生産のできるレンガ製造工場の設立を要請したのであった。工場のある場所は、従来から瓦製造が盛んで良質な粘土が産出される地域にあり、傍の利根川支流から水運で東京に運ぶこともできる渋沢の実家近くに選定された。この工場で製造されたレンガは東京駅丸の内駅舎や法務省の建物などで使われ、日本の近代化に貢献した。工場の敷地内には旧事務所のほか、連続してレンガを焼成するための大規模な煉瓦構造物（ホフマン輪窯）や旧変電室が残されている。また、工場と深谷駅を繋いだ約 4km の専用鉄道の軌道跡が残されており、工場の敷地に隣接して鉄橋も保存されている。

　旧煉瓦製造施設から渋沢栄一記念館までは 5km 近く走ることになるが、旧事務所

前の県道を左手に走り、小川橋を渡ったらすぐに左折して川沿いの道を進もう。暫く走ると共栄橋から来る県道14号に出るので、右折して県道を道なりに直進する。下手計交差点で左折してそのまま走ると、八基小学校に向かうやや広めの道があるので、そこで右折する。道は小学校の校庭の横を通り、右手に記念館が見える。記念館では渋沢所縁の遺墨や写真が展示されているほか、渋沢栄一アンドロイドによる講義の様子や彼の映像を見たりすることもできる。記念館の近くには渋沢生誕地に建つ旧渋沢邸「中の家」や、渋沢の従兄で論語の師でもあった尾高惇忠の生家などもあるので、時間があれば寄ってみたい。

　帰路は往路の県道を走ってそのまま共栄橋を渡るが、渡るとすぐ左手奥に誠之堂・清風亭があるので見学したい。誠之堂は、渋沢が務めた第一銀行（第一勧業銀行を経てみずほ銀行に承継）の初代頭取を喜寿で辞任した際、行員からお祝いとして1916年に建てられたもので、イギリスの農家の外観でありながら、装飾やステンドグラスに

写真 5-161　日本煉瓦旧事務所（日本煉瓦史料館）
（2019 年）

写真 5-162　専用鉄道の備前渠鉄橋　ホフマン輪窯や旧変電室とともに、重要文化財となっている。（2019 年）

写真 5-163　渋沢栄一記念館　（2019 年）

写真 5-164　誠之堂（右奥）と清風亭　（2019 年）

特色を持たせているという。清風亭は、当時第一銀行の頭取で、渋沢が「謙徳に富んだかた」と評した佐々木勇之助の古希を記念して、行員が1926年に贈った建物だ。ここからは県道14号を道なりに南下し、中山道（国道17号）に突き当たったら左折して、市役所の傍から南下すればJR深谷駅に出ることができる。

しかし、かつての専用鉄道の廃線跡が自転車の通行が可能な遊歩道になっているので、できればそれを経由して駅に出たい。その場合も県道を南下して、深谷バイパス（国道17号）と交差する直前にある歩道橋の設置された交差点に出たら、そこを左折しよう。道なりに東進すると、カントリーエレベーターの近くにある小川を渡って、間もなく廃線跡の遊歩道と交差するので、そこを右折して遊歩道を道なりに行けば、駅のすぐ近くまで出られる。なお、途中で中山道と交差するが、その右手前に伝統校として知られる県立深谷商業高等学校の敷地が広がる。校門の傍にある深商記念館（二層楼）は、1922年に竣工したフレンチ・ルネサンス様式を基調にした木造二階建校舎で、大正期の貴重な木造校舎として登録有形文化財となっている。折角の機会なので、外観だけでも見ておきたい。ちなみに、同校が町立深谷商業学校として創立した時に渋沢が支援しており、同校には彼の書「至誠」と「士魂商才」が贈られているという。

写真 5-165　東京駅丸の内駅舎を模した JR 深谷駅　丸の内駅舎のレンガが日本煉瓦製造のものであることから、駅舎改築時にデザインとして採用された。（2019年）

写真 5-166　登録有形文化財となっている県立深谷商業高等学校記念館　（2019年）

[10. 群馬・長野：軽井沢から富岡製糸場への西上州コース]

ルートの概略：出発駅は JR・しなの鉄道軽井沢駅、主な経由先はめがね橋（碓氷第三橋梁）・碓氷関所跡・松井田市街・一之宮貫前神社・富岡製糸場・城下町小幡、到着駅は上信電鉄上州福島駅

コースの走行距離：46km 程度

　二大観光地を結ぶこのコースは、海抜 950m 前後の軽井沢から海抜 200m にも満たない富岡まで下るので、距離の割には"お気楽"である。それでも富岡製糸場までで十分満喫した場合は、上州富岡駅が到着駅となるだろう。このコースは紅葉の季節に走ると、一層の風情を感じるに違いない。

　軽井沢駅北口の脇には旧駅舎が保存されるとともに、アプト式鉄道の機関車が展示されている。北陸新幹線の開通に伴い、信越本線の横川・軽井沢間（碓氷線）が廃線となった。碓氷線は急勾配であるために、当初レールの間に歯形のレールを敷設して、上り下りの推進力や制御力を補助する仕組みのアプト式鉄道が採用されていたのである。このコースで立ち寄るめがね橋はそうしたアプト式鉄道の鉄橋であったから、見学しておくとめがね橋に対する理解が深まるかもしれない。ちなみにアプト式の旧碓氷線は 1963 年に廃止となり、代わりに複線の新碓氷線ができていた。

　駅前の国道 18 号（中山道）を東進して直接碓氷峠を目指してもよいが、紅葉の見頃となる時期であれば、中山道の宿場であった旧軽井沢地区界隈を気の向くままにのんびり走ってから、碓氷峠に向かうのも一興だろう。読者の多くが既に軽井沢を訪れているだろうから蛇足となるが、聖パウロカトリック教会、軽井沢ショー記念礼拝堂や万平ホテルの周辺は、紅葉の時季でなくとも"絵になる"スポットとして知られているから。

　長野と群馬の県境となる碓氷峠から国道は急カーブを重ねて下っていく。路肩にはカーブの番号を記した標識が立てられており、184 番から数を減らしていくので、麓の坂本までの位置を見当付けることができる。この国道は旧道であり、南側に碓氷バイパスの新道が通っているので、交通量は比較的少ない。そのため、センターラインからはみ出さないように注意して、なるべく左端をゆっくり走れば快適にサイクリングを楽しめる。ただし日陰などの湿った箇所では、スリップに注意したい。めがね橋の手前の 84 番カーブ辺りで熊ノ平の案内板を見ることになるが、それはその近くにかつて熊ノ平駅があったからだ。旧碓氷線が単線であった期間、この駅で上下線のすれ違いのための待ち合わせがなされていたのであった。新碓氷線が完成すると、熊ノ平駅は変電所の機能を残したが、駅としての役割はなくなったという。

写真 5-167　軽井沢駅傍に展示されているアプト式鉄道の機関車　（2013 年）

写真 5-168　紅葉が見事な軽井沢・万平ホテル入り口付近　（2014 年）

写真 5-169　碓氷峠での記念写真　この先のカーブから一挙に下ることになる。（2014 年）

写真 5-170　熊ノ平駅跡　右手奥に変電所跡も見られる。（2013 年）

写真 5-171　めがね橋下での記念写真　（2016 年）

写真 5-172　5 号トンネルからのめがね橋橋上と6 号トンネル　（2014 年）

熊ノ平を過ぎると今度は、めがね橋の手前にある駐車場の案内が表示されるようになる。急坂の途中での休憩にもなるので、34番のカーブにそびえるめがね橋にはぜひ立ち寄ろう。駐車場の傍には駐輪場もトイレも設置されている。駐車場から国道沿いに設置された遊歩道からめがね橋の上まで歩いていくと、観光客で賑わっている。めがね橋はJRのポスターにも使われただけに、観光客にも人気のスポットだ。このレンガ・アーチの鉄道橋は、長さ91m、高さ31mで明治中期の1892年に完成し、アプト式鉄道を支えてきた。旧碓氷線の廃線跡は遊歩道「アプトの道」となり、橋上を歩くことができる。めがね橋や熊ノ平一帯は昔から紅葉の名所として知られてきたようで、唱歌「紅葉」の歌詞も熊ノ平駅からの眺めから作られたという。

　カーブの番号標識がなくなると、じきに旧坂本宿となる。坂本は碓氷峠を控えた中山道の宿場として栄え、長さ700mほどで、道路の両側に約160軒の家が建ち並んでいたようだ。道路に対して細長い地割や本陣跡など、宿場町の面影を残している。坂本を過ぎると道路は碓氷バイパスと合流するが、すぐに国道と別れて、そのまま細い道を直進し線路の下をくぐる。その道こそ旧中山道であり、左側には碓氷関所跡がある。関所のあった横川は碓氷峠山麓の3河川が合流する狭間となり、要害としては最適地だったので、幕府が中山道の関所を構えたのであった。関所は木柵などで四方を取り囲み、西門と東門を設置した。関所跡には復元された東門があるが、その位置は番所の位置にあたるので、実際の東門は現在の関所跡よりも東にあったようだ。

　関所跡前の旧中山道をさらに進むと、すぐに右手には横川駅が見える。現在では信越本線の行き止まりの駅となってしまったが、かつては碓氷峠の急勾配を上り下りするための補助機関車を連結・解放する必要から、すべての列車が停車した拠点の駅で

写真 5-173　旧坂本宿（進行とは反対方向を撮影）
歩道の両側設置や歴史的用水路の再整備などがなされ、高質な道路空間のデザインが評価された。左手の黒い建物の位置に本陣があった。（2013年）

写真 5-174　碓氷関所跡と旧中山道　関所の石垣が残されている。（2013年）

あった。その停車時間を利用して、著者を含め乗客がお目当ての「峠の釜めし」を急いで購入したものだが、その製造元の荻野屋本店が駅前にある。著者はこのコースを走ると、いつもここで昼食を取ることにして、昔からの味を楽しんでいる。また、駅に隣接して、補助機関車の車両基地であった横川運転区跡地に「碓氷峠鉄道文化むら」が開園している。そこでは、旧信越本線で活躍した特急「あさま」号や碓氷線専用の電気機関車などが展示されていたり、碓氷線に関する資料が見られる鉄道資料館などがあったりして、観光スポットとなっている。

　旧中山道を東進し続けると、信越本線の踏切を渡るとともに国道18号との交差点に出るので、左折して国道沿いを暫く走ることになる。国道は交通量が多いので、著者は交差点を渡り南側にある歩道を走るようにしている。やがて国道は信越本線を陸橋で越してから、松井田バイパスと松井田市街を通る旧中山道とのY字路に出るので、右手へ旧街道（県道217・33号）を進もう。松井田は、本陣と脇本陣それぞれ二つを有した中山道の宿場として栄え、定期市も開設された。松井田町として旧碓氷郡の西部で中心的な役割を果たしてきたが、平成の大合併で安中市と合併して、安中市松井田町となった。道路沿いには古くからの商店街も見られ、写真5-176のように中心地となった歴史を感じさせる建物も散見することができる。

　市街中ほどにある仲町交差点に出たら、右折して道なりに進もう。下の段丘面に出るとT字路となって上毛三山パノラマ街道に突き当たるので、右折してパノラマ街道沿いを走ることになる。道路は碓氷川を渡ると、暫く上り坂が続く。碓氷川の流域から、富岡市街などを流れる鏑川流域に移動するため、分水界となる丘を越えることになるからである。坂の途中では左手に松井田駅を目にする。松井田駅はかつて市街

写真5-175　荻野屋本店と左奥に見える横川駅
（2013年）

写真5-176　安中市松井田商工会館　1938年に警察署として建設された帝冠様式（写真5-96参照）の建物だ。（2013年）

のすぐ南側にあったが、1965年にスイッチバック方式が廃止となり、西松井田駅と現在の松井田駅が新設されたのである。パノラマ街道に沿って直進し坂を上り切ると、道路の名称どおり、三山の一つである妙義山が顔を覗かせてくれる。上り切った後は、また下るだけである。北山交差点で左折し、県道47号に沿って富岡市街を目指そう。県道は富岡市妙義町の集落や田園地帯を抜けて十二交差点に出るが、そのまま直進して8kmほどのサイクリングを楽しみたい。県道はやがて、富岡市街の端にある一之宮貫前神社の入り口へと導いてくれる。

　神社へは大鳥居をくぐり急坂の参道を上るので、自転車は押して進むことになるだろう。参道を上り詰めると右手に朱塗りの総門が見えてくる。社殿が総門から下った所にあり、「下り宮」と呼ばれる珍しい神社だ（写真5-177）。香取神宮にも祀られている武道の神（経津主大神）や養蚕や機織りの神（姫大神）が祭神となっている。正式な名称に見るように、貫前神社は上野国の一宮として崇敬されてきた。社殿は江戸前期に3代将軍家光により建立されたもので、漆塗りの極彩色が目を惹く。

左／写真5-177　貫前神社（総門から下ったところにある楼門）　楼門の裏手に社殿がある。（2013年）
上／写真5-178　貫前神社の社殿　左が拝殿で右が本殿である。（2016年）

　神社からは再び県道47号に戻り、県道を直進して緩やかな坂を上るとT字路の一ノ宮東交差点に出るので、そこを左折して道なりに東進しよう。この道路は西上州やまびこ街道と呼ばれる国道254号だ。途中で上信電鉄線の踏切を渡る。その付近は七日市と呼ばれる地区で、電鉄線の駅名にもなっている。富岡が古くは市場町として栄えた名残であろう。国道をさらに進むと市街中心部に近づき、適当に右折しても富岡製糸場に着けるが、富岡交差点を右折して300mほど走ると右手に製糸場正門に向

かう道があり、沿道は製糸場関連のお土産物屋・飲食店などで賑わっている。富岡は、1872（明治5）年に官営製糸場が開設されてから戦前までは製糸の町であったが、現在では世界遺産となった富岡製糸場によって観光の町と化した様子が窺えよう。ただ、世界遺産に登録された2014年をピークに、見学者は減少傾向にあるようだ。

　富岡製糸場は、蚕の優良品種の開発と普及に関連する田島弥平旧宅（近代養蚕農家の原型）・高山社跡（民間養蚕教育機関）・荒船風穴（日本最大級の蚕種貯蔵施設）を構成遺産に、「富岡製糸場と絹産業遺産群」として世界遺産に登録されているとおりである。この世界遺産は、高品質な生糸の大量生産に貢献した近代日本の養蚕・製糸分野における、世界との技術交流や技術革新を示した絹産業に関するもので、絹産業に価値を据えた貴重な世界遺産として認められた。製糸場は官営から民間企業に払い下げられて、三溪園を造園した原富太郎の会社に一時渡ったこともあるが、最終的に片倉工業が1987年まで操業し、115年間休むことなく稼働した。その後も建造物が良く維持・管理されて、創業当時の状態が残っており、東西の置繭所と操糸所は国宝にもなっている。また、フランスの技術を導入したので敷地内には、指導者として雇われたポール・ブリュナが家族と暮らした住居（首長館）、生糸の検査などを担当した男性技術者の住居（検査人館）、器械による糸取りの技術を教えた女性教師の住居（女工館）も残っており、それらはフランス人の暮らしを考慮した建築となっている。なお、富岡製糸場の初代場長は渋沢栄一の従兄にあたる尾高淳忠であった。

写真5-179　富岡製糸場正門　奥の建物が東置繭所で、その入り口上には「明治5年」と刻まれた要石が掲げられている。（2013年）

写真5-180　富岡製糸場の長さ104mの東置繭所（右）と140mの操糸所（左）（2014年）

　富岡製糸場からは城下町小幡に向かうことになるが、到着駅までは小幡への往復でさらに8kmほどの走りが必要となる。製糸場での見学時間を多めに取るなどで、富岡を最後の目的地とすると、上信電鉄の上州富岡駅が最寄り駅となる。その場合は往

路の富岡交差点から来た道を通り、その交差点からさらにそのまま直進する。じきに群馬県立世界遺産センターが右手に見えて、そのすぐ先にある道路を右折すれば駅となる。なお、世界遺産センターの赤レンガなどの建物は繭の保管などに使われた倉庫跡で、1900年代初期に建設されたものである。センターでは「富岡製糸場と絹産業遺産群」の世界遺産としての価値や世界的に見た絹産業の歴史・技術の発展などについて、展示・紹介がなされている。小幡に向かう場合は製糸場正門へ入ってきた往路の道をそのまま直進し、突き当りの交差点を右折して、県道46号に沿って道なりに走ろう。途中で鏑川や雄川を渡ってからT字路の小幡交差点に突き当たるので、そこを右折すると県道は雄川堰に沿って大手門交差点に続く。堰やその傍にたたずむ歴史のある家並みで、伝統に満ちた町の雰囲気を早くも感じるに違いない。

　甘楽町小幡一帯は、江戸期に入ると当初は領主が頻繁に交代したが、その後すぐに織田信長の二男信雄による支配が始まり、18世紀半ば過ぎまで150年余りにわたり、織田家が小幡藩を統治した。市街南郊にある崇福寺には、織田宗家七代の墓がある。支配の拠点も当初の福島から小幡に移され、小幡陣屋（幕末には功績が認められ小幡城と呼ばれるようになった）が藩の中心となった。大手門交差点のすぐ西にある小幡小学校の南側一帯に、武家屋敷跡が広く残っている。雄川の近くにある楽山園は、信雄が建造したとされる池泉回遊式の借景庭園で、風雅さを感じさせる。国指定の名勝となっており、小幡の観光スポットの一つである。楽山園は藩の庭園であり、隣接して御殿（藩邸）があったが、建物の復元はなされていない。武家屋敷跡を散策すると中門に寄れるが、その門が御殿の門であり、現在では楽山園の入り口となっている。小幡から到着駅の上州福島駅へは、大手門交差点から往路で通って来た県道46号（小幡交差点

写真5-181　小幡の雄川堰　もともと生活用水・農業用水として使用されたこの堰は、現在では名水百選にもなっている。傍の桜並木と相まって、小幡の観光スポットの一つである。（2013年）

写真5-182　小幡の武家屋敷　写真は大手門から藩邸まで続いた幅14mの中小路と呼ばれた道路。白壁の武家屋敷や両側の石垣が、江戸期の面影を残している。（2013年）

写真 5-183　楽山園　茶屋などが復元され 2012 年に
開園した。（2014 年）

からは 197 号）を道なりにひたすら北上すれば、福島市街で国道 254 号に突き当たる
ので、その城下町小幡入口交差点のすぐ右手にある道を再び北に進もう。200m ほど
走れば駅に到着する。

[11. 山梨：山高神代桜からわに塚の桜への サイクリングと武田 神社での観桜コース]

ルートの概略：出発駅は JR 日野春駅、主な経由先は山高神代桜・わに塚の桜・武
田神社、到着駅は JR 甲府駅

コースの走行距離：27km 程度（韮崎・甲府間は中央本線での電車利用で、含めず）

　桜の名所や名桜が全国各地に枚挙にいとまがないほどあるが、観桜と軽いサイクリ
ングを組み合わせたこのコースは、南アルプスや八ヶ岳の遠望も楽しめるので、観桜
ポタリングの代表例になるだろう。なお、韮崎・甲府間を輪行で "中抜け" にしたが、
後述のようにその間の走りを楽しむこともできる。
　中央本線の日野春駅は、下車すると写真 5-184 のように、南アルプス北部の山々が
著者たちを出迎えてくれる。駅前の通りを右手小淵沢方面に 300m ほど進み、富岡三
差路交差点を左折して県道 612 号を道なりに下ると、釜無川を渡ることになる。そ
のまま県道を直進して牧原交差点で国道 20 号（甲州街道）を横切ると、左手に図書館、
右手に武川中学校が見えるようになり、信号機のある交差点に出る。そこを左折して
道なりに走り、合流点で戻るように西進すると、山高神代桜のある実相寺のすぐ傍に
行ける。桜のシーズンには国道を過ぎた辺りから幟や案内板が立つので、多少遠回り
になっても、それに従って行った方が無難かもしれない。

写真 5-184　日野春駅前での記念写真　（2019 年）

写真 5-185　実相寺境内にある山高神代桜　（2008 年）

写真 5-186　甲斐駒ヶ岳を背景に春爛漫の実相寺境内　（2019 年）
▶口絵ⅹⅳ頁

　エドヒガンの古木である山高神代桜は、樹齢が推定で約 2000 年にもなり、福島県の三春滝桜や岐阜県の根尾谷淡墨桜とともに「日本三大桜」として知られる。1922年に国の天然記念物の指定を受けたのを機に、コンクリートの囲棚や石垣が設けられたりして樹勢が衰えたが、2002 年から 2005 年まで樹勢回復工事が行われ、培養土への入れ替えなどが施されている。2006 年の測定では 2002 年より樹高は 6 ㎝高くなり10.3m に、枝張りも 1m 以下の増加ではあるが、伸びているという。神代桜の種は宇宙に持って行かれ、118 粒のうち 2 粒が発芽したそうだ。そのうち 1 本が、神代桜の近くに植えられている。実相寺境内には桜のほかにスイセンも植えられており、空の青、南アルプスの残雪の白、桜のピンク、スイセンの黄色と白が絶妙なコントラストをなす、写真撮影のスポットにもなっている。

　山高神代桜からは往路をたどるなどして、まず国道 20 号に出よう。国道に沿って南下し、釜無川に架かる穴山橋を渡ると右手に釜無川サイクリングロードがあるの

で、この道を7キロほど走ることになる。自動車の走行を気にせずに、右手の釜無川の流れや河川敷の静けさと前方の富士山遠望を楽しみながらの下り坂サイクリングは、まさに"最高！"である。また付近の里山に咲く桜もそれに華を添え、忘れられない光景となるだろう。やがて武田橋に出たらサイクリングロードに別れを告げ、橋を渡って対岸に行き、武田橋西詰交差点を右折して県道602号を道なりに進もう。県道は韮崎西中学校で左折して緩やかな坂を直進して上り、武田八幡宮入口交差点に繋がっていく。交差点を右折して200mも走らないうちに、わに塚の桜に続く道を左側に見かけるようになる。

　わに塚の桜は樹高17m、幹回3.6mのエドヒガンで、樹齢は330年くらいと推定されている。均整の取れた樹形で、わに塚の上に一本桜としてそびえる。写真5-188のように、晴れた日には八ヶ岳を背景に美しい姿がまさに"絵になる"と言えよう。山高神代桜ほど観光客はいないが、名桜の撮影スポットとなっているので、マニアで賑わっている。わに塚の名の由来は、この塚が日本武尊の王子武田王の墓で、鰐口（わにぐち）に似ているからだとの説がある。なお、彼を祀った武田八幡宮がわに塚の近くにあり、甲斐源氏の流れを汲む新羅三郎義光のひ孫が、その神社の神前で元服して武田太郎義信と名乗ったようだ。それが甲斐武田氏の発祥になったという。

　わに塚からは往路を武田橋まで戻り、橋を渡り切って突き当たりのT字路を右折してから、本町交差点で左折するとJR韮崎駅に出られる。著者は韮崎駅での電車の待ち合わせを兼ねて、近くの食堂で昼食として山梨県の郷土料理「ほうとう」に舌鼓を打つようにした。なお、甲府の武田神社まで走る場合は、往路で利用した釜無川サイクリングロードを武田橋からそのまま下流に走り続けると、甲斐市竜王で武田信玄が築いたとされる堤防・治水土木施設「信玄堤」を見ることができる。ただし、その

写真5-187　桜の咲いた里山ののどかな光景（わに塚の付近で）（2008年）
▶口絵ⅳ頁

写真5-188　八ヶ岳を背景にしたわに塚の一本桜（2008年）
▶口絵ⅹⅳ頁

ルートでは 18km 近くの走りが必要になるが、著者は踏査していない。

　甲府駅に到着したら再び自転車を組み立て、駅北口から武田通り（県道 31 号）を北上する。武田神社まで僅か 2km 程度の距離であるものの、緩やかな坂を上るので次第に疲れを感じるようになるかもしれない。しかし桜の見頃であれば、写真 5-189 のような桜並木がその疲れを十分癒してくれるはずだ。ちなみに途中で山梨大学のキャンパスを通り抜けるが、そこまで来ると半分以上を走ったことになる。

　武田信玄を祀った武田神社のある場所は、武田氏の居館となった躑躅ヶ崎館の跡である。神社は、信玄の遺徳を慕う県民らが神社創建の機運を盛り上げ、1919 年に社殿が竣工した。居館時代からの堀や石垣などが残り、国の史跡としても指定されている。居館の周辺、とりわけ南側は現在の山梨大キャンパス付近まで、家臣団の屋敷地や田畑が広がっていたようだ。城下の街路も南北の基幹街路が設定されるなど、京風の町並みが意識されたと考えられている。武田神社入り口の傍には甲府市武田氏館跡歴史館が開設されており、武田氏が暮らした館の歴史や概要が紹介されている。また、武田通りの護国神社入口交差点から東方に向かう道路を 1km 足らず進むと、近くに武田信玄公墓所がある。信玄は甲州市塩山にある恵林寺で葬礼が行われ埋葬されたが、彼の死を隠した 3 年間はその場所に葬られていたという。

　時間に余裕があれば、甲府駅に戻る際に駅東側にある陸橋を渡り、近くにある鶴舞城公園に寄ってみたい。武田氏が支配した戦国期の甲府の城下町は前述のように駅の北側にあるが、武田氏終焉後の 16 世紀終末から駅南東側の鶴舞城公園がある場所を中心に、鶴が舞う姿に形容される甲府城（甲斐府中城）が築城された。江戸期には江戸の西方を守る拠点となった甲府城は直轄・親藩・譜代の支配となり、城下に新たな町人地が造られた。さらに江戸中期に柳沢吉保が入部すると、城郭の大掛かりな修築

写真 5-189　武田通りの桜並木　（2019 年）

写真 5-190　躑躅ヶ崎館跡にある武田神社　（2019 年）

や武家地の拡張が図られている。公園の西側に県庁、南側に市役所、裁判所などの官庁街があるが、その付近一帯はかつて代官屋敷や武家屋敷であった。その外側、特に城の南東に広がる町人地は、明治期以降の甲府の発展に重要な役割を果たしており、住宅地の色彩が強い駅の北側とは対照的である。

[12. 静岡：駿府城跡から旧丸子宿を経て清水・興津への駿河路回遊コース]

ルートの概略：出発駅は JR 静岡駅、主な経由先は駿府城跡・安倍川橋・旧丸子宿（まりこ）・久能山東照宮・三保松原・清水市街・清見寺（せいけんじ）、到着駅は JR 興津駅（おきつ）

コースの走行距離：47km 程度

　このコースは、旧東海道や駿河湾沿いでのサイクリングを楽しみながら静岡市街と周辺の名所旧跡をたどるもので、見所も多い。回遊タイプのルートであるが、途中で最寄り駅に"逃げて"短縮することもできるので、天候の急変などにも対応しやすい。なお、このコースの過半で太平洋岸自転車道の一部を走るので、「太平洋自転車道サイクリングマップ・静岡県（駿河湾エリア）」をインターネットで利用できる。

　静岡駅北口から駅前の国道 1 号（東海道）を横断して県道 27 号（御幸通り）を直進すると県庁前交差点に出るが、そこを右折すると正面に 5 階建の県庁本館が見える。本館は写真 5-191 のように、神奈川県庁舎（写真 5-96）と同様な帝冠様式の建築だ。静岡市街は 1940 年の大火や 45 年の大空襲で歴史的な町並みが多く焼失しただけに、貴重な建物である。本館前を左折して道なりに進むと、駿府城跡である駿府城公園の入り口となる。徳川家康が将軍職を息子に譲り、幼少時に人質として過ごした駿府に

写真 5-191　1937 年に完成した帝冠様式の静岡県庁本館　（2012 年）

大御所として入ると、勇壮な天守を配置した城を諸大名に建設させた。駿府城とその城下町は大幅な修築・改造がなされて、近世城下町の成立を見ることになった。当時、実権がまだ家康の下にあったため、駿府は江戸に並ぶ政治・経済・文化の中心になったという。しかし彼が没した後は、火災で城の大部分を焼失し、天守は再建されなかった。城の規模も縮小して、城下の人口も減少した。明治維新後は、ここでも城跡が軍事施設や官公庁、学校の用地に転用され、戦後軍事施設のあった本丸や二の丸の部分が公園となった。東御門・巽櫓と坤櫓が復元され、駿府城に関する資料や出土品が展示されている。また本丸跡には、大御所時代の家康の姿を表した銅像が設置されている。

写真 5-192　復元された巽櫓　左手前に『東海道中膝栗毛』の主人公である弥次喜多の像が見える。(2012年)

写真 5-193　大御所時代の家康像　(2010年)

　公園からは概ね旧東海道を通るようにして、安倍川橋に向かおう。県庁前交差点に戻ってからは、そのまま直進して旧東海道であった七間町通りを進むことになる。まず左手に静岡市役所が見えるが、そこはかつて駿府町奉行所があった所だ。伊勢丹が傍にある呉服町通りとの交差点には、江戸期には高札場が置かれていたし、繁華街となっている呉服町通りや七間町通り一帯は、当時既に町方の中心部となっていたようだ。七間町交差点に出たら右折して、昭和通り(国道362号)を梅屋町交差点まで進もう。そこを左折して旧東海道である新通りを直進すると、安倍川橋の手前で本通り(県道208号)に合流する。城跡から走ってきて、街路の区画がしっかりしていることに気が付くかもしれない。それは、家康が居城を浜松城から駿府城に移した時の城下町の建設(天正の町割)と、大御所在時代の城下町の改造(慶長の町割)の成果なのである。
　安倍川橋の手前には、東海道の名物安倍川餅の本家とされている石部屋がある。創業が19世紀初頭だそうで、昔からある茶屋の雰囲気が気に入ったことから、このコー

スを走る際には、つきたての名物をいただくことにしている。ここで一息入れた後、長さ約490mの安倍川橋を渡る。江戸期には安倍川も大井川と同様に、川越人夫によって人や荷物が川を渡った「川渡し」が行われていた。明治期になると木造の橋が架けられて、現在の橋は1923年に竣工した三代目の橋である。鉄鋼製のトラス構造で、このタイプの橋梁としてはかなり古いものであり、貴重な存在となっているようだ。交通量が激しいものの、下流側に歩道が追加架設されて、安心して走れるのが嬉しい。橋から直進すると、手越原交差点で国道1号に合流するが、そのまま次の佐渡交差点まで国道を走ることになる。その交差点はY字路になっているので、左手へ風情を感じさせる旧東海道（県道208号）を道なりに進むと、やがて旧丸子（鞠子）宿の丁子屋前にたどり着く。

写真5-194 旧東海道沿いにある安倍川餅の石部屋 （2012年）　写真5-195 旧丸子宿の丁子屋　右手に広重の絵が掲示させている。（2010年）

　丁子屋は、擦った自然薯を汁で合わせたものを麦飯にかけて食べる「とろろ汁」の人気店だ。丸子宿は、東海道五十三次の中では最も小さな宿場の一つであったものの、名物のとろろ汁を出す茶屋は何軒もあったという。歌川広重による鞠子宿の絵では、松尾芭蕉の句「うめ若菜丸子の宿のとろろ汁」を念頭において、とろろ汁を売る茶店が描かれている。茅葺屋根の丁子屋はそうした広重の絵の題材になったようで、16世紀末創業の老舗である。著者も昼食はとろろ汁にしているが、混雑して時間がかかる時は、近くにある別の店を利用している。

　丸子宿には、今川氏に仕えた連歌師宗長が草庵を結んだ吐月峰柴屋寺や、戦国期・江戸期から受け継がれてきた静岡の伝統工芸を体験できる駿府匠宿などの観光スポットもある。柴屋寺は孟宗竹や木立の茂る境内にこぢんまりとした本堂や書院などがあり、閑雅な趣を漂わせている。周囲の山を借景にした庭園は国の名勝に指定され、月の名所としても知られてきた。丁子屋から柴屋寺までは1kmほどの距離であり、

駿府匠宿はその途中にある。

　丁子屋からは前を流れる丸子川に沿って、のんびりと太平洋岸自転車道を走ろう。途中で新幹線や東海道本線、東名高速道路をくぐり抜け、丸子川橋で国道150号に出たら左折して国道に入る。国道はやがて南安倍川橋に繋がるので、橋を渡って右折し、安倍川左岸沿いに駿河湾へ向かうことになる。自転車道は突き当たりを左に曲がり、湾岸を北上して国道150号と合流するようになる。北に富士山を望み、東に駿河湾越しに伊豆の山々を眺めながらのサイクリングは、このコースならではの醍醐味と言えよう。いちご海岸通りと名付けられた国道は、やがて石垣イチゴの産地へと続く。イチゴは有度丘陵と駿河湾に挟まれた幅200〜300mの狭い土地で、集約的に栽培されている。久能海岸では冬季の豊富な日射量と石垣の蓄熱を上手く利用し、19世紀末から栽培が始められている。日本平や三保松原といった観光名所への接近性を生かし、観光いちご狩園が多いようだ。久能山下交差点を左折して進むと久能山

写真5-196　吐月峰柴屋寺　（2010年）

写真5-197　駿河湾沿いの太平洋岸自転車道で休憩する著者　正面奥が有度丘陵で、その左手奥に富士山が見える。（2010年）

写真5-198　久能海岸の石垣イチゴ栽培地域　久能山参道から撮影した。（2012年）

写真5-199　極彩色総漆塗りの久能山東照宮（2012年）

の参道に突き当たるので、石段を 20 分ほど上って久能山東照宮に訪れたい。家康は没後、遺言により久能山に葬られ、2 代将軍秀忠の手によって壮麗な権現造りの社殿が建立されている。

　国道に戻り、三保半島にある三保松原に向かおう。三保半島は沿岸流によってつくられた地形である砂嘴（さし）の代表的な例だ。海岸の縁を走る国道 150 号（清水バイパス）は、やがて左手にカーブすることになるが、そこにある交差点で国道から離れてそのまま海岸沿いに暫く直進すると、羽衣の松のある羽衣公園に到着できる。天女が羽衣を掛けたとされる羽衣の松は、御穂（みほ）神社のご神体となっている。

　再び国道 150 号に戻って走ると清水港の南縁を通り、やがて北上するようになる。右手には倉庫・工場の街区があり、工業港として拠点的な役割を担ってきた清水港の一端を垣間見ることができる。そして巴川を渡るようになると、川の右岸（左手）を中心に清水旧市街が広がる。湊町交差点に出たら左折し、港橋手前北側にある静岡市清水港船宿記念館「末廣」へ寄ってみたい。映画や浪曲でお馴染みの侠客・実業家であっ

写真 5-200　羽衣の松　（2010 年）

写真 5-201　清水次郎長が開業した船宿「末廣」
（2012 年）

写真 5-202　清水次郎長生家　登録有形文化財となっており、町屋建築の特徴を残している。（2012 年）

た清水次郎長が清水波止場に開業した船宿が復元されているからである。「末廣」では、社会事業家として清水港の振興などに尽くした次郎長に関する資料が展示されている。また、港橋を渡り左側三本目の通り（次郎長通り）を左折して200mほど進むと、左側に次郎長の生家がある。さらにそこから300mほど西方にある梅蔭禅寺には、次郎長らの墓もある。

「末廣」の西側を通る県道75号（万世町交差点からは国道149号）を道なりに北上していくと、左手に静岡鉄道の新清水駅が見えてくる。新静岡駅と新清水駅を結ぶ静岡清水線は1908年に開業しており、途中の狐ヶ崎・新静岡間はほぼ旧東海道沿いに走っている。ちなみに駿府城公園と静岡駅の間に位置する新静岡駅の付近一帯に、東海道五十三次の一つである府中（駿府）宿が広がっていた。国道149号は東海道本線をまたぎ、清水駅前交差点に出る。右手にJR清水駅が見えるが、清水駅は当初江尻駅と称していた。江尻宿も五十三次の一つで、現在の清水駅のすぐ西側に鍵状に宿並みを構成し、巴川沿いには江尻湊もあった。清水駅前交差点から国道149号は国道1号（東海道）となるが、その西側にも江尻宿の一部が南北に連なっていた。交差点から国道1号をさらに北上すると、左側から伸びてきた旧東海道と辻町交差点で合流する。そのまま国道を道なりに清見寺へ向かおう。途中で東海道本線をまたいで、静清バイパスの下をくぐると興津に入る。左手を走る東海道本線が接近すると左側に参道が見え、道なりに進むと線路越しに清見寺の山門に到着する。

清見寺は背後に山が迫り、前面はすぐ近くまで海といった要害の地にあり、もともと関所があった。7世紀後半その傍らに関所の鎮護として仏堂が建立され、天台宗の寺院として清見寺が開かれた。鎌倉期に禅宗寺院となり、今川氏の支援で復興を果たした後も、徳川一門の帰依を受けた。明治維新後には明治天皇や大正天皇が訪れたと

写真5-203　興津の清見寺　中央に大方丈、その右に鐘楼、左端に山門の一部が見える。山門の奥に仏殿がある。（2010年）

写真5-204　清見寺仏殿の懸板「興國」　朝鮮通信使正使の筆跡で、国勢を興す意味だが、清見寺が栄えるように願ったものと考えられている。（2010年）

いう。清見寺は朝鮮通信使の立ち寄り先としても知られており、寺の年表によると5回訪れているようだ。通信使が書いた漢詩などを彫った扁額と呼ばれる木の板が寺門や本殿に掛かっているほか、通信使らの書や絵画が数多く保存されている。朝鮮半島の東の海にある日本で最も景色の良い所という意味をもつ「東海名區」の扁額があるように、鞆の浦の対潮楼からの眺め（写真4-105参照）と同様に、前面の清見潟が埋立てられていない時代の駿河湾の風光明媚な景色は、通信使にとっても絶賛に値したのであろう。さらに境内には築山池泉回遊式の名勝庭園もあり、清見寺は見所が多いので、ぜひ訪れてみたい。

　清見寺から興津駅へは国道を直進するだけで、旧興津宿を通ると駅は目と鼻の先である。清見寺交差点を過ぎた辺りからは、静清バイパスや清水清見潟公園で海岸沿いが多少埋立てられているものの、前面に駿河湾が広がっている。そこからは江戸期の東海道中の名残となるかもしれないが、すぐに興津駅前交差点に差し掛かり、左折すると駅が現われる。

[13. 広島・愛媛：しまなみ海道サイクリングコース（1泊）]

ルートの概略：出発駅はJR尾道駅、主な経由先は、向島・因島・生口島（瀬戸田で宿泊）・大三島・伯方島・大島、到着駅はJR今治駅

コースの走行距離：75km（初日30km、2日目45km）程度

　このコースは、本州と四国を結ぶ西瀬戸自動車道「瀬戸内しまなみ海道」の橋に設置された自転車・歩行者道を利用して、尾道・今治間のサイクリングロードを走るものであり、ポタリングとしては長距離となるが、コースの案内や走行路が明示されており、潮風を感じながらのんびりと安心してサイクリングや絶景を楽しめる。そのため「サイクリストの聖地」と呼ばれるほどの人気のコースで、最近では大手旅行社もこのコースで実際にサイクリングを楽しませる2泊3日（関東発）などのツアーを企画している。ここでは生口島の瀬戸田に1泊した著者の体験から、ポタリングとして紹介することにしよう。なお、このコースではレンタサイクルが完備している上に、乗り捨ても可能なシステムとなっているので、折り畳み自転車がなくても走れる。詳細については「しまなみジャパン（旧・瀬戸内しまなみ海道振興協議会）」のホームページを参照されたい。また、そこからガイドブックをダウンロードして観光スポット案内やサイクリングマップなどを入手できるので、しまなみ海道全域を知るうえでも役に立つであろう。

　尾道駅下車後に自転車を組み立てたら、時間の余裕にもよるが、まず尾道市街のポ

タリングを楽しみたい。尾道については第4章の［広島県東部と岡山県西部の瀬戸内の旅］で紹介してあるので、詳細はそれを参照していただくことになるが、しまなみ海道の概要を把握するためにも、できればロープウェイを使って千光寺山山頂からの眺望を楽しんでおきたい。そして尾道で昼食を済ませたら、尾道駅傍のフェリー乗り場から自転車を載せて、向島に渡ろう。市街東方に新尾道大橋や尾道大橋があるが、前者には自転車・歩行者道が付設されておらず、後者は交通量が多く危険なため、フェリーの利用が求められるからである。向島に上陸したら、後は案内板や推奨サイクリングロードを示すブルーラインの走行路に従って、サイクリングを楽しむだけである。自転車道の要所要所で休憩所やトイレが設置されており、快適に走れるようになっている。

写真 5-205　尾道駅傍の渡船場　後方に新尾道大橋と尾道大橋が見える。（2019 年）

写真 5-206　因島大橋を望む向島休憩所　右手が因島となる。手前には案内図がある。（2013 年）

　向島では県道 377 号沿いにまず内陸部を、その後は海岸沿いを走って因島大橋の下に着く。ほかの橋でもそうだが、桁下高が 26m 以上あるので、橋のたもとに出るまでは急な上り坂となる。それだけに、橋からの眺望も一層素晴らしいものがある。本州四国連絡橋の吊橋で最初に完成した因島大橋（1983 年開通）は、橋長が 1,270m に及ぶ。また、吊橋で支間が 770m と長いので、橋の中央部に進むまで緩やかな上り坂となる。自動車では気付き難いことだが、自転車による走行ではそうした "吊橋感" も味わえる。橋を渡ると因島となる。

　因島では、はじめ島の北部の国道 317 号・県道 366 号に沿って海岸の近くを走った後、県道から分かれて内陸部へ入ると、じきに因島フラワーセンターが見えてくる。そこでは四季折々の花がサイクリングの疲れを癒してくれるであろう。ちなみに、因島はかつて除虫菊の一大産地であり、尾道市に合併する前の旧因島市の市花が除虫菊

であったという。フラワーセンターでも栽培されており、4月から5月にかけて白い花が見頃となるようだ。そしてサイクリングロードは、自動車道をくぐると因島運動公園の傍を通過する。因島は、中世から戦国期にかけて瀬戸内海の燧灘や斎灘などを中心に勢力をもった村上水軍（海賊）の拠点の島の一つとなっており、それに関する武具、遺品、古文書などの歴史資料が展示されている因島水軍城が、運動公園から3kmほど走った所にある。ただし、サイクリングコースとは別のルートになるので、時間に余裕があるようなら訪れてみたい。その水軍城が1983年に建設され、フラワーセンターが1990年に開園されているが、これらは因島経済を牽引してきた造船業が衰退し、それに代わる観光業の目玉としての役割を担っているようだ。運動公園から暫く走ると再び海岸に出て、県道366号を通る沿岸のサイクリングを楽しむと生口橋の傍に着く。橋長790mの生口橋は1991年に開通し、完成した時点では世界で最長の斜張橋であったという。

上／写真 5-207　因島大橋と走行中の著者　これから大きく左にカーブを描いて、後方の橋に通じる坂を上っていくことになる。この橋では自転車道は車道の下に設置されている。(2013 年)
右／写真 5-208　生口橋と生口島の眺望　(2013 年)

　生口橋を渡って生口島に入ると、瀬戸田市街までは、北部の県道81号に沿ってほぼ沿岸を走ることになる。瀬戸田は柑橘類、とりわけレモンの栽培で知られており、市街中心部には観光名所も多い。日本画の大家平山郁夫が当地の出身であり、平山郁夫美術館をまず挙げておきたい。美術館ではシルクロードの大作、しまなみ海道を描いた作品などのほか、彼に関する資料なども展示されており、サイクリングを楽しめるとともに世界的な芸術作品を鑑賞できて、著者には一挙両得の思いであった。美術館の傍には耕三寺博物館もある。大阪の実業家、耕三寺耕三が母の菩提追悼のため、

国内の代表的な仏教建築の様式や手法を取り入れた数々の堂塔や、日光の陽明門を再現した孝養門などを建立して、浄土真宗本願寺派の耕三寺を開山した。それを博物館として公開したものであるが、博物館の敷地の一画には、「未来心の丘」をテーマにした環境彫刻家の彫刻作品群も広がっている。瀬戸田にはそのほか、近くの丘には15世紀前葉に建てられた国宝の向上寺三重塔、そして中国・四国地方随一の海浜スポーツ公園サンセットビーチもある。このように見所の多い瀬戸田なので、著者は二度ともここで宿泊することにした。国産レモンの主産地だけあって、レモンジェラートやレモンケーキなどの人気スウィーツ店もある。著者はレモン風呂を売りにした旅館に宿泊し、レモンの香りでサイクリングの疲れを癒した。

写真 5-209　瀬戸田の耕三寺博物館入り口　中央奥に五重塔が見える。(2008 年)

写真 5-210　生口島・潮音山からの瀬戸田港と向上寺三重塔　奥に見える島は大三島だ。(2008 年)

　2日目は、まず瀬戸田市街から県道81号・国道317号を海岸沿いに走り多々羅大橋へ向かう。右手に広がる白砂のサンセットビーチや生垣代わりに植えられているレモンが、ペダルを踏む足取りを軽くしてくれるだろう。1999年に開通した多々羅大橋も完成時は世界最長の斜張橋であったし、橋長は1,480mに及ぶ。この橋の主塔部の自転車・歩行者道に立って大きな音を出すと、多重反響と呼ばれる現象が発生し、音が主塔の内面を繰り返し反射し共鳴しながら上っていくように聞こえる。日光にある東照宮の鳴き龍と同じ現象であることから、「多々羅鳴き龍」と呼ばれている。車道では駐停車禁止なので、それを楽しめるのも自転車走行ならではの"特典"といったところか。

　橋を渡り大三島に入ると、愛媛県今治市となる。愛媛に入り、心なしか走行路の状態や休憩施設が良くなった気がした。著者は多摩川のサイクリングロードを東京都府中市から世田谷区まで走ったことがあり、自治体によって道路事情が大きく異なっていたことをよく覚えている。それは自治体の財政が反映された結果だと推察できるが、

広島県と愛媛県（あるいは尾道市と今治市）の違いは観光に対する熱意の違いのように
も感じた。本州側は人口も多く観光でのアクセスも良いので、四国側ほど熱心に観
光客を呼び込まなくとも済んでしまうのではないか、といった邪推をしてしまったか
らかもしれない。大三島には大山祇神社のほか、博物館や美術館などの見所があるが、
それらは島の西部に散在している。大山祇神社は全国の三島神社や山祇神社の総本社
でもあり、朝廷や武将から尊崇を集めたという。それだけに社殿や武具など、多くの
国宝や重要文化財を有していることでも知られる。ただし、西部に行くには一番近い
大山祇神社でも、多々羅大橋でコースから外れて片道 7km 近く走り、途中で峠越え
をしなければならない。

　多々羅大橋から大三島の南東岸を国道 317 号に沿って進むと、1979 年に開通した
橋長 328m の大三島橋に到着するが、すぐに橋を渡りきって伯方島となり、道の駅「伯
方 S・C パーク」に至る。ここは一息入れるのにちょうど良い位置にあり、傍には伯
方ビーチがあって景色を楽しめる場所でもある。名産「伯方の塩」のソフトクリーム
に舌鼓を打って、休息を取るようにした。休憩後は伯方・大島大橋（1988 年開通）を
渡り大島に向かう。この橋は伯方島・見近島間の伯方橋（橋長 325m）と見近島・大
島間の大島大橋（橋長 840m）の総称である。橋を渡り大島に入ると、県道 49 号に沿っ
て海岸線を走ることになる。沖合には、村上水軍の根拠地の一つであった能島が浮か
んでいる。コースは宮窪の交差点で右折して内陸部に入るが、およそ 1km 余りをそ
のまま直進すると今治市村上海賊ミュージアムへ行くことができる。

上／写真 5-211　大三島から多々羅大橋を眺める
妻　数多くの島影を望みながら爽やかな潮風を受けて
走れるのは、このコースならではの醍醐味だ。（2008 年）
右／写真 5-212　多々羅大橋の自転車料金所前で
の記念写真　歩行者は無料であるが、自転車・原付の
料金は 50 円からで、橋によって異なる。設置されてい
る料金箱に投入する。目下「しまなみサイクリングフ
リー」の実施で、2024 年 3 月末までは無料となっている。
（2008 年）

内陸部を国道317号に沿って7kmほど走ると、吉海市街を過ぎた後に信号機のある交差点に出て、そこを左折すると亀老山展望公園に通じる道路がある。そこから3.5km程度走らせると標高307mの山頂にある展望公園にたどり着くことができるが、およそ3kmの急坂を上ることになるので、折り畳み自転車では1時間近くは自転車を押して進むつもりでいなければならない。しかしそうした苦労をするだけに、展望公園からは来島海峡の空前絶後とも言える絶景（写真5-214）が楽しめるのは確かだ。展望公園に行かないでコースを直進する場合は、そのまま交差点から2kmほど国道を走れば、来島海峡大橋の下にある下田水港に到着できる。そこには道の駅「よしうみいきいき館」があり、美味しい昼食が疲れを癒してくれるに違いない。

写真 5-213　伯方・大島大橋と後方に広がる大島
　橋への上り坂から撮影したもので、右下に伯方ビーチも見える。（2013年）

写真 5-214　亀老山展望公園からの来島海峡の多島美　（2013年）
▶口絵 iv 頁

　今治市街と大島の間にある約4kmの来島海峡は、潮流の速い鳴門海峡や関門海峡と並ぶ海の難所として知られているが、瀬戸内海中央海域の燧灘へ航行する船舶には通過しなければならない重要な海峡であり、1日1,000隻以上の航行があるという。そのために橋梁の建設計画には、船舶の航行をはじめとする安全性や環境保全などさまざまな点が考慮され、3つの吊橋を直線的に繋げる世界初の三連吊橋になった。1999年に開通した来島海峡大橋の橋長は第一大橋960m、第二大橋1,515m、第三大橋1,570mとなっており、総延長は約4.1kmにも及んでいるので、自転車の通行料も200円と、しまなみ海道の橋の中で一番高かった。しかし何よりも、橋の桁下高は第一大橋で46m、第二・第三大橋は65mもあるので、橋上からは空中回廊のような絶景が楽しめる。

　大橋を渡ると糸山公園があり、園内には架橋技術や村上水軍を紹介する来島海峡展望館が設置されていて、そこからも橋と多島美を一望できる。サイクリングコースは

県道 161 号からやがて国道 317 号に合流することになり、国道に沿って行けば今治駅傍の交差点に到着する。公園から駅までは約 7km である。

　今治はタオルと造船で知られているが、古代には国府や国分寺が置かれて伊予国の行政・文化の中心であり、近世には城下町として発展してきた。藤堂高虎が海岸から 34m の地に今治城を構築したのは、高縄半島の東端に位置し、芸予諸島にも目配りがきく今治の地理的条件を生かして、瀬戸内海海運の掌握を意図したからだと考えられている。駅からも近いので、今治城を見学するのも一興だろう。城郭・外堀の北側に造られた城下町の町割は南北に 500m、東西に 300m の短冊形で、本町、米屋町などと呼ばれる 8 つの町が形成された。今治駅は城下町の西側に設置されたので、旧城下町の整然とした町割を感じながら城に行けるが、城の近くまで国道 317 号（途中か

写真 5-215　下田水港からの来島海峡大橋　（2013年）

写真 5-216　来島海峡大橋からの絶景を楽しむ妻　後方に大島が広がり、下には大型船が通過中だ。（2008 年）

写真 5-217　1980 年に再建された今治城と内堀
潮の干満で堀の深さが変わる。城の周りには矩形に三重の堀（内堀・三の丸堀・外堀）があったが、内堀以外は埋立てられ、外堀の名残の金星川を除き、県道 38号をはじめとする道路となった。ちなみに、外堀の内側が武家屋敷であった。（2013 年）

ら県道 38 号）を直進して行くのが分かりやすいかもしれない。国道と駅の間には市役所のほか、国や県の出先機関などの官公庁が建ち並んでいて、今治が東予（愛媛県東部）地域の中心となっていることを実感できるであろう。なお、今治城の東側にあるテクスポート今治には今治タオル本店が入っており、今治タオルブランドの商品が揃っているだけでなく、今治タオル製造の歴史にも触れられる。

第6章

ウインドサーフィンと
地理認識

1　ウインドサーフィンとの出会い

　著者が教員になってから始めたスポーツは、剣道、硬式テニスそしてウインドサーフィン（以下ウインドサーファーの仲間内の用語である「ウインド」と略す）である。初任で県立浦安高校に赴任した時に剣道部の顧問を依頼されたが、剣道は著者にとって全く未経験のスポーツであった。そのため、生徒の活動を見守るだけでは物足りなかった著者は、彼らと一緒に汗を流せるように町内にあった剣道同好会で指導を受けることにした。しかし、1年後に剣道を専門とする保健体育の教員が着任すると、著者はブラスバンド部の顧問に替わった。そうすると"仕事"で始めたせいか、剣道はやらなくなってしまった。また、ブラスバンド部でも著者は高校時代に独習したフルートの演奏を生かし、生徒に交じって合奏を楽しんでいたからかもしれない。そんな中、著者は硬式テニス部顧問の同僚からテニスに誘われ、時間を見繕って練習、ゲームに興じるようになった。さらに、転出した県立船橋高校では硬式テニス部の顧問を依頼され、その後の学大附属高校でも同僚とテニスを通して懇親を深めることができた。だが、大学に転出してからは高校教員時代ほどテニスを楽しむことは少なくなり、運動不足により体重も若干増加していた。そんな状況で出会ったのがウインドであり、以来現在まで生涯スポーツとして続けてきた。若干立ち入った説明になるが、始めることになったきっかけは以下のとおりだ。

　ジャマイカへの旅行で冬季に熱帯地域を訪れる楽しさを知った著者は、子どもたちの世界認識を広げる狙いもあって、学大附属高校勤務時代に家族旅行でグアムへ行くことを企画した。冬休みの始まる前後だと、正月のハイシーズンを目前にしてツアー料金も安い時期であり、距離的にも近いグアムは3泊4日程度の子ども連れにはちょうど良い行先であった。近年でこそグアムでもタモン湾を中心に高層のホテルが林立するようになったが、1980年代後半は低層のホテルを中心に数える程度しかなかった。それでも PIC（Pacific Islands Club）というリゾート施設では、各種プールやウォータースライダー、ビーチでのマリンスポーツのほか、テニスなどが存分に楽しめた。家族連れに人気の PIC へは、日本人はもとより近頃では韓国人や中国系旅行者などが急増し、アクティビティーだけでなくリゾート内の宿泊施設も大幅に拡充されている。

　大学に転出してからも何度かグアムへ家族旅行をした。とある帰国日、宿泊していたホテルの部屋からタモン湾を眺めていると、エメラルドブルーのサンゴ礁の海で一人ウインドを楽しんでいる白人男性の姿が目に留まった。PIC でもウインドのレッス

写真 6-1　ホテルが林立するようになったグアム・タモン地区　（2014 年）

写真 6-2　グアム PIC のビーチでウインドを楽しむ妻　レッスンや説明を受けて、さまざまなマリンスポーツが体験できる。（2013 年）

写真 6-3　タモン地区にあるホテルからのタモン湾の眺め　右側の白波までがリーフで浅い。後方左側から 2 つ目の細長い高層ビルが、PIC のホテルである。（2013 年）　　　　　　　▶口絵 iv 頁

ンがビーチで行われているのを目撃していたはずだが、それまでは何ら気に掛からなかった。それがにわかに意識し出したのは、彼が白髪で 60 歳前後と思われる風貌であったからのようだ。実際に著者はウインドとの接点が全くなかったわけではなく、ずっと住んでいる浦安にもウインドのショップがかつてあったことを知っていたし、学大附属高校のハンドボール部顧問時代、合宿先であった山中湖でウインドを楽しんでいる人たちを目にしていた。だが、ウインドのような体力を使うスポーツは若い人がやるものだという先入観から、40 歳の半ばを過ぎていた著者には縁のないものだと考えていた。ところがあの日、初老が楽しんでいる光景が熱帯の青い海に浮かばせるセイルと相まって "絵になる" ことを感じ、急に関心が出てきた。「あんな老人にもやれるのだったら」といった思いと運動不足からの健康への関心が、潜在的にあったウインドへの興味を一気に湧き上がらせたのである。

その後すぐにでも湘南海岸へ行ってウインドを習えば良かったはずなのに、熱帯の海の印象が強烈であったせいか、ウインドは南の島でやるものだと決めつけていたようで、その年の晩秋に単独でグアムへ3泊4日の"ウインド旅行"に出かけたのであった。ウインドの奥深さを知らない著者は、気持ちだけが先行し、PICのレッスンも受けずに道具を借りて我流で始めてしまった。それでも、他人の見様見真似で何とかボードの上に立てるようになり、風を受けて動いた時の感動は一生忘れられない体験の一つとなった。また、そうした慣れないスポーツで大汗をかいただけに、その後に飲んだビールの味もそれまでにない美味しさだったことを、鮮明に覚えている。

　こうした体験で一挙にウインドにのめり込んだ著者は、早速ウインドの教本や入門ビデオを購入して"予習"に励み、翌年の春には千葉市の検見川浜でスクールに入った。ちなみに、このビデオでインストラクターとして登場するのが、世界的なプロウインドサーファーとして活躍していた飯島夏樹氏であった。残念ながら彼は、2005年に肝細胞癌により38歳で早逝した。著者は胃癌で前年に手術をしていただけに、癌発症者として一層彼の死が無念で悔やまれた。末期癌で余命宣告を受けた彼は、癌患者の思いを文章につづり、『天国で君に逢えたら』などを死の前年に刊行した。それがメディアで話題になり、彼の生涯を描いた映画「Life　天国で君に逢えたら」（新城毅彦監督）も2007年に公開された。スクールでは何人かの若者と一緒になったが、50歳に手が届きそうな著者が最高齢であったことは言うまでもない。それでも"同期"ということで競争意識も芽生え、毎週のように通い続けた。彼らからはだいぶ後れをとってしまったが、徐々にでも操作方法を習得し始め、ウインドの楽しさが分かってくると、ただただ夢中になっている自分がそこにいたようだ。

　スクールに入って半年近く経つと、やっと"卒業"になり、あとは自前の道具で自ら技能を磨くだけとなった。ところが、のんきな著者は自動車の免許がないという問題に、その時になって気付いたのである。ゲレンデ（ウインドができる水域のウインドサーファー用語）に道具をどのように運ぶのか、といった重要な課題を解決しなければならなかった。そんな心配をインストラクターに打ち明けると彼はあっけらかんと、検見川浜にある艇庫の利用を示唆してくれた。ヨットハーバーのある検見川浜では、ウインドの道具を保管する艇庫が千葉市スポーツ協会によって運営されている。年間で6万円ほどの保管料がかかるものの、道具のほかにウェットスーツなどもラックに置けるので、折り畳み自転車に乗り手ぶらで検見川浜に行ける気楽なウインド生活を楽しめることになった。

2　私流ボードセーリング術

　著者がウインドをたしなんでいることを話すと、時々サーフィンと誤解されることがある。ウインドサーフィンという名称からサーフィンと混同されやすいが、ウインドは以前の正式名称がボードセーリングであるように、風を活用するセーリング（帆走）の一種である。つまりヨットと同類で、実際にオリンピックではセーリング競技の一種目（RSX 級）となっている。多くの読者がウインドについては体験したことがないものと考え、本項ではウインドをどのようにして楽しめるのか、初中級レベルの著者の場合を紹介したい。

　まずヨットハーバー内の艇庫から取り出した道具一式を浜辺まで運んだら、セイル（帆）を組み立てる作業から始まる。マストをセイルの端にある筒状の中に通してから、マストの下側の穴にエクステンションと呼ばれる部品を挿入して付属のシート（ひも）を引き、セイルが適切な状況になるように、その張りを持たせる。セイルのセッティングを終えたら、セイルの操作で握るブームを身長の高さに応じてマストの位置にセットする。ブームの他の端をシートでセイルの端にくくり、風の状況に応じた張り具合で固定すると、セイルの組み立て作業は完了だ。ボードには下面の後部にフィンを、上面にジョイントをそれぞれ定位置に固定する。ボードとセイルを渚に運び、エクステンションとジョイントを結合させれば、あとは乗るだけとなる。

　しかし、ウインドを安全に楽しむために欠かせない用具が、道具のほかにもあり、

写真 6-a　検見川浜の"マイ・ボード"と後方左手のヨットハーバーの建物　ボードの下に固定されているのが直進性と操縦性を与えるフィン、セイル中央部の両面に固定されている棒状のものがブームだ。ブームにくくられたようなロープがハーネスライン。著者のシーガルは上下分割式なので、盛夏の上部は T シャツにしている。（2020 年）

写真 6-b　ウインドの操作・1　直進する著者の左奥にいる人が持っている大きな羽のようなウイングを、ボード上で操作するマリンスポーツが近年流行している。奥には防波堤が見える。(福田明氏撮影)(2020 年)

写真 6-c　ウインドの操作・2　ボードもセイルも左の風上に向け、方向を変えている。(福田明氏撮影)(2020 年)

写真 6-d　ウインドの操作・3　向きが変わり始め、著者は反対側に乗り移った。(福田明氏撮影)(2020 年)

写真 6-e　ウインドの操作・4　操作 1 とは逆方向にボードは進行しているが、体がセイルの風上(左)側にある位置関係には変わりがない。(福田明氏撮影)(2020 年)

それらを身に着けてから乗ることになる。まずウェットスーツが必要となる。盛夏であれば T シャツに水着でも大丈夫であるが、日焼けやケガから身を守るために、夏季でもウェットスーツを着用する人がほとんどだ。写真 6-a の著者のように、シーガルと呼ばれる半袖で長パンツのスタイルは、春から秋にかけて着用できて使い勝手が良い。冬季にも楽しむ場合は長袖で長パンツのフルスーツや厚手のドライスーツを着用するが、著者は現在では冬場にウインドをやらないので持ち合わせていない。ウェットスーツを着ない場合でも、必ず着用しなければならないのが、万が一の時の救命具となるライフジャケットである。そして初心者の域を"卒業"したら必需品となるのが、ハーネスである。ブームにはハーネスラインと呼ばれるロープが取り付けられてあり、それを引っかけるフックが付いたハーネスを腰回りに着用することになる。ハー

ネスを使用することで手や腕に掛かる力を体全体に分散させ、長時間のセーリングが可能となるからである。

　不可欠な着衣の完了した著者が、渚から進み出した姿が写真 6-b である。この時の風は写真左側の沖から右側の陸に吹いており、オンショア（略してオン）の風と呼んでいる。セイルに風を受けてボードが前進する仕組みとなっており、著者は手とハーネスを使って体全体でバランスを取りながらそのセイルを支えている。ウインドでは風に対して通常 90 度前後の方向にボードを走らせているので、写真の場合は陸に沿うように進んでいる。写真 6-c で風上に向けて方向転換し始め、写真 6-d で反対側に乗り移っている。そして完全に向きを変え出艇した場所に向かって進み出しているのが、写真 6-e である。このような風上に向かって方向転換する操作をタック（タッキング）と呼んでおり、タックができれば出発地に戻れるので、まずはウインドを楽しめることになる。これに対して風下への方向転換はジャイブ（ジャイビング）と呼ばれるが、タックよりも熟練を要する。

　オンの風では、もし海上でトラブルが発生して流されたとしても、陸に向かうことになるので安心してウインドを楽しめる。だが、反対に陸から沖に向かうオフショア（略してオフ）の風の時は、多少緊張して海に出ることになる。最近の著者は自分の体力や危険性を考えて、オフの時には出艇しないことにしている。オフの向かい風でも上手に操作できれば、風の吹いてくる方向に対して 45 度程度まで向けて進められるとされるが、実際にはそれほど風上には向かえず、海から戻るには何度もジグザグを繰り返さなければならない。著者にとって都合の良い風は真横から吹くサイドの風である。検見川浜では南東あるいは北西の風がそうで、オンの南西の風の時ははるか沖からうねりを伴うことが多いのに対し、南東からの風は冬季の北西風ほどの強風になることはあまりなく、うねりもたたずに沖に向かって真っすぐ進めるので、初中級の著者には一番乗りやすい。

　ところで、写真 6-b ～ 6-e を撮影した時の風がどの程度の強さなのか、分かるだろうか。著者は、風速 4m 前後だと判断したい。それは、波の立ち方やボードの進み具合などから、経験的に分かるのである。風力を利用して楽しむウインドであるだけに、ウインドサーファーは風に敏感である。4m 前後だとハーネスがかかる程度の風速で、かなり大きめなセイルを張らないとプレーニング（水面滑走）はしない。写真のセイルは 7 ㎡ の大きさなので、進行しているもののプレーニングには及んでいないのである。しかし 7 ㎡ のセイルだと風速が 6m あれば、著者の技能でも十分海上を滑走し爽快感のあるプレーニングを楽しめる。さらに風速が 8m を超えると風よりも速く疾走できるとされ、時速 30km 近くの速度で滑走していることになる。風速が強くなれば

それだけセイルへの風圧が高まるので、セイルを小さくする必要があり、それに応じてボードも小ぶりのものを使用することになる。強風になれば、一層の技能や体力が求められることは言うまでもない。著者にはやや強めの風の時に使用する6㎡のセイルを1枚持っているが、上級者になると大小さまざまなセイルを数枚、ボードも複数枚所有しているようだ。彼らの運転するワゴンタイプの車にはそれらが常に積み込まれており、差し詰め"動く艇庫"と言ったところかもしれない。いずれにしろ、著者には風速6～7mの風が"お手頃"であるが、それでも時速20km以上で海原を滑走できるので、プレーニングの醍醐味は忘れられない。特に南東のサイドの風に乗って沖合まで"お気楽な"プレーニングができた時は、まさに"ウインド・パラダイス"であり、帰宅後の夕食がことのほか美味しくいただける。

　著者はやむなく道具を検見川浜の艇庫に保管したままなので、検見川浜が著者に

写真6-4　沖縄本島東岸の金武湾でプレーニング中の著者（林秀行氏提供）（2015年）

写真6-5　前方の沖縄本島と宮城島を結ぶ海中道路　冬季は北寄りの風を利用するので、右手の海面がゲレンデとなり、写真6-4もそこでのウインドの様子を撮影したものである。（2011年）

写真6-6　辺野古のキャンプ・シュワブのフェンスに掛けられた埋立て反対者の思い　（2015年）

とっては唯一のゲレンデであるが、多くのウインドサーファーは良風を求め、季節や風向きによって近辺にある別のゲレンデへも"動く艇庫"で出かけているようだ。東京湾一帯の代表的なゲレンデの一つとして富津岬がある。そこでは岬の北側は北寄りの風でオンとなり、南側は南寄りの風でもオンとなるので、ウインドサーファーには格好の環境といえる。そのほかに館山湾の北条海岸（写真 5-134 参照）や三浦半島金田湾の津久井浜（→ 415 頁参照）などもあるし、相模湾の湘南海岸、さらには山中湖などの富士五湖も首都圏屈指の人気ゲレンデとなっている。

　車のない著者はそうした近隣のゲレンデには行けないが、冬季にはしばしば 3 泊 4 日程度の短い"ウインド旅行"に出かけた。ウインド仲間とは沖縄県うるま市にある海中道路沿いのゲレンデで、著者一人や家族連れではグアムの PIC やココス島、サイパンのマイクロビーチで楽しんだ。だが滞在期間中に必ずしも"お気に入り"の風

写真 6-7　サイパン・マイクロビーチでプレーニング中の著者　後方にはマニャガハ島が見える。（妻撮影）（2012 年）

写真 6-8　サイパン最北部にあるバンザイ・クリフと傍に建つ数々の慰霊碑　この絶壁から多数の日本兵や民間人が追い詰められて身投げした。（2012 年）

写真 6-9　サイパン島北部に残る旧日本軍司令部跡　激戦の生々しさが残されている。（2012 年）

が吹くわけではないし、無風に近く"お手上げ"の状況になる場合もある。そのような時には、周辺の観光などで時間を費やすことになる。沖縄ではウインドを楽しむようになる前にも、学会の開催などで滞在した際に、主な観光地や史跡とりわけ戦争の遺跡などを訪問しており、特に見て回ることもないと思っていたが、仲間の運転で基地移設の争点になっている辺野古一帯を見学できたことは、"無風の土産"のようなものであった。豊かな自然環境を有する辺野古一帯の海の保全と、沖縄への米軍基地負担の重圧やそれに伴う基地依存経済の現実を巡る課題解決の重大さを、あらためて実感できたからである。著者自身、もっと沖縄に目を向けるべきだったことを反省させられた次第だ。

　グアムへはウインドを始める前から観光で訪れていたが、サイパンへはウインドを楽しむことがなかったら、生涯を通じて訪れることがなかったかもしれない。サイパン島西海岸の沖合に浮かぶマニャガハ島一帯は白い砂浜と透明度の高い海で知られ、世界的なダイビングのスポットにもなっているなど、リゾート地の顔をもつサイパンだが、第二次世界大戦で軍事拠点の一つとされ、激戦地・悲劇の地でもあったことを、現地で実際に戦争の遺構などを見て初めて納得できた。その意味で、ウインドが著者の地域認識を拡充してくれたことは明記しておきたい。なお、グアムはアメリカの海外領土であるのに対して、サイパンなど北マリアナ諸島はアメリカの自治領であり、グアムとサイパンとでは入国審査が別々となる。

3　ウインドサーフィンで学ぶ地理

　ウインドを楽しむようになった著者は、そのための基礎体力作りを意識し出し、近所のスポーツクラブでの水泳に励むようになった。クラブに通う頻度も高まり、泳ぐ距離も長くなったせいか、冬季にひどく風邪をひくこともなくなったようだ。ウインドの間接的な健康増進効果と言えよう。また前述のように、検見川浜への移動手段として折り畳み自転車を使用するようになってから、ポタリングの楽しみにも気が付き、趣味の範囲が広がったことも言うまでもない。そうした新たな気付きとともに、ウインドを通じて同好の士と出会えたことにも言及したい。どのような職種についているのかを確認する必要は全くないので、お互いに尋ねることもない間柄だが、仲間内でバーベキュー大会を開催したり、一緒に"ウインド旅行"で沖縄へ行ったりしたとおりだ。そうした中での会話からさまざまな人生模様が垣間見えて、著者の人生や

生き方が多少なりとも広がったように感じた。

　このようにウインドは、著者の生活や考え方に大きな影響をもたらしたが、さらにウインドが風を活用したスポーツであるだけに、気象・気候についての著者の自然認識を大いに深めてくれたことも、特記に値しよう。気候学は自然地理学の一分野であり、学校で学ぶ地理の領域にもなっているが、日本では戦後社会科の成立に伴って、地理学習が社会科や地理歴史科の領域に組み込まれ、自然地理の学習領域は「生活舞台」程度の扱いになった経緯がある。一方、ヨーロッパでは独立教科として地理が学習され、日本の地学の領域をも取り込み、自然地理学習にも十分な時間が割かれている国が多い。そうしたヨーロッパの方式を取り入れているトルコでは、高校の教科「地理」の学習5領域の一つに「自然のシステム」があり、気象・気候、地形、植生、エコシステムなどについて深い学びができるようになっているし、他の領域である「環境と社会」でも、人間活動の影響で生じた自然環境の変化や自然災害について、総合的に学べる工夫がなされている。詳細については拙著（2009b）を参照されたい。

　このような意味から、気象・気候に関する知識・理解を深めることは広く地理の学習であり、ウインドを通じても地理の学びがあるわけで、若干その例を紹介することにしたい。

　まず、海陸風の実態を実感したことを挙げておきたい。それが海と陸の比熱の差によって生じる風のことで、夏季の沿岸地方では日中に海から陸地に向かって海風が吹くことは、学校教育でも取り上げられている。オンになるこの海風を活用してウインドを楽しめるので、ウインドサーファーにとっては貴重な存在だ。ウインド仲間内で"サーマル"と呼んでいるこの海風は、夏型の気圧配置で概ね好天の時に、検見川浜では午後3時前後に吹き出すことが多い。もう一方でオホーツク海高気圧から吹き出す夏季の冷たい風は、北日本に冷害をもたらすことで知られているが、関東では北東からの風となる。そのため検見川浜ではオフの風となり、ウインドには不向きな風となってしまう。季節風で夏季には南寄りの風が多い中で、梅雨の時季以外にも北東風が吹くことがしばしばあることに気付いたのも、ウインドを楽しむようになってからだ。夏季に北東風が吹いた時は、魚介類の大量死をもたらす青潮が発生することが多いことも実感した。また、台風の襲来に伴う風向きについても着目するようになり、台風が関東地方の西側から北側を通過する場合は、風向きが東から南、西に変わっていくなどの知識も、風向きの条件を考慮しながらウインドができるのかどうかを判断するために、必要となった。

　こうした風に関連する直接的な知識・理解のほかに、天気図や風予報についても小まめにチェックするようになった。ウインドやポタリングにそれらを活用するばかり

か、家事など日常生活でも以前以上に役立てており、著者自身が環境に一層目配りするようになった気がする。その一例で、天気予報・風予報で今更ながら気付いた風速の予測値について、蛇足ながら記しておきたい。台風情報の予測値で考えれば分かるように、予測値とは最大値を想定したものである。予報にあたっては強風による被害が念頭に置かれているはずだからだ。そうした予測の方式は、強風の予報ではない時でも同様に採用されているように思える。著者の"お気に入り"の6〜7mの風が予測値として示され、プレーニングができることを期待してゲレンデの検見川浜に勇んで向かったものの、実際にはそれに届かないことが多く、当て外れで帰宅したことも少なくはない。だが、自然を相手にしたスポーツなので、"風に遊ばせてもらっている"身として素直に受け入れるようになった。また、予測値は平均値なのだろうから、実際にはその値の近くで強弱のばらつきが生じる。検見川浜では北寄りの風の方が、南寄りの風よりもばらつきが大きいことも実感している。

　ウインドを通じて、風以外にも目を向けるようになった自然現象がある。その一つが月の満ち欠けである。潮の干満はゲレンデの状況や風の吹き具合にも影響するので、干満の時間をも含めてチェックするようになったからである。さらに、沿岸流やそれによる砂の堆積にも着目するようになった。万が一流された場合を想定して沿岸流の状況を把握しておく必要があるし、砂の堆積についても、浅瀬にフィンをぶつけないように知っておかなければならないからである。沿岸流による砂の侵食と堆積は想像以上に速く進み、戦後の埋立てで造成された検見川浜に著者が出向くようになってから20数年しか経たないのに、その間でさえ一度大規模な工事が行われている。実際に、そうした海浜の変化は人間の活動にも大きな影響を与えており、河口近くにある港湾に川から運ばれた土砂が堆積して航行に支障をきたすことがしばしば起きている。その一方で、上流のダム建設が原因で河川に供給される土砂が減少することで、海岸の侵食といった問題も発生している。

　こうした自然現象の一端をゲレンデで垣間見たり、"風に遊ばせてもらっている"ウインドを経験したりすると、自然環境の中で人間がいかに生きていくのかといった課題を考える地理学習の重要性を、あらためて痛感する。日常生活を営む地域社会やグローバル化の進んだ世界の自然環境をまず知ることが、閉鎖空間としての地球環境での人間の暮らしや社会の在り方・課題を考えることに繋がるのであろう。気候変動が近年になってやっと政治的課題になり始め、政界・経済界・メディアなどさまざまなところでにわかにSDGsがキャンペーン化しだした。その課題を解決するための基本としても、まずは自然認識を深めることが必要だと著者は考えている。かつて、自宅から折り畳み自転車で新浦安駅まで行き、折り畳んだ自転車を京葉線の検見川浜駅

まで載せて、駅からは再び検見川浜の艇庫まで自転車で走って来ていることをウインド仲間に打ち明けたら、エコなスポーツであるウインドをエコな手段で楽しみに来ているとして、褒められたことがあった。しかし著者は、自然環境の視点を大切にする地理教育に携わった者として、当然のことをしているだけだと思うとともに、内心、SDGs を先駆けて実践してきたと自負したのである。

文献等の一覧

引用文献（拙著・拙稿については別項参照）

ウェーバー，M. 著，間場寿一訳（1968）：『職業としての学問』三修社，145p.

浦安町誌編纂委員会（1969）：『浦安町誌　上』浦安町役場，335p.

浦安町誌編纂委員会（1974）：『浦安町誌　下』浦安町役場，370p.

岡雅行（1996）：パミール高原を超える道．地理月報（二宮書店），429，pp. 6-8.

オーハン・テュレリ（1969）：『トルコ語　文法・会話』丸善，222p.

君島和彦・坂井俊樹・鄭在貞（1995）：『旅行ガイドにないアジアを歩く　韓国―ソウル・ソウル郊外・江華島・堤岩里・天安―』梨の木舎，171p.

国立地理院・大韓地理学会（2000）：『韓国の地図―過去・現在・未来―』国立地理院・大韓地理学会，144p.［ハングルで書かれた書名などを西脇が漢字に変換］

杉浦芳夫（1992）：『文学のなかの地理空間―東京とその近傍―』古今書院，308p.

鈴木明（1992）：『維新前夜―スフィンクスと34人のサムライ―』小学館，372p.

スチールラン，H. 著，神谷武夫訳（1990）：『普及版　イスラムの建築文化』原書房，292p.

チウネン，J. H. von 著，近藤康男訳（1947）：『農業と国民経済に関する孤立国』日本評論社，第一部328p. 第二部228+15p.

東京教育大学農学部（1978）：『駒場八十年の歩み』農学部閉学行事協賛会，256p.

東京学芸大学附属高校（1984）：『学校創立三十周年記念誌　三十年の歩み』東京学芸大学附属高校，190p.

藤堂明保（1971）：『中国語研究・学習双書3　漢字とその文化圏』光生館，255p.

七十年史編集委員会（1971）：『七十年史』東京都立両国高等学校，168p.

中川浩一（1978）：『近代地理教育の源流』古今書院，360p.

西脇いね（2013）：『浦安のかあちゃん農業』エリート情報社（自費出版），205p.

日本イスラム協会監修（1982）：『イスラム事典』平凡社，495p.

二村忍（2012）：『シルクロード・チベット・雲南　アジアの秘境　ゆったり旅行』七つ森書館，239p.

八尾師誠（1998）：『中東イスラム世界9・イラン近代の原像―英雄サッタール・ハーンの革命―』東京大学出版会，257+17p.

福原正弘(1971)：経済成長下の千葉県浦安町の都市化．地理学評論，44，pp. 751-763.

藤井友子（1986）：『漢字音』朝日出版社，183p.

ブラーシュ，P. 著，飯塚浩二訳（1940）：『人文地理学原理』，岩波書店（岩波文庫），上巻294p.

下巻 290p.

プレボ, V. 著, 大嶽幸彦訳（1984）：『地理学は何に役立つか』大明堂, 116p.

丸山浩明編著（2011）：『パンタナール—南米大湿原の豊饒と脆弱—』海青社, 295p.

Beheshti, O.(2003):*Travel Guide to Esfahan,Kashan and More.* Rowzaneh,273p.

Mutluay, G.(2003): *Köşe bucak Karadeniz.* Ekin Grubu,258p.

Shahbazi, A. S.(2011): *The Authoritative Guide to Persepolis.* Safiran Publishing Co. 238p.

Sözen, M. ed.(1998): *Kapadokya.* Ayhan Şahenk Vakfı,591p.

図録（2014）：「開業百年記念　東京駅100年の記憶」展（東京ステーションギャラリー, 2014
　　年12月13日 − 2015年3月1日）, 東京ステーションギャラリー, 191p.

引用したホームページ一覧

トルコ政府工業技術省ＧＡＰ地域開発局［www.gap. gov.tr］

石見銀山の価値 | 石見銀山世界遺産センター［https://ginzan.city.oda.lg.jp/value/］

今昔マップ on the web: 時系列地形図閲覧サイト | 埼玉大学教育学部　谷謙二（人文地理学研究室）
　　［https://ktgis.net/kjmapw/］

拙著・拙論一覧

［単著］

西脇保幸（1993a）：『地理教育論序説—地球的市民性の育成を目指して—』二宮書店, 169p.

西脇保幸（1999a）：『トルコの見方—国際理解としての地誌—』二宮書店, 220p.

［編著］

山口幸男・西脇保幸・梅村松秀編（1993b）：『シミュレーション教材の開発と実践—地理学習の
　　新しい試み—』古今書院, 127p.

星村平和・西脇保幸編（1993c）：『国際理解教育体系　第5巻　中南アメリカ・アフリカ・太平
　　洋地域の生活と文化』教育出版センター, 210p.

西脇保幸編著（2006a）：『"国際関係と平和"をめぐる論点・争点と授業づくり（社会科教材の論
　　点・争点と授業づくり7）』明治図書出版, 145p.

［論文・報告（＊印はインターネットで雑誌名を検索すると、無料で本文を閲覧できるもの）］

＊西脇保幸（1975a）：人口増加による土地利用の変化―浦安町地域産業連関表を用いて―．地理
学評論，48，pp. 27-42.

西脇保幸（1975b）："動態的"視点からの巡検．千葉県立浦安高等学校研究紀要，2，pp. 29-35.

高橋伸夫・藤沢紘一・小林浩二・西脇保幸（1978a）：湊―沿岸集落の観光地化―．尾留川正平・
山本正三編著『沿岸集落の生態』二宮書店，pp. 113-128.

＊西脇保幸（1978b）：高校地誌教育への動態地誌導入に関する一試論―イスタンブール大都市圏
を例にして―．新地理，26(1)，pp. 41-54.

西脇保幸（1983）：トルコの地理教科書からみたトルコ（1）．東京学芸大学附属高等学校研究紀
要，20，pp. 1-10.

西脇保幸（1984a）：トルコの地理教科書からみたトルコ（2）．東京学芸大学附属高等学校研究
紀要，21，pp. 1-11.

西脇保幸（1986a）：韓国農村事情．地理，32(12)，pp. 38-45.

＊西脇保幸（1986b）：高校地理教育における異文化理解のための作業学習―いわゆるアルタイ語
の比較を通して―．新地理，34(3)，pp. 23-30.

＊西脇保幸（1988）：第二次世界大戦以降のアメリカ合衆国における中等学校・世界地理教科書
に描かれた日本．地理学評論，61，pp. 894-902.

山口幸男・梅村松秀・石原良人・渡辺敦子・大塚一雄・西脇保幸・平沢香（1989a）：地理教育に
おけるシミュレーション教材の基礎的研究．群馬大学教育学部紀要　人文・社会科学編，
38，pp. 299-342.

山口幸男・渡辺敦子・梅村松秀・大塚一雄・相澤善雄・松岡路秀・石原良人・青木琢哉・西脇保
幸（1989b）：地理教育におけるシミュレーション教材の実践的研究．群馬大学教育実践研
究，6，pp. 211-271.

＊山口幸男・梅村松秀・西脇保幸・大塚一雄・渡辺敦子・松岡路秀（1989c）：わが国地理教育に
おけるシミュレーション教材研究の動向．新地理，37(2)，pp. 36-40.

＊西脇保幸（1989d）：シミュレーション教材による「都市の発達」の展開―千葉市を例として
―．新地理，37(2)，pp. 41-49.

＊西脇保幸（1991a）：世界地誌学習における異文化理解の視点．社会科教育研究，64，pp. 36-44.

西脇保幸（1991b）：浦安市の変容から見た首都圏．山本正三編著『首都圏の空間構造』二宮書
店，pp. 221-228.

西脇保幸（1991c）：西アジアの農業地域―トルコ農業の地域性―．農業地域システム研究会編
『世界の農業地域システム』大明堂，pp. 67-84.

＊西脇保幸（1995）：明治期以降における外国国名の呼称変遷について―主に地図帳を事例とし

てー．新地理，42(4), pp. 1-12.

西脇保幸（1996a）：トルコにおける近年の地理教育の動向（1）—中学校・高等学校の地理教科書を手がかりに—．横浜国立大学教育紀要，36，pp. 43-60.

西脇保幸（1996b）：ＩＢ人文・社会系カリキュラムと我が国の社会科教育—地理—．「国際バカロレアに関する調査研究」グループ（代表　澤田利夫）『国際バカロレア・カリキュラムと我が国の高校教育』平成7年度文部省委託研究「国際バカロレア課程に関する調査研究」報告書，pp. 19-47.

西脇保幸（1997a）：教員養成課程における社会科野外学習の指導法について—観察を主体とした巡検の実践を例に—．横浜国立大学教育学部教育実践研究指導センター紀要，13，pp. 115-127.

西脇保幸（1997b）：地理歴史科教育法にける野外巡検の実施について—城南地区での実践を例に—．教職研究（立教大学教職課程研究室），8，pp. 33-41.

西脇保幸（1997c）：トルコにおける近年の地理教育の動向（2）—中学校・高等学校の地理教科書を手がかりに—．横浜国立大学教育紀要，37，pp. 153-172.

＊西脇保幸（1998）：地理教育における技能の育成．地理学評論，71A-2，pp. 122-127.

西脇保幸（1999b）：地理学習と人権教育．研究代表者影山清四郎『現代青少年の人権意識の調査と人権学習を核とする中学校の総合単元の開発』平成8・9・10年度科学研究費補助金（基盤研究C）研究成果報告書（課題番号：08680269），pp. 23-27.

西脇保幸（1999c）：社会科カリキュラムと国際理解教育．研究代表者市川博『小・中・高等学校の一貫による社会科関連科目の連携に基づくフレームワークの研究』平成9～10年度科学研究費補助金（基盤研究Ｃ1）研究成果報告書（課題番号：09680248），pp. 25-28.

西脇保幸（1999d）：情報活用能力を育てる地理学習．横浜国立大学教育人間科学部教育実践研究指導センター紀要，15，pp. 89-95.

西脇保幸（2001a）：文献レビューで考える地理教育．地理，46（5），pp. 27-32.

西脇保幸（2002a）：トルコにおける社会系教科のカリキュラム—初等教育学校の「社会科」を中心に—．研究代表者森分孝治『諸外国における小・中・高一貫による社会科関連科目のカリキュラム開発論の基礎的研究』平成11～13年度科学研究費補助金（基盤研究Ｃ1）研究成果報告書（課題番号：11680267），pp. 47-59.

西脇保幸（2002b）：地理学習のカリキュラム編成と教育目標—米英土3国の事例から—．研究代表者西脇保幸『社会科関連科目の小・中・高一貫による教育課程開発・編成に関する研究』平成11～13年度科学研究費補助金（基盤研究Ｃ1）研究成果報告書（課題番号：11680253），pp. 1-12.

西脇保幸（2003a）：地理教育の方法．高橋伸夫編『21世紀の人文地理学展望』古今書院，pp. 522-532.

西脇保幸（2003b）：地理教育の目標．村山祐司編『21世紀の地理—新しい地理教育—（シリー

ズ人文地理学 10)』朝倉書店，pp. 53-78.

西脇保幸（2003c）：人と人とのつながりを深める授業と評価の視点と方法．市川博編著『問題解決学習がめざす授業と評価』黎明書房，pp. 182-187.

＊ MARUYAMA H., NIHEI T. and NISHIWAKI Y. (2005a): Ecotourism in the North Pantanal, Brazil: Regional Bases and Subjects for Sustainable Development, *Geographical Review of Japan*,78(5), pp. 289-310.

西脇保幸（2005b）：戦後の地理教育の歩みと開発教育．泉貴久ほか責任編集『地　地球に学ぶ新しい地理授業（地理 50 巻 8 月増刊）』古今書院，pp. 118-122.

西脇保幸（2006b）：地球市民の育成と社会科．日本社会科教育学会出版プロジェクト編『新時代を拓く社会科の挑戦』第一学習社，pp. 77-87.

＊西脇保幸（2006c）：トルコにおける社会科教育の動向と課題—教科「社会科」を手がかりに—．社会科教育研究，98，pp. 84-92.

西脇保幸（2006d）：教育（1）学校教育．山本正三ほか編『日本の地誌 2　日本総論 II（人文・社会編）』朝倉書店，pp. 114-118.

西脇保幸（2007a）：内容知としての世界地誌学習のあり方に関する一考察—トルコの地理教科書にみられるトルコ系諸国・地域に関する記載の変遷を手がかりに—．大嶽幸彦先生退職記念事業会編『大嶽幸彦先生退職記念論集　地域と地理教育』協同出版，pp. 12-26.

西脇保幸（2008）：社会参加能力と一貫カリキュラム．山口幸男ほか編『地理教育カリキュラムの創造—小・中・高一貫カリキュラム—』古今書院，pp. 116-122.

西脇保幸（2009a）：地理教育の歩み．中村和郎ほか編『地理教育講座第 I 巻　地理教育の目的と役割』古今書院，pp. 53-100.

西脇保幸（2009b）：トルコにおける新教育課程での地理教育の動向．横浜国立大学教育人間科学部紀要 I（教育科学），11，pp. 109-122.

Nishiwaki Y. (2011a): How Japan is Described in Geography and Social Studies Textbooks in Turkey. Demirci A., Chalmers L., Arı Y. and Lindstone J.eds.*Proceedings of the IGU-CGE Istanbul Symposium: July 8-10, 2010*. Fatih University Publication,pp. 255-260.

西脇保幸（2011b）：トルコにおける新教育課程での社会科教育の展開—教科「社会科」の指導書を手がかりに—（1）．横浜国立大学教育人間科学部紀要 I（教育科学），13，pp. 129-137.

西脇保幸（2012a）：トルコにおける新教育課程での社会科教育の展開—教科「社会科」の指導書を手がかりに—（2）．横浜国立大学教育人間科学部紀要 I（教育科学），14，pp. 87-102.

西脇保幸（2012b）：トルコの地理・社会科教科書に描かれる日本．山口幸男編『地理教育・社会科教育の理論と実践』古今書院，pp. 185-194.

西脇保幸（2012c）：トルコのEU加盟問題．小林浩二・大関泰宏編著『拡大EUとニューリージョン』朝倉書店，pp. 43-51.

西脇保幸（2014）：あらためて地理教育の意義を考える（会長講演）．新地理，62（3），pp. 1-7.

西脇保幸（2022）：ポタリングのすすめ．地理，67（10），pp. 41-49.

［教材資料・研究動向の紹介・研究大会報告・主な書評など］

西脇保幸（1977a）：トルコの風土と生活（その1）．地理月報（二宮書店），236，pp. 1-5.

西脇保幸（1977b）：トルコの風土と生活（その2）．地理月報（二宮書店），237，pp. 5-8.

西脇保幸（1979）：続・トルコの風土と生活．千葉県立船橋高校学校研究紀要，10，pp. 8-19.

西脇保幸（1980a）：巡検案内—江戸川デルタ地帯の変貌—．房総地理，31，pp. 54-64.

西脇保幸（1980b）：続・トルコの風土と生活（その1）．地理月報（二宮書店），277，pp. 21-24.

西脇保幸（1980c）：続・トルコの風土と生活（その2）．地理月報（二宮書店），278，pp. 18-20.

西脇保幸（1982）：日本の食料は安全か—アメリカ合衆国の農業地理序説—．地理月報，（二宮書店）295，pp. 5-7.

西脇保幸（1984b）：ジャマイカ紀行．地理月報（二宮書店），317，pp. 3-4.

西脇保幸（1986c）：食料の生産と消費—"農業"の学習を興味深いものにするために—．地理月報（二宮書店），337，pp. 17-19.

西脇保幸（1986d）：国土と住民．地理月報（二宮書店），343，pp. 7-10.

Y. Nishiwaki and I. Vogeler (1986e): A Geography of Modern Japan (Book Review). Journal of Geography, 85(6), pp. 275-276.

西脇保幸（1987）："民族と文化"単元における学習評価の一例．地理月報（二宮書店），350，pp. 4-5.

西脇保幸（1989e）：日本の外国人労働者問題と地理教育．地理月報（二宮書店），368，pp. 4-6.

西脇保幸（1989f）：学会展望；地誌・地名．人文地理，41，pp. 271-273.

＊犬井正・日下部高明・久保田武・西脇保幸・森秀雄（1990a）：高等学校の新しい構築に向けて．「地理教育の改善を考える—1989年度秋季学術大会シンポジウムⅠ—」（地理学評論63A -3，pp. 166-182）所載

西脇保幸（1990b）：トルコ地誌．地理月報（二宮書店），382，pp. 12-15.

西脇保幸（1991d）：高校地理教育における異文化理解の教材例—アメリカ合衆国の教材より—．日本地理学会地理教材開発研究グループ編『地理教材開発研究の諸課題』日本地理学会地理教材開発研究グループ発行，pp. 42-45.

西脇保幸（1991e）：最近の大学入試の出題傾向からみた高校地理教育の課題—新指導要領との関連で—．地理月報（二宮書店），387，pp. 1-3.

＊西脇保幸・平澤香（1992）：地理教育における異文化理解の視点．「現代世界にける地理教育の意義を考える—地理教育改善への提言—1991年11月17日　地理教育シンポジウム（於・東京学芸大学）」（地理学評論65A -4，pp. 354-363）所載

西脇保幸（1993d）：今地理教育に問われているもの—IGUの地理教育シンポジウムに参加して—．

地理月報（二宮書店），407，pp. 1-3.

西脇保幸（1994a）：子どもの意欲をひきだすために．社会科教室（日本文教出版），3，pp. 6-8.

西脇保幸 (1994b)：高等学校実践研究（地理歴史）．1994 年度研究年報（日本社会科教育学会），pp. 24-26.

西脇保幸（1996c）：地理学習における開発教育．地理月報（二宮書店），429，pp. 1-3.

西脇保幸（1999e）：．海外教育研究動向・トルコにおける社会系教科の現状．1997 年度研究年報（日本社会科教育学会），pp. 59-61.

西脇保幸（1999f）：西アジアの地域的特性を象徴するトルコ．地理月報（二宮書店），452，pp. 1-4.

西脇保幸（1999g）：革命史を通じて形成される国民意識・トルコ．社会科教育，473，pp. 126-129.

西脇保幸（1999h）：生徒に身につけさせるべき地理的技能．秋本弘章ほか『魅力ある地理教育―ユニークな授業とその教育理論―』二宮書店，pp. 191-195.

西脇保幸（1999i）：トルコの地理教育―トルコ系民族世界が反映された地理の教科書．秋本弘章ほか『魅力ある地理教育―ユニークな授業とその教育理論―』二宮書店，pp. 234-238.

西脇保幸（2000）：新学習指導要領中学校地理的分野にみる課題と今後の地理学習の方向性．日本地理教育学会集会委員会『新学習指導要領と地理教育』日本地理教育学会，pp. 23-26.

西脇保幸（2001b）：日本との差異からみる韓国．地理月報（二宮書店），461，pp. 9-12.

西脇保幸（2001c）：国際化の時代の地理．歴史と地理（山川出版社），543，pp. 12-14.

西脇保幸（2002c）：トルコの学校教育事情―社会系の教科を中心に―．アナトリアニュース（日本トルコ協会），104，pp. 3-7.

西脇保幸（2002d）：自然と食べ物にみるトルコ国内の地域差．アナトリアニュース（日本トルコ協会），105，pp. 30-34.

西脇保幸（2002e）：観光地化と地域の変貌．アナトリアニュース（日本トルコ協会），106，pp. 16-21.

西脇保幸（2003d）：県別の人口統計にみるトルコ国内の地域差．アナトリアニュース（日本トルコ協会），107，pp. 25-30.

西脇保幸（2003e）："イラク戦争"―何を素材にどうつくるか―．社会科教育，530，pp. 75-77.

西脇保幸（2003f）：〈書評〉『千葉県の歴史　別編　地誌 3（地図集）』．千葉県史研究，11，pp. 65-68.

＊西脇保幸（2004）：〈書評〉草原和博著『地理教育内容編成論研究―社会科地理の成立根拠―』．社会科教育研究，93，pp. 37-38.

西脇保幸（2007b）：イスタンブールの景観に見るトルコの「東西の架け橋」性．地理月報（二宮書店），499，pp. 6-7.

西脇保幸（2009c）：〈書評〉森茂岳雄・中山京子編著『日系移民学習の理論と実践―グローバル

教育と多文化教育をつなぐ―』. 国際理解教育, 15, pp. 202-205.

＊西脇保幸（2010）：〈書評〉志村喬著『現代イギリス地理教育の展開―「ナショナル・カリキュ
　　ラム地理」改訂を起点とした考察―』. 社会科教育研究, 111, pp. 53-54.

＊西脇保幸（2013）：〈書評〉永田成文著『市民性を育成する地理授業の開発―「社会的論争問題」
　　を視点として―』. 社会科研究, 79, pp. 64-65.

西脇保幸（2016）：〈書評〉大嶽幸彦著『探検家と地理学者―18世紀フランスの啓蒙思想と地誌
　　学―』. 新地理, 64（2）, pp. 64-66.

西脇保幸（2017）：（例会報告・コメント）イスラームの共通性と多様性. 新地理, 65（1）, pp.
　　53-55.

＊西脇保幸・竹内裕一・関信夫（2018）：〈2018年春季学術大会巡検報告〉千葉県浦安市におけ
　　る新旧の街の違いと3.11液状化の被害跡と課題を探る. E-journal GEO（日本地理学会）,
　　13(1), pp. 414-417.

あとがき

　本書の原稿を書き始めたのは 2019 年の 11 月であったから、世界中がコロナ禍で振り回される直前であった。"終活" の一環として私がこれまでに収集した資料や旅行などの経験をまとめようとパソコンに向かい始めたが、構想を練るのに手間取ってしまった。しかも、地域の変容や歴史的な裏付けを考察するために必要な文献にも目配りをしなければならなかった。そのために、退職後の自由な時間を捻出したにもかかわらず、2 年半もの歳月を要する結果となった。

　今こうして書き終えてみると、膨大な時間を要した割には、地理の面白さを生涯学習として提示するという目標がどれほど達成されたのか、心許ない限りである。不十分な点が目に付くし、本書のように自分の過去の体験を題材にした内容だと、過去は美化されて良かったことだけが記録されているかもしれないといった危惧も生じる。それでも、得られた経験が生かされるのならば意味を持つのも確かだし、完璧な原稿など毛頭ありえないはずだという開き直りも、一区切りをつけて前進するためには必要であろう。そう考えれば "西脇地誌全集" とでも呼べる本書を上梓できて、まずは素直に喜ぶことにしよう。

　その "西脇地誌" の基盤を形成できたのも、学生時代からの恩師や同僚、同じ専門領域の研究者、先輩や友人の存在があったからだこそである。本文で言及できなかった方々を含めて、関係者の皆さんに心からの謝意を表したい。さらに、そうした基盤を旅行、ポタリング、ウインドサーフィンで生かせたのも、同好の仲間のおかげであることも忘れられない。ポタリングでは特に伊藤博、田中敦子、手塚和真、前田唯一の各氏が積極的に同行して下さり、私自身の励みにもなった。またウインドサーフィンでは、沖縄旅行にも誘って下さった林秀行氏や技能的な助言を下さったウインドサーフィンショップ DUCK 店長の岩下哲也氏にお世話になった。そして、母との同居という制約の中で私の海外旅行を支援してくれた妻にも、あらためて感謝の言葉を捧げたい。特に 3 か月近くに及んだアメリカ滞在や 50 日にわたるシルクロードの旅は、妻が背中を押してくれなければ実現しなかったからである。

　最後になってしまったが、昨今の厳しい出版事情にもかかわらず、本書の刊行を快く引き受けて下さった春風社の三浦衛社長に、厚くお礼申し上げたい。

2022 年 6 月

西脇　保幸

［付録］ 地図一覧 ※すべて原図の縮尺を改変

― 出典 ―

地図 1　地理調査所　25000 分の 1 地形図「浦安」「船橋」（昭和 20 年部分修正）

地図 2　国土地理院　25000 分の 1 地形図「浦安」「船橋」（昭和 51 年第 2 回改測）

地図 3　Freiburg im Breisgau Amtlicher Stadtplan（2011 ／ 2012 年版）

地図 4　UNESCO-Welterbe Oberes Mittelrheintal（2007 年）

地図 5　ADAC Länderkarte Deutschland Nord（2017 年）

地図 6　freytag & berndt WK333 Innsbruck und Umgebung（発行年の記載なし）

地図 7　『Atlas-e- Jame'-e- Gitashenasi』（2014 年）

地図 8　漢城府地図（『韓国の地図―過去・現在・未来―』p. 68 所収）

地図 9　東萊府地図（『韓国の地図―過去・現在・未来―』p. 80 所収）

地図 10　晋州地図（『韓国の地図―過去・現在・未来―』p. 75 所収）

地図 11　Gitashenasi 社　イスファハーン大都市案内図（日本語訳）（2014 年）

地図 12　EURO CITY PIANTE DI CITTÀ Verona（発行年の記載なし）

地図 13　Hallwag Wanderkarte Zermatt（2010 年）

地図 14　GEM TREK Lake Louise & Yoho（発行年の記載なし）

地図 15　陸地測量部　20000 分の 1 地形図「横濱」「神奈川」（明治 39 年測図）

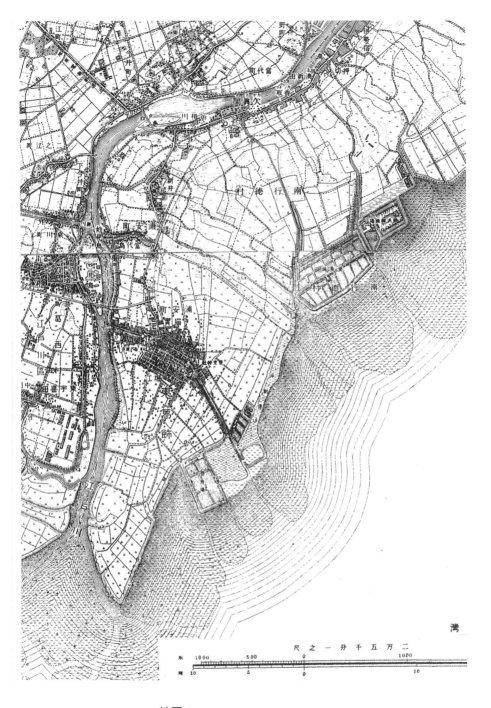

地図 1

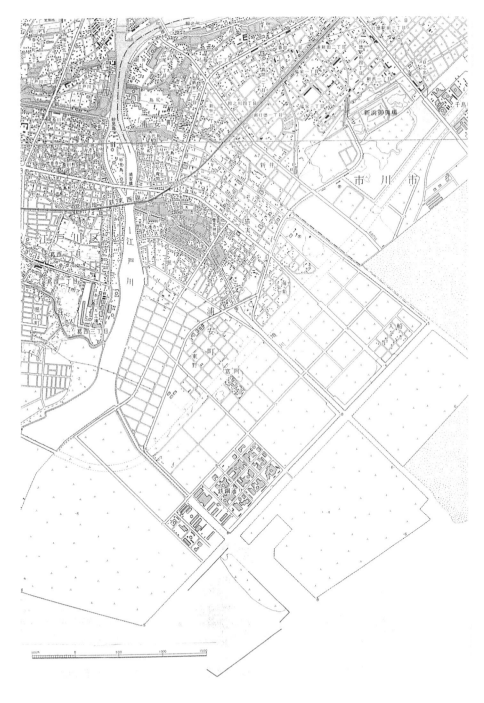

地図 2

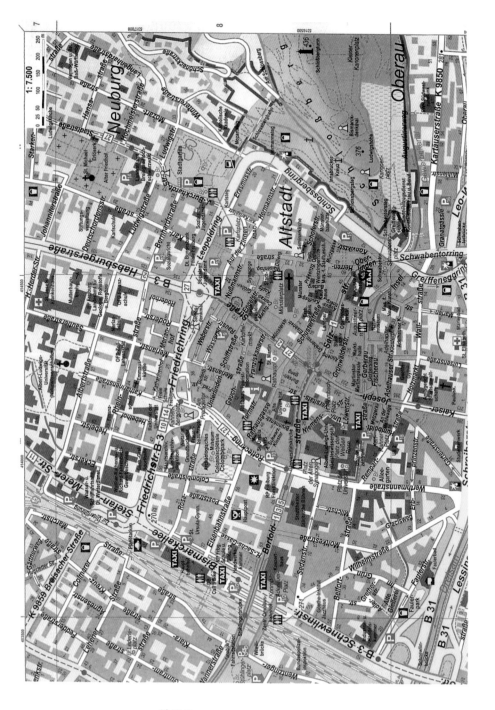

地図 3

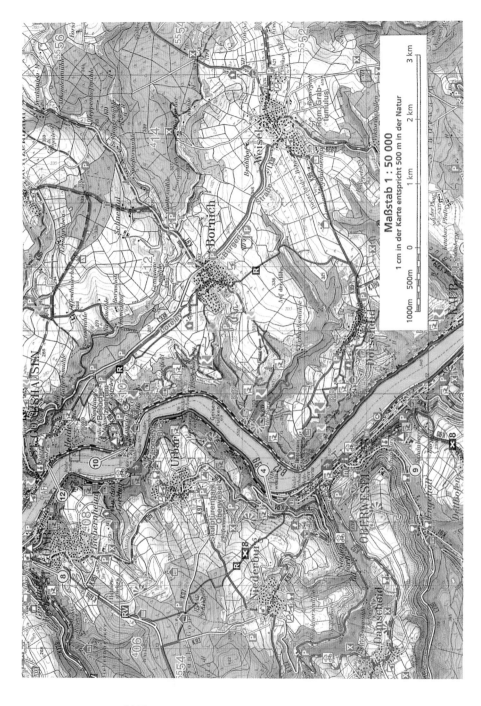

地図 4

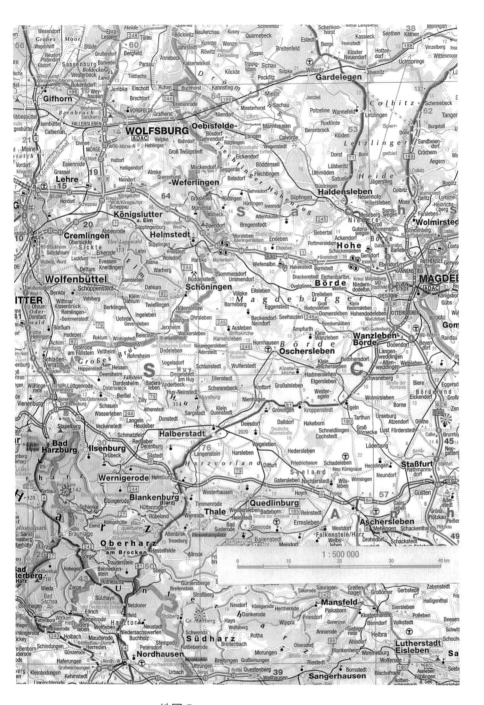

地図 5

地図 6

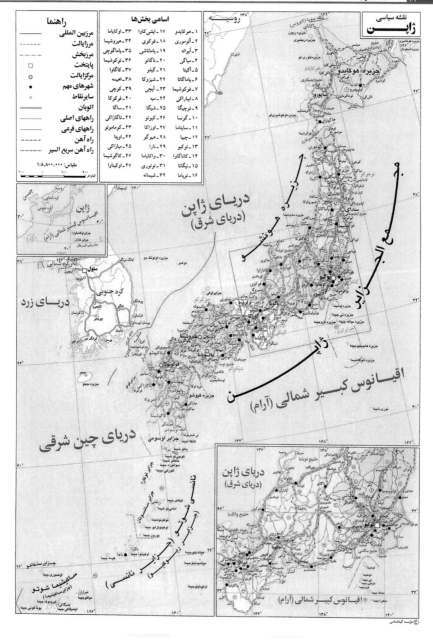

地図 7

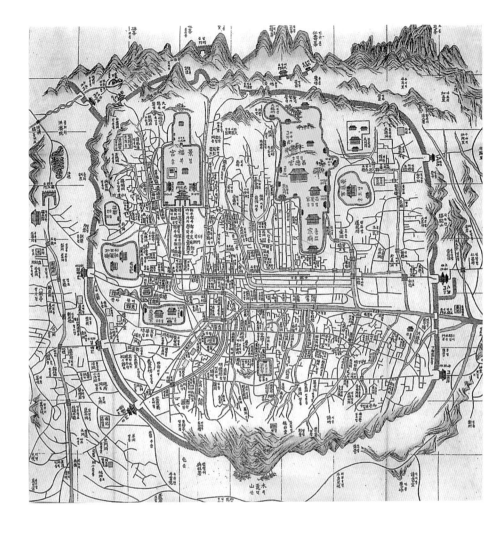

地図 8

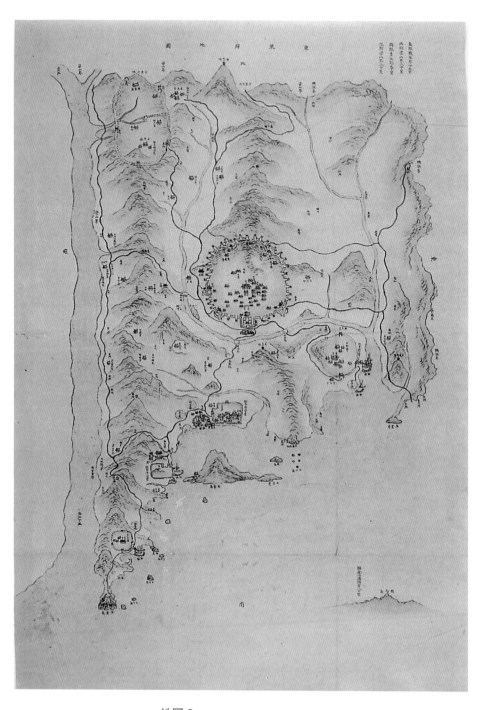

地図 9

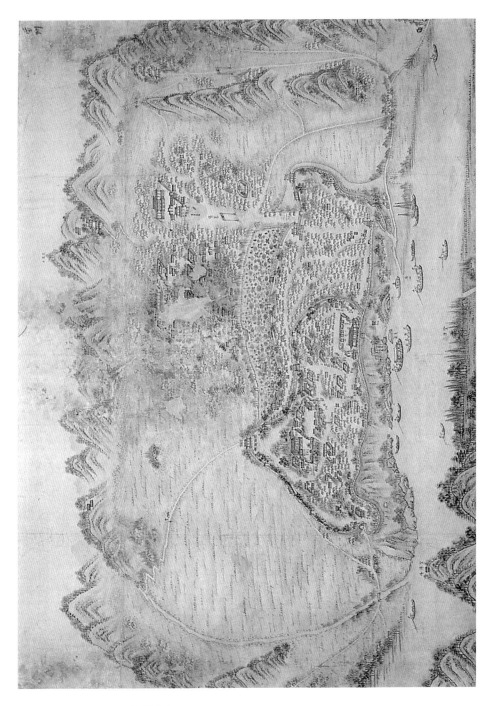

地図 10

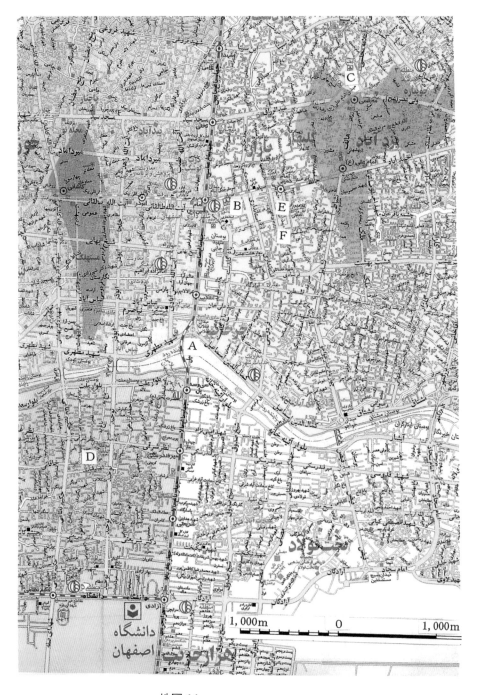

地図 11

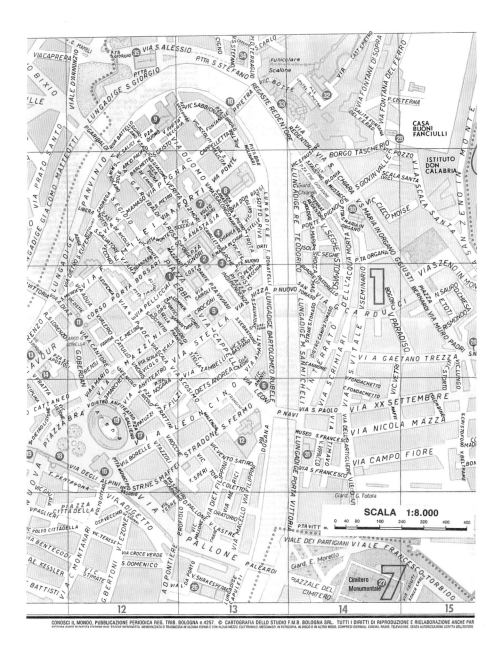

地図 12

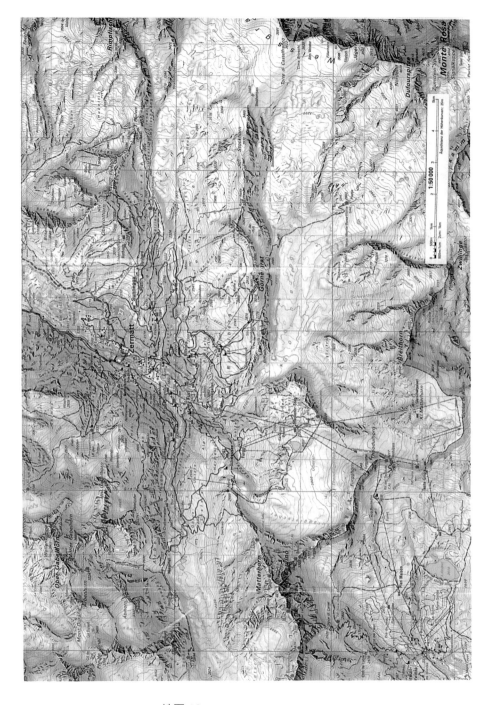

地図 13

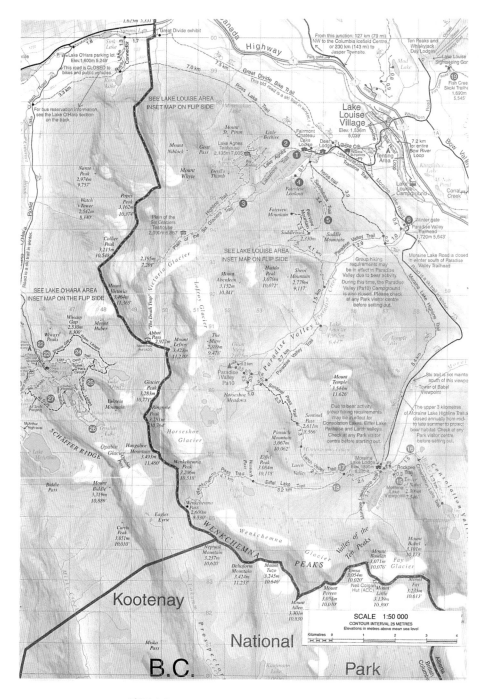

地図 14

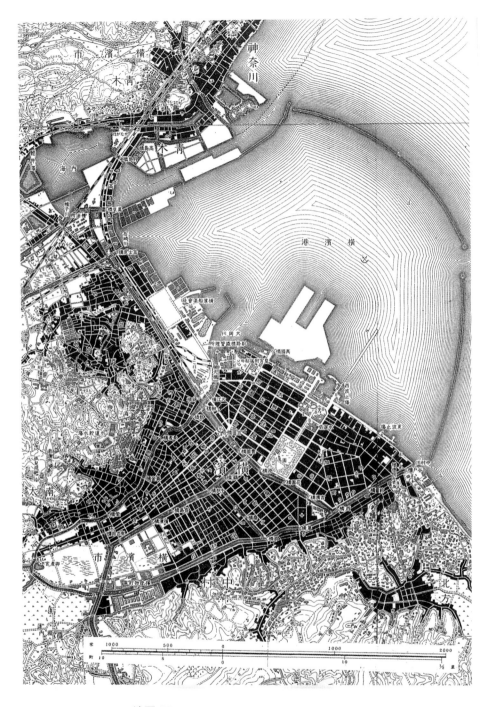

地図 15

【著者】 西脇保幸（にしわき・やすゆき）

1949 年　千葉県浦安市生まれ
1972 年　東京教育大学農学部農村経済学科卒業
1974 年　東京教育大学大学院理学研究科地理学専攻修士課程修了
1974 〜 1978 年　千葉県立浦安高等学校教諭
1978 〜 1982 年　千葉県立船橋高等学校教諭
1982 〜 1990 年　東京学芸大学附属高等学校教諭
1990 〜 1998 年　横浜国立大学教育学部講師・助教授
1998 〜 2015 年　横浜国立大学教育人間科学部教授
現在　横浜国立大学名誉教授
専門は地理教育論・トルコ研究
主な著書は『シミュレーション教材の開発と実践―地理学習の新しい試み』（共編著、古今書院）、『地理教育論序説―地球的市民性の育成を目指して』（単著、二宮書店）、『トルコの見方―国際理解としての地誌』（単著、二宮書店）、『社会科教材の論点・争点と授業づくり 7 "国際関係と平和"をめぐる論点・争点と授業づくり』（編著、明治図書）など
社会的活動として日本地理教育学会会長（2013 〜 2016 年）や浦安市教育委員会委員（2009 年〜 2017 年）など

○表紙の写真：トルコ・アクダマル島のアルメニア教会（著者撮影）

ちいきはっけん　ちりにんしき
地域発見と地理認識
——観光旅行とポタリングの楽しみ方——
かんこうりょこう　　　　　　　　たの　　かた

| 著者 | 西脇保幸 にしわき やすゆき | 2022 年 11 月 30 日　初版発行 |

| 発行者 | 三浦衛 |
| 発行所 | 春風社 Shumpusha Publishing Co.,Ltd. |

横浜市西区紅葉ヶ丘 53　横浜市教育会館 3 階
〈電話〉045-261-3168　〈FAX〉045-261-3169
〈振替〉00200-1-37524
http://www.shumpu.com　✉ info@shumpu.com

出版コーディネート	カンナ社
装丁・口絵デザイン	苑田菊見
印刷・製本	シナノ書籍印刷 株式会社